JN440803

서울대학교 도서관에 머문 35년의 흔적

-又靜 朴鍾根의 圖書館 論稿-

박종근 지음

도서출판 해남

서울대학교 도서관에 머문 35년의 흔적
-又靜 朴鍾根의 圖書館 論稿-

초판1쇄 인쇄 2019년 3월 13일
초판1쇄 발행 2019년 3월 21일

지은이 박종근
발행인 노현철
발행처 도서출판 해남

출판등록 1995. 5. 10 제 1-1885호
주 소 서울특별시 서대문구 충정로 38-12(충정로 3가) 우리타워 6F
전 화 739-4822 팩스 720-4823
이 메 일 haenamin30@naver.com
홈페이지 www.hpub.co.kr

ISBN 978-89-6238-132-0 03810

文靜朴鍾根先生著書上梓賀祝

天稟厚朴 靜淵靜嘉
典司芸編 三半世紀
芸香芸芸 又驚又喜
內外體察 一貫根究
知見蘊蓄 八秩傳授
鐘聲高遠 芸學連綿

천품이 후박하여 마음깊고 아름다워
학술서적 다스려서 삼십오년 세월이네
책의향기 넓고넓어 놀랍고 또기쁠사
국내외몸소시찰 한결같이 깊이삶여
보고들어 쌓인소양 전수하니 유종의미
울려퍼진 종소리는 높고도 멀리퍼져
사서학문 기리기리 이어져 빛나리라

十九年己亥新春

朴秉濠九十叟

賀書: 瀛山 朴秉濠

又靜 朴鍾根(전북 부안, 1942년생)

책을 엮어 내면서

어느덧 나이 80에 가까워지니 그동안 지난 삶의 흔적들을 뒤돌아보는 기회가 많아졌고 따라서 제 자신의 신변을 정리할 필요를 느꼈습니다. 거의 반평생을 책과 기록물을 보존하고 관리하는 도서관에 근무하면서 이런 일이 제 성격과 적성에 잘 맞아 근무 중에도 틈틈이 저에 관한 자료나 메모 등을 모으고 정리하는 마음이 어느새 습관화가 된 것 같습니다.

기록은 곧 역사이기에 나에 관한 기록은 곧 내 생애의 역사이고, 나의 흔적이며 발자국입니다. 1967년 서울대학교도서관에 발을 담그고 2002년 퇴임 시까지 35년간 오직 한자리에서 듣고 만들어 낸 저의 손때 묻은 흔적들을 한 자리에 모아 보았습니다.

그간 자신이 어떻게 살아왔으며 무엇을 남겼는가를 생각할 때, 그간의 흔적들을 기록으로 남겨주는 것이 가장 값진 유산이 아닌가도 생각해 봅니다.

이런 생각들은 재직 중에 도우회를 창립하고 그 회보에 우리 도서관을 지키고 가꾸신 여러 선배님들을 소개하면서 그 분들의 굵직하고도 또렷한 족적들과 사서의 얼을 되새기며 자성과 부끄러움을 크게 느끼기도 했습니다.

그런 얼이 담긴 기록들이 그냥 지나쳐 사장되기 전에 스스로 생전에 이것만이라도 정리해 두는 것이 나의 도리라고 생각되어서 입니다. 이런 이유들이 모아져 고안한 것이 책을 내게 된 직접적인 동기입니다.

여기에 수록된 내용은 재직 시에 수시로 발표한 도서관계의 논문과 논고, 그리고 각계에 발표한 도서관 자료, 행정 및 연구보고서, 기타 잡문들입니다.

책을 낼 준비를 하면서 그동안의 제 흔적들을 정리하여 막상 일을 시작해 보니, 솔직히 미흡한 점이 많고 변변치 못해 부끄러운 생각도 듭니다.

그렇지만 이 책자를 통해 제가 그동안 도서관과 함께 하면서 한평생을 어떻게 살아왔고, 무엇을 해왔는지 뒤돌아보자는 마음에서 사심 없이 내어놓는 것이니 이해하여 주시기 바라며, 여러분에게 조금이라도 마음이 와 닿고 참고가 된다면 저에게는 큰 영광이겠습니다.

그간 이 책이 나오기까지 사랑에 찬 권면과 세심한 지도를 아끼지 않으신 박병호 교수님과 최정태 교수님께 진정으로 감사를 드립니다.

박 교수님은 제가 제직 시 도서관장으로 모셨습니다. 학술원 회원이자 서울법대 명예교수로 현재는 한국학중앙연구원 초빙교수, 필암서원 원장이시며, 善學齋연구실에 매일 나가고 계십니다.

최 교수님은 한국도서관·정보학회 회장, 한국기록관리학회 회장을 역임하시고 현재는 부산대학교 문헌정보학과 명예교수이십니다. 『기록학개론』, 『도서관·문헌정보학의 길』 등 10여 권의 저서와 수십 편의 논문을 발표하신 보기 드문 學究 열정이 충만한 사계의 중견 학자이십시다.

두 분께 다시 한 번 감사드리며 아울러 이 책의 출판을 위해 정성으로 수고해 주신 노현철 사장님과 김태임님에게도 감사드립니다.

2019. 2

又靜 朴鍾根

추천사

프랑스 파리의 마잘린도서관에 가면 위대한 사서 가브리엘 노데를 기리며 "위대한 사서 없이는 위대한 도서관은 없다"라는 말이 지금도 그대로 전해져 오고 있습니다.

우리나라에서 위대한 도서관이라 하면 서울대학교도서관을 지칭하는데 아무도 꺼리지 않습니다. 위대한 도서관은 좋은 건물과 많은 장서만으로 이루어지는 것이 아니고 그 안에 훌륭한 사서가 있어야 비로소 그 범주에 들 수 있는 것입니다.

서울대학교가 한국 최고의 대학으로 존재하는 것은 우수한 교수진과 학생들이 있기 때문이지만, 여기에 좋은 도서관이 있어서 많은 자료를 보존하고 관리하는 훌륭한 사서들이 존재하기 때문입니다. 그런 의미에서 35년간 온몸을 던져 이만큼의 도서관으로 변모시킬 수 있는 사서가 없었다면 위대한 도서관도 물론 없었을 것입니다.

과문한 탓인지 몰라도, 그동안 서울대학교도서관에서 탄생한 위대한 사서는 이미 작고하신 백린, 류동열 선생님을 들 수 있고, 아직 활동하시는 분 중에서 그 범주에 드는 또 한 사람을 고르라면, 이 책의 저자이신 우정(又靜) 박종근 선생님이라고 생각이 됩니다.

그가 특별히 서울대학교 도서관에서 괄목할 업적을 내어서가 아니고, 대단한 논문을 발표해서도 아닙니다. 단지 한 곳에서, 최말단 임시직에서 출발하여 사서직 최고봉의 직위를 맡기까지 거의 한 평생을 온몸으로 헌신한 것만으로도 충분한 가치가 있다고 생각됩니다.

1974년에는 전국 규모의 『한국의학도서관』(반년간)을 창간하고, 1983년에는 전국국립대학도서관협의회 정기간행물인 『국립대학도서관보』(년간)를 첫 발행케 하고, 별개의 『도서관·정보학 학술세미나 발표자료집』(반년간)을 지금까지 계속 지속토록 하는 것을 보면, 그가 도서관에 대한 사랑과 열정이 얼마나 대단한지를 보여주기도 합니다.

뿐만 아니라, 그가 머문 도서관 안에서도 퇴직자와 재직자의 연결고리가 되는 도우회를 창립, 정기적으로 『圖友會報』(년간, 1997년 창간) 발간하여, "도서관을 지킨 사람들"이란 란으로 사서의 얼이 담긴 여러 선배들을 소개하여 후배 사서들의 귀감을 주었습니다. 나아가 도서관사람끼리 친목을 다지는 산우회(山友會)와 기우회(棋友會) 등의 동호회를 창립하여 친목을 다질 뿐만 아니라 외연까지 넓혀 전국 단위의 퇴직 사서들의 모임까지 만들어서 지금도 이들과 끈끈한 유대를 다지고 있습니다.

필자가 저자와 서울대학교도서관에서 함께 활동하기는 1969년부터 1981년까지 불과 13년 밖에 되지 않지만, 그 후 지금까지 반세기를 계속해서 서로 안부와 정보를 나누면서 인품의 됨됨이를 잘 알게 되었습니다. 저자는 천생의 사서로서 활동과 품위를 유지했으며, 꼼꼼한 성격으로 일 처리에도 완벽에 가까웠습니다. 도서관에서 생활하면서 기록의 소중함을 알아 도서관과 관련되는 모든 쪽지까지 수집하였으며, 자신의 개인활동마저 일일이 기록하고 보존하였기에 오늘의 이 방대한 책자가 완성될 수 있었습니다.

이 책이 혹시 남에게는 하찮게 보일지라도, 저자에게는 인생의 소중한 역사이고, 버릴 수 없는 이력서이기 때문입니다. 여기에 수록한 자료들은 재직시 저자가 도서관계에 발표한 각종 논문 및 논고와 일어 논문 번역서를 비롯하여, 행정 및 연구보고서, 언론계 기자와 인터뷰한 내용, 그리고 취미로 발표한 잡문까지 다 포함되어 있습니다. 심지어 마흔 차례에 걸친 해외여행길까지 하나도 빠짐없이 날짜와 기간, 장소 등을 세밀히 기록한 것을 보면 저자의 기록정신이 얼마나 빈틈없는지 가히 추정이 됩니다.

독자의 입장에서, 이 책의 존재가치는 우리나라 최고 대학에서 평범한 사서가 거기서 듣고 배운 사례를 우리들에게 고스란히 가르쳐 주고, 그의 몸에 배어 있는 사서정신(Spirit of Librarian)을 그대로 배울 수 있기 때문입니다. 또한, 이 책을 통해서 발표 당시의 우리 도서관계와 서울대학교도서관의 상황 및 발전 과정을 유추할 수 있고, 개인적으로는 자연인 박종근, 자신의 기록으로 본 당시의 사회 환경과 도서관 활동, 취미 등 개인사를 살펴볼 수 있는 기회를 얻을 수 있게 된 것입니다.

이런 일은 결코 아무나 할 수 있는 것은 아닙니다. 위대한 사서정신이 없었다면 상상할 수 없는 일이어서 한 장 한 장의 기록을 생산하고 모았기에 이처럼 귀한 책이 탄생하게 된 것입니다. 듣자오니, 후속 작업으로 저자의 자서전을 계획하고 있다고 합니다. 아마, 이 책의 주요 내용도 저자가 지난 삶을 겪어 오는 동안에 일어난 도서관과 관련되는 이야기가 꽉 채워져 있을 것으로 상상이 되어 집니다. 이 책까지 모두 완성되면 서울대학교도서관에서 또 한 분의 위대한 사서가 등극하게 될 것이 분명합니다.

2019. 2

부산대학교 문헌정보학과 명예교수

문학박사 최정태

[저자 소개]

가. 학력, 경력 및 자격증

1. 학력

1948.3~1954.2 주산초등학교 졸업(제26회)
1954.3~1957.2 전주북중학교 졸업(제34회)
1957.3~1961.2 전주고등학교 졸업(제38회)
1966.3~1969.2 한양대학교 토목공학과 중퇴

2. 경력

1964.1.28~1966.8.20 육군 복무
1967.4.1~1968.4.30 서울대학교 부속도서관(임시직)
1968.5.1~ 서울대학교 중앙도서관, 사서서기보~사서
1977.1.20~ 서울대학교 중앙도서관, 사서관
1994.3.15~ 서울대학교 중앙도서관, 사서서기관(수서정리과장)
2001.6.30~ 서울대학교 중앙도서관, 공로연수(정보관리과장)
2002.6.30 서울대학교 중앙도서관, 정년퇴임

3. 자격증

준사서 자격, 제221호(1968.5.29)
정사서 자격, 제1590호(1976.11.5)

나. 대외활동 및 수상사항

1. 대외활동

-국공립대학교도서관협의회 간사(사무국장)(1979~1990)

–한국도서관협회 감사, 표준화위원회 위원, 표창심사위원회 위원, 대학도서관 위원, 대학도서관 기준위원회 위원
–한국의학도서관협의회 행정분과 위원장
–국립중앙도서관 장서구성위원, 간행물편찬위원회 위원, 문헌정보 추진위원회 위원
–문교부 도서관 발전방안 및 법 개정 초안 심의위원(1987)

2. 수상사항

1972.12.30: 표창장(서울대학교 총장)
1978.10.15: 10년 근속표창(서울대학교 총장)
1988.10.07: 봉사상(한국도서관협회장)
1988.10.15: 20년 근속표창(서울대학교 총장)
1989.07.07: 감사패(국립대학도서관협의회장)
1990.01.09: 공로패(국립대학도서관협의회장)
1992.10.15: 우수공무원 표창(서울대학교 총장)
1998.10.15: 30년 근속표창(서울대학교 총장)
2000.09.01: 감사패(부안군수)
2002.06.28: 공로패(국공립대학도서관협의회장)
2002.06.29: 공로패(서울대학교 총장)
2002.06.29: 녹조 근정훈장(대통령, 정년퇴임 시)

다. 저작활동

1. 단행본(공동집필)

1) 大學圖書館業務便覽: 정리편, 국립대학도서관협의회, 일신출판사, 1982, pp.53~166.
2) 서울대학교도서관 50년사(1946~1996), 서울대학교 중앙도서관, 서울대학교출판부, 1966, 400p.

3) 국공립대학도서관협의회 40년사(1962~2002), 국공립대학도서관협의회 강원도민일보사, 2004, 659p.

2. 연구보고서(공동연구 2건)

1) 교육·연구 활성화를 위한 서울대학교도서관 기능 재설정에 관한 연구, 서울대학교, 1992.12, 110p.
2) 국사편찬위원회 자료 보존관리, 경영평가, 중장기 계획, 국사편찬위원회, 2001.10, 68p.

3. 논문 및 논고

1) 제44차 일본 의학도서관협회 총회 연설문(1973.10.17, 후쿠시마대학)
2) 일본 의학도서관계의 현황, Bulletin KMLA, v.1, n.1, 1974, pp.14~23.
3) 三宅英子 저, 박종근 역, 의학도서관에 있어서 잡지선택에 필요한 Tools, Bulletin KMLA, v.2, n.2, 1975, pp.46~54.
4) 정기간행물의 관리와 그 문제점, 도서관보 11호, 1975, pp.59~74.
5) 정보화시대에 있어서의 서지업무, 국회도서관보 111, 1975.11, pp.18~24.
6) 寺村由比子 저, 박종근 역, 内外のTechnical Reportsの概要, Bulletin KMLA, v.4, n.1-2, 1977, pp.14~20.
7) 桑原善作 저, 박종근 역, JMLA 및 일본의 의학도서관계의 근황과 문제점, Bulletin KMLA, v.5, n.1-2, 1978, pp.13~15.
   * 1978년 4월 29일에 연세대학교 의과대학에서 개최된 제11차 한국의 학도서관 협의회에서 일본 대표가 연설한 것을 역자가 통역한 것임.
8) 대학도서관에 있어서의 주제전문사서, 국회도서관보 139, 1979.4, pp.13~23.
9) 제1차 도서관 실무자 세미나 발표자료 초록(대학도서관의 상호협력), 국립대학도서관보 1, 1983, pp.45~46.

10) 阿部佳市 저, 박종근 역, 東北大學 附屬圖書館(本館)における LC-MARCカード利用の現狀と問題點, 국립대학도서관보 2, 1984.6, p.56~73.
11) 구입 외국학술잡지 중복수서 현황, 국립대학도서관보 2, 1984, pp.106~107.
12) 대학도서관의 상호협력, 도서관 275호, 1984.12, pp.28~43.
13) 자료의 폐기 및 제적에 관하여(제12차 국립대학 사서직 세미나 발표자료, 1989, pp.45~55), 1989.2.17~18, pp.1~34.
14) UCLA 연수를 마치고, 국립대학도서관보 제9집, 1991, pp.1~25.
15) 田邊廣 저, 박종근 역/日韓圖書の 目錄と排列に 關する 諸 問題, 오산 류동렬 선생 정년기념 圖書館論集, 1992, 보경문화사, pp.295~316.
16) 국립대학 도서관 발행 연속간행물 분석, 도서관 338호, 1996, pp.82~95.
17) 교육학술정보화 중장기 종합계획 수립을 위한 5차 포럼 자료집 -대학 및 학술정보와 관련 전문가 대상-, 한국교육학술정보원, 2000.7.25, pp.11~14.
18) 국립대학 도서관의 직제와 사서직 공무원수, 도서관보 124호, 2001, pp.1~39.
19) 간행사, 오산 류동렬 선생 정년기념 도서관논집, 보경문화사, 1992.
20) 서울대학교 도서관 50년사, 편집후기 집필, 1996.
21) 운초 장지태 선생님: 도서관을 빛 낸 사람들, 도우회보 1, 1998, pp.7~11.
22) 계훈모 선생님: 도서관을 빛 낸 사람들, 도우회보 2, 1999, pp.6~9
23) 백 린 선생님: 도서관을 빛 낸 사람들, 도우회보 3, 2000, pp.5~8.
24) 오산 류동렬 선생님: 도서관을 빛 낸 사람들, 도우회보 4, 2001, pp.1~4.
25) 계병진 선생님: 도서관을 빛 낸 사람들, 도우회보 6(2003), pp.1~7.
26) 황산 이상은 선생님: 도서관을 빛낸 사람들, 도우회보 9, 2006, pp.2~5.

27) 간행사: 도우회 창립 10주년을 회고하며, 도우회보 10, 2007.
28) 세월이 가도 만나면 반갑다고 뽀뽀뽀, 도우회보 14, 2011, pp.7~8.
29) 백린 선생님의 명복을 빕니다, 도우회보 18, 2015, pp.8~11.
30) 도우회 창립 20주년을 맞이하여, 도우회보 20, 2017, pp.5~7.
31) 도서관, 1995.5, 미발표
32) 책을 읽읍시다, 2006.4.3, 미발표
33) 기록은 소중한 것, 2017.12, 미발표

4. 인터뷰 기사

1) 1980년 3월 7일 09:30에 조선일보 남상균 기자 내방, "대학도서관 전산화 관련" 인터뷰
2) KBS 이현택 기자와 1985년 4월 22일 23:18~23까지, "시험기간 중 도서관 철야개방에 관해서" 전화 인터뷰
3) 1985년 5월 6일 10:00에 일본 아사히신문 기자(성명 미상) 내방, "서울대생들의 도서관 이용 및 학습태도에 관해서" 인터뷰
4) 1992년 2월 25일 동아일보 신동아부 안영배 기자 내관, "도서관 전산화 관련" 인터뷰
5) 進學, 1994.6, pp.35~37, "전국 대학도서관 전산망 구축"
6) The Granite Tower, 1994.9, pp.38~41, "Library, in a Critical Phase"
7) 세계일보 전승룡 기자와 1996년 4월 27일 오후 근무시간에, "첨단학술정보센타 설치"와 관련하여 전화 인터뷰
8) 우리 세대, 1996.10, pp.27~31, "도서관, 앞으로 5년이 최대 고비"
9) 부안저널 56호 4면, 2003.3.23, "부안사람"

5. 기타 잡문 모음(본문은 다른 책에 게제로 생략함)

1) 결혼 축사(1961.12.17)
2) 결혼 축사(1963.1.11)
3) 송별사(이상은 선생님 정년퇴임, 1996.6.27)

4) 박철상 은사님께 드리는 글(1998.2.22, 군산 신생식당)
5) 대청봉이 높다하되(2000.6.17)
6) 정년 퇴임사(2002.6.29, 서울대학교 강당)
7) 참 잘 사셨어요, 양규태/깊은 샘물은 마르지 않는다: 샘물 김명수 선생 고희기념문집(신아출판사, 2007, pp.217~219)
8) 푸념(2008.12.20)
9) 어린아이와 회초리(2009.3.20)
10) 너나 잘 해라(2009.5.12)
11) 용서(2009.5.22)
12) 목적의식(2009.7.3)
13) 용서하고 베풀며 살자(2009.7.10)
14) 목자의 마음(2009.9.11)
15) 낙조(落照)(2009.10.3)
16) 내가 부교주?(2009.10.8)
17) 애미의 마음(2009.10.14)
18) 엄처시하(嚴妻侍下)(2009.11.6)
19) 대공원 산책 단상(2013.11.12)
20) 소망(2016.12.25)
21) 반월호수 둘레길 예찬(2017.12.31)
22) 감수(減壽)와 감사(感謝)(2018.5.30)

라. 국외여행

1. 공무 해외연수 및 국제회의 참석

1) 1973.08.30~1974.02.26: 일본 게이오(慶應)대학 연수(6개월)
2) 1990.01.10~1990.12.26: 미국 UCLA 연수(1년)
3) 1992.11.15~1992.11.22: 일본 동경(국제 전산화 워크숍)
4) 1994.01.09~1994.01.16: 일본 동경(NACSIS 국제회의)

5) 1995.05.08~1995.06.13: 홍콩(PNC회의)

6) 1996.08.20~1996.08.30: 중국 북경(국제도서관협회연맹회의)

2. 단기 선교여행

1) 2005.08.13~2005.08.21: 중국(우루무찌, 투르판, 카나스호)

2) 2008.04.29~2008.05.09: 미안마(양곤, 태풍 나르기스),태국

3) 2010.06.20~2010.06.27: 인도(뉴델리, 바라나시, 뱅갈로)

4) 2012.11.05-2012.11.13: 인도(뿌네, 고아, 아그라)

3. 관광여행

1) 1990.11.12~1990.11.14: 캐나다(토론토, 나이아가라)

2) 1990.12.15~1990.12.16: 맥시코(티화나)

3) 2001.11.29~2001.12.02: 일본(벳부, 후쿠오카)

4) 2003.10.21~2003.10.25: 중국(장가개, 원가개, 서안)

5) 2004.05.26~2004.05.31: 중국(석도, 태산, 곡부, 청도)

6) 2005.01.04~2005.01.09: 캄보디아, 태국

7) 2008.02.06~2008.02.09: 필리핀(보라카이 가족여행)

8) 2008.06.13~2008.06.18: 백두산 서파(단동, 집현, 광개토왕릉)

9) 2010.05.09~2010.05.14: 중국(하이난, 7순 기념)

10) 2010.05.24~2010.05.27: 대만(고궁박물관, 화련계곡)

11) 2011.07.24~2011.08.04; 서유럽 6개국

12) 2011.11.01~2011.11.04: 중국(황산, 삼청산)

13) 2011.12.29~2012.01.07: 그리스, 터키

14) 2012.03.05~2012.03.10: 태국 치앙마이(골든 트라이앵글)

15) 2012.06.25~2012.07.06: 동유럽 8개국

16) 2013.04.10~2013.04.13: 홍콩, 마카오, 심천

17) 2013.05.27~2013.06.07: 북유럽 6개국 및 러시아

18) 2013.07.31~2013.08.04: 말레이시아(코타키나발루)

19) 2013.09.29~2013.10.04: 중국(성도, 구체구, 황룡, 낙산대불)

20) 2014.05.26~2014.05.31: 중국(곤명, 석림, 구향동굴)
21) 2014.10.31~2014.11.09: 호주, 뉴질랜드(남북섬)
22) 2015.03.03~2015.03.06: 베트남(하롱베이, 하노이)
23) 2015.06.11~2015.06.23: 스페인, 포르투갈, 모로코
24) 2015.10.26~2015.10.30: 중국(계림)
25) 2016.04.15~2016.04.26: 미국 서부 및 하와이
26) 2016.06.28~2016.06.30: 중국(청도)
27) 2016.12.27~2016.12.31: 싱가포르
28) 2017.07.12~2017.07.15: 일본(홋가이도)
29) 2017.10.16~2017.10.20: 중국(태항산)
30) 2018.10.01~2018.10.04: 일본(오사카, 교토, 유후인, 벳부 등)
31) 2019.02.02~2019.02.06: 베트남(다낭, 호이안)

四十年史
1962 ~ 2002
圖書館五十年史
1946~1996
大学図書館業務便覧
國立大學圖書館協議會
국사편찬위원회 자료보존 관리
경영평가・중장기계획
교육・연구 활성화를 위한
서울대학교 도서관 기능 재설정에 관한 연구
1999. 12
서울대학교
THE GRANITE TOWER
In the Name of Public Security
축쇄합본
부안저널
제1권
부안저널사
進學
6
29

차례

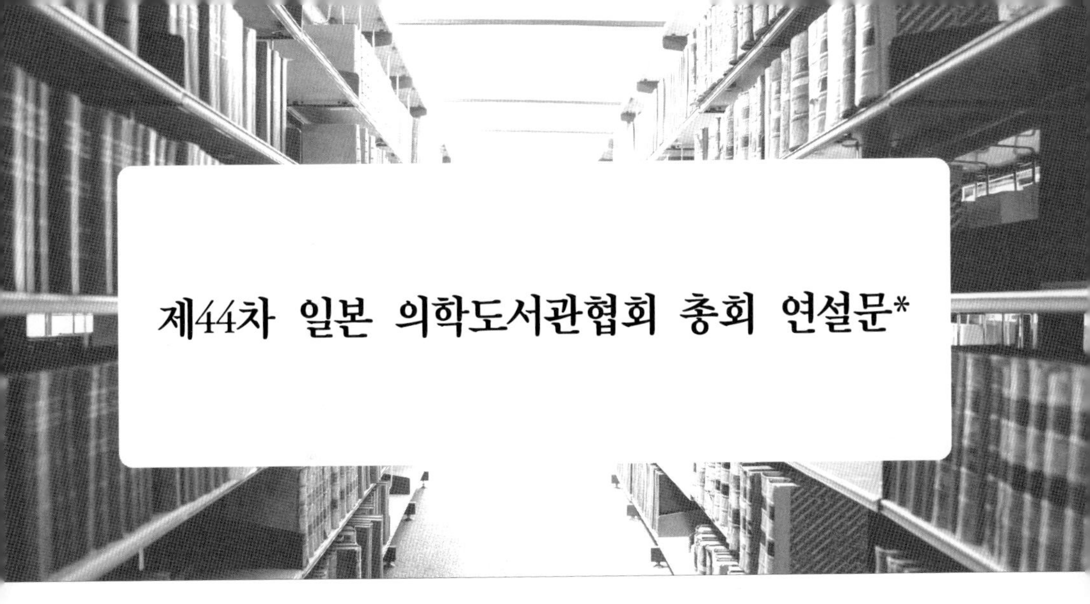

제44차 일본 의학도서관협회 총회 연설문*

只今 紹介を受けました朴鍾根です.

私は 現在 韓國ソウル大學校醫學圖書館に勤務しています.

今年の9月から來年の2月末まで6個月間 圖書館の實務および管理について研修を受けるために去る8月末に日本へ來て慶應大學醫學情報センターで研修を受けています.

本日このように盛大な日本醫學圖書館協會の總會に參加できたことを大變うれしく思っています. 又私に發言する機會を與えて下さった理事會のみなさま, 當番館のみなさまにも厚くお禮申上げます.

今日は私の勤務している圖書館の概要と韓國醫學圖書館協議會の活動の狀況をみなさまに紹介したいと思います. 又私達の希望も聞いて頂きたいと思っています.

ソウル醫科大學はソウル大學校の1っの單科大學です. 日本の醫學部にあた

* 이 글은 1973년 10월 17일에 후쿠시마대학 강당에서 발표한 연설문 내용이다.

ります.

ソウル大學校には12の單科大學と6の大學院があります. 圖書館は中央圖書館と各單科大學に分館があり, 醫學圖書館はそのうちの1っです.

いまソウル大學校では各單科大學が異なったCampusで運營されっていますが來年には全部1つのCampusに移轉することになっています.

ただ農科大學と醫科大學だけは例外で現在のCampusに殘ります.

このようなソウル大學校の總合化計劃のために來年からは現在の醫學圖書館に齒科大學圖書館, 病院圖書館, 保健大學院圖書館, 生藥研究所圖書館などを吸收して1つの Biomedical Libraryを作るつもりです.

現在その新館を建築中で今年の末には完成する豫定になっています.

從って來年からはすべてが擴張されることになります.

現在の醫學圖書館の規模は大變小さいものです. 圖書購入費は約700百圓です. 日本のお金で約470萬円になります. カレントな雜誌は約600種ありますがその中で購入雜誌は400種です. 400種の購入雜誌は全部外國雜誌です. 日本語の雜誌は全体で50種とっています. 韓國の40代以上の人は大体日本語を讀むことができますのでこれは大變貴重な情報源です.

製本は中央館で處理していますが醫學圖書館の分は年間約1,000冊程度製本しいます.

職員は私をいれてわずが7名しかいません.

閱覽方法は開架式を採用しいます.

分類はD.Cを使っていますが來年からは全部NLMCで再分類するつもりです.

次に韓國醫學圖書館協議會についてお話します.

KMLAはは歴史も淺く規模も小さくJMLAのように活發な活動はしていませんがあるがままを紹介します.

KMLAは1968年6月にソウル大學, 延世大學, カトリック, 高麗大學の4つの醫學圖書館が集まって設立いたしました.

役員の編成は會長1名, 理事が7名となっています. 理事のうち1名が專務理事で, これは 事務局長を兼任しています. その下に行政, 教育, 目錄の3つの分科委員會があり, 私は行政分科委員會の委員長をしています.

專務理事兼事務局長は理事の中から選出されますが, まだ事務局の專任職員もなく, 事務室もないために, 專務理事が屬している圖書館でKMLAの事務をみています.

現在KMLAの事務局はカトック醫科大學にあります.

現在の加盟館は全部で26ありますがこの中には病院圖書館, 醫療關界機關の圖書館および贊助會員などが半分位はぃています.

韓國の醫科大學の數は14ですがこの中の 3大學は 未だKMLAに加盟していません.

その理由はこの3大學が去年と今年に新設されたばかりの大學だからです.

KMLAの事業は年1回の總會, 年2回の學術大會おょびセミナー, 毎月の月例集談會などの開催, 醫學雜誌總合目錄の發行, Newsletterの發行, 複本の交煥, 相互貸借などがあります.

後程詳しくお話ししますが今年からは外國の醫學圖書館協會との相互協力も事業の1つとして考えています.

豫算は非常に少なく，年間の總豫算が約90萬圓です．大部分は總合目錄の販賣代金でまかなわれています．文獻情報活動についてはKMLAの會員でもある韓國科學技術情報センター(KORSTIC)で活發に實施しています．

KORSTICは日本のJICSTと同じです．そのほかにはいくつかの大學でCurrent Contentを發行している程度です．

現在 韓國には醫師が18,609名います．病院は大學病院をいれて總合病院が276，個人病院が7,126あります．

韓國の醫學圖書館の一般的な圖書購入の狀況は國立のソウル大學校の場合で年間約700萬圓，雜誌600種程度ですが私立の延世大學では1,140萬圓，雜誌 700種，同じ私立のカトリック醫科大學では1,400萬圓，雜誌500種程度となっています．

一般的に日本の場合とは反對で私立大學の豫算の方が國立大學より多いようです．これは對照的な現狀だと思います．

分類は大體NLMCを使用しています． 閱覽方式もおおむね開架式を採用しています．

現在韓國には4つの大學に4年コースの圖書館學科があります．そのほかに2年間の大學院コースが1つ，1年コースが2つ，3個月の短期コースが國立中央圖書館にあります．從って圖書館職員の水準は高い方だと思います．

しかし全般的にほかの職業よりサラリーが安いために離職する場合が多く，これが韓國の圖書館全體の當面する問題点だといえます．

先程少し申上げましたが現在KMLAでは外國の醫學圖書館協會との相互協力を推進することを考えていますが中でもJMLAとの相互協力を最も強く願っています．

この問題について私は先づ兩國の協會の間で人的交流を行ない相互の親睦

を圖り理解を深め合うことが必要だと思っています.

その上で各種の相互協力を兩國間で實施したらいいと思います.

その際兩國の協會の總會を通じて人的交流をはかるのが最も效果的であると思います.

人を派遣する時の經費はそれぞれの國の分をそれぞれの國で負擔するということを原則にしなければなりません.

當面KMLAの來年の總會は4月か5月に豫定していますがその機會に是非日本の醫學圖書館の方に韓國の實狀を見て頂き多くの韓國の人達に日本の實狀を話して頂きたいと思います.

又恐らく來年の秋に開催されるJMLAの總會には韓國の醫學圖書員を是非よんで頂きたいと思います.

具體的な手續きや方法は兩國の理事會などで協議してもらいたいと思いますが本日は私の申上げた趣旨についてだけでもご參同頂ければ大變うれしく思います.

まとまりのない話しになりましたが申譯ありませんてした.

恐縮ですが後程個別にお願いいたします.

ご靜聽ありがとうございました.

日本 醫學圖書館界의 現況*

Situation of Japanese Medical Libraries

1. 序文

서울大學校 總合 10個年 計劃의 一環으로 現代的 構造의 새 醫學圖書館이 新築되어 74年 2月 16日 開館되었다. 때를 맞추어 權彛赫 學長과 金祐謙 圖書館長의 恪別한 配慮로 圖書館 司書의 海外硏修에 推薦되어 'China Medical Board(美國의 極東地域 醫學敎育 機關에 對한 援助團體)'의 財政支援을 받고 73年 8月 30日부터 74年 2月 26日까지 6個月 間 日本 慶應義熟大學 醫學情報센터에서 醫學圖書館 業務에 關한 硏修를 받게 되었다.

日本은 地理的으로 매우 가까운 距離에 있고 歷史的으로도 여러 가지 깊은 關係가 있으면서도 醫學圖書館 分野에 있어서는 兩國間에 紹介된 것이 別로 없고 또 公式的인 關係가 없었음을 안타깝게 生覺한다.

---

* 이 글은 *Bulletin KMLA*, Vol. 1, No. 1, 1974, pp. 14~23에 수록되었다.

現代는 情報의 洪水時代라고 말하듯이 每年 쏟아져 나오는 數百萬 文獻들을 個個 圖書館이 모두 그것을 갖추고 迅速히 奉仕한다는 것은 想像조차 할 수 없는 것이 오늘날의 圖書館이다. 이를 보다 迅速하게 處理하기 爲해서는 情報處理의 機械化와 相互協力은 現代 圖書館 業務의 趨勢이며 研究해야 할 課題이기도 하다. 特히 醫學圖書館의 特殊性은 어느 專門圖書館보다도 이러한 相互利用이라는 서비스 媒體를 가장 切實히 要求하며 따라서 小地域單位, 國家 또는 世界的인 Network의 必然的인 要求와 그의 놀랄만한 奉仕効果는 周知의 事實이다.

이러한 面에서 볼 때에 韓日兩國의 醫學圖書館의 相互協力이 今年에서야 이루어지게 되었음은 늦은 感은 있으나 多幸한 일이다.

筆者가 研修했던 곳은 慶應義熟大學 醫學部 醫學情報센터(以下 慶應大學 醫學圖書館)였었는데 이 大學은 圖書館 學科가 있는 日本 唯一의 大學이며 또 손꼽히는 私學의 名門이기도 하다.

慶應大學 醫學圖書館을 중심으로 해서 日本의 醫學圖書館과 同協會의 近況을 紹介함으로써 日本의 醫學圖書館 活動을 理解하고 또 그럼으로써 우리나라의 醫學圖書館 發展에 보탬이 될 것을 期待하며 우리와 다른 몇 가지 特殊한 面에 對해서만 生覺나는대로 紹介할까 한다.

2. 日本醫學圖書館協會

1973年 10月 18日, 19日 兩日間 東京北方 約 400킬로미터 地點의 福島縣立醫科大學 圖書館에서 日本醫學 圖書館協會 第44次 定期總會가 열렸다. 正會員인 59個 醫科大學과 製藥會社 및 研究所 等의 準會員을 包含한 68個

加盟館에서 選發된 代表 約 2百餘 名이 參席한 맘모스 會議場이었다. 1個月前에 出席者가 確定되기 때문인지 大學別로 指定된 場所에 出席者의 名札과 두툼한 會議 資料가 미리 準備되어 있었다. 첫날에는 司書會議라 해서 主로 館長級인 非專門職은 出席치 않고 總會 時의 重要 案件만을 大體的으로 討論하고 意見을 整理한 뒤 다음날 總會 時에는 全員 出席하여 全般的인 案件을 總合 審議 通過시킨다. 兩日間 그들의 討論過程을 지켜보고 眞摯하고 誠意있는 討論은 아주 印象的이었다.

筆者의 參加資格은 研修生으로서 參加했지만 한편으로는 韓國醫學圖書館協議會의 한 任員으로서 韓國醫學圖書館協議會를 紹介하고 그동안 非公式的으로 推進되어 오던 兩國의 醫學圖書館協會 間의 相互貸借, 人的交流 等의 懸案問題를 公式 提議, 討議할 것도 諒解받았다. 單純히 參觀만이 아니라 이것을 그들의 總會 스케줄에 넣게 된 것은 慶應大學 醫學圖書館의 天野善雄 氏(日本醫學圖書館協會 理事)의 積極的인 周旋과 協會 理事들 및 當番館인 福島縣立 醫科大學圖書館 當局의 友好的인 配慮로 生覺된다.

多幸히 이의 結實을 보아 74年度에는 日本醫學圖書館協會의 任員이 우리 韓國醫學圖書館協議會의 第7次 定期總會에 參席키 爲해 5月에 訪韓했고 또 9月에는 日本醫學圖書館協會 第45次 定期總會에 參席키 爲해 이미 招請狀을 받고 手續 中에 있음은 兩國의 圖書館 發展을 爲해서 퍽 바람직한 일이라 하겠다.

1) 歷史

日本醫學圖書館協會는 1927年 5個의 加盟館으로서 官立醫學大學 附屬圖書館協會라는 이름으로 發足된 以來 1929年에는 8個 加盟館으로서 醫科大學

附屬圖書館協議會, 1949年에는 16個 加盟館으로서 日本醫學圖書館協義會, 1954年에는 36個 加盟館으로서 現在의 日本醫學圖書館協會로 이름을 바꾸어 1973年度에는 2個의 新設 醫科大學의 加入으로써 70個 會員으로 發展되어 온 것이다.

現 서울大學校 醫科大學의 前身인 京城大學 醫學部가 日本醫學圖書館協會에 加盟한 것은 1937年, 卽 日本醫學圖書館協會가 創設되어 11年째 되던 해였다.

2) 組織

〈圖 1〉에서 보는 바와 같이 各 加盟館의 所在地에 따라 9個의 地域區로 나누고 各 地域區에서는 評議館을 定하여 同 協會의 支部로서 自己地域 內에서 中心 圖書館이 되어 相互協力 等 보다 緊密한 業務의 協助를 꾀하며 總會에 提出할 意見 및 討議事項을 集約해서 自己地域區의 代表意見으로 決定한다.

그리고 評議員은 各 地域區에서 1人씩(但 關東地區는 3人) 現職 圖書館長인 者 중 選出하여 11人으로 評議會를 構成한다. 評議會는 會長을 選出하고 入會加盟의 選定權이 있다.

또 우리나라와는 달리 理事會는 執行部로서 各 分野의 協會業務를 分擔맡고 그 밑에 몇 사람씩의 委員을 두어 所管業務를 協議 處理한다.

敎育 擔當理事는 1年에 70名씩 3日 間 東京과 大阪만을 3年 만에 번갈아가며 醫學圖書館 司書에 對한 敎育을 實施하고 있다.

協會의 豫算은 出版物 販買收入을 合해서 約 1,700萬圓이고 機關誌 "醫學圖書館"을 季刊으로 發行해서 今年에 第20卷이 나오고 있다. 그 外에 "JMLA 會報"도 季刊으로 내고 있다.

〈圖 1〉 日本醫學圖書館協會 組織機構表

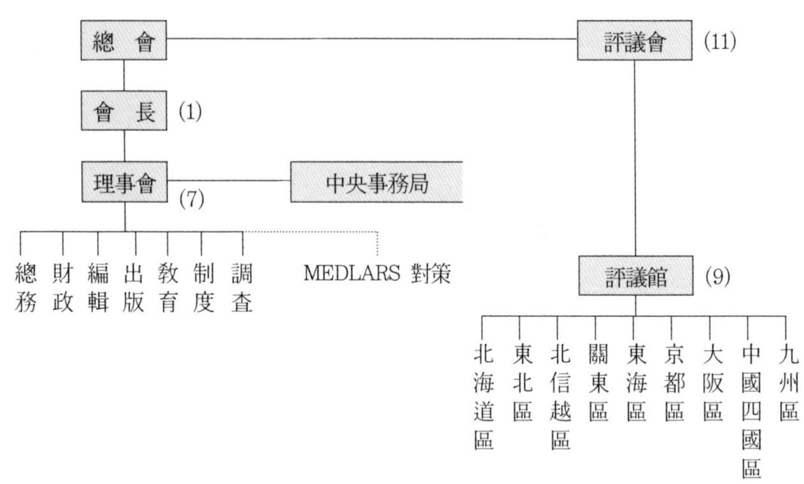

3) 協會 加盟에 關한 節次 및 資格基準

日本醫學圖書館協會에 加入하려면 여러 가지 까다로운 節次를 거쳐야 한다. 우선 加入 希望館은 總會 2個月 前에 아래와 같은 書類를 各各 5通씩 作成하여 會長에게 提出해야 한다.

※ 具備書類

① 圖書館의 沿革, 施設, 設備

② 圖書館의 機構 및 運營現況

③ 館員名簿(履歷, 資格, 待遇 等 紀錄)

④ 過去 3個年 間의 圖書求入費, 年豫算 및 그 支出內歷

⑤ 藏書目錄(學術雜誌, 單行本의 藏書內容)

⑥ 複寫利用의 設備 또는 이에 代할 수 있는 施設

加入 申請書가 接受되면 會長은 4~5人의 調査委員을 現地에 派遣하여 이미 提出된 書類와의 一致 如否를 確認, 在調査토록 한 후 實地調査 報告書를 作成 提出케 한다. 그리고 그 報告書와 아래와 같은 資格基準에 適合한가를 對照 審議한 후 加入을 確定하는 것이다.

※ 加入 資格基準

① 醫學, 齒學에 關한 專門敎育 또는 硏究를 目的으로 하는 敎育機關, 硏究機關에 附設되어 있는 圖書館 혹은 診療를 主目的으로 하고 專門的 硏究가 活潑히 行해지고 있는 機關에 附設되어 있는 醫學圖書館이라고 稱하는 圖書館일 것.

② 藏書의 規模는 4萬冊(製本雜誌는 製本單位를 1冊으로 하고 未製本雜誌는 1卷을 1冊으로 計算한다) 以上으로 하고 그中 80% 以上은 醫學, 齒學에 關한 專門的인 資料일 것.

③ 過去 10年 內에 發行된 醫學, 齒學에 關한 專門書를 最近 3個年에 걸쳐 每年 1,000冊 以上 受入되어야 할 것.

④ 資料購入費(製本費 除外)는 年豫算 1,000萬圓(1,400萬圓) 以上일 것.

⑤ 現行 醫學雜誌 500種(購入) 以上 受入하고 있을 것.

⑥ 圖書館 서비스에 必要로 하는 醫學에 關한 2次資料를 整備하고 있을 것.

⑦ 館長, 主任司書, 圖書委員會 等의 組織機構와 責任體制가 整備되어 있을 것.

⑧ 專用設備가 設置되어 近代的인 圖書館 機能을 運營하기에 適合한 施設일 것.

⑨ 專任司書(事務系, 技術職員, 淸掃 等은 除外)가 5名 以上일 것.

⑩ 參考事務, 相互利用 業務에 專念하는 職員이 1名 以上 있을 것.

⑪ 1年間의 開館日數가 250日 以上일 것.

3. 政府의 圖書館 政策

74年 1月 11日에 文部省의 情報圖書館課의 專門員인 沙藤 氏의 紹介로 情報圖書館의 吉川 課長을 만날 일이 있었다. 情報圖書館課는 1965年의 文部省 大學學術局 밑에 설치된 課이다.

吉川 課長의 말에 의하면 政府의 圖書館 政策의 當面 課題는 圖書館 시스템의 피라미드形 驅逐, 必要한 司書의 定員數의 確保 및 司書의 待遇와 質의 向上이라고 한다.

〈圖 2〉 피라미드형 시스템

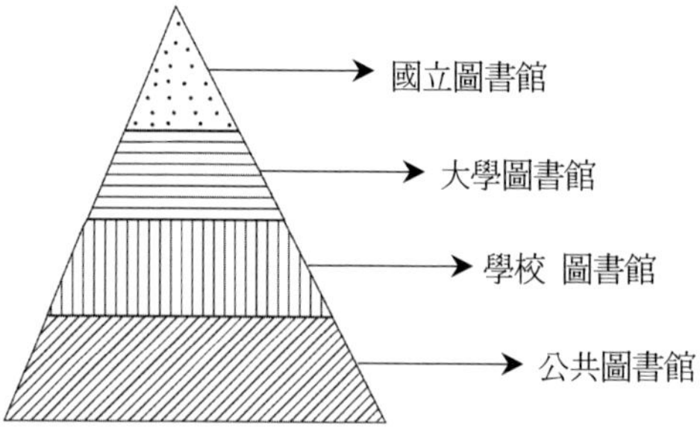

政府 組織에 圖書館 全擔課가 있다는 것 自體가 圖書館에 對한 積極的인 姿勢를 말해 주는 것이며 또 그 事務內容을 보면 아주 圖書館 實務 깊숙한 곳까지 關與하고 있음을 알 수 있다. 이러한 現想은 圖書館으로서 아주 多幸스러운 일이라고 하겠다.

情報圖書館課에는 庶務係, 學術情報係, 學術資料係, 大學圖書館係의 4個係가 있는데 이들 各係의 事務內容을 보면 다음과 같다.

1) 學術情報係

① 學術情報 分科委의 事務에 關한 일
② 國文學 硏究 資料에 關한 일
③ 國立大學 文獻 센터에 關한 일
④ 學會, 協會에 關한 일
⑤ 도큐멘테이션 講習會, 漢籍擔當 職員講習會에 關한 일
⑥ 學術情報의 流通利用의 實態調査에 關한 일
⑦ 學術雜誌의 綜合目錄에 關한 일
⑧ 學術情報 處理體制의 整備에 關하여 企劃하고 또 援助와 助言을 하는 일

2) 學術資料係

① 學術資料 分科會의 事務에 關한 일
② 學術硏究 成果의 刊行費 補助金의 事務에 關한 일
③ 學術映畵製作 및 補給에 關한 일
④ 硏究特別經費(解剖體 經費, 實驗動物經費, 標本維持費, 系統 保存費)에 關한 일
⑤ 動物 實驗施設에 關한 일
⑥ 그 밖에 學術資料의 蒐集, 保存, 活用에 關한 일

3) 大學圖書館係

① 大學圖書館 視察委員의 事務에 關한 일

② 大學圖書館 實態調査에 關한 일

③ 大學圖書館 改善協議會에 關한 일

④ 大學圖書館 職員 講習會 및 長期硏修에 關한 일

⑤ 國立私立大學 圖書館 協議會 또는 地區 大學圖書館協議會 等과의 連絡과 거기에 對한 援助와 助言에 關한 일

⑥ 大學의 附屬圖書館에 對하여 基準을 決定하고 또 그 組織 및 運營에 關하여 援助와 助言을 하는 일

⑦ 그 밖에 大學 또는 硏究機關의 附屬圖書館 그 밖의 學術에 관한 圖書施設에 對하여 學術의 振興을 爲하여 援助와 助言을 하는 일

또한 情報圖書館課에는 實務經驗이 豊富한 4名의 專門委員을 두어서 여러가지 實態를 把握하고 또 資料를 蒐集해서 이것을 分析, 檢討하고 建議 稟議함으로써 보다 效果的인 圖書館 政策樹立에 助言케 하고 있다. 그中에서 特히 括目할 만한 일은 아직 積極的인 參考業務를 하지 않고 있는 圖書館 中에서 1年에 2~3開館을 選定해서 參考業務를 開始하도록 종용 내지는 命令한다고 한다. 여기에서 말하는 參考業務라는 것은 公共圖書館의 그런 것이나 大學圖書館의 Information desk에서의 Quick reference도 아닌 2次資料를 使用한 特定 主題에 對한 文獻探索이나 抄錄, 索引 또는 飜譯 서비스 等의 보다 積極的인 參考業務를 말하는 것이다.

요즈음은 圖書館의 서비스 尺度를 이러한 積極的 參考業務의 量과 充實度에 의해 判斷한다는 것도 옳은 이야기라 생각된다. 이러한 圖書館 業務의 趨

勢나 展望에 政府 自身이 먼저 이를 確認하고 圖書館을 리드해 갈 수 있다는 것은 참으로 바람직하고 좋은 現像이라고 하겠다.

豫算은 國立大學의 경우 圖書購入費, 維持費(臨時職員 人件費, 水道, 電氣稅 等)를 包含한 圖書館 全 豫算의 25%를 該當大學의 中央圖書館에 支援해 준다고 한다. 또한 司書職 公務員의 待遇는 特別히 優待한다고 한다. 이를테면 國立大學 圖書館의 境遇 一般職 4等級이면 課長, 事務長級이며 係長級이면 5等級인데(日本의 境遇는 公務員의 職級이 8等級에서 1等級까지 있음) 司書의 境遇는 오랜 經歷이 있고 아주 有能하면 平職員으로서 最高 4等級까지, 卽 課長級의 待遇까지 해준다고 한다. 情報圖書館課 專門員인 抄藤 氏의 말을 빌리면 이러한 待遇를 現在의 4等級에서 最高 2等級까지 끌어올리려고 關係機關과 協議 折衝 中이라고 한다.

4. 現況

1970年의 日本 厚生省 調査部의 統計에 依하면 日本의 醫科大學은 國立 26個, 公立 9個, 私立 24個校의 總 59個 醫科大學이 있으며 이의 學生 定員은 5,535名이다. 醫師는 總 118,990名이고 人口 10萬에 對해서 醫師 1,147名꼴이 되는 셈이다. 圖書館 學科가 있는 곳은 1951年에 新設된 4年制 正規 및 大學院 코스가 있는 慶應大學 하나뿐이고 그 外에는 初級大學 過程인 2年制의 圖書館 短期大學이 하나 있을 뿐이다. 따라서 圖書館學의 敎育制度는 우리나라가 앞섰다고 하겠다.

그러나 美國이나 英國 等 先進國에서의 圖書館 敎育을 받은 사람은 우리나라에 比해서 훨씬 많은 것 같다. 分類表는 68個 醫學圖書館 中 半以上인 37

個 圖書館이 NDC(日本十進分類表)를 쓰고 있으며, NLMC(National Library of Medicine Classification)나 BMLC(Boston Medical Library Classification)를 쓰고 있는 大學은 約 20個 大學뿐이다. 그러나 最近에는 大部分의 醫學圖書館이 NLMC로 再分類할 計劃이며 또 現在 進行 中인 大學도 많이 있다.

圖書館 司書들의 待遇는 역시 우리와 같이 他職種에 比해서는 훨씬 낮다고 하며 또 男子보다는 女子 職員이 더 많다.

〈圖 3〉 職員現況

	正規職					非正規職 臨時職員 (part time)	合計
	男	女	計	專門職	其他		
計	249	366	615	422	193	144	759
館數	68	68	68	68	68	68	68
平均	3.7	5.4	9.0	6.2	2.8	2.1	11.2

한 圖書館에 職員이 10名 以上인 圖書館이 68個 圖書館 中 37個館이고, 그 나머지 31個館 中에는 5名 以下의 小圖書館도 5個館이나 된다.

〈圖 4〉 藏書現況

	單行本	製本雜誌	計	年間增圓	現行 雜誌
計	3,233,210	1,787,789	5,020,999	216,351	73,490
館數	66	58	66	68	68
平均	48,988	30,824	76,076	3,182	1,081

藏書現況을 보면 大體로 우리나라보다는 훨씬 그 數가 많아서 10萬册 以

上이 15個館, 2萬冊 未滿인 圖書館은 不過 4個館 뿐이다. 또 雜誌의 境遇는 東京大學의 2,965種을 筆頭로 1,000種 以上 購讀하고 있는 圖書館이 38個大學이며 400種 以下의 圖書館은 2個館 뿐이다. 이처럼 單行本이나 雜誌數가 基準未達인 것은 同協會의 加入規則이 改定되기 以前에 加入한 研究所 等의 小圖書館들이다.

한편 醫學圖書館의 圖書購入費를 보면 東北大學의 50,149,000圓을 비롯해서 大阪大學 41,331,000圓, 東京大學 39,316,000圓, 九州大學 38,136,000圓 等의 國立大學은 아주 豫算이 많으나 私立大學인 日本大學의 24,464,000圓, 昭和大學 22,420,000圓, 慶應大學 17,000,000圓, 東京醫大의 16,462,000圓 等을 보면 國立에 比해 훨씬 적은 편이다. 이것은 우리나라와는 아주 正反對의 現狀으로 國家의 積極的 支援에 起因된 것으로 보인다.

위의 統計表에 依하면 大學費에 對한 圖書館費가 4.3%로 나타나 있지만 神戶大學의 境遇 大學費 1億 7千萬圓에 對한 圖書館費 4千 2百萬圓은 大學費 24%에 該當하는데, 이처럼 많은 豫算을 圖書館에 配定한다는 것은 참으로 注目할 만하다. 이러한 現狀은 京都大學의 11%, 東京大學의 9% 等을 보더라도 圖書館에 對한 重點投資는 圖書館으로서 아주 좋은 現狀이라 하겠다.

〈圖 5〉 圖書購入費 現況

	大學費	圖書館費	人件費	維持費	圖書購入費
計	48,658,758	2,045,452	625,665	248,234	1,310,146
館數	50	55	51	57	63
平均	973,175	37,190	12,268	4,355	20,796
比率		對大學費 4.3%	對圖書館費 30.6%	對圖書館費 12.1%	對大學費 2.7% 對圖書館費 64.1%

圖書館의 開館時間은 東北大學의 午前開館, 慶應大學의 午後開館을 除外하고는 日曜日에는 全 圖書館이 休館하며, 一部 極少數 大學에서 學生에 限해서 一部 圖書에 對한 自由閱覽을 制限하는 것 以外에는 거의가 다 完全 開架式이다. 館內 利用現況은 開架式이므로 正確한 統計算出이 不可能하고 館外貸出 및 相互貸借 狀況은 〈圖 6〉과 같다.

〈圖 6〉 閱覽 및 相互貸借 現況

	館外 貸出				貸借					學內 複寫
	人員	冊數	日日 平均		現物	複寫	現物	複寫	海外 利用	
			人員	冊數						
計	412,682	884,253	1,934	3,019	5,537	139,565	3,294	82,091	1,667	752,501
館數	57	64	56	63	65	68	65	86	64	56
平均	7,240	13,817	35	48	85	2,052	51	1,207	26	13,438

一般的으로 圖書館의 시설이나 裝備는 아주 잘 되어 있다고 본다. 全般的으로 몇 가지 두드러지게 느껴지는 것은 情報 서비스의 始作, 圖書館 業務의 機械化, 資料室의 設置活用, 關聯機關과의 緊密한 network로 集約된다.

圖書館 서비스는 그 技術面에서 資料 서비스와 情報 서비스로 大別할 수 있다. 資料 서비스라 함은 從來 一般的으로 생각해 오던 傳統的인 閱覽, 貸出, 複寫, 相互貸借 서비스 等의 基本的이고 必須的인 資料 自體의 提供에 依한 消極的인 奉仕를 말한다. 情報 서비스라 함은 이러한 資料 서비스의 持續的인 圓滿한 奉仕 위에 그 資料가 품고 있는 內容, 卽 文獻情報를 利用者의 多樣한 요구에 알맞게 迅速히 奉仕할 수 있도록 여러 가지 角度에서 適切히 加工 處理하여 提供하는 積極的인 서비스를 말한다. 이를테면 文獻情報의 探索, 索引, 抄錄, 飜譯 서비스 等이 이러한 것들이다.

오늘날의 日本醫學圖書館界의 現狀은 바야흐로 資料 서비스로부터 情報 서비스에로의 轉換段階에 들어섰다고 보는 것이 틀림없겠다. 歐美의 先進諸國이 그랬듯이 몇 年 前만 해도 日本도 고작 資料 서비스 狀態였었다고 한다. 그러나 1963年 NLN(美國國立醫學圖書館)이 開發한 MEDLARS (Medical Literature Analysis & Retrieval System; 醫學文獻分析檢索 시스템)의 出現으로 日本에서는 가장 먼저 慶應大學 醫學情報센터가 이러한 近代的 意味의 情報 서비스를 시작하였던 것이다. 비록 部分的이기는 하지만 이제는 約 30餘 個의 圖書館이 情報 서비스를 하거나 準備 中에 있다. 前述한 政府의 圖書館 政策에서도 말한 바와 같이 文部省이 1年에 2~3個 圖書館을 選定해서 보다 積極的인 參考業務를 開始하라고 종용 乃至 命令한다고 하는 것은, 從來의 傳統的인 資料 서비스 以外에 積極的인 情報 서비스 業務도 始作하라는 뜻인 것이다. 왜냐하면 資料 서비스와 情報 서비스와의 橋梁役割을 하는 것이 곧 參考業務이기 때문이다. 參考調査 業務에는 3個의 기능이 있다. 그것은 첫째, 利用者로부터의 參考質問을 받는 Information desk에서의 所藏如否確認 等의 Quick Reference, 둘째 個人 研究者의 特定 主題에 關하여 過去의 文獻을 二次資料에 의하여 網羅的인 遡及 調査, 셋째는 個人 研究者와 病院 等 研究團體의 調査이다. 特定 主題에 對하여 最新 文獻을 探索하는 繼續調 一般이 지금까지 알고 있었던 參考業務는 대개 첫째 項의 그런 것이었을 것이다. 그러나 앞서 둘째, 셋째 項에서 말한 文獻의 遡及 및 繼續調査를 소위 文獻探索이라고 말하고 이러한 參考業務 活動과 飜譯, 抄錄, 索引서비스 等을 包含하여 情報 서비스라고 말하는 것이다.

이러한 서비스는 專門的인 參考司書의 不足, 待遇, 語學能力, 豫算 等의 여러 가지 어려움 때문에 알면서도 못하고 있는 경우가 많다. 이와 關聯해서 情報處理의 機械化라든가 相互協力 等 世界的인 情報流通組織網(network)의

必然的인 요구는 너무도 當然한 것이다. 慶應大學 醫學圖書館이 行하고 있는 몇 가지 代表的인 文獻情報의 network를 소개해 보면 MEDLARS, INIS, APTIC 等을 들 수 있다. MEDLARS는 Medical literature Analysis & Retrieval System의 略字로서 "醫學文獻調査檢索 시스템"인데 1963年에 美國의 N.L.M.(美國國立醫學圖書館)이 開發한 것으로서, 日本은 1972年 6月부터 本格的인 서비스를 시작하였던 것이다. MEDLARS에 對해서는 紙面關係로 다음 機會에 따로 자세히 說明키로 하고 日本의 境遇에 關하여 요점만을 간단히 소개하기로 한다. MEDLARS는 1963年에 NLM이 開發한 全 世界의 醫學關係, 雜誌 中 2,400種을 選定해서 이들 雜誌에 실린 各 論文에 대해서 MeSH(Medical Subject Heading)에 따라 索引을 作成하여 磁氣테이프에 蓄積시켜 利用者가 願할 때 必要한 文獻을 컴퓨터에 依해 探索 서비스 하는 醫學文獻 探索組織이다. 여기에 收錄된 雜誌 中 日本의 雜誌는 128種, 韓國 雜誌는 *Yeonsei Medical Journal* 하나뿐이다. 日本은 1968年에 NLM 當局과 協議하여 慶應大學이 日本의 NLM 代理部가 되어 抄藤氏 等 數名이 美國의 NLM에 가서 2年間 索引業務에 對한 教育을 받고 왔다. 그래서 上記 128種의 日本醫學雜誌에서 年間 約 12,000件의 論文을 索引하여 NLM에 보낸다. 이와 같이 美國 等 世界各地에서 索引된 資料는 月 1回씩 磁氣테이프에 蓄積되어 年間 約 23萬件의 論文이 蓄積된다. 現在 月刊으로 나오는 Index Medicus는 바로 그달에 蓄積된 索引인 것이다. 이와 같이 醫學雜誌論文의 索引이 蓄積된 磁氣테이프를 JICST(日本科學技術 情報센터)에서 1972年에 40個月 分을 購入하여 全日本 醫學關係者에서 有料奉仕하고 있다. 今年 3月에는 JICST에서 MEDLARS Ⅱ의 tape를 導入할 豫定이라고 한다. 卽, 다음 그림과 같이 input는 慶應에서, output은 JICST에서 分割 奉仕하고 있다.

그 外에 INIS는 International Nuclear Information System의 略字로

서 "國際 原子力 情報 시스템"이다. 오스트리아의 빈에 本部가 있고 世界 90 個國에서 나오는 原子力 關係의 文獻을 MEDLARS와 같은 方法으로 處理 奉仕하는 文獻情報 시스템이다.

〈圖 7〉 日本의 MEDLARS 業務

94種 雜誌 → 慶應大學 → (索引) → NLM

테이프 → JICST ← 利用者

〈圖 8〉 日本의 INIS 業務

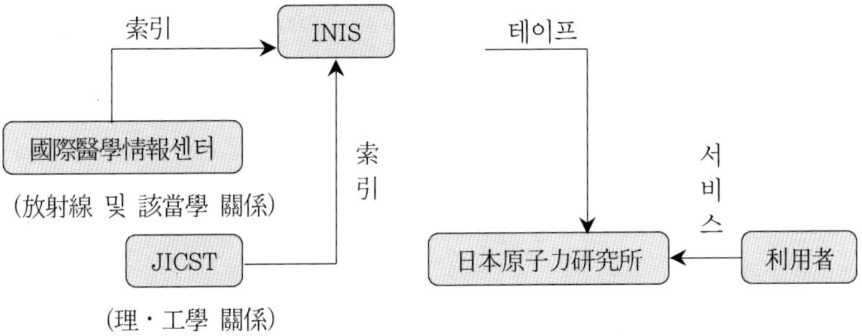

國際醫學情報센터 (放射線 및 該當學 關係) → (索引) → INIS

JICST (理・工學 關係) → (索引) → INIS

테이프 → 日本原子力研究所 ← (서비스) ← 利用者

또 APTIC는 Air Pollution Technical Information Center의 略字로서 "大氣汚染情報센터"인데, 이것은 美國의 環境保護廳 大氣汚染局 산하에 있는 機構로서 MEDLARS나 INIS와 같은 方法으로써 索引資料를 input시켜 컴퓨터에 依해 서비스 하는 文獻情報 시스템이다. 日本에서는 1970年부터 國際醫學情報센터에서 索引作業을 하고 서비스는 美國人 Franklin, F. 氏가 直接 東京에 事務室을 두고 서비스 하고 있다.

이처럼 世界的인 Network와의 效率的인 協力 乃至 充實한 積極奉仕에는 圖書館 司書의 資質 向上과 豫算이 뒤따라야 하겠다. 筆者가 日本에 있는 동안 가장 욕심나는 것은 資料室이었다. 卽, Staff's Library다. 慶應의 경우 70餘 種의 國內外 圖書館 關係 雜誌, 單行本 및 各種 資料를 準備하여 職員이면 누구나 언제라도 自由스럽게 볼 수 있도록 되어 있다. 東京大學 綜合圖書館의 경우에도 圖書館 職員을 위한 資料室만의 藏書가 웬만한 小圖書館만큼이나 그 규모가 크고 內容도 豊富하다. 이처럼 圖書館 司書들의 自己業務에 關한 工夫를 할 수 있는 여건이 되어 있는 것은 퍽 부럽게 生覺되어진다.

한편 相互貸借 業務나 文獻探索의 機械化는 보다 正確하고 迅速한 서비스를 可能케 한다. 이를테면 日本 內 10個 醫學圖書館에서는 이미 텔렉스를 設置해 놓고 相互貸借 業務를 迅速히 處理하고 있다. 例를 들어 利用者가 要求하는 文獻이 慶應大學에 없고 大阪大學에 있다면 텔렉스를 利用, 타이프를 치면 大阪大學의 텔렉스에 直接 自動的으로 타이프 되어 나온다. 그러면 大阪大學에서는 곧 그것을 찾아서 複寫해 보내주게 된다. 또 高性能 Xerox에 依한 複寫 또는 컴퓨터나 Card Selector를 利用한 文獻探索 等은 時間과 努力을 많이 節約해 주고 있다.

5. 慶應義熟大學 醫學情報센터와 國際醫學情報센터

慶應大學은 1858年에 創設된 116年의 긴 歷史를 가진 私立의 名門이다. 本來 中央圖書館과 3個의 分館 및 圖書館과 같은 業務活動을 하던 2個의 研究室이 있었는데 보다 近代的인 學術研究敎育을 爲해서 情報 서비스를 하고 研究·敎育과 學習을 中心으로 運營되어야 한다는 觀點에서 1961년 2月에

"新圖書館 計劃"이 세워졌다.

그 後 大學 內 全 圖書館의 從來의 모든 圖書館 組織과 業務技能을 再編成해서 1970年부터 4個의 情報센터로 나누어 圖書館이란 이름을 情報센터로 바꾸어 버렸다. 이리하여 醫學情報센터도 1971年 4月에 發足되었다.

이처럼 積極的인 參考奉仕와 情報 서비스의 크로즈업으로 圖書館의 性格도 近代的인 技能에 맞추어 情報센터라는 이름으로 그 이미지가 바뀌어 가고 있다. 實例로서 國際醫學情報센터에 관하여 소개하고자 한다.

國際醫學情報센터는 1972年 4月에 慶應大學 醫學圖書館으로부터 分離 獨立되어 財團法人으로 認可 發足되었다. 그 背景과 理由는 대강 다음과 같은 것인 듯하다.

1) 獨步的으로 活潑한 圖書館의 情報 서비스 때문에 全國的 國際的 서비스의 混在로 學內 利用者의 利用이 壓迫되는 狀態이지만 學內外를 區別해서 奉仕하기는 어렵다.
2) 圖書館 職員이 150名이나 되어도 利用者의 要求에 充足히 奉仕해 줄 수 있는 職員과 豫算이 不足하다.
3) 私立大學으로서 國家의 輔助를 많이 받을 수 없다.
4) 美國의 NLM과 같은 그 나라의 中心的인 國立醫學圖書館이 日本에도 必要하다.
5) MEDLARS, INIS, ARTIC 等 國際的 趨勢인 情報 Network化 時代에 便乘하여 活動해야 하지만 私立大의 1個 分館으로서 國家를 代表하는 그러한 일을 하기에는 問題點이 많다.
6) 大學 및 圖書館 內의 特殊한 여러 가지 複雜한 事情 等等인 것 같다.

國際醫學情報센터는 建物의 建築費 및 資料購入費 等 아직 最小限의 必要한 豫算이 당장 없어서 發足 前과 똑같이 慶應大學의 建物과 資料를 그대로

利用하고 있고 事務室 等 一部만 다른 곳에 있다. 職員도 發足 前의 慶應大學 職員 150名 中 130餘 名이 國際醫學情報센터의 所屬으로 되었으나 實際的으로는 混合勤務를 하고 있다. 또한 그의 設立趣旨에 나와 있듯이 慶應大學을 母體로 하고 또 圖書館 業務를 그대로 繼承하여 擴大 奉仕한다고 나와 있다.

이와 같이 두 機關은 不可分의 關係가 있어서 完全히 갈라지기까지에는 여러 가지 複雜한 問題가 提起될 것으로 보인다. 겉으로는 전혀 從前과 變함이 없는 것 같으므로 外部에서는 지금도 모두를 慶應大學 圖書館만으로 生覺하는 사람이 大部分이다. 두 機關의 組織圖를 比較해 보면 〈圖 9〉, 〈圖 10〉과 같다.

圖書館은 地下 1층 地上 2층의 獨立 콘크리트 建物이고 書庫만은 4층으로 되어 있다. 建物坪 2,892m^2로 約 970坪 程度에 閱覽席은 142席이다. 職員은 前述한 바와 같이 150餘 名이었던 것이 國際醫學情報센터와의 分離로 22名이 되었으나 74年 4月에는 36名이 되었다고 한다. 前記 22名 中 司書資格證 所持者는 14名이다.

藏書는 單行本 33,303冊과 製本雜費 78,689冊을 合하여 111,992冊이다. 年間 約 2,600冊이 增加하며 現行 購讀雜誌數는 1,975種이다.

豫算은 總圖書館 豫算 68,695,000圓 中 人件費 40,050,000圓, 維持費 11,545,000圓이고 圖書 購入費는 1,700萬圓이다.

分類는 NLMC를 使用하고 辭典體目錄을 備置하고 있다.

閱覽은 對象을 一般人에게까지 完全公開하고 開架式이며 年末年始를 除外하고는 日曜日에도 開館한다.

館外 貸出冊數는 1日 平均 120冊이며(※ 東京大學: 160冊), 相互貸借는 텔렉스 400件을 包含하여 月平均 約 2,500件, 貸借業務는 約 850件이다.

複寫는 제록스 6臺로서 月平均 18,500件(※ 東京大學: 7,000件)에 120,000枚

이고 年間 約 150萬枚의 複寫를 한다(※ 日本國會圖書館: 130萬枚).

〈圖 9〉 慶應大學醫學情報센터의 組織圖

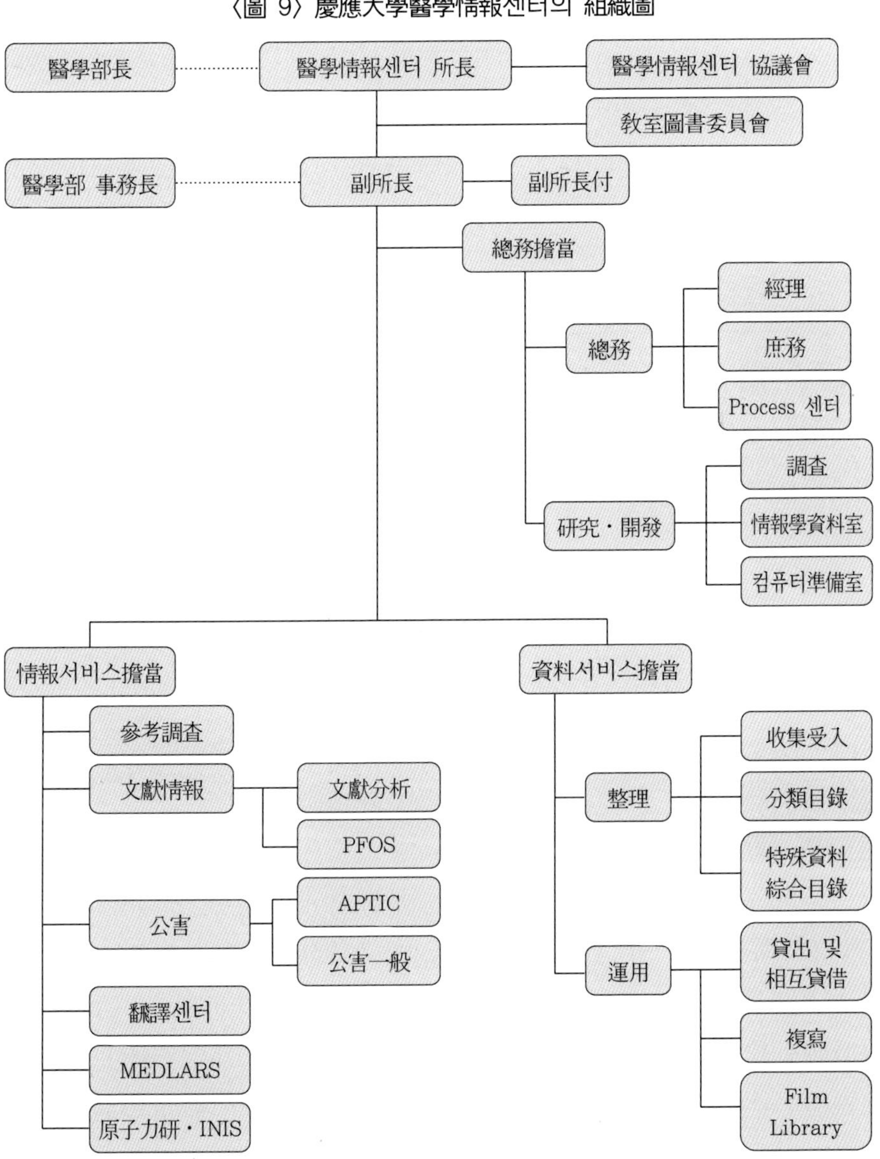

〈圖 10〉 國際醫學情報센터의 組織圖

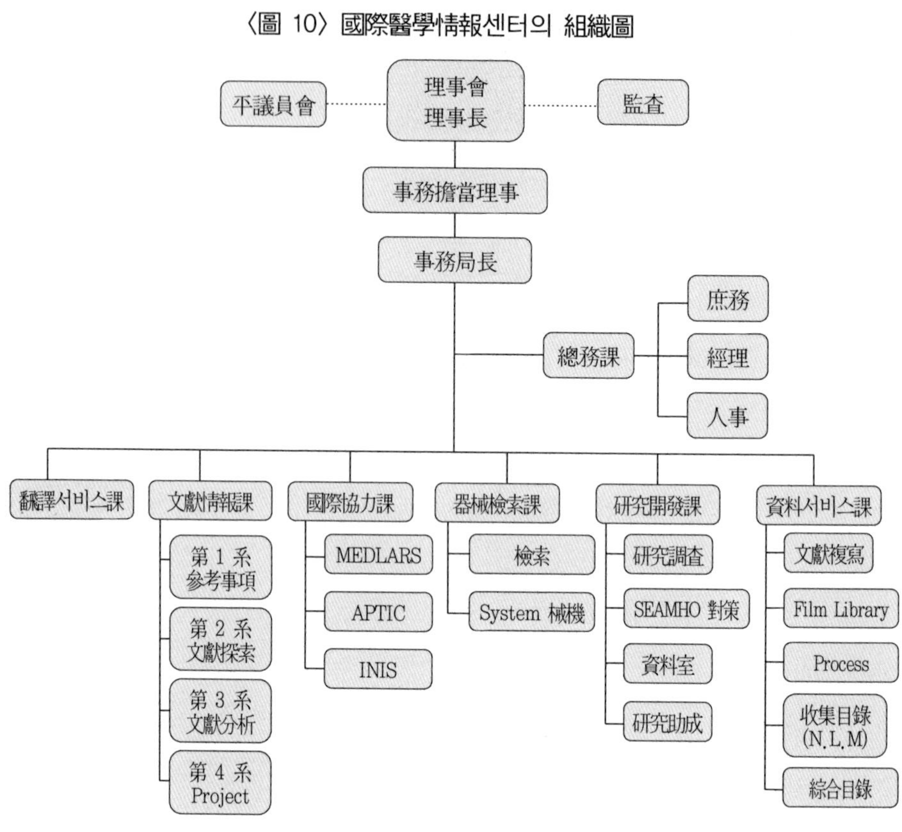

6. 결론

半年間 日本의 여러 醫學圖書館을 돌아보고 强하게 느낀 것은 豫算이나 人力 等의 諸般 政策的인 積極支援이나, 여러 가지 複雜한 現狀만을 生覺하기 以前에 圖書館 司書 自身들이 獻身的인 努力으로 여러 가지 不利한 與件을 改善할 수 있도록 참고 견디며 이겨내야 되겠다는 生覺이 앞선다. 日本에서

들은 이야기이지만 30年 前에 어떤 醫學圖書館에서는 事務室에서 窓門을 열어 놓고 낚시질 하며 消日한 일도 있다고 한다. 언제가는 넘어야 할 고개, 벗어져야 할 껍질, 이러한 試鍊은 現在 奉職하고 있는 圖書館 司書들만이 解決할 수 있고 해야만 하는 일이라고 生覺한다.

또한 政府나 大學의 當局에서도 圖書館이 知識의 寶庫, 大學의 心藏이라고만 말하기에 앞서 充分한 理解와 協助로서 보다 果敢하고 積極的인 支援을 實踐에 옮겨 주어야 할 것이다.

参考文獻

情報管理, Vol. 13, No. 6, pp. 434~442, 1970.

醫學界新聞 1000號, 1972. 5. 29.

醫學のあゆみ, Vol. 77, No. 13, pp. 756~761, 1971.

第44次 日本醫學圖書館協會加盟館統計, 1973.

日本醫學圖書館協會要覽, 1973.

醫學圖書館에 있어서 雜誌選擇에 필요한 Tool*

Acquisition Tools in a Medical Library

1. 머리말

해마다 增加一路에 있는 學術雜誌는 醫學圖書館에 있어서 가장 重要한 資料이다. 하지만 이 不可缺한 情報源인 專門雜誌를 限定된 豫算으로 全部 收集, 保存한다는 것은 不可能하고 그 內容이나 價値도 모두 다르다. 또 利用되지 않는 資料를 收集, 保存한다는 것도 無意味한 일이다. 여기에서 雜誌收入의 選擇의 必要性이 생기게 된다. 그러나 그토록 많은 種類의 雜誌 中에서 必要한 特定의 雜誌를 選擇하는 것은 결코 쉬운 일이 아니다. 그러므로 먼저 雜誌의 選擇方針을 企劃하고 그의 效果的인 運用을 하지 않으면 안 된다. 그의 效果的인 運用은 適節한 選擇資料의 選擇如何에 따른다고도 하겠다. 이러

---

* 이 글은 日本 德島大學 附屬圖書館의 三宅英子 氏가 『醫學圖書館』, Vol. 12, No. 2(1969年 6月)에 發表한 論文을 飜譯한 것으로 *Bulletin KMLA*, Vol. 2, No. 2, 1975, pp. 46~54에 수록된 것이다.

한 選擇資料의 活用者인 圖書館員은 各種의 書誌的 資料에 對하여 充分한 知識과 그의 綜合的인 驅使能力을 키울 必要가 있다.

그래서 雜誌의 選擇에 必要한 資料를 書誌의 書誌, 論文, 書評, 廣告 等을 參考로 하여 分野別로 分類整理하여 個個의 資料를 紹介하고자 한다.

2. 雜誌의 選擇에 쓰이는 資料

資料選擇에 쓰이는 資料의 種類는 아주 많고 그의 特性도 아주 多樣하다. 또 資料의 分類方法도 여러 가지다. 資料는 大別해서 個別的 評價와 相對的 評價를 위한 資料로 나눌 수가 있다. 一般的으로 選擇資料로서 들 수 있는 資料는 前者를 가리킨다. 여기에 資料를 目錄類, 關係學術誌 圖書館關係紙의 文獻紹介解說資料, 利用調査資料로 나누어 分類하고 個個의 資料를 簡略解說檢討해 보고자 한다.

1) 目錄類

A) 逐次刊行物 目錄

ⓐ 醫學・學術關係

① Basic book and periodical list for the nursing school and small medical library, 3rd., Los Angels, Queen Angels School of Nursing, 1961, Suppl. 1963.

看護學校 및 小醫學圖書館에 있어서 基本的 圖書, 雜誌 리스트

② Basic List of Book and Journals for Veterans Administration

Medical Libraries Revision, U.S. Veterans Administration, 1964.

③ Biomedical Serials 1950~60: a selective list of serials in the National Library of Medicine, Washington, U.S. Dept. Health, Education and Welfare, 1962.

美國國立醫學圖書館(以下 NLM)에서 受入하고 있는 18,500種의 逐次刊行物 中 8,939種의 選擇 리스트로서 1950年 以後 1年間에 적어도 1回以上 刊行된 醫學雜誌의 重要한 逐次刊行物을 全部 網羅하고 있음.

④ Drug literature, U.S. Senta Committee on Government Operations, Washington, 1963.

國際的 視野에 서서 選擇한 醫學關係 935種의 逐次刊行物 리스트

⑤ A guide to the literature of chemistry, 2nd ed., Crane, E.J. et. al., New York, Wiley, 1957.

化學關係의 圖書, 雜誌, 團體 리스트

⑥ Periodica Chemica: Verzeichnis der im Chemichen Zentralblatt referierten zeitschirften mit entsprechenden genormten Tite-labkinzongen. Nchtrag 1962, Berlin, Akademic Verlag, 1962.

⑦ Periodica Medica; Titelabkürzunger, Medizinischer Zeitschrifter 4, Aufl. Stuttgart, Thieme, 1952.

⑧ Recent books and periodicals selected for the small medical library. Chicago, American Medical Association, 1959.

小學校關係 圖書館에서의 基本的인 圖書 및 逐次刊行物 100種을 리스트한 英語文獻 리스트.

⑨ Selected list of books and journals for the small medical

library. Brandon, A.N.: Bulletin of the Medical Library Association, Vol. 55: 141~159, 1967.

小學校 圖書館에 必要한 圖書 및 逐次刊行物 140種을 主題別로 目錄하여 ABC 順의 索引이 달려 있다. 英語文獻뿐.

⑩ Selected list of British medical periodicals; an anotated guide. London, British Council and the Royal Society of Medicine, 1963.

英國의 醫學關係 雜誌의 選擇解題書.

⑪ Vital notes on Medical Periodicals. Chicago, Medical Library Association, 1952, 年 3回.

醫學雜誌의 創刊, 廢刊, 合併, 休刊, 誌名變更, 刊種變更 等의 各種 變化 事項을 신속히 알 수 있는 重要한 資料이다.

⑫ World list of pharmacy periodicals. Washington, American Society of Hospital Pharmacists, 1963. American Journal of Hospital Pharmacy, Vol. 20, No. 2.

世界의 約 60數個 國의 藥學關係雜誌 900種 以上과 그들을 收錄한 主要 索引 및 抄錄誌를 紹介하고 있다. 1963年부터 別刷.

⑬ World Medical Periodicals. 3rd ed., Fleurent, C.H.A., New York, World Medical Association, 1961, Supplement 1968.

世界의 醫學雜誌 約 5,800種을 收載하고 있다. 補遺版은 1961年 以後의 誌名變更이라든가 創刊誌 700種 等을 收載하고 있다.

⑭ 日本義齒藥學雜誌總覽, 近藤慈恩 編, 大學書房, 1958.

日本의 3,250種의 雜誌를 收載하고 誌名變更 等의 記事를 詳細하게 記載하였다.

ⓑ 自然科學關係

① Guide to Latin American scientific and technicaler periodicals; an anotated list. Pan American Union, Washington, 1962.

中南美의 科學技術關係 逐次刊行物 目錄으로 學問의 分類別로 排列하고 簡單한 解題가 달려 있다.

② Guide to scientific periodicals; an anotated bibliography. Library Association, London, 1966.

科學技術關係 逐次刊行物 1,048種을 收載하고 特殊한 主題別로 排列되어 있고 書誌的 事項은 詳細하고 解題가 달려 있다.

③ Japanese journal in science and technology; an anotated checklist. Prown, G.I., New York, Public Library, 1960.

④ Japanese scientific and technical serial publication in the collections of the Library of Congress. Washington, Library of Congress, 1962.

日本의 科學技術雜誌 主體로 하고 韓國, 滿州, 오키나와, 臺灣의 資料를 收載하고 있다. 歐文과 日本文으로 나누어 自然科學, 工學, 醫學, 農學, 索引抄錄의 5個 項目으로 分類되어 있다.

⑤ World list of scientific periodicals; 1900~1960, 4th ed., Brown, P. & Stratton, G.B. London, Butter-Worths. 3 Vols. 1963~1965.

世界의 科學技術雜誌 約 6萬 種을 收載하고 英國 國內의 250機關의 所藏目錄도 겸해서 收載하고 있다.

⑥ 日本 科學技術關係 逐次刊行物 目錄(Directory of Japanese Scientific Periodicals) 國立國會圖書館, 1967.

日本의 科學技術關係 逐次刊行物 4,929種을 國際十進分類法에 依해 分類하고 分類項目마다 誌名의 알파벳 順으로 排列하고 있다. 書誌的 事項은 대단히 詳細하고 흔히 論文要旨의 有無라든가 雜誌의 性格까지 表示해주고 있다.

⑦ 日本 自然科學雜誌總覽, 日本醫學圖書館協會 編, 1969.

明治初年부터 지금까지의 日本, 韓國, 滿州, 中國에서 刊行된 自然科學雜誌 約 9,000種을 收載하고 있다. 書誌的 事項은 詳細하고 明確하며 東書雜誌, 洋書雜誌, 東書雜誌의 歐文誌名索引의 3部로 되어 있다.

ⓒ 學術關係 一般

① Annuaire de la presse francaise et étrangére et du monde politique 1880~. annual Paris, Administration et Rédaction.

② Anschriften deutschigen Zects-Chrifen 7Jg Marbach am Neckar, Banger, 1963.

③ Classified list of periodicals for the college library. 4th ed., Boston, Faxon, 1957.

④ Deutsche Bibliographie: Zeitschriften Verzeichnis. 1945~1952, Frankfurt am Main. Buchhandler-Vereinigung 1954.

⑤ Directory of Japanese learned Periodicals, 1957. Kokuritsu Kokkai Toshokan, Tokyo Library Bureau, 1957~58, 3 Vol.

日本의 學術雜誌目錄으로 1. 人文社會科學, 2. 自然科學, 醫學, 3. 應用科學, 美術의 3部로 되어 있다. 書誌的 事項은 詳細하다.

⑥ Guide to current British periodicals, Toase, M. London, Library Association, 1962.

1960年 現在의 英國의 逐次刊行物 3,200種을 DDC에 依해 分類排列한 解題書이다.

⑦ Guide to U.S. Government serials & periodicals Vol. 1~2. Melean, Va., Documents Index. 1962~64. 2 Vols.

美國의 政府機關으로부터 刊行되는 逐次刊行物의 가장 詳細한 案內書이다.

⑧ Leitfaden für presse und Werbung. Essen, Willy Stamm, 1947~. Annual.

⑨ N.W. Ayer and Sons Directory of Newspapers and periodicals, Ayer, film, Philadelphia, 1880~ annual.

美國, 캐나다, 필리핀 等地에서 刊行되고 있는 2萬種 以上의 定期刊行物 및 新聞을 地域別로 目錄한 것이다.

⑩ La Presse Francaise; Guide general methodique et alphabetique. Hachette, Paris 1967.

佛蘭西에서 刊行되고 있는 定期刊行物의 總攬이다. 1部는 分類別로 約 15,000種을 收載하고 各誌의 槪要를 써주었고, 2部에는 알파벳 順으로 排列하여 書誌的 事項도 記載되어 있다.

⑪ Repertoris analitico della stampa Italiana; Quotidiani e periodice. Milano, Messaggerie Italiane, 1964.

이탈리아의 雜誌 新聞의 카탈로그로서 約 8,000種을 收載하고 있으며, DDC의 分類에 따라 排列되어 있다.

⑫ Ulrich's periodical directory; a classified guide to a selected list of current periodicals, foreign and domestic, 12th ed., New York, Bower, 1967.

1932年 以來 3年마다 改訂되어 全 領域에 걸친 55,000種의 雜誌를 選擇하여 各 主題別로 目錄되어 있다. 書誌的 事項은 대단히 詳細하고 二次資料에의 被收錄 狀況이라든가 挿圖, 廣告 等의 有無 또는 DDC의 記號 等의 여러 가지 書誌事項이 아주 仔細히 記錄되어 雜誌의 內容評價 하는데 큰 도움이 되는 資料이다. 그러나 現行의 雜誌만을 對象으로 하고 있어서 廢刊, 休刊의 雜誌에 對해서는 舊版을 參考해야 된다.

⑬ Willings Press Guide; a comprehensive index and handbook of the press of the United Kingdom of Great Britain, Northern Ireland and the Irish Republic with a selection of foreign publications. 1874~ annual. James Willing Ltd., London.

英國에서 出版되고 있는 雜誌, 新聞의 카탈로그로 主題別 索引 및 價格이 附記되어 있다.

⑭ 逐次刊行物 目錄, 納本週報別册 1957~ 日本 國立國會圖書館收書部, 納本週報의 逐次刊行物部에 收載되어 있는 것을 基礎로 하여 官公廳部와 民間部로 나뉘어져 있다.

⑮ 日本雜誌總覽 出版ニュス社, 1957.

日本의 雜誌 9,775種을 一般雜誌, 學術雜誌, 官公廳誌, 單體協會誌, 同人誌, PR誌, 私報로 大別하여 NDC에 依해 分類하고 있다. 書誌的 事項은 詳細하고 本文의 앞에 "明治百年創刊雙誌年表" "戰後 休廢刊誌一覽" 等이 있고 卷末에는 發行所名簿, 雜誌名索引이 있다. 現行 雜誌目錄으로서는 가장 網羅的인 것이다.

以上의 定期刊行物 目錄 以外에 不定期刊行物 目錄으로서 Irregular serials & Annuals. 1st ed., New York, Bower, 1967이 있다. 約 15,000種의 不定期刊行物을 主題別로 分類하고 書誌的 事項을 記載하고 있다.

逐次刊行物(雜誌) 리스트는 專門別인 것, 綜合的인 것, 國家的 或은 世界, 選擇 또는 網羅的인 것 等等의 多種多樣하고 또 書誌的 事項의 記入內容도 詳細한 것, 簡單한 것 等 모두 다르다.

그러나 書誌에는 個個의 特性을 가지고 있는 것이므로 利用目的에 따라 書誌를 잘 選擇, 活用하여야 할 것이다.

個個의 圖書館은 自館의 特殊性에 따라 書誌를 選定하고 그들을 綜合的으로 有用하게 使用할 줄을 알아야 하겠다.

醫學圖書館에 있어서는 醫學이나 藥學關係만이 아니고 科學技術關係 및 心理學關係의 資料도 必要로 한다.

그래서 지금까지 提示했던 資料 中 N.L.M의 Biomedical Serials, World medical periodicals, Vital Notes on medical periodicals, Ulrch's International periodical directory, World list of scientific periodicals, 日本科學技術關係 逐次刊行物 目錄, 日本自然科學雜誌總攬 等은 반드시 備置하고 있어야 할 줄로 生覺한다.

B) 索引, 抄錄紙에 收載된 雜誌目錄

① Biological Abstracts; list of serials with title abbreviations, 1968. Bioscience Information Service of Biological Abstracts, Philadelphia.

94個 國에서 刊行되고 있는 7,444種의 Biological Abstracts 收載誌目錄이다.

② Chemical Abstracts; list of periodicals with key to library files and other information, 1961. American Chemical Society, Washington.

化學關係紙 및 會議錄, 12,543種을 收載하고 美國, 유럽, 亞細亞의 334機關의 所藏을 表示해 주고 있을 뿐만 아니라 이들 機關의 所在地, 貸出, 飜譯 서비스의 有無 等에 關해서도 記錄해 놓고 있다. Supplement는 1962年부터 每年 著者名 索引과 함께 出刊되고 있지만 別册도 있고 新版은 1962년부터 累積되어 있다.

③ Excerpta Medica; list of journals abstracted, 1966~67. Excerpta Medica Foundation, Amsterdam.

醫學關係雜誌 約 3千 種을 收載하고 卷末에 日本 雜誌의 歐文索引名이 있다.

④ List of journals indexed in Index Medicus, 1969. National Library of Medicine, Bethesda.

每年 Index Medicus의 1號에 揭載되어 있고 別册도 있다. 主題別 目錄으로서 Bull. Med. Lib. Assn., 50: 353~406, 1962에 揭載되어 있다.

⑤ 醫學中央雜誌收載誌目錄, 醫學中央雜誌刊行會, 1968.

日本의 醫學, 藥學, 齒學 및 그의 關聯領域의 雜誌 1,256種을 收載하여 發行回數, 發行所, 그의 所在地를 記載하고 卷末에는 休刊, 廢刊誌目錄이 있다.

每年 刊行되고 있기 때문에 年間의 雜誌에 對한 새로운 情報를 얻을 수가 있다. 收載誌目錄은 各 索引, 抄錄誌의 大部分이 刊行되고 있기 때문에 主題別 專門索引·抄錄誌도 各 專門分野의 個個의 資料調査에 有用하다. 收載誌目錄에 收載되어 있는 資料는 放大한 資料로부터 選擇되어진 것이기 때문에 資料의 相對的 評價의 觀點이 되어 選擇資料로서 꼭 必要한 資料이다.

C) 綜合目錄 및 所藏目錄

① British union-catalogue of periodicals. London, Brutterworth, 4

Vols. 1955~58.

英國의 440個 圖書館에 所藏되어 있는 17世紀에서 20世紀까지 出版된 各國語의 雜誌 140,000種을 收載한 것이다. 1962年에, 1960年까지 새로이 收藏된 雜誌를 收錄한 補遺版이 出版되고 1964年에는 World list of scientific periodicals와 合倂하여 British Union Catalogue of periodicals incorporating world list of scientific periodicals; New periodical title로 되어 National Central Library에서 季刊으로 나오고 年間 累積版도 나온다.

1960年 以後의 創刊, 休廢刊, 合倂, 誌名變更 等이 記載되어 있다.

② New Serial Titles; a union list of serials commencing publication after December 31, 1949.

Library of Congress, Washington, Monthly.

Union list of serials in libraries in libraries of the U.S. & Canada의 補遺版으로서 刊行되고 있다.

美國 및 캐나다의 主要 圖書館의 所藏을 記載하고 있다. 月刊誌로서 1年, 5年, 10年마다 累積版이 나오고 있다.

ABC 順의 累積版으로서 1950~1960年, 1061~1965年版이 있으며 分類別로서 1966年版이 있다. 新刊雜誌를 아는데 있어서 가장 有用한 目錄이다.

③ Scientific Serials Autsrasian Libraries. 루즈립式으로 年 2~3回 更新한다.

오스트레일리아의 316個 圖書館에 所藏되어 있는 科學技術雜誌 綜合目錄으로 機關名으로 雜誌를 調査할 수 있다.

④ Union list of serials in libraries of the United States and

Canada. 3rd ed., New York, Wilson, 1966, 5 Vols.

美國, 캐나다의 956個 圖書館에 所藏되어 있는 157,000種의 雜誌를 收載하고 있다. 補遺版으로 New serial titles가 있다.

⑤ Union list of technical periodicals, 3rd ed., New York, Special Libraries Association, 1947.

科學技術關係 逐次刊行物 約 5,000種을 收載하고 있다.

⑥ World list of scientific periodicals. 1900~1960. 4th ed., London, Butterworth, 1963~65, 3 Vols.

前述했음.

⑦ 科學雜誌綜合目錄, 日本 文部省 大學學術局 編, 自然科學歐文編 改訂版 1966, 自然科學和文編 改訂版 1968.

日本의 國公私立大學, 硏究所, 國立國會圖書館宮, 公廳硏究機關, 그 밖에 民間硏究機關에서 所藏하고 있는 資料를 網羅하였다.

⑧ 醫學雜誌綜合目錄, 日本醫學圖書館協會 編, 歐文雜誌編 4版 1961, 和文雜誌編 4版 1963.

日本醫學圖書館協會 加盟館의 所藏目錄이다. 이의 補遺版으로 每年 出版되는 現行醫學雜誌 所在目錄이 있다.

⑨ 化學文獻所在目錄, 東京理科大學學友會 化學硏究部 編, 1957.

南關東地域 諸機關의 圖書館에 所藏되어 있는 化學關係 逐次刊行物 中에서 比較的 利用頻度가 높은 것으로 國內 121種, 國外 438種을 選擇 收載한 것이다.

⑩ 全 日本藥學, 藥學關係 逐次刊行物目錄-和文編- 1964年 12月 31日 現在, 日本藥學圖書館協議會 1967.

明治 以後에 刊行된 藥學 및 關聯領域의 逐次刊行物을 網羅한 所在目

錄이다.

⑪ 全國藥學圖書館所藏學術雜誌 總合目錄 歐文編-化學, 藥學, 關連醫理工學領域-改訂版 日本藥學圖書館協協議會 編, 1968.

1967年 5月 1日 現在 藥學圖書館協議會 加盟館 所藏目錄이다.

綜合目錄 및 所在目錄類는 많이 있고 또 個個 圖書館의 所藏目錄은 어느 圖書館에서도 作成되어 있다. 이러한 種類의 目錄은 同種의 다른 圖書館에 있어서의 收集狀況을 알 수 있게 되므로 相互利用의 重大한 役割을 하게 된다. 또 雜誌의 創刊, 休刊, 廢刊, 誌名變更 等도 把握할 수 있어서 아주 有用한 것이다.

D) 出版目錄, 新刊, 近刊雜誌案內

出版社나 書店에서는 販賣를 爲해서 定期的으로 目錄을 作成하고 關聯領域의 圖書館, 硏究所 等에 配布하고 있다.

이러한 類의 目錄에는 刊行頻度, 國名, 價格 等이 記載되어 있어서 購入할 境遇 큰 要因이 되는 價格을 正確히 把握할 수가 있다. 또한 創刊雜誌 리스트도 나와 있다. 또 創刊雜誌의 發行案內 等에는 다른 資料에서는 얻을 수 없는 發行의 目的 編輯方針, 編輯者名, 雜誌의 內容, 性格까지 詳細히 記載되어 있어서 新刊雜誌의 購入에는 不可缺한 資料이다.

2) 關係學會誌, 圖書館關係誌의 文獻紹介解說資料

새로운 雜誌가 刊行되면 各 分野의 著名한 雜誌의 文獻紹介欄에 揭載되어 專門家의 손에 依해 評價되어 雜誌의 性格內容이 客觀的으로 紹介되므로 關

係있는 讀者에게 充分한 選擇資料로 된다. 그러나 連報性의 點에서 볼 때에는 出版社의 資料만 못하다.

여기에 圖書館關係 資料를 紹介하면,

A) 醫學圖書館-Vital Notes

B) 情報管理-新刊雜誌紹介, 海外雜誌

C) 科學技術文獻 서비스-海外雜誌 新着速報 等이 있다.

여기에 當館이 所藏하고 있는 逐次刊行物의 選擇資料의 比較一覽表를 만들어 보면 다음 表와 같다. 아래 表를 보면 雜誌에 關한 書誌事項의 記載內容은 種類에 따라 統一되어 있는 것이 아니라 그들대로의 資料가 個個의 編輯方針에 따라 作成되어 있는 것을 알 수 있다.

그래서 우리들이 選擇資料를 活用할 境遇에는 무엇을 調査할 것인가, 그의 目的을 正確히 할 必要가 있다.

資料에 對하여 充分한 知識을 얻는 것은 當然하지만 調査目的의 正確은 그의 活用目的을 決定하는 重要한 要素가 된다.

3) 利用調査資料

A) 貸出, 複寫記錄 調査資料

個個의 圖書館에 있어서 資料의 選擇收集方針을 決定하기 위해서는 利用調査를 할 必要가 있다. 그것은 利用者의 硏究對象의 如何에 따라 恒常 變化하고 固定되어 있는 것이 아니기 때문이다. 여기에 關한 文獻資料로서는

① 福留考夫: 洋雜誌の 貸出利用調査 につこきたきと2: 43~8, 1962.

② 本田品子: 國內 がんセンタにわけゐ 雜誌利用調査, 醫學圖書館 12: 191~203, 1965.

③ 今村慶之助, 青木孝雄: 複寫利用頻度からみた 重要雜誌. 醫學圖書館 11: 185~191, 1964.

④ 井田章子: 雜誌 利用度 調査. 醫學圖書館 11: 193~198, 1964.

⑤ 大澤充: 雜誌利用調査~高度利用 雜誌の選擇一. きたさと 3: 71~6, 1964.

⑥ 律田良成: 北里醫學圖書館に おける 雜誌利用調査. Library Science 2: 119~57, 1964.

⑦ 丹野 要: Circulation Counting. 醫學圖書館 11: 177~185, 1964.

⑧ 律田良成, 裏田武夫: 現行 外國雜誌ベスト・テン調査-日本圖學圖書館協會-醫學圖書館 11: 165~171, 1964.

⑨ 律田, 裏田, 河邊, 近藤: Index Medicus 收錄 和雜誌 及び 協會 加盟館に おける 重要 和雜誌-日本醫學圖書館協會-醫學圖書館 12: 31~59, 1965.

⑩ Fleming, T.P. and Kilgour, F.G.: Moderately and heavily used biomedical journals. Bull. Med. Lib. Ass. 52: 234~241, 1964.

⑪ Himt J.W.: Periodicals for the small bio-medical clinical library. Lib. Quart., 7: 121~140, 1937.

⑫ Kilgour, F.G.: Use of medical and biological journals in the Yale Medical Library. Bull. Medical Lib. Ass., 50: 429~449, 1962.

⑬ Stangl, P. and Kilgour, F.G.: Analysis of recorded biomedical books and journals use in Yale Medical Library. Part Ⅱ. Subject and User relations. Bull. Med. Lib. Ass., 55: 301~315, 1967.

主要한 逐次刊行物 選擇資料의 內容比較表

主: *의 和文編만, ※은 都市名만, ◇은 國名만

種類	書名	創刊年	編輯委員會	出版團體	出版地	發行頻度	雜誌의 性格等	被收載抄錄 및 索誌引	評價	誌名變更 廢·休刊	省略名	所藏館	日本文→歐文誌名	排列	收載範圍(年)	特徵
逐次刊行物目錄	World Medical Periodicals			○	○	○					○			ABC順	5,800種 1960年까지, 補遺版은 1967年까지	誌名省略表는 標準的인 것으로 알려져 있다.
	World List of Scientific Periodicals	○			※○					○	○	○		ABC順	約 6萬種 1900~1960年	全 世界의 科學技術雜誌 約 6萬 種을 網羅하여 英國의 圖書館의 綜合目錄 구실을 한다.
	Ulrich's International Periodicals Directory	○	○	○	○	○	○	○	○					分類別	·2萬種 以上 3年마다 1932年~	書誌事項은 대단히 詳細하지만 選擇資料로서는 適合하지 않다.
	日本自然科學雜誌總攬	○		○	○	○				○	○		○	ABC順	約 9,000種 1870~1968年	日本의 自然科學雜誌 9,000種을 收載하고 書誌事項의 記載가 明確하다.
	日本科學技術關係 逐次刊行物目錄	○	○	○	○	○	○		○				○	UDC 分類別	4,929種 1967年 3月 現在	雜誌의 性格 크기 1冊의 平均 page數 論文要旨의 有無
索引·抄錄誌의 收載誌目錄	Chemical Abstracts List of Periodicals	○	○	○	○	○		×			○	○		AEC順	約 12,000種(1961年 現在) 補遺版은 1962~1967年	雜誌의 綜合目錄을 겸하고 있다.
	List of Journal Indexed in Index Medicus				※			×		○	○			ABC順	2,000種 以上, 每年 1960年~	誌名省略表가 달려 있고 그로부터 正誌名을 알 수 있다.
	醫學中央雜誌收載誌目錄		○	○	○	○		×		○				50音順	1,256種, 每年	出版事項에 關해서 詳細하다.
綜合目錄	British Union Catalogue of Periodicals	○		○	※○					○		○		ABC順	約 147種 17世紀~20世紀	誌名變更에 關해서 詳細히 알 수 있다.
	學術雜誌綜合目錄: 自然科學	○		*○	※○					○		○		ABC順	歐文編: 1963.9.1 現在 和文編: 1966.8.1 現在 約 25,000種	所藏目錄으로 하여 廣範圍한 調査가 可能하다.
出版社 및 書店關係	Subscription Catalogue				◇○	○			○					ABC順		正確한 價格을 알 수 있다.
	創刊, 誌名案內(1校짜리)	○	○	○	○	○	○		○							다른 資料에서 얻기 힘든 發刊目的, 性格等 詳細히 알 수 있다.
雜誌의 文獻紹介欄	情報管理: 新聞雜誌紹介	○	○	○		○	○		○					ABC順		雜誌의 內容을 알 수 있다.
	科學技術文獻サービス: 海外雜誌新着速報	○		○	※○	○	○									雜誌의 內容을 알 수 있다.
	醫學の あゆみ: 世界の醫學雜誌 1卷 1號	○	○	○	○		○			○						編輯者와 雜誌의 歷史的 變遷에 關해서 잘 알 수 있다.

B) 引用文獻 頻度數 調査資料

重要한 雜誌를 一種 또는 多種을 골라서 一定 期間에 引用된 文獻의 揭載誌를 集計하는 것에 따라 雜誌의 客觀的 評價의 한 手段으로 하는 것이다.

이 評價方法(Gross and gross technique)에서는 主要雜誌의 種類, 期間의 設定 等에 따라 相當히 다른 結果가 된다. 그러나 利用되고 있는 全 資料가 揭載되어 있지 않기 때문에 그 範圍를 把握할 수 없는 것 等의 問題點이 있다.

따라서 이러한 方法에 따른 調査資料를 比較檢討하여 새로운 리스트를 作成하는 것도 한 方法이 될 수 있을 것이다.

이러한 種類의 文獻資料로서

① 遠藤哲朗, 遠藤肇: Citation Counting-Tohoku Journal of Experimental Medicine. 醫學圖書館 11: 235~241, 1963.

② 遠藤肇: 同上 第42報, 醫學圖書館 14: 219~224, 1967.

③ 片川, 岩本: 「歐本廣島醫學」に 現われた 外國雜誌 引用頻度. 醫學圖書館 14: 237~240, 1967.

④ 森友洋子: 國內 歐文誌に 現われた 外國雜誌の 引用頻度に ついて-特に Kobe Journal of Medical Sciencesに ついて 醫學圖書館 14: 231~236, 1967.

⑤ 中島健一: 國內 歐文誌に 現われた 外國雜誌の 引用頻度に ついて -Medical Journal of Shinshu University-醫學圖書館 14: 225~230, 1967.

⑥ 田中久文: 國內の 總合的 臨床醫學雜誌に わける 引用文獻調査. 醫學圖書館 11: 221~233, 1964.

⑦ 田澤美子: Gannに よる 雜誌の 引用度 調査. 醫學圖書館 11: 243~247, 1964.

⑧ Brodman, E.: Choosing physiology journals. Bull. Med. Lib. Ass., 32: 479~483, 1944.

⑨ Gregsry, J.: An evaluation of periodical liteature from the standpoint of endocrinology. Endocrinology, 19: 213~215, 1935.

⑩ Hackh, I.: The periodicals useful in the dental library. Bull. Med. Lib. Ass., 27: 139~147, 1938.

⑪ Jenkins, R.L.: Periodicals for medical libraries. J.A.M.A., 97: 608~610, 1931.

上記의 外國文獻은 內容이 오래 되어서 現在의 選擇資料로 쓰기에는 問題이지만 Gross and Gross에서 시작하는 引用頻度調査 方法을 배울 수 있다면 또한 그 方法을 使用하여 얻어진 最近의 文獻과 比較對照함에 따라 새로운 資料가 생기게 된다.

이러한 方法에 依한 資料의 評價에는 여러 가지 問題點이 있어서 모든 點을 考慮하여 選擇資料를 作成하고 選擇하는 데 助言하고 싶은 것이다.

C) 利用度의 要求調査資料

利用度의 要求調査資料로서는 直接的 要求調査와 貸出不能調査, 相互利用調査, 文獻調査資料와 같은 間接的 調査資料가 있어서 여기에 따라 要求資料目錄을 作成하고 選擇資料에 利用하는 方法도 있다. 이와 같은 利用調査資料는 旣刊資料의 것은 別로 없고 個個로 作成해야만 되는 것이어서, 또 他 圖書館의 資料가 自己 圖書館의 資料로서 充足한 것은 전혀 없는 것이므로 利用者의 研究對象을 探知하고 거기에 適切한 資料를 作成하고 選擇資料로서 利用할 必要가 있다.

그러나 利用者의 資料에 對한 知識不足도 考慮되어야만 하므로 圖書館員은 恒常 새로운 資料에 눈을 돌려 資料紹介에 努力해야 된다.

3. 맺음말

雜誌의 選擇에 쓰이는 資料는 多種多樣해서 그의 性格도 하나같지가 않다. 個個의 資料는 個個의 特徵을 가지고 있고 또 利用對象도 달리한다.

또 資料는 既刊의 것만이 아니고 모든 調査資料를 基礎로 하여 새로운 資料를 作成하지 않으면 안 되는 것도 있다.

既刊資料는 쉽게 利用이 可能하지만 그 內容의 신빙성이 問題된다.

個個의 資料를 正確히 調査하여 作成된 것이 아니고 調査資料를 基本으로 하여 作成된 것이기 때문에 틀린 것도 많이 있어 編輯上의 不統一 等 問題點이 많이 있다.

여기에서 우리들은 情報內容을 正確히 把握하기 爲하여 適當한 資料를 2種 以上 活用할 必要가 있다.

나는 個個의 資料를 利用한 經驗에서 언제나 內容이 不正確한 資料에 부딪치게 된다.

資料가 完全無缺한 것은 거의 하나도 찾아볼 수 없으므로 資料의 編輯에는 보다 一層의 注意를 喚起시킬 必要가 있다. 지금까지 提示한 資料에 對해서도 當館에 全部 所藏되어 있는 資料만은 아니고 여러 가지 資料를 參考하고서 說明한 것이라서 不正確한 點이 있을지도 모르겠다.

亦是 資料는 自己가 直接 資料를 손에 쥐고 調査해야 보다 正確을 기할 수 있을 것이다.

이와 같은 書誌의 活用보다는 一次文獻資料(雜誌)를 直接 調査檢討하는 것이 가장 좋은 일이며 必要한 資料가 없을 境遇에는 처음부터 書誌의 利用이 안 되는 것이다.

그러나 現在 醫學圖書館에 있어서는 이미 收集이 되고 있기 때문에 今後의 選擇에 있어서만이 資料를 必要로 한다. 結局 補助的 役割을 위한 資料만은 아니다. 이것은 新刊雜誌, 硏究對象의 變更에 따른 雜誌의 選擇, Back Number 購入에 關한 資料의 選擇을 意味하게도 된다. 이 點을 考慮하여 適當한 資料를 選擇收集해야 될 것이다.

定期刊行物의 管理와 그 問題點*

1. 머리말

大學이 學問의 廣範圍하고 深奧한 知識을 敎授硏究하여 그것을 保存하고 解釋하고 發展시키어 國家와 人類社會가 要求하는 指導的 人的 資源을 養成排出시키는 데 그 目的이 있다면, 大學圖書館은 이러한 目標達成을 爲하여 修行되는 모든 行爲에 對하여 支援해 주고 參與하는 基本的이고도 中樞的인 敎育 支援施設이라고 하겠다.

卽, 數拾世紀에 걸쳐 蓄積되어 온 記錄된 知識과 高度化한 文明의 所産과 細分化된 學問의 急速한 發展에 立體的 同伴者로 登場되는 엄청난 情報資料를 時代的 要求性을 能動的으로 開發하여 利用者의 趣向에 맞도록 多角的, 具體的으로 處理 奉仕하는 情報提供 機構라고도 하겠다.

---

* 이 글은 도서관보 제11호, 1975, pp. 59~74에 수록되었다.

다시 말해서 現代 圖書館은 從來의 圖書館 資料 自體를 提供함으로써 서비스 하는 消極的 서비스가 아니고, 그 資料가 품고 있는 內容을 多角的으로 處理하여 積極的으로 서비스 하는, 卽 情報를 提供하는 圖書館이라고 할 수 있다.

이처럼 圖書館 業務의 積極的인 서비스化와 多樣하게 開發되는 圖書館 機能은 近年에 들어서 古來의 傳統的인 圖書館의 이미지를 벗어나서 情報센터的 役割을 하는 圖書館으로 그 이미지와 機能이 變質되어 가고 있다.

이는 特히 專門圖書館이나 大學圖書館의 境遇에 더욱 顯著히 나타나고 있어서 外國에서는 勿論이지만 우리나라에서도 圖書館學科라는 이름을 文獻情報學科나 情報圖書館學科 等으로 그 이름을 바꾸어야 된다는 意見이 오가고 했음은 周知의 事實이다.

이와 같은 現象은 그 大部分이 定刊物의 爆發的인 流出에 起因하고 있음은 두말할 必要가 없는 것이다.

따라서 大學圖書館은 그 大學(國家)이 追求하는 教育目標에 副應되도록 教科課程과 密接히 關聯시켜야 함은 勿論 現代 情報源의 主軸을 이루고 있는 定刊物로 視線을 돌려 組織되고 管理運營되지 않으면 안 될 것이다.

그러기 爲한 하나의 手段으로써 圖書館 司書들의 經驗과 實務를 通한 創意的이고 合理的인 能動的 批判과 問題點에 對한 代案提示는 繼續 奬勵되고 開發되어야 하며, 이에 對한 當局의 充分한 理解와 果敢한 解決力은 司書들의 士氣와 勤務意慾을 북돋우며 그 圖書館과 大學의 健全한 發展을 約速해 줄 것이다.

서울大學校 綜合化에 따라 改編된 圖書館의 現體制 속에서 定期刊行物室의 運營現況과 그동안에 빚어진 여러 가지 問題點들을 分析 檢討해 봄으로써 앞으로 보다 效果的인 圖書館 政策樹立에 도움이 되는 資料가 되기를 期待하며, 몇 가지 問題點을 指摘하고 그 解決方案을 提示해 보고자 한다.

2. 定期刊行物에 對한 利用者의 要求

定期刊行物은 特定 主題(Subject)에 對한 整頓된 知識의 묶음인 單行本과는 달리, 그것이 體系 있게 整頓되어 册으로 나오기 以前에 各各의 短編的 記事(Article)를 速報하고 또 그 內容의 最新性을 生命으로 하는 最新情報의 情報源이다.

高度한 文明의 急成長은 學問의 多變的 專門性을 深化시키며 個個 事例의 空間的 當時的 意見과 判斷을 要求한다. 또한 定刊物의 새로운 分野에 對한 最新情報의 速報性은 研究者들에게 많은 興味와 觀心을 주며 이에 對한 價値와 重要性은 날로 重要視 되고 急增하고 있다. 따라서 이와 같은 情報源의 雜誌性向的인 趨勢로 現代 圖書館에 있어서의 定刊物의 位置와 그 機能은 참으로 重要視 되고 크로즈업 되고 있다.

圖書館은 이와 같은 利用者의 要求를 잘 把握하고 또 多角的으로 開發하여 그런 方向에로의 誘導 및 案內를 極大化하여 情報提供 機構로서의 보다 積極的인 奉仕機能에 充實해야 할 것이다.

따라서 可及的 보다 많은 利用者(特히 學生)에게 定期刊行物의 利用機會를 賦與하고 開放해 주어야 하며 雜誌利用의 열쇠라고 할 수 있는 各種 二次資料의 많은 備置와 그의 利用法 指導를 게을리 해서는 안 된다.

3. 教育課程과 圖書館 利用指導

大學의 教科課程과 圖書館의 圖書選定이나 利用指導에 關해서는 그 相關性

과 有用性에 對해서 그동안 많은 論議와 提唱이 있었다.

이에 對한 當局의 理解있는 判斷과 必要性의 認識은 많은 大學이 圖書館 利用法指導를 敎科課程으로서 採擇케 함으로써 窮極的으로는 大學敎育의 效果的이고 能率的인 目標의 達成에 큰 成果를 얻고 있음은 周知의 事實이다.

學生들이 그들의 學習에 必要한 모든 圖書館 資料들이 圖書館 司書와 함께 自身의 學業에 얼마나 많은 도움이 되는가는 미처 잘 모르거나 生覺해 보려 들지 않거나 過小評價해 버리는 傾向이 있는 것이 오늘의 우리들의 實情인 것 같다. 外國의 境遇는 敎科課程에 包含시키는 境遇도 있지만 다른 方法으로는 가끔 講義時間에 該當敎授가 圖書館 利用에 關한 特講을 圖書館 司書에게 要請하고 또 그 成果는 敎授 自身이 몇 時間 講義하는 몇 배의 效果가 있는 것으로 評價되어 이러한 方法도 흔히 採擇한다고 한다.

그러나 現在 서울大學校의 境遇 圖書館 利用指導라는 것은 新入生 오리엔테이션 때 기껏해야 5分 間의 極히 要式的인 節次뿐이니 利用者에 對한 積極奉仕를 不斷히 開發해야 할 圖書館으로서는 당장 解決해야만 할 課題라 아니할 수 없다.

따라서 가장 理想的인 것은 勿論 大學當局이 敎科課程에 圖書館 利用指導에 關한 것을 包含시키는 일이지만, 이것이 現實的으로 極히 어려운 일이라면 적어도 新入生 오리엔테이션의 時間이라도 最少 3時間 以上으로 늘리어 該當分野의 司書들로 하여금 利用指導를 하도록 하게 하는 것이 바람직하다고 생각한다. 또한 各 學科長은 自己 科의 講義時間을 적어도 年 1回 以上 割愛해서 圖書館 司書의 特講을 要請할 수 있는 아량도 아쉽다.

한편 圖書館 側에서도 앙케트 等을 자주 調査해서 利用者의 要求性을 把握하고 開發한다거나 各 分野의 細密한 案內 팸플릿을 大量備置 또는 配付하는 等 보다 能動的으로 積極的인 案內를 게을리 해서는 안 될 것이다.

또한 圖書館 則에서의 收書政策은 반드시 教科課程과 깊이 關聯지어 選定하지 않으면 안 된다고 生覺한다. 定期刊行物의 경우도 全 大學의 分野別 教科課程과 比較해서 적어도 基本的인 것은 最少한 갖추고 全 學의 藏書構成의 均衡과 繼續性도 考慮되지 않으면 안 된다고 生覺한다.

4. 定期刊行物室의 現況

1) 概要

① 開館時間
- 平 日: 09:00~18:00
- 土曜日: 09:00~13:00

② 閱 覽 席
- 教 授: 35席
- 大學生: 36席
- 71席

③ 面 積
- 閱覽室: 125坪
- 書 庫: 397坪
- 522坪

④ 閱覽方法
- 大學生: 一部開架式
- 教 授: 完全開架式

⑤ 職員: 3名

⑥ 所藏事項

(75. 8. 10 현재)

구분	국별	종수	계
동양서	국내	388	539
	국외	151	
서양서	국내	4	784
	국외	780	
신 문	국내	15	21
	국외	6	
계	국내	407	1,344
	국외	937	

2) 資料의 flow chart

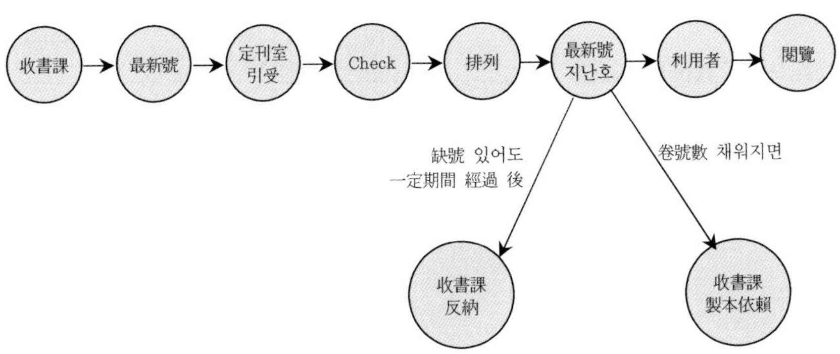

引受한 雜誌를 체크할 때에는 變化事項(誌名變更, 刊種變更, 休刊, 廢刊, 復刊, 停刊 等)과 正誤表(Eratta)의 有無를 調査處理한다. 特히 正誤表의 調査處理는 利用者들에게 誤認을 막고 不便을 덜어 주는 重要한 서비스라고 生覺한다.

※ 75. 5. 15~7. 31 正誤表 調査處理件數: 43件.

3) 利用者의 flow chart

다음 도표에서 보는 바와 같이 出入口가 2個 있으며 學生은 一部 開架式이라서 間架되지 않은 雜誌는 室內 貸出을 申請하게 된다. 또한 館外 貸出은 一切 禁止하고 있으므로 複寫申請을 받아서 職員이 直接 카운터에 다시 申請해 주게 된다.

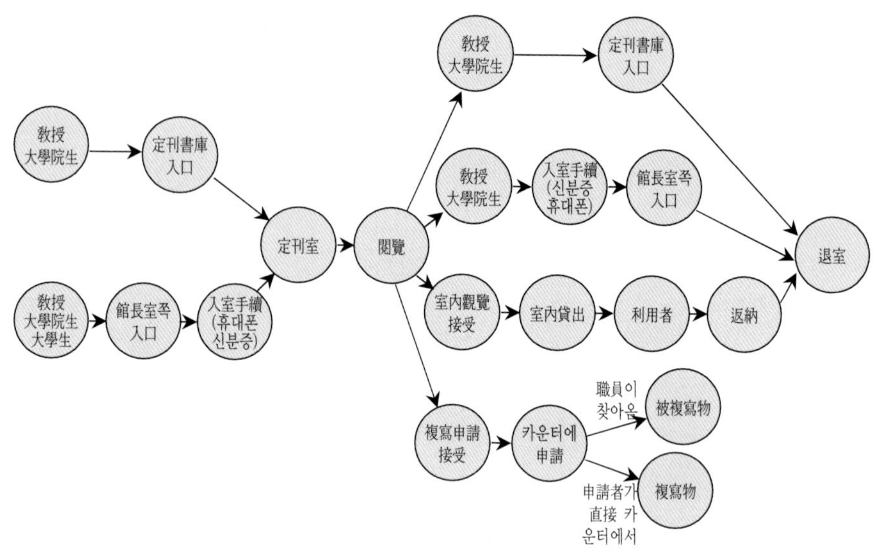

4) 利用者 現況

(75. 5. 15~7. 31)

신분별 기간	교수	대학원생	대학생	기타	계	1일 평균 이용자
5. 15~5. 31	53	238	856	12	1,159	78
6월	59	715	2,436	73	3,283	105
7월	61	779	2,879	9	3,728	125
계	173	1,732	6,171	94	8,180	103

5) 主要業務 現況

(75. 5. 17~7. 31)

구분 \ 월별	5. 15~5. 31	6월	7월	계
인수책수	6,852	2,237	1,602	10,691
참고질의(건수)	53	114	134	301
기타 안내(건수)	110	183	209	502
복사신청(매수)	274	1,372	1,892	3,538
실내 대출(책수)	303	164	1,461	1,928

6) 東書・洋書의 區分

實務를 하다보면 東書・洋書의 區別이 모호한 때가 가끔 있다. 따라서 아래와 같이 區分案을 세워 보았다.

① 雜誌에 쓰인 言語에 따라 區分한다.

② 2가지 以上의 言語로 使用된 雜誌의 境遇는 어느 한 言語가 支配的으로 많이 使用되었으면 그 言語로 區分한다.

③ 2가지 言語로 對譯된 것은 그 册이 出版된 곳에 따라 定한다.

④ 2가지 以上의 言語로 使用된 雜誌로 어느 것이 더 支配的으로 많이 使用되었는지의 區分이 明確치 않을 때는 本 圖書館의 利用者가 가장 많이 使用하는 言語로 區分한다.

5. 定期刊行物의 排列

1) 未合綴 雜誌

新刊 未製本雜誌는 製本雜誌와 區分해서 于先 雜誌의 特性을 살리고 쉽고 빨리 찾을 수 있어야 한다는 原則에 立脚해야 한다.

新刊雜誌의 排列에는 여러 가지가 있다. 于先 分類順과 알파벳順 그리고 收入順이 있겠고 알파벳순이라면 로마나이즈해서 東書・洋書를 混合排列할 것인가, 區分해서 排列할 것인가. 區分해 排列한다면 洋書의 境遇 모두 表紙書名의 알파벳순으로 할 것인가, 아니면 그中 團體에서 나온 雜誌는 英美目錄 規則에 나온 대로 團體名의 알파벳순으로 할 것인가. 또 東書 中 外國雜誌의 境遇 本國의 原音을 로마나이즈할 것인가, 우리나라 音으로 읽어 가나다順으로 排列할 것인가 等等의 여러 가지 問題點이 있고 各各 長短點이 있기 마련이다.

여러 가지 方法 中 그들의 長短點을 檢討結果 모든 雜誌를 東書・洋書로 大別해서 洋書는 알파벳順, 東書는 가나다順으로 排列하기로 했다. 그 理由는 대강 다음에 열거한 理由에서였다.

① 모든 雜誌는 article approach이지 subject approach가 아니라는 雜誌 本來의 特性이 있다.

② 한 雜誌에 여러 主題를 다루고 있어서 分類하기가 困難하다.

③ 모든 論文에 引用된 參考文獻의 雜誌名이 그의 article로 나와 있다.

④ 利用者가 보고자 하는 雜誌名을 대개 알고 있으며 모를 경우는 司書로 하여금 分類別 目錄을 볼 수 있으므로 問題가 되지 않는다.

⑤ 雜誌利用의 열쇠라고 할 수 있는 索引誌 및 抄錄誌들이 大部分 article이나 著者名의 알파벳순으로 排列되어 있다.

⑥ 거의 모든 利用者들이 알파벳 順序나 가나다 順序를 잘 記憶하고 있어서 雜誌에 쉽게 直接接近할 수 있다.

⑦ 東書・洋書는 그 書名 自體가 이미 區別해 주고 있어서, 보면 卽時 區別이 되므로 오히려 쉽게 接近할 수 있다.

⑧ 日本書는 大部分 漢字가 있어서 비록 日本語를 모르는 사람이라도 그 內容은 대강 理解할 수 있어 우리 音으로 읽어 排列한다.

⑨ 中國書는 本國音으로 읽기가 너무나 어려워서 司書 自身도 잘 모를 뿐만 아니라 政府에서도 公式으로 우리 音으로 읽어 表記하고 있다.

⑩ 索引誌, 招錄誌 利用의 初步的 길잡이가 될 수가 있다.

2) 製本雜誌

製本된 定期刊行物의 排列에 對해서는 考慮할 점이 많다고 본다. 現在 서울大學校 圖書館에서는 分類順으로 排列해 놓고 있으나 專門圖書館에서는 勿論 大部分이 알파벳順으로 排列하고 있다. 그러나 全 分野를 망라한 綜合圖書館의 境遇에는 여러 가지 問題點이 많기 때문에 外國에서도 論難이 많은 것 같다.

雜誌 本來의 性格上 또는 서울大學校의 境遇 年間 約 5천여 册式 製本되는 나오는 定期刊行物을 整理하는데 所要되는 엄청난 豫算과 時間 그리고 人力 等을 節約하고 또 현재 서울大學校의 境遇는 量的으로 보아도 그리 많지 않기 때문에 알파벳순으로 排列함이 마땅하다고 본다. 그러나 繼續的으로 放大해 가는 定刊物의 量的 增加로 管理面이나 主題別로 보고자 하는 利用者의

便宜面 또 자주 있는 雜誌의 分割 및 綜合에 依한 技術的 處理 等의 問題點 等을 考慮할 때 分野順 排列 또한 무방하다고 生覺한다. 定刊物의 排列은 점차로 알파벳順으로 되어 가고 있는 趨勢이기는 하나 이 問題에 對해서는 可及的 速斷을 피하고 앞으로 時間을 두고 充分히 檢討해 보아야 할 必要가 있다고 生覺한다.

6. 外國學術雜誌의 適期發注 問題

最近性과 繼續性을 生命으로 하는 外國學術雜誌의 購入에 있어서 1975年度의 서울大學校의 境遇는 當該年度 雜誌를 그해 5月에나 契約하게 됨으로써 行政的 節次上 所要되는 期間이나 外國으로부터 郵送되어 오는 期間 또는 送金한 쿠폰의 追審期間 等 約 四個月을 考慮한다면, 그해 첫 호가 빨라야 9月에나 오게 되기 마련이다. 따라서 年刊이나 季刊의 境遇는 그 出版頻度를 考慮해서 조금은 괜찮을지 모르나 週刊誌처럼 그 發行頻度가 잦은 境遇라면 이미 그것은 最新性을 잃고 雜誌로서의 生命을 잃게 되는 結果가 된다고도 하겠다. 例를 들어 "Current Contents-life science"와 같은 內容目次를 速報서비스 하는 雜誌類는 最新情報의 出現을 보다 신속히 利用者에게 알려주기 爲하여 대개 航空配達로 비싸게 注文되어진 것들이다.

그러나 時時刻刻으로 변천되고 發展하는 科學分野의 情報 速報書를 1年餘나 늦게 받아본다는 것은 그만큼 비싸게 지불된 한낱 休紙로서의 價値밖에 없다고도 할 수 있겠다.

더욱 極端的인 例를 들어 外國의 日刊新聞의 境遇라면 차라리 保管을 爲한 舊聞購入이라고 함이 마땅하지 않겠는가? 늦게 發注함으로써 파생되는 雜誌

價의 引上이나, 品切이나 切版으로 因한 缺號 發生問題 또 他意에 依한 購讀期間의 一方的 變更, 雜誌價의 割引惠澤 機會의 喪失, 當該年度 末에 決算을 할 수 없는 不可避性, 利用者의 圖書館에 對한 不信風潮 等等의 許多한 問題點이 發生하게 된다.

最新雜誌만을 所藏하고 있어야 할 新刊雜誌室에 1年餘 묵은 舊刊雜誌만을 展示해 놓는다는 것은 웃지 못할 안타까운 일이며 또 이들에 依해 目次速報서비스를 한다면 이는 速報가 아닌 緩報가 될 것이며 索引을 만드는 境遇도 그 節次上 所要되는 期間 等을 勘案한다면 晩時之歎을 禁할 수 없을 것이다.

이러한 狀況에서 文獻이 必要해서 찾아오는 利用者에게는 더 이상 큰 失望이 아닐 수 없으며 이것이 累積됨으로써 생기는 利用者들의 圖書館에 對한 不信風潮는 면할 길이 없으며 심각하지 않다고 否認할 수 없을 것이다.

따라서 特히 自然科學 分野의 硏究者들은 自己들 個人이 別途로 雜誌를 購讀하거나 所屬된 學科, 敎室에서 따로 購入하게 되는 것이 漫然하게 되는 것이다.

結局 雜誌가 늦게 發注됨으로써 생기는 모든 不利益된 일은 그 原因이야 어떻든 間에 結果的으로 損害보게 되는 것은 利用者들과 圖書館 自身이 아니겠는가. 이는 發展途上에 있는, 生産的 技術導入이 切實히 要求되는 우리나라의 境遇 같으면 비록 圖書館 支援이 間接投資이긴 하지만 重點的으로 集中的으로 投資해야 될 支援 部門인지라 하루속히 改善되지 않으면 안 된다고 生覺한다.

雜誌가 늦게 發注되는 것은 서울大學校만의 問題가 아니다. 모든 國公立機關에 共히 適用되는 問題인 것이다.

大部分 外國書籍에 依存하고 있는 우리나라의 實情으로써 더구나 最新性과 繼續性을 生命으로 하는 外國學術雜誌를 硏究資料의 主軸으로 삼는 大學이나

研究機關에게는 雜誌가 늦게 발주되는 問題는 根本的으로 是正되어야 할 가장 큰 課題라 하니 할 수 없다.

이러한 일이 생기게 되는 根本的 原因은 外國學術雜誌 購入 豫算이 "豫算會計法(1973. 2. 16. 法律 第2518號 改正) 第2條(會計年度) 第 ②項의 法的 制約을 받고 있"기 때문인 것으로 生覺된다. 上記 第 ②項에는 "國家의 會計年度는 每年 1月 1日에 始作하여 同年 12月 31日에 終了한다"라고 明示되어 있다.

이는 國家의 豫算會計法上 基本的인 大原則이므로 어쩔 수 없다고 보나 私立을 포함한 全國의 總 外國圖書類 購入費(約 100萬달러로 推算됨)만은 다른 特殊한 경우처럼 繼續事業費로서의 惠澤을 받을 수 있도록 例外的으로 立法 措置되어서 늦어도 前年度 9月 末까지는 그의 購入節次가 完了되도록 되지 않으면 안 될 것이다.

따라서 實需要者인 圖書館 側에서 이러한 모순점을 充分히 보다 積極的으로 上部에 建議認識시킴과 同時에 "對民關係 行政法令 整備委員會"와도 直接接觸을 가져서 이의 時急한 改善을 促求하지 않으면 안 될 것이다.

7. 유네스코 쿠폰의 直接配定 許用問題

現在 우리나라의 모든 機關은 外國學術雜誌를 유네스코 쿠폰(以下 쿠폰)으로써 購入하게 되는데 쿠폰은 유네스코 韓國委員會으로부터 配定받게 된다.

配定方法은 實需要者가 直接 配定을 받는 "直接配定"과 實需要者와 代行業者 間의 契約에 依據 받는 "間接配定"의 2가지 方法이 있다.

"유네스코 韓國委員會 쿠폰 配定 特別審査委員會法"에 依하면 100달러 以下는 直接配定을 받을 수 있으나 100달러 以上은 文化公報部 長官의 承認을

받아야만 直接配定을 받을 수 있게 되어 있어, 結局 "外國刊行物 輸入配布에 關한 法律 第3條 및 第4條"의 規定에 따라 輸入業 許可를 받은 자만이 輸入할 수 있게 되어 있다.

現在 "外國刊行物 輸入配布에 關한 法律 第3條 및 第4條"의 規定에 依據, 文化公報部 出版課에 登錄된 輸入代行業者는 4個 會社가 있다.

이들 4個 業者 間의 過多競爭은 일축하고라도 間接配定의 境遇의 表面的인 得失만을 簡單히 말해 보고자 한다.

예를 들어 서울大學校의 境遇 1年의 外國學術雜誌 購入費가 約 6萬 4千 달러라면 間接配定을 받을 境遇 유네스코 쿠폰 配定 手數料 4%, 輸入代行 手數料 4%해서 配定總額의 8%를 追加로 支拂하지 않으면 안 된다.

直接配定이나 間接配定을 莫論하고 유네스코 韓國委員會에 配定手數料를 配定總額의 4%를 支拂하게 되는 것은 마찬가지이지만 間接配定의 境遇 6萬 4千 달러에 對한 輸入代行 手數料 4%는 2,560달러로서 韓貨로는 128萬圓이 된다. 直接配定을 받을 境遇는 上記 128萬圓이 節約이 되므로 月給 4萬圓의 職員 2人을 採用하여 發注業務에만 全擔케 한다면 年間 人件費 96萬圓을 除外한 32萬圓으로 通信費 等으로 充分히 充當할 수가 있다.

現在 約 1,300種의 約 6萬 4千 달러 相當의 外國學術雜誌를 購入하고 있는 서울大學校의 境遇는 雜誌의 平均割引率 4%만 勘案한다 하더라도 적어도 年間 128萬圓의 豫算을 追加로 節約할 수 있기도 할 것이다.

이러한 觀點에서 釜山大學校 總長은 지난 1973年度 全國 國立大學 圖書館長 會議의 建議案으로 유네스코 쿠폰의 直接配定 許用을 "사총 130-1188(73. 7. 14)호"로 文化公報部에 建議한 바 있다.

文化公報部는 上記 公文의 回信으로 출판 1028-8626(73. 7. 19)호로 回信한 바 있으나 亦是 前述한 法條文을 再確認하는 內容의 것이었을 뿐이었다.

유네스코 쿠폰의 直接配定을 許用함으로써 豫算上의 節減이라는 利點도 있지만 또 하나의 間接的인 큰 利點은 輸入代行業者들 간의 不必要한 過多競爭을 純化시킬 수 있다는 것이다.

바꾸어 말해서 이는 直接配定의 境遇 過多競爭으로 因한 入札過程에서의 덤핑과 代行業者 相互間이나 圖書館 間의 相互不信을 막을 수 있는 最善의 길이라고 生覺되기 때문이다.

따라서 直接配定과 間接配定을 모두 許容해 줌으로써 需要者들은 需要者自信들의 實情에 알맞게 配定方法을 選擇할 수 있을 것이며 間接配定의 境遇일지라도 代行業者 相互間도 信用爲主의 거래처로 確保하고자 하려는 風土가 造成될 것으로 믿는다.

그러나 모든 豫算은 그 項目이 決定되어 있어서 前述한 바와 같이 直接配定을 받을 境遇 圖書購入費는 節約할 수 있으되 節約된 豫算, 卽 圖書購入費로서 人件費나 通信費 等으로 轉用하기는 또한 現實的으로 어려운 點이 적지 않게 있다고 본다.

따라서 이러한 問題는 原則的으로 國家나 圖書館의 大局的 長期的 眼目에서 利益이 된다는 充分한 認識 하에 그에 對한 脆弱點을 補完할 수 있는 果敢한 協助와 配慮가 切實히 要求된다.

8. 入札方法의 問題點

外國學術雜誌를 購入함에 있어서 우리는 必要的으로 新聞公告를 내어서 公開競爭入札을 하게 된다.

前述한 바와 같이 勿論 여기에 應札할 수 있는 資格者는 "外國刊行物 輸入

配布에 關한 法律 第3條 및 第4條"의 規定에 依據 文化公報部 出版課에 登錄된 4個 會社뿐이다.

入札方法에 있어서 公開競爭入札을 해야 된다는 根本 趣旨는 참으로 理想的이라고 하겠으나 적어도 外國學術雜誌를 購入함에 있어 公開競爭入札을 해서 最低價格 入札者를 落札者로 選定함에는 적지 않은 問題點이 있다.

現在 物品管理法(1972. 12. 8 法律 第2359號로 改正) 第2號(定義)의 ①項의 規定에 依하면 圖書類도 物品으로 取扱하고 있어서 圖書를 購入할 때는 一般物品의 購買와 마찬가지로 物品購買入札留意書(1972. 2. 21 改正)의 適用을 받아야만 되게 되어 있다.

同法 第7條(落札者 善政) ㉮項에 依하면 "…… 豫定價格 以下인 最低 入札者를 落札者로 選定한다"라고 規定되어 있다. 이러한 過程에서 極端的으로 假像해서 예를 들어 보자면 輸入代行業者들의 過多競爭은 必然的으로 甚한 덤핑을 유발시키고 있어서 1,300種의 外國學術雜誌 購入豫定價格 6萬 4千달러가 단돈 1달러에 落札될 수도 있다는 것이다.

이렇게 되었다고 假象해 볼 때에 다음과 같은 問題點이 있을 수 있겠다.

첫째, 輸入代行業者의 外國에로의 雜誌代金 送金이 어려워지며 급기야는 未送金 品目이 있을 수도 있는 境遇가 없다고만은 할 수 없으므로 이는 結局 雜誌의 未着을 結果하게 될 것이다.

勿論 契約條件에는 未納本에 對해서 辨償이나 換拂 等의 責任을 賦課하고는 있지만 適期에 받아보지 못하고 오래 지난 決算當時에 辨償이나 還拂을 받아본들 利用者나 圖書館 則에는 오직 不利益 外에 아무 것도 없으며 이로 因한 損害는 報償 받을 길이 없고 缺號購入問題는 또 하나의 問題點을 던져주고 있는 것이다.

둘째, 每年 公開競爭入札을 하기 때문에 어느 代行業者가 落札될 것인가를

豫則할 수 없어서 契約 前의 renewal이 不可能하다. 따라서 75年度 서울大學의 境遇처럼 雜誌發注 業務가 늦게 되면 購讀期間의 變更이 他意에 依해서 決定지어지게 되는 境遇가 있게 되며 계속 購讀함으로써 얻어질 수 있는 雜誌價格의 割引惠澤 機會를 喪失하게 된다.

셋째, renewal하라는 外國 出版社로부터의 繼續되는 便紙에는 구차스런 國內 狀況 說明을 하거나 아예 回答을 안 해버림으로써 國家 위신의 低落을 가져올 수 있으며,

넷째, 代行業者 相互間이나 圖書館 間의 不信風潮로 安定된 業務修行이 困難해 지는 等等의 여러 가지 좋지 않은 結果를 맞게 될 수 있을 것이다.

따라서 이러한 不作用을 막을 수 있는 最善의 方法은 外國으로부터의 確實한 價格表 等이 첨부된다면 비록 豫定價格이 50萬圓 以上일지라도 公開競爭入札을 하지 않고 隨意契約을 할 수 있도록 길을 터주는 方法이고, 次善策으로는 만부득 公開競爭入札을 할 境遇는 豫算會計法 施行令 第101條(國庫의 負擔이 되는 競爭入札) ①項의 工事契約의 例外規定처럼 外國學術雜誌의 落札方法도 例外規定으로 만들어 이에 準用토록 하는 方法이 좋겠다고 生覺된다.

※ 參照: 豫算會計法 施行令 第101條(國庫의 負擔이 되는 競爭入札) ①項:

國庫의 負擔이 되는 一般競爭契約에 있어서는 豫定價格 以下의 最低入札者를 落札者로 한다. 다만 工事契約에 있어서는 豫定價格 以下로서 豫定價格의 $\frac{80}{100}$ 以上의 金額으로 入札한 者 中에서 그들의 入札金額을 平均한 價格에 밑으로 가장 가까운 金額으로 入札한 者를 落札者로 한다. 이 境遇 豫定價格 以下로서 豫定價格의 $\frac{80}{100}$ 以上의 金額으로 入札한 者가 1人인 때에는 그 入札者를 落札者로 한다(改正 大令 5928).

9. 外國學術雜誌의 通關問題

우리나라는 外國에서 들어오는 모든 刊行物에 對해서는 일단 關係者들의 檢閱을 받는 通關節次를 받게 된다.

例外없이 大學이나 硏究機關에서 發注되는 모든 外國學術雜誌의 境遇도 마찬가지다. 그러나 外國學術雜誌 輸入代行業者가 輸入代行을 할 境遇는 그 對象品目의 輸入許可를 일단 文公部로부터 받고 輸入代行을 하고 있다.

그럼에도 不拘하고 다시 말해서 輸入許可를 받은 品目에 對해서도 郵便物이 國際郵遞局에 묶여 配達되지 않는 境遇가 적지 않게 있다. 이러한 境遇는 그의 通關節次上 다시 文公部長官의 輸入許可를 받아오거나 事由書를 써야만 通關이 되는 等 複雜하고도 까다로운 問題가 많다. 이와 같이 二重으로 通關節次를 밟아야만 하는 데는 그 手續의 複雜함은 차제에 치고라도 거기에 所要되는 時間이나 豫算, 人力 等의 낭비는 어디서 報償받아야 될 것인지 그저 안타까운 노릇일 뿐이다. 間接配定을 받을 境遇는 輸入代行業者가 通關하는 일이라서 圖書館으로서는 늦게 받아보는 損害만 있다지만 直接配定이든 間接配定이든 關係없이 同一品目에 對해서 二重으로 輸入許可를 받아야만 通關이 되는 不便은 마땅히 排除되어야 할 것으로 믿는다.

따라서 일단 輸入許可를 받은 外國學術雜誌目錄에 對해서는 그것과 同一한 目錄을 一部 複寫하여 國際郵遞局에 送付하고 그 目錄에 包含되어 있는 것이라면 順調롭게 通關 配達되도록 關係部處와 充分히 協議할 必要가 있다는 것이 筆者의 所見이다.

이는 純粹한 學術雜誌의 境遇이기 때문에 協助를 못 구할 하등의 條件이 없다고 生覺되기 때문이다.

10. 雜誌의 缺號問題

雜誌의 缺號는 여러 가지 그 發生 要因이 있겠다.

購入當時의 未着으로 因해서 생기기도 하고 受贈받을 當時부터 缺號狀態일 수도 있고 管理途中 分失이나 甚한 汚損으로 생기는 等 여러 가지 要因이 있겠다. 여기에서는 購入하는 雜誌의 未着으로 因해서 생기는 境遇만을 生覺해 보고자 한다.

現在 서울大學校의 境遇는 間接配定을 받아 代行業者를 통해 購入하고 있으므로 일단은 全的으로 그 責任이 代行業者에게 있다고 할 수 있겠다.

代行業者 側의 責任面에서 본다면 于先 甚한 덤핑으로 因한 未送金의 境遇가 있을 수 있겠다. 또한 確實한 送金處의 未確認으로 생길 수도 있다. 너무 늦게 送金함으로써 생길 수도 있으며 꼭 支拂해야 될 金額만큼 送金하지 않아서 생길 수도 있다. 그리고 郵便物의 잘못 配達이나 郵送 中의 事故에 依해 생길 수도 있으며 國際郵遞局에 묶여 있다가 다시 還送 當해 버리는 境遇도 있겠다.

또한 未着分에 對한 誠意있는 크레임을 내지 않아서 생길 수도 있다.

그러나 筆者가 生覺하기에는 앞서 모든 境遇도 重要하지만 圖書館 側이 비록 間接的이긴 하지만 根本的으로 그 責任을 免할 수 없다는 生覺도 든다.

왜냐하면 代行業者가 代行할 수 있는 最小限의 價格은 保障시켜 줄 수 있어야 하며, 다시 말해서 덤핑을 못하도록 制度的 與件을 만들어 주어야 할 것이며 제때에 送金될 수 있도록 豫算的, 行政的인 適切한 뒷받침을 해주어야 되며 個個 雜誌에 對한 充分한 書誌的 情報를 알고 相互協助해야 하며 또한 誠心껏 代行業務를 修行할 수 있도록 諸般 督促事項과 連結을 게을리 해서는 안 된다고 生覺한다.

그 外에 郵便配達上의 잘못으로 因하여 생기는 缺號는 圖書館 則에서 直接 配定을 받고 할 境遇도 마찬가지라고 生覺한다.

參考로 日本의 慶應大學 醫學情報센터가 調査한 歐美界 雜誌의 郵便物 事故率을 보면 다음과 같다.

郵送方法	所要日數	事故率
Air Mail	5~7日	2~3%
Air Cargo	5~7日	0
Sea Cargo	45日	0
Sea Mail	65~70日	10~15%
Surface Mail	65~70日	10~15%

雜誌의 缺號發生 原因이 어떻든 間에 雜誌의 缺號가 생김으로써 받는 損害는 적지 않다.

첫째, 實物이 없으므로 利用이 안 되어 不必要했던 相互貸借 業務를 發生시키어 人力과 豫算과 時間의 낭비를 가져온다.

둘째, 合綴製本을 할 수가 없으므로 保管上, 管理上, 利用上 許多한 問題點들이 派生된다.

셋째, 缺號補充을 爲한 豫算上의 낭비를 가져온다.

넷째, 利用者들이 圖書館에 對한 不信風潮를 造成시키게 되어 원만한 圖書館 發展의 沮害要因이 될 수 있다.

따라서 雜誌輸入業者를 代行해 준다고 해서 全的으로 代行業者에게만 그 責任이 있는 것이 아니니 먼저 잘 代行할 수 있도록 源泉的 條件을 잘 갖추어 주고, 그리고 난 後에는 契約의 履行條件의 强化로 誠意있는 代行業務 遂

行을 促求하며 徹底히 缺號督促에 게을리 해서는 안 된다고 生覺한다.

11. 他課業務와의 關聯性과 職制問題

現代의 모든 學問分野에 있어서 가장 主된 情報源으로서의 定刊物의 位置와 重要性은 이미 前述한 바 있다.

定期刊行物은 한마디로 最新情報의 速報性과 繼續性이 그 主된 性格이고 技能이라고 말할 수 있고, 이러한 定刊物의 特性과 機能을 最大限 活用, 發揮케 하기 爲해서 이를 一般 單行本과 別置 運用하고 있는 것은 周知의 事實이다. 서울大學校도 이의 當爲性을 認識하고 定刊室을 新設 運用하고 있다.

그러나 定期刊行物室이 閱覽課 所屬으로서 運用되므로 인한 여러 가지 問題點은 定刊物을 別置 運用하는 本來의 趣知에 크나큰 懷疑를 던져 주고 있다.

왜냐하면 現在의 定刊室은 圖書館 組織圖表上의 行政的, 物理的 別途 運用이지 그 機能面에서 볼 때는 理想的이 못됨은 後에 記述할 여러 가지 問題點으로 알 수 있게 될 것이다.

앞의 '他課와 連結시켜 본 定期刊行物의 flow chart'에서 보는 바와 같이 收書課를 비롯하여 整理課, 參考書誌課 等과의 不可避한 連結性 및 重複性은 이의 機能面에서의 完全 獨立運用의 必要性을 雄辯해 주고 있다.

于先 收書課 業務를 비롯해서 他課와 關聯된 몇 가지 큰 問題點만을 골라 論議해 보고자 한다.

他課와 連結시켜 본 定期刊行物의 folw chart

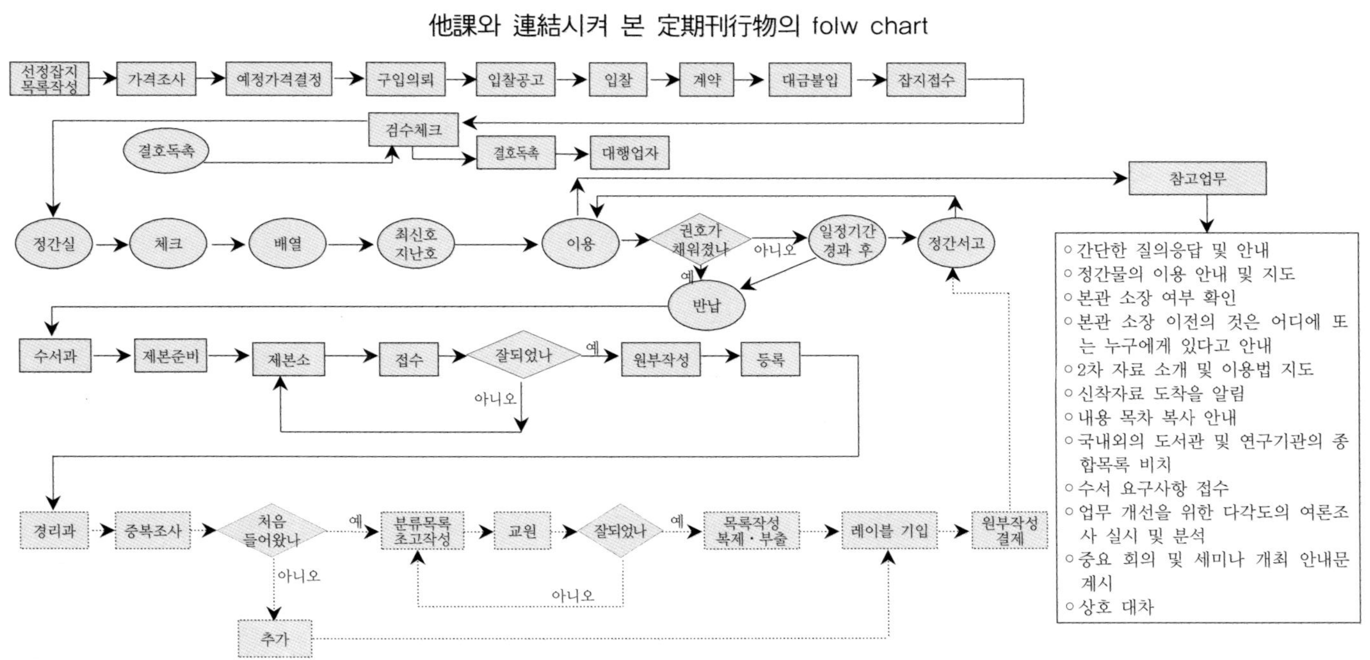

1) 雜誌의 選定

定期刊行物의 選定에는 于先 다음과 같은 6가지 基本的인 方法이 있다고 生覺한다.

첫째: 主題 專門家의 추천에 依한 選定

이는 現在 圖書館의 圖書選定委員會의 任務 中의 하나이기도 하며 各 主題 專門家(各科 敎授)의 추천 및 選定에 衣한 選擇 方法으로서 綜合化 以前에 各 單科大學에서 取했던 方法이기도 하다.

이 方法은 各 主題의 專門家로서 그 內容을 잘 알고 또 選擇者 모두가 本校의 敎授이기 때문에 本校의 敎科課程과의 連關性 問題라든지 敎育目標, 該當分野 利用者의 水準 및 要求性 또는 展望 等이 充分히 考慮될 수 있기 때문에 가장 좋은 方法이라고 하겠다.

그러나 만일 雜誌를 收書에서부터 製本되어 定期刊行物 書庫에 들어가 利用될 때까지의 모든 過程을 完全 獨立해서 運用된다 하더라도 圖書選定委員會에서의 選定된 目錄은 充分히 參考 反映될 수 있으므로 間接奉仕하는 收書課보다는 적어도 定期刊行物의 境遇만큼은 오히려 專門家들과 直接 對하고 奉仕하고 있는 定刊室 쪽이 더욱 效果的이 아닐까 生覺한다.

둘째: 利用調査에 依한 選定

여기에는 貸出記錄에 依한 調査, 複寫申請記錄에 依한 調査, 利用文獻 頻度調査, 利用者의 要求事項 等을 調査해서 利用者의 여러 가지 利用形態를 調査分析함으로써 가장 客觀的이고 妥當性 있는 結果에 依한 選擇方法이므로 많이 장려되어야 할 方法이라고 하겠다.

問題는 여기에 있다. 勿論 收書課에서 앞서 말한 各樣各態의 利用調査를 絕對로 못할 바는 아니나 이는 엄연히 그 機能面에서 볼 때에 直接奉仕하는

定期刊行物室의 業務이거나 參考書誌課의 業務이지 間接奉仕하는 收書課의 業務는 아니라고 生覺한다.

따라서 收書課에서 利用調査에 依해서 雜誌를 選定한다는 것은 無理이며 또 極히 어려운 問題라 아니할 수 없다.

셋째: 選定雜誌 리스트 調査

이는 一般的으로 各 圖書館에서 專門家의 意見을 參酌함이 없이 選定할 수 있는 安全한 方法이라고 하였다.

各種 參考資料나 關聯分野의 雜誌에는 그 圖書館의 性格에 따라 各 分野別로 그 圖書館의 規模에 알맞게 單行本이나 雜誌를 選定해서 수록한 資料들이 가끔 發表되고 있다. 따라서 체크하는 司書는 그저 收入記錄만 체크할 것이 아니라 重要雜誌의 目次에서 이러한 資料들도 찾아내야 되는 것이다.

例를 들어 醫學分野의 境遇에는 Journal of American Medical Association, New England Journal of Medicine, Annals of Internal Medicine, Bulletin of Medical Library Association 等의 雜誌에 選定된 目錄이 가끔 發表되고 있는데 그 實例로 다음과 같은 것이 있다.

① Braundon, A.

Selected of books & journals for the small medical library.

Bulletin of Med. Lib. Assn. $\begin{cases} 58 : 134-158, 1970 \\ 59 : 216-285, 1971 \end{cases}$

② Stearns

New England Journal of Medicine: 283: 1489~1498.

定刊室에서는 이와 같이 選定되어 發表된 目錄을 雜誌에서 調査할 機會와 與件이 되어 있지만 收書課에서는 檢受 및 체크하기에 바쁘고 또 그것을 調査하기 爲해서 新刊雜誌를 長時間 묶어 두어서도 안 되지 않겠는가.

또 二次資料에 收錄된 雜誌目錄을 參考함도 바람직하다. 왜냐하면 二次資料에 收錄된 雜誌들은 대개가 여러 가지 形態나 方法으로 그 價値가 認定되어 이미 選擇된 雜誌들이기 때문인 것이다.

넷째: 定刊物의 個別調査

이 方法은 各種 雜誌나 案內書를 通해서 선전되는 또는 各 出版社의 自己會社 出版目錄에 廣告되고 있는 特定雜誌(例를 들어 創刊誌 等)에 對해서 또는 書評을 읽고 그 雜誌를 發行하고 있는 學會 等의 社會的 地位나 質, 水準 等의 여러 가지 諸般 事項에 對하여 調査하거나 他機關에서 實物을 直接보고 그 內容 等이 自己大學의 教科課程이나 圖書館 藏書의 主題別 構成比率 또는 價格이나 繼續性 等을 考慮해서 選定하는 方法이다. 그러나 이 方法은 個人마다 主觀이 다르고 편견에 치우칠 우려가 있어서 有能한 司書가 아니면 좀 어려운 方法이다.

다섯째: 他機關과의 相互利用 可能性 檢討

이 方法은 아주 高價 雜誌의 境遇나 希貴雜誌 또는 잘 利用이 되지 않는 雜誌로서 購入할 必要가 있을 境遇에 關聯機關과의 高度한 相互貸借 및 協力 시스템 위에서만 活用될 수 있는 方法이다. 卽, 進步的 相互貸借 制度에 依한 政策的 雜誌購入 方法의 하나로서 소위 共同收書 政策의 一環이라고 할 수 있다. 이는 外國에서 가끔 採用되는 發展的 圖書選擇 方法이다.

여섯째: 利用者의 要求에 依한 選定

이는 참으로 一線奉仕하는 定期刊行物室만이 購入依賴 받을 수 있는 選定方法이다.

2) 價格調査 및 書誌情報

外國 定期刊行物의 價格調査에는 그 正確性 때문에 許多한 問題點이 많다.

勿論 各種 카탈로그에는 그 價格이 나와 있지만 그것을 完全히 믿기에는 現實的으로 곤란한 때가 있다.

왜냐하면 特히 우리나라와 같이 거의 外國雜誌에 依存하고 있는 境遇는 앞서 말한 價格이 나와 있는 目錄이 우리 손에 들어오기까지에는 적어도 6個月 以上이 걸릴 것이므로 요즘과 같이 價格變動이 甚할 때에는 價格이 적힌 目錄이 編輯된 후 引上된 것이 가끔 있다.

또 各 出版社로부터 特定 雜誌에 對한 購讀要請書나 繼續購讀 要請書 等의 印刷物들이 오기도 하지만 그렇지 않은 境遇도 많다. 이럴 때에는 實物에 依存할 수밖에 없다. 實物에는 다음 해의 發行豫定이나 價格 等의 그 雜誌에 關聯된 모든 情報가 記錄되어 있다.

例를 들어 刊種變更으로 因한 雜誌價의 폭등이 가끔 있는데 그러한 情報는 實物의 마지막 號에 적혀 있는 경우가 많다. 따라서 實物과 같이 生活하는 定期刊行物室에서 價格을 체크하는 것이 오히려 좋겠다는 것이다.

또한 現在 定刊室에서는 카덱스를 使用하지 않고 있기 때문에 어느 雜誌에 對한 書誌的 情報를 알고 있기가 困難해서 效果的인 參考業務에 支障이 있다. 이를테면 購入인지 受贈인지 交換인지 出版社가 어디인지 언제 創刊된 雜誌인지 等의 알고 있어야 할 것들을 모르고 있는 것이다. 더구나 지금은 移轉後의 整理過程에 있는 過渡期라서 書架目錄조차 完全치 못해 아주 答辯이 窮塞한 때가 많다.

그러나 收書課의 담당자들은 이것을 쉽게 알 수 있으므로 이 또한 職制上의 모순점의 一面이라고 아니할 수 없다.

3) 체크業務의 二重性과 調査事項 調査

現體制下에서는 收書課와 定刊室에서 雜誌의 체크를 二重으로 하지 않으면 안 되게 되어 있다.

왜냐하면 收書課에서는 購入雜誌의 境遇 檢受할 責任이 있고 定刊室에서는 購入, 受贈, 交換 等 모두 引受하기 때문에 受書課에서 체크카드를 따로 同一하게 만들어 주지 않는 限 定刊室에서는 적어도 무엇을 引受했는가는 알아야 되겠고, 特히 購入雜誌의 境遇 그 所在나 責任問題가 따르기 때문에 따로 체크하지 않으면 안 된다.

또 雜誌를 체크함으로써 끝나는 게 아니고 한 雜誌가 들어오면 그 雜誌에 Eratta가 있는가를 일일이 調査處理해야 되고 各種 變化事項(誌名變更, 刊種變更, 休刊, 廢刊, 復刊, 創刊案內, 價格情報 等)에 對한 것을 調査하지 않으면 안 된다.

그러나 速報性을 生命으로 하는 雜誌를 長時間 가지고 있어서는 안 되기 때문에 또한 체크業務의 二重으로 因한 時間과 人力을 節約하기 爲해서라도 制度的 改善이 必要하다고 生覺한다.

4) 雜誌의 未着과 督促

外國雜誌의 境遇 Cargo system을 使用하지 않는 限 雜誌의 缺號發生은 不可避한 것 같다.

現行雜誌에 缺號가 생겼을 境遇 勿論 收書課에서 먼저 그것을 알고 督促한다. 그러나 利用者로부터 直接的으로 督促 받거나 質問을 받게 되는 곳은 定刊室이다. 勿論 收書課에서 督促은 하고 있지만 定刊室 立場으로서는 收書課

로 問議 兼 督促하지 않을 수 없으므로 結局 督促業務가 二重으로 되기 마련이다.

그렇다고 해서 定刊室에서 直接 業者한테 督促할 性質의 것은 아니기 때문에 問題가 되는 것이다.

또한 비록 定刊室에서 收書課에 督促은 하지만 그 督促結果를 이를테면 어째서 缺號가 되었으며 언제 들어오게 된다는 等의 內容을 기다리는 利用者에게 對答해 주어야 할 하등의 答辯資料가 없어 난처하게 되기 때문이다.

5) 製本問題

定刊室에서 雜誌의 한 volume이 完全이 맞추어지면 收書課에 引繼, 製本을 依賴하게 된다. 그런데 그것이 곧 製本되지 않으면 그동안의 利用은 不可能하며 또 缺號가 생길 경우 過年度의 雜誌를 缺號가 補完될 때까지 無限定 保管만 하고 있을 수 없는 것이 定刊室의 立場이다.

雜誌의 速報性을 認識하고 單行本과 別置 運用한다면 적어도 製本所에 들어가기 直前까지는 利用이 可能토록 조치되어야 하는데도 그때그때 製本이 안 되고 있는 것이 現實이다.

또 製本이 되었다 해도 登錄係에서 또는 整理課에서 끌게 되는 期間 亦是 짧지만은 않으니 問題가 되는 것이다.

따라서 한 volume이 完全히 맞추어져 合綴製本할 것이나 缺號가 있는 채 假綴製本할 雜誌도 製本 直前까지는 利用시켜야 되기 때문에 製本待機室 兼 利用도 시킬 수 있는 書架와 場所가 必要하다.

그러나 定刊室에는 雜誌書架의 構造가 그렇게 되어 있지 않고 또 그러한 場所도 없다. 더구나 서울大學校 規定에는 製本業務가 收書課로 되어 있어서

volume이 다 채워지면 곧 收書課로 넘겨주어야 되므로 收書課에서는 製本直前까지 利用이 可能토록 조치할 必要가 생기게 된다. 卽, 間接奉仕하는 收書課가 利用이 可能토록 조치할 必要가 생기게 된다. 卽, 間接奉仕하는 收書課가 利用까지 시켜주는 모순이 생기게 되는 것이다.

따라서 雜誌製本은 收書課를 通하므로써 생기는 時間과 人力의 낭비를 피하고 利用上의 不便을 덜어 주기 爲해서라도 定刊室에서 管掌할 수 있도록 組織改編 等의 諸般 조치가 必要하다.

以上이 대강 收書課와 관련된 業務的인 큰 問題이지만 그 外의 작은 問題點도 적지 않다.

그 外에 整理課와도 定刊物이지만 單行本 取扱할 必要가 있는 경우라든지 追記問題, 定刊物의 整理, 其他 館內業務의 統一性에 따른 問題들이 相關되어 있다. 特히 參考書誌課와는 雜誌를 매체로 해서 利用者를 直接 對하는 定刊室에서는 基本的인 簡單한 參考業務에서부터 複雜한 參考業務에 이르기까지 完全히 그 業務가 重複되어 있다.

왜냐하면 利用者가 定刊室에서 생긴 簡單한 알고 싶음(적어도 雜誌에 關한 限)이 있을 경우, 여기는 定期室이니 參考室에 가서 물어야지 하고 그곳까지 가서 묻고 오는 利用者는 거의 없을 것이며 또한 定刊室에 勤務하는 司書도 그렇게 해서는 안 되는 것이다.

學術雜誌 記事索引을 만들기 爲해서는 定刊室의 雜誌를 利用해야 하며 또 定刊室은 적어도 雜誌에 關한 限 綜合目錄 等 몇 가지의 參考資料는 備置하지 않으면 안 된다.

왜냐하면 定刊室은 利用者를 直接 對하기 때문이다.

또한 參考書誌課 所屬으로 되어 있는 복사기의 境遇 定刊物室의 資料에 依한 複寫物도 적지 않는데 不足한 職員으로서 複寫의 申請 및 被複寫物의 回

收 때문에 얼마만큼 왔다 갔다 해야 하는 것 또한 큰 問題라 아니할 수 없다.

이와 같이 收書課, 整理課 그리고 參考書誌課를 通해 어느 課와도 뗄 수 없는 깊은 關聯과 業務限界의 애매함이나 重複 때문에 定期刊行物室의 課에로의 昇格과 獨立 運用은 불가피하며 그렇게 되지 않는 限 定刊物에 投資할 비중만큼 效果的인 定刊室 運用은 期待하기 어려울 것 같다.

12. 맺음말

앞서 累差 言及한 바 있지만 亦是 定期刊行物은 그의 特性과 機能上 大學圖書館에 있어서의 位置가 날로 重要視 되어 가고 있는 것이 事實이다.

이것은 全 圖書購入費의 80%에 該當하는 莫大한 豫算을 外國學術雜誌 購入費에 充當하고 있는 서울大學校 圖書館의 境遇를 보아도 쉽게 그의 重要性을 알 수 있을 것이다.

그처럼 많은 比重을 두는 定期刊行物이라면 그의 管理面에서 그만큼 比重을 두어야 合理的이지 않겠느냐 하는 懷疑를 느낀다.

現在 定期刊行物室은 그 所屬이 閱覽課로 되어 있음으로써 業務內容이나 機能上 他課 業務와 重複되거나 不可分의 關係에 있는 애매한 狀態라서 效果的인 業務를 遂行할 수 없는 許多한 問題點을 內包하고 있다.

이러한 許多한 問題點들에 對한 最善의 解決策은 적어도 定期刊行物에 關한 限 選定에서부터 製本까지 全 過程을 效果的이고 一貫性 있게 運用할 수 있도록 定期刊行物室의 課에로의 昇格이라고 生覺한다. 筆者는 이에 對해 强力히 建議하는 바이다.

가끔 敎授나 學生들로부터 圖書館이 잘 되어야 大學도 잘 되지, 圖書館은

大學의 심장, 基本的이고 中樞的인 敎育支援 施行 …… 하는 式의 圖書館에 對한 期待와 重要性은 알고 있는 듯하다. 다른 機關이라면 모르지만 왜 그렇게들 얘기하고 글을 쓰는 敎授나 學生들 自身이 主人인 大學에서까지도 大學圖書館의 現實은 期待한 만큼 잘 되어 있지 않은가?

大學의 豫算이나 政策은 누가 짜는 것이며 또 問題點이 있다면 그것을 解決해 줄 사람은 누구란 말인가?

勿論 圖書館 內의 實務的 內實도 重要하지만 그것에 발맞추어 支援해 줄 必要는, 이끌어 줄 根本的 政策은 더 重要하지 않은가?

全 大學의 綜合化에 따라 빚어진 圖書館의 할 일은 너무도 엄청나게 많고 느끼는 責任感도 무겁기만 하다.

여러 가지 어려운 處地에도 圖書館 職員 相互間의 獻身的 協力으로써 겨우 現狀維持는 하고 있는 듯하지만 보다 效果的인 問題點의 解決없이는(收書過程에서 必要한 法律條項의 改正이나, 組織改編 等의 획기적인 政策的 支援) 效果的인 定刊物管理는 밝지만은 않은 것 같다. 따라서 筆者는 다시 한 번 大學敎育政策立案者들의 깊은 理解와 보다 徹底한 協力을 期待하여 바라지 않는 바이다.

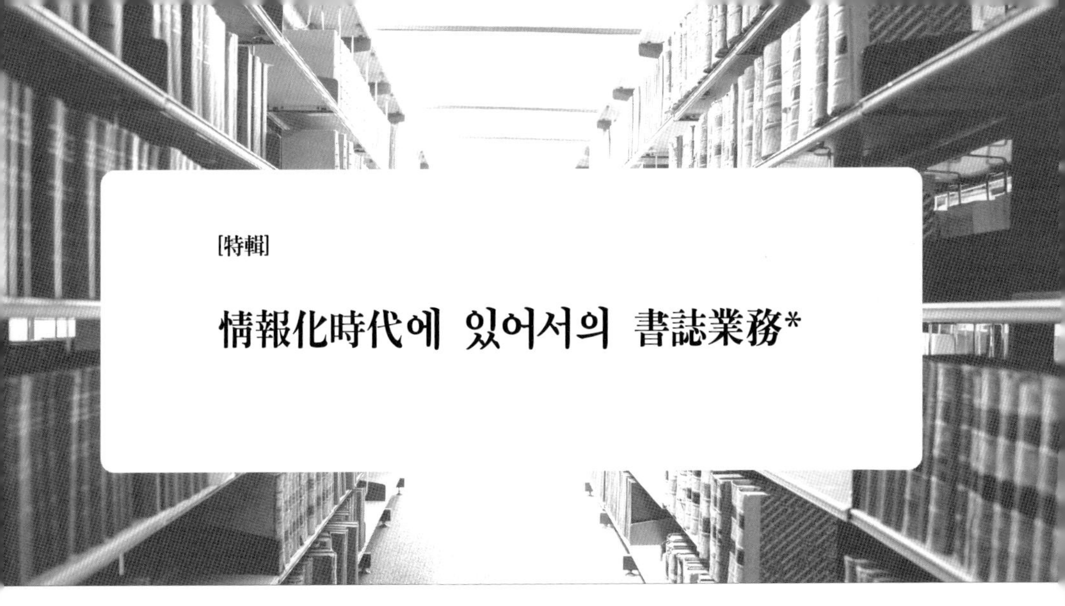

[特輯]

情報化時代에 있어서의 書誌業務*

1. 情報의 發生과 量

現代社會가 情報化社會 또는 情報化時代라고 일컬어지고 있는 것은 주위에서나 여러 論文들을 通해서 익히 들어 왔다. 또 그렇게들 얘기하는 그 情報가 무엇인가를 語源에서부터 밝혀 풀이한 權威 있는 學者들의 말이나 國內外의 各種 有名 大百科事典까지 들추어 學術的으로 풀이해 發表한 論文들도 많이 보았다.

情報는 그 語義야 어떻든 간에 멀리 있는 것이 아니고 우리들 自身이 지니고 있으며 또 無限히 生成시켜 나가고 있다. 有形, 無形의 歷史 全部는 곧 情報일 것이니 우리는 情報를 배우고 살아 왔으며 그 情報 속에 또 歷史는 이어져 가고 있다고도 할 수 있겠다. 또 나이, 性格, 經歷 등 個人의 人的 事

---

* 이 글은 국회도서관보 제111호, 1975. 11, pp. 18~24에 수록되었다.

項을 비롯해서 내가 보고 들은 바와 내가 體驗하고 調査해 본 바에 依한다거나, 또는 누구의 말이나 調査 硏究 내지는 硏究報告書에 依하면 …… 무엇이 어떻고 …… 하는 式의 한 個人이 어떤 事實이나 知識을 말이나 記錄으로 또는 電波「미디어」를 通해 他人에게 傳達한다면 그것이 곧 情報인 것이며, 그 情報는 언젠가는 누구에겐가 有用하게 參考가 될 것이다. 一般社會의 「뉴스」를 包含해서 모든 硏究者들은 물론 全 世界의 누구나가 모두 情報를 發生시켜 왔고 앞으로도 또 無限히 生成시켜 나갈 것이니 그 量의 엄청남을 생각해 본다면 놀라지 않을 수 없을 것이다.

이 世上의 이러한 모든 歷史的인 事實·技術·知識은 그 自體는 비록 價値가 있든 없든 간에 누구에게 인가는 언제인가 有效하게 所用되어 질 수 있는 情報인 것이다. 特히 科學의 知識은 累積되는 性質을 갖고 있는 것이기 때문에 이 分野의 새로운 情報生産은 無에서 始作되는 것이 아니고 旣存情報에 對한 先行硏究 結果로부터 生産되는 것이다.

따라서 科學文明이 高度로 發達된 現代社會에 있어서는 未公開된 事實의 發掘이나 未開發된 知識의 開發이 重要하고도 必要할 것이므로 關係分野 硏究者들의 情報生産量은 加速的으로 엄청나게 生産되어 1970年代에는 그 件數가 年間 300萬件에 이른다고 한다.

이와 같이 情報의 發生은 무엇이 언제까지 등의 어떤 主體의 制限이나 時限이 있는 것이 아니고 무엇에서나 어디서나 언제나 無限히 生成되고 蓄積되어 지고 있다고 할 수 있다. 또한 現在의 어떤 것에 對한 知識의 報知的인 機能으로서의 被動的 要因보다는 보다 積極的으로 旣存情報에 根據를 둔 硏究實績에 依해 加速的으로 發生하여 蓄積되고 있으니 그 量이야 想像할 수도 없이 엄청나게 많을 것이다.

또한 이러한 情報들은 個個 關聯分野의 情報群들이 그 地域社會나 國家 또는 世界에로 網羅的으로 그 範圍 乃至 流通單位가 擴大됨으로 해서 더욱 複合的으로 交叉되어 있어, 情報의 發生을 加速化시켜 이른바 世界的 單位社會의 構造와 性格을 情報 必須的 社會에로 誘導하고 있다.

그러므로 오늘날의 社會는 無形의 情報가 社會活動의 中心이 되고 情報依存的 世界單位 社會라 할 수 있겠다.

現在 世界에서 發行되고 있는 雜誌의 種類가 約 6萬餘 種이나 된다고 하며 여기에 發表되는 論文數가 年間 約 5百萬 件이나 된다고 한다. 또 이것은 10年마다 그 量이 倍增한다 하니 數十年 數百年 累積된 情報量을 想像해 본다면 과연 얼마나 엄청날 것인가?

雜誌 種數가 6萬餘 種이라 하는 것이나 年間 發表되는 論文數가 5百萬 件이니 하는 숫자는 도저히 實感이 나지 않아서 筆者는 우리들이 實感이 날 수 있도록 檢算해 본 일이 있다. 우선 學術雜誌의 種類가 6萬餘 種이라면 "國會圖書館報"의 그 크기 그 活字로 1行 1雜誌式 雜誌名만을 收錄 印刷한다 해도 1面 36行이므로 무려 1,650페이지나 되는 셈이다. 이것은 "國會圖書館報" 1年分을 製本한 面數이며 雜誌의 題目만 읽는 데도 며칠이 걸리는 셈이 된다. 또한 1年分인 5百萬 件의 論文의 경우라면 무려 約 14萬 페이지나 되니 그것이 한곳에 모아질 수는 물론 없지만 설령 그런 資料가 있다고 假定한다 해도 興味 있는 小說이 아니기 때문에, 1日 2百 페이지씩 繼續 찾는다고 計算한다면 1年分 中에서 하나의 論文題目만 찾으려 해도 2年 동안 계속해 찾아야 된다는 結論이 된다.

이처럼 엄청난 情報量의 爆發的 增加는 工業時代에 있어서 産業科學의 急速한 發展에 기인한 것이며 이것을 情報의 洪水니 情報의 爆發이라고 이름하고 있는 것이다.

이러한 情報爆發時代의 副産物로서 많은 사람이 重複된 情報나 人間의 知

識을 增加시키지도 못하고 增加시킬 수도 없는 것이나 또 신빙성이 없는 심지어는 그릇된 情報까지 普及하고 있어 심지어 近年에는 情報汚染이나 情報公害라는 말까지 나와 이의 對策에 부심하고 있는 것도 事實이다. 우리는 이러한 情報 속에서 살고 있다는 現實을 의식하지 않으면 안 될 것이다.

2. 情報의 必要性과 調査

現代의 高度한 産業發達은 許多한 學問과 技術을 發展시켰고 또 이를 細分化했고 深化시켰으며 高速化시킨 것 같다. 이러한 學問의 多樣化 趨勢는 기필코 엄청난 情報資料의 量産을 同伴하게 되었고 이의 適切한 消化를 위해서는 보다 改良된 情報處理 技術의 要求를 結果하게 했다.

옛날에는 情報를 傳하거나 表現하는 手段으로써 말과 몸짓뿐이었다. 따라서 어느 한곳에 모이지 않으면 서로의 意思소통이 되지 않고 情報의 交換이 不可能했었다. 그 當時는 社會의 單位가 部落이었다. 바꾸어 말해서 그 部落內에 어떤 일이 생겼으면 直接 돌아다니면 알게 되었고 또 問題가 생겼다면 그 部落 內에서 解決하면 그것으로 充分했었다. 또 그다지 情報가 必要하지도 重要하지도 않았을 것이다. 그러나 情報傳達 媒體로서 文字가 생긴 後로는 情報流通의 單位가 部落이 아닌 더 큰 單位社會에로 점점 擴大되어 왔던 것이다.

科學의 發達로 情報의 傳達媒體가 多樣化되고 現代化되면서부터는 生活圈이 全國으로 擴大됨에 따라 情報流通 單位도 國家 單位로 飛躍的으로 擴大되었다. 世界가 1日 生活圈으로 縮小되면서부터는 情報流通 單位도 世界 單位로 極大化되었다. 이제 우리는 世界的 情報없이는 살 수 없는 時代에 살고 있다. 地球 저쪽에서 일어난 일을 금방 알지 못하면 살 수 없는 時代가 되었다. 사람이 社會에서 살아나간다는 것은 「하나의 生存競爭이다」라는 말이 있다. 옛날부터 내려온 말이다. 아마도 그 말이 생겼을 當時도 어느 意味에선 情報化社會였던 모양이다.

戰爭터에서 敵軍의 情報를 모르고 있다거나 잘못 判斷하였을 때에는 瞬息間에 滅亡해 버릴 수 있는 社會이다. 例를 들면 「아프리카」에서 石油값이 오르면 卽時 國內 經濟에 미치는 影響이 至大해지는 社會이다. 우리들에게 常識化 되어 있는 平凡한 前例를 보아도 우리는 쉽게 情報의 重要性을 認識할 수 있을 것이다. 모든 硏究者들의 學問硏究나 技術開發 또는 企業人들이 競爭的으로 보다 良質의 製品生産을 한다거나 新製品의 開發이나 創案을 하는 데에는 보다 많은 情報와 보다 새로운 우수한 情報가 必要할 것이다. 그러나 아무리 좋은 情報나 技術도 無에서 바로 生成되어질 수도 없는 것이다. 미흡하나마 무엇인가 旣存情報에 聯關시키고 着想해서 調査하고 實驗하고 比較硏究함으로써 비로소 새로운 값진 情報가 生産되어 지게 되는 것이다. 그러기 위해서는 數年 乃至 數十年 때로는 數世紀에 걸쳐 關聯分野에 對해 蓄積되어 온 여러 가지 記錄된 情報 등을 遡及해서 檢索하지 않으면 안 될 것이며 앞으로 나오게 될 보다 새로운 情報도 繼續調査하지 않으면 안 될 것이다.

따라서 大學이나 各種 硏究所 또는 各級 企業體 등의 硏究者에게는 그들의 硏究와 發展을 위해서는 關聯分野에 關한 資料의 遡及檢索이나 繼續調査는 宿命的으로 必須的이 되어 있으며 또한 이의 效果的이고도 能率的인 管理는 情報가 만연되어 있는 現代社會에 있어서는 坐視할 수 없는 重大한 課題로 登場되고 있다.

日本 科學技術廳의 한 報告에 依하면 物理·化學分野의 硏究에 있어서 情報의 不足으로 因한 硏究의 失敗 및 지연 比率이 43~50%에 達하며 같은 理

由로 因한 重複研究의 比率도 35~48%에 達하는 實情이라고 한다. 또한 美國의 「케이스」 工科大學에서 實施한 한 調査에 依하면 美國 化工學者는 平均하여 全 研究期間의 約 51%를 情報의 入手와 發表에 使用한다고 한다.

以上의 實例에서 보았듯이 研究者들에게 有用한 情報의 入手問題는 研究結果의 成敗를 가름하는 등 決定的이고도 가장 重要한 基本的인 要素라고 할 수 있겠다.

더구나 現代는 産業構造의 細分化와 專門化로 因해 最新情報 收入競爭의 치열함이 極히 未來指向的이 되어서 未來의 技術豫測을 하지 않으면 안 된다. 最新 美國에서는 단 30페이지의 未發表 「리포트」가 2千萬원에 거래되었다는 얘기가 있다. 이는 情報化社會에서만이 있을 수 있는 놀라운 事實이며 情報의 重要性과 未來指向的인 最新情報의 收入競爭의 치열함을 말해 주고 있는 一面이라고 하겠다.

3. 定刊物과 2次資料

前述한 바와 같이 6萬餘 種의 雜誌에 年間에 5百萬 件이나 發表되고 또 이것은 10餘年을 周期로 倍增된다는 展望이라니 그야말로 이는 엄청난 숫자이며 글자 그대로 누구도 情報의 洪水時代라고 말하지 않을 수 없을 것이다.

이러한 情報의 大部分은 利用者가 必要할 때 索出할 수 있도록 秩序 있고 組織된 形態로 되어 있지 않으며 複合的이고 交叉되어 있는 것이 많다. 그렇기 때문에 모든 學問과 技術領域의 調査研究活動에 있어서 그 많은 情報 가운데서 모든 利用者가 自己專門 主題分野의 有效한 文獻情報를 迅速하고 正確하게 檢索하기란 몹시 어려운 일이며 想像할 수도 없다. 더구나 人間의 能

力에는 限界가 있어서 비록 이미 찾아 놓은 論文들도 그 原文을 全部 읽는다는 것 또한 쉬운 일이 아니다.

훌륭한 研究開發의 成敗는 많은 情報로부터 必要한 情報를 어느 程度 適中해서 入手했느냐 못했느냐에의 結果에 따라 左右된다고도 하겠다.

따라서 무엇인가 自己가 願하는 文獻을 網羅的으로 調査하거나 調査된 文獻이 自身의 要求에 充足되는 것인가를 쉽게 알 수 있는 方法을 摸索하지 않으면 안 되게 되었던 것이다.

따라서 이들의 研究에 도움을 주기 위해 各樣各態의 2次資料의 作成業務, 卽 書誌業務가 發生하게 되었으며 또한 그의 重要性은 날로 크게 認識되어 必要不可決하게 되었다.

또 生産되는 情報量만큼 이의 處理能力이 미치지 못하면 새로운 學問 및 技術과 知識의 創造는 停滯되고 말 것이다. 따라서 文獻情報管理는 機械化를 促進시켰고 따라서 이의 流通單位와 速度도 世界的 流通網으로 高速化되었다.

學問의 研究나 必要한 技術의 開發에 必要한 情報의 情報源으로서는 대개 學術雜誌, 論文集, 調査報告書, 技術報告書, 技術現況報告書, 特許文獻, 規格書 등이 있다. 이러한 情報源들을 1次資料라고 이름하며 大部分 定期刊行物에 속하는 것들이다.

現代 圖書館이나 研究機關에서의 定刊物의 位置는 그의 速報性과 繼續性으로 크게 强化되어 傳統的으로 固守되어 오던 單行本 爲主의 藏書構成 比率이 무너져 整理 및 奉仕面에서의 새로운 轉換을 試圖하지 않으면 안 되게 되었다. 따라서 우리나라의 大學圖書館의 경우 外國 定期刊行物의 購入費는 單行本에 比해 월등히 그 比重을 많이 차지하게 되었고 또 大部分의 圖書館은 定期刊行物 書庫를 이러한 速報性과 繼續性의 特性과 機能을 살리기 위해 單行本과 別置 運用하고 있다.

日本의 醫學研究者를 對象으로 調查한 한 報告書에 依하면 單行本이나 教科書에서 그들이 必要로 하는 情報를 入手하는 것은 全體 情報源의 5%에 不過하다는 것이다.

圖書館이 比較的 小數의 刊行物을 所藏하게 되면 抄錄 및 索引의 利用者들은 文獻의 不在에 대한 不滿을 빈번히 나타내게 되고 또 圖書館人들 自身도 이에 대한 未安感과 不必要했던 相互貸借業務를 誘發시키어 要求된 文獻의 獲得에 많은 時日이 걸리거나 不可能하게 되는 데에 대해 失望하게 된다. 따라서 各種의 情報提供機關의 當局者들은 現代社會에 있어서의 定刊物의 位置나 比重 또는 그의 趨勢에 민감하게 認識하고 더 많은 定刊物의 獲得에 힘쓰지 않으면 안 될 것이다.

앞서 말한 年間 5百萬 件의 論文이란 것은 거의 모두가 1次資料이다.

2次資料라 함은 雜誌論文, 研究報告, 特許文獻, 學位論文, 會議議事錄 등의 全體의 論文이 모두 실려 있는 原著論文을 일컫는 말이다. 이에 대해 2次資料는 이러한 1次資料를 變形하여 이것과 쉽게 接近해서 使用할 수 있는 手段이 되도록 書誌的으로 分類·整理하여 만든 것이다. 卽, 1次資料의 利用案內書 役割을 하는 것이다. 따라서 2次資料는 文獻檢索에 必須不可缺한 研究者들에게는 없어서는 안 될 손과 발이 되고 있다.

여기에 文獻을 그 構成內容別로 區分해 본다면 대개 다음과 같이 區別할 수 있겠다.

2次資料의 必要性과 利點에 대해서 몇 가지로 나누어 보고자 한다.

첫째, 科學技術 文獻數의 急增과 學問의 分化로 쏟아져 나온 엄청난 1次資料를 分野別로 이들과 直接 接近할 수 있도록 連結시켜 주는, 卽 所在를 알려주는 橋梁이나 열쇠 役割을 해주고

1次資料(Original Sources)

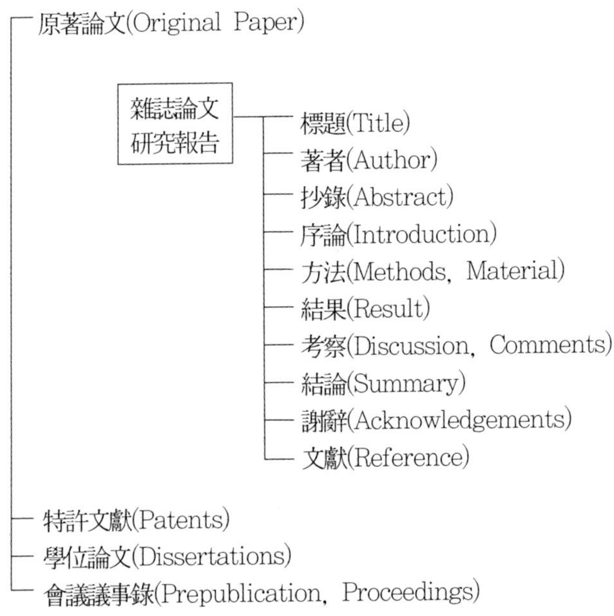

2次資料(Secondary Sources)

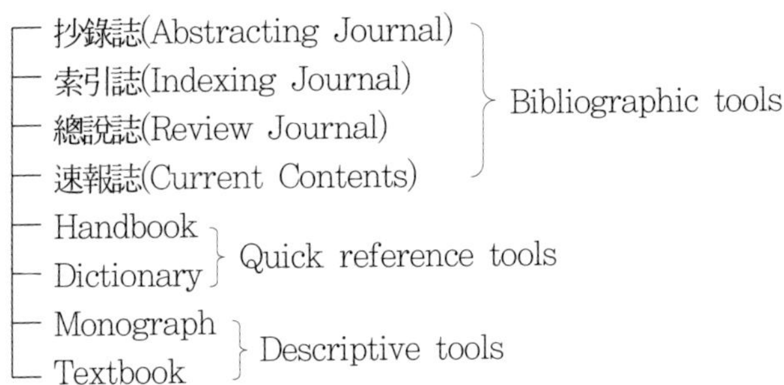

3次資料(Tertiary Sources, Guide Sources)

- 文獻에 關한 案內書
- 定刊物 單行本 目錄
- 新刊 案內
- 書評
- 所藏目錄

둘째, 數千種 또는 數萬種의 雜誌를 網羅해서 編成되었으므로 必要한 것을 거의 빠짐없이 볼 수 있는 網羅性과 經濟性이 있어서 重複研究를 避할 수 있고, 時間的으로 本人에게 有利함은 물론이지만 所屬機關이나 國家的 次元에서 볼 때도 研究開發이나 技術開發 또는 工業 所有權의 保護 등에 適切한 投資를 期待할 수 있는 資料가 되며

셋째, 全 世界 各國 言語로 된 難解한 文獻도 大部分 一定한 標準에 依하여 世界의 代表的인 言語들로 抄錄이나 索引이 되어 있어 本文을 읽는 時間의 節約과 必要 有無를 쉽게 判斷할 수 있으며

넷째, 一定한 「테마」에 關해서 어느 國家의 어느 學會의 또는 누구의 研究主題에 關하여 體系的으로 一目瞭然하게 볼 수 있는 調査手段이 되고

다섯째, 冊子式으로 되어 있어 「카드」目錄과는 달리 어디서나 누구나가 簡便하게 利用할 수 있고

여섯째, 解說이나 總說記事, 統計 등을 收錄한 2次資料는 그 學問分野의 傾向 등을 알 수 있게 한다는 利點과 機能을 가지고 있다.

4. 現代 圖書館과 參考書誌業務

現代 圖書館은 從來의 圖書館 資料 自體를 提供함으로써 「서비스」하는 消極的인 「서비스」가 아니고 그 資料가 품고 있는 內容을 多樣한 利用者의 要求性에 맞도록 加工處理하여 「서비스」 하는 積極的인 情報 「서비스」로 그 奉仕의 類型이 質的으로 바뀌어가고 있다. 이처럼 圖書館 業務의 積極的인 「서비스」化와 多樣하게 開發되는 圖書館의 새로운 機能은 近年에 들어서 古來의 傳統的인 圖書館의 「이미지」를 벗어나 情報「센터」的 役割을 하는 圖書館으로 그 槪念과 機能이 變質되어 가고 있다.

이와 같은 現象은 科學技術의 急速한 發達과 學問의 細分化로 因한 文獻情報의 爆增으로 利用者의 要求形態가 다분히 選擇的이고 微視的이며 研究에 所要되는 時間과 努力의 經濟化 및 積極化에 따른 時代的 對應策의 一面이라고도 하겠다. 卽, 利用者의 要求가 「서비스」의 形態를 바꾸게 한 것이다.

1973년 筆者가 研修했던 日本의 慶應義塾大學 醫學情報「센터」에서는 同大學의 醫學部 圖書館으로서 많은 醫學者들의 研究活動에 直接 參與하는 것을 보았다. 卽, 醫學關係者들이 그들이 願하는 特定主題에 關한 文獻을 圖書館 職員들이 各種 2次資料를 調査해서 直接 찾아준다거나 索引, 抄錄을 만들고 飜譯을 해주는 등 이른바 文獻情報 「서비스」를 活潑히 하고 있었다.

이러한 「서비스」는 醫學者들의 바쁜 時間을 節約해 주고 初步 利用者들에 대한 文獻利用 指導도 되는 것이다.

또한 一個 單科大學圖書館에 職員이 150餘 名이나 된다는 것은 圖書館이 얼마나 「서비스」를 폭넓게 그리고 忠實하게 하는가를 말해 주는 것으로, 그들은 圖書館에 있어서 (특히, 專門圖書館에 있어서는) 職員의 定員이라는 것이 別

로 意味가 없다고 얘기하고 있다.

우리나라에서는 아직 이러한 積極的인 參考書誌業務를 遂行하고 있는 圖書館은 하나도 없는 것으로 안다.

모든 利用者들은 自己의 硏究分野에 대해서 깊이 잘 알고 있다.

그러나 圖書館 側에서는 各個의 專門分野에 對해서는 깊이 알지 못하고 다만 그에 關한 文獻의 利用法은 잘 알고 있다. 따라서 利用者와 利用者가 願하는 文獻과의 橋梁 役割을 해주는 것이 곧 參考司書의 任務인 것이다.

그러므로 이러한 參考書誌業務의 效果的인 遂行을 위해서는 專門司書의 必要는 물론이지만 그 以前이라도 硏究者들이나 司書들에게는 利用과 奉仕面에 있어서 없어서는 안 될 各種 2次資料의 作成 및 活用, 卽 書誌業務를 보다 忠實히 擴大 實施하지 않으면 안 될 것이다.

5. 맺음말

現在 全 世界에는 約 千餘種의 2次資料가 있다고 한다. 이러한 各種 2次資料를 作成하고 또 利用法을 指導하고 案內해 주는 書誌業務는 그 機能의 重要性에 비추어 어느 圖書館이나 特定 機關만의 일이 아니고 오히려 이것은 國家的 次元에서 啓發되어야 할 重要한 國家事業이라고 생각한다.

日本의 文部省은 1965年에 文學學術局 밑에 情報圖書館課를 設置해서 4人의 圖書館 專門職員을 두고 있다.

이들의 말에 依하면 1年에 2~3個 圖書館을 選定해서 參考 및 書誌業務를 開始하도록 종용 乃至는 命令한다고 한다. 여기에서 말하는 參考 및 書誌業務는 물론 2次資料를 使用한 特定 主題에 대한 文獻探索이나 抄錄 및 索引作

成 또는 飜譯「서비스」등의 보다 積極的인 業務를 말하는 것이다. 이처럼 政府自身이 情報化時代에 대한 圖書館의 姿勢를 充分히 認識하고 새로운 圖書館 奉仕의 方向 提示를 해주며 이끌어 주는 깊숙한 곳까지 關與해서 새로운 時代의 새 圖書館像 定立에 先驅的 役割을 하고 있다. 과연 오늘날의 日本의 經濟發展은 이러한 새 時代에 대한 敏感한 對應에 있지 않나 생각된다.

圖書館의「서비스」尺度가 參考書誌業務의 幅과 忠實度에 依해 判斷된다면 한 나라의 經濟發展은 여기에 必須的으로 隨伴되는 諸般 情報의 效果的 管理에 있다고도 말 할 수 있겠다.

書誌業務의 育成에 投資하는 것을 間接投資라고 이름할지 모르지만 筆者의 所見으로는 오히려 製品을 生産하고 技術을 導入하는 直接投資보다도 더욱 重要한 次元에서 다루지 않으면 안 된다고 생각한다. 왜냐하면 우리나라와 같이 開發途上國에 있는 나라는 外國의 技術導入만으로는 나라의 經濟를 完全히 求할 수 없고 經濟의 自立은 技術의 自立 위에서만 이룩될 수 있으며, 自體的 技術의 蓄積이 없는 一方的 技術導入은 치열한 國際競爭에서 落後를 免치 못하고 급기야는 몇 개의 外國商社에 依해 그 나라 經濟가 질질 끌려다닐 수도 있기 때문이다.

Anita R. Schiller의 말처럼 圖書館의 參考書誌 奉仕의 참된 未來는 利用者의 要求를 滿足하게 하고 綜合的인 正確한 情報를 直接 提供해 주는데 있다고 한다면, 이러한 情報提供은 文獻의 所在나 書誌的 情報, 文獻調査 活動을 中心으로 이루어지는 書誌奉仕를 意味하는 것이므로 現代社會의 흐름과 實在를 直視하고 情報化社會에 있어서의 書誌業務의 機能과 重要性을 切感해서 작은 單位에서부터라도 忠實히 始作하여 점점 擴大해 나가는 등 이에 對한 時急한 對應策을 講究하지 않으면 안 될 것이다.

또한 書誌業務는 現代가 國家單位社會가 아닌 世界的 單位의 情報化社會이

니만큼 이의 相互利用에 供하기 위해서는 國際的 標準에 依據 作成해야만 할 것이다.

參考文獻

朴鍾根, 日本醫學圖書館界의 現況, 한국의학도서관 Vol. 1(1), pp. 14~23, 1974.

朴鍾根, 定期刊行物의 管理와 그 問題點, 서울大學校 圖書館報 第11輯, pp. 59~74, 1975.

朴俊植, 情報化社會와 現代 圖書館의 進路, 도서관 Vol. 10(3), pp. 56~65, 1975.

尹汝澤, 情報化時代의 特殊圖書館의 調査機能, 國會圖書館報 Vol. 10(7), pp. 7~25, 1973.

吉本瑞應, 醫學研究者たおけゐ文獻利用ガイド, 醫學圖書館 Vol. 16(4), pp. 297~304, 1969.

奈良縣立醫科大學附屬圖書館 編, 1972 醫學文獻の解說と文獻探索方法.

牧野昇一, 情報と技術豫測, 情報管理 Vol. 13(8), pp. 482~489, 1970.

北川一榮 外, あすの社會と情報, Vol. 13(10), pp. 622~635, 1971.

黑澤正言, 變貌すゐ2次資料, 情報管理, Vol. 13(10), pp. 646~656, 1971.

Schiller, Anita R., Reference service, instruction or information Library Quarterly 35, p. 60, 1965.

內外의 Technical Reports의 槪要*

Survey of Technical Reports at Home and Abroad

1. 머리말

Technical report라고 하는 名稱이 日本에서 쓰여지게 된 것은 戰後 PB report(Publication Board Report)의 公刊 및 利用에서부터가 아닐까 生覺한다. 當時 100億＄에 相當하는 寶庫라고도 불리어 學界, 生產界의 强力한 要請이나 日本學術會議의 要望도 있어서 日本國會圖書館에서는 이 PB report를 비롯해서 AD report(Armed Service Technical Information Agency–現在의 Defence Documentation Center), ERDA report(Energy Research and Development Administration) 等 各國의 Technical report를 收集하고 閱覽에 供하여 그 數는 76萬 件도 넘는다. 그동안 Technical report는 技術의 進步를 擔當하는 媒體로서 널리 利用되고 評價되어 왔다. 日本에도 最近 Technical report

* 本橋는 寺村由比子 氏가 『國立國會圖書館月報』, No. 194號(1977年 5月)에 發表한 것을 *Bulletin KMLA*, Vol. 4, No. 1-2, 1977, pp. 14~20에 飜譯한 것이다.

의 刊行이 增加하고 있다. 이 Technical report라는 것이 대체 어떠한 것이며 그의 發展, 特徵, 種類 等에 對해서 더듬어 보고자 한다.

2. Technical report라고 하는 것은?

Technical report는 組織的이고 目的志向型인 開發研究에서부터 생긴 技術情報의 傳達形式이다. 普通은 個別化 番號가 붙어 있고 1件 1論文으로 刊行되지만 그의 性格이나 目的은 다른 學術情報와는 다르다. 卽 그의 目的은 研究機關에 있어 研究 group이라든가 project team의 研究成果를 그의 管理機關에 報告하는 以外에 그 機關 內에 情報를 迅速하게 傳達하는 데 있다. 이 管理機關은 同一 機關 內의 境遇도 있지만 開發研究의 大部分이 政府와의 契約 또는 資金援助에 依한 곳에서는 契約機關인 監督官廳에의 報告라고 하는 形式을 取한다. 따라서 現在 Technical report라고 말하면 美國政府 report 研究와 같이 契約에 依한 研究成果를 受託者(Contractor)로부터 依賴者(主로 政府機關)에게 報告하는 形式이 大部分이다. 이렇기 때문에 重要한 Technical report는 政府資金에 依한 開發研究에서 發生하여 政府出版物의 一部로 보여지고 있다.

한편 Technical report는 報告書라고 하는 目的에서 迅速히 作成되며 詳細한 內容이 要求된다. 페이지 數에 制限이 있고 刊行이 지연되고 있는 學術雜誌와 比較하여 이 Technical report는 技術情報로서 相當한 價値를 갖는다. 따라서 學術研究보다도 開發을 主로 하는 Project라든가 多領域에 걸친 技術分野의 研究機關에서는 契約研究報告 以外에도 이러한 形式을 採用하는 境遇가 많아 技術情報의 重要한 한 形態로서 登場했다. 이러한 分野에서는

雜誌에 發表되는 公式論文보다도 오히려 本來 非公式 Technical report가 發表의 主要 母體로 알려지고 있다.

한편 그의 刊行形態의 便利함으로부터 一群의 Technical report 中에는 研究內容 以外에 여러 가지 技術資料를 包含하게 되었다. 例를 들어 雜誌에 發表하기 以前의 Pre-Print, 그 機關에 聯關된 會議錄, 文獻目錄, 規格, 便覽, 統計類, 特許資料 等이 包含되고 一聯의 report의 記號, 番號가 붙어 있어서 이들도 모두 Technical report라고 부르고 있다.

이들 Technical report를 그의 性格, 內容에 따라 나누어 보면 다음과 같이 分類된다.

1) Pre-Print: 다음에 雜誌論文으로 刊行된다.

2) 研究機關의 報告: 日本에서는 이런 形式이 가장 많다.

3) 契約研究의 報告書: 여기에서는 定期的으로 提出되는 研究의 進行報告書(Progress report)와 終了報告書(Final report), topics的인 主題에 關한 報告書의 3種이 있다. 이들 중의 大部分의 數를 차지하는 것은 進行報告書로서 Technical report의 大部分을 점하고 있다. 또 가장 重要視되고 質的인 面에서도 評價되고 있는 것은 亦是 終了報告書이다.

4) Review: 現狀報告 等의 單行本 타입의 report

5) 研究委員會 報告: 各種 研究委員會에 提出된 論文

6) 그 밖의 會議錄, 文獻目錄, 特許資料 等

現在의 Technical report는 이러한 것들이 混在하여 刊行되는 技術資料라고 말 할 수 있다.

3. 歷史 및 發展

發展을 하고 있는 研究機關에서는 相當히 오래전부터 優秀한 內部 報告書 시스템이 確立되어 있다. 이러한 報告書의 量의 增大와 流通範圍의 擴大에서부터 Control을 爲한 職別番號가 붙어 있어 現在와 같은 Technical report의 形態를 갖게 되었다.

그의 最初는 1909年에 英國의 Advisory Committee for Aeronautics (現在의 Aeronatical Research Council-ARC)에서 刊行된 Reports & Memoranda이 시리즈라고 한다. 이어서 1915年부터 美國航空宇宙局(NASA)의 前身인 National Advisory Committee for Aeronautics-NASA의 report가 刊行되기 始作했는데 第2次 大戰 以前에는 그의 種類나 量이 적었다. 이것이 現在와 같은 科學技術情報의 媒體로서 組織的으로 쓰여 지게 된 것은 戰爭 中에 있어서 美國의 軍事研究에서부터였다.

1件 1論文이라는 形式이 國防上의 機密 保持를 要하는 研究成果의 傳達方式으로 適合하므로 1941年에 戰爭遂行에 必要한 研究開發을 할 目的으로 成立된 科學研究開發廳(Office of Scientific Research and Development: OSRD)의 report(1960年에 全面的으로 機密解除되어 刊行됨)는 그의 代表的인 例라고 말할 수 있다. 이밖에 原子力의 研究組織인 맨해튼 計劃에서도 大大的으로 採用된 事實은 有名하다.

戰後에는 美國을 中心으로 하는 原子力, 宇宙開發이라고 하는 Big Science의 研究開發에 크게 使用되게 되었다. 巨大한 研究開發은 많은 資金과 人員을 必要로 하기 때문에 많은 開發이 政府에 依해 行해진다. 따라서 Technical report의 大部分은 政府와의 契約研究의 報告가 表示되어 美國政

府의 研究開發 reports로서 代表되게 되었다. 그 數는 公開된 것만도 年間 6萬 件 機密, 限定配布 等을 合하면 10萬件 以上을 헤아려 1次情報의 重要한 Group를 形成하게 되었다.

4. Technical report의 特徵

Technical report의 特徵으로서 다음의 點을 들 수 있다.

1) 1件 1論文式: 報告라고 하는 性質上 1論文마다 刊行되지만 前記한 바와 같이 會議錄 等에서는 數篇의 論文을 包含하는 것도 있다.

2) Report 固有의 番號를 가진다: Report 番號에는 report를 發行하는 機關에 붙이는 記號番號(ORNL 等)와 이들을 收集, 配布하는 機關에 부여되는 PB나 AD 等 受入番號(Accession Number)의 2種이 있다.

3) 페이지 數는 雜誌論文보다 많다(平均 100페이지): 페이지 數에 制限이 없고 報告라고 하는 目的 때문에 詳細한 記述이 要求된다. 研究의 途中經過, 詳細한 데이터, 때로는 Negative한 報告도 包含하여 이것이 技術情報로서 價値를 가진다.

4) 不定期刊: 一群 中에는 定期的인 進行報告도 包含되지만 다른 report에 섞여서 번호가 붙어 있기 때문에 Report series로서는 不定期刊이 된다. 不定期라는 것은 刊行에 유연성을 주는 利點도 있다.

5) 商業 root에 따른 出版, 販賣形式을 取하지 않고 다음에 얘기할 流通 root에 따라 公刊配布된다.

6) 輕印刷 또는 Micro 形式이 大部分을 차지한다. 迅速히 作成할 必要가 있어서 印刷에 所要되는 時間을 短縮하고 配布費用의 絕減을 爲해서 이와 같

은 印刷形式을 取한다.

5. 主要한 Technical report

現在 世界에서 刊行되고 있는 Technical report의 種類는 相當히 많지만 그중 重要한 것을 다음에 써보고자 한다.

1) PB report: 1945年 美國 트루먼 大統領에 依해서 商務省에 設置된 出版委員會(Office of the Publication Board)에 依해 蒐集, 刊行된 report로 비롯되었다.

2) PB는 Publication Board의 頭文字를 딴 것으로 이 機關은 軍事目的을 돕기 위해서 獨逸의 技術情報의 收集利用을 目的으로 했는데 戰後에 여기에 PB의 一連番號를 붙여 公開함과 아울러 政府의 研究機關 및 研究를 依託한 民間大學의 研究報告를 모아서 機密에 屬하는 것 以外의 것은 分明하게 되었다. 이것이 美國政府 研究 report의 始作이다. 現在는 國防省(DoD), 航空宇宙局(NASA), 에네르기 研究開發廳(ERDA) 以外의 各 省廳의 依託 研究成果를 包含하고 있다. 年間 刊行數는 9,000件이다.

3) AD report: 美國 國防省(Dept. of Defenses DoD)의 report로 軍의 資金援助, 契約에 따른 研究報告가 大部分을 차지한다. AD는 軍의 情報機關인 ASTIA(Armed Service Technical Information Agency—現在의 Defence Documentation Center: DDC) Doument의 略이다. 狹義의 軍事研究에 限定하지 않고 廣範圍하게 關聯 技術研究를 包含한다. 以前에는 選擇, 評價되어 主要한 것만을 PB report로서 發表되었는데, 1961年부터 AD report 그대로 機密이 아닌 것만을 公開하게 되었다. 年間 刊行數는 16,000件이다.

4) ERDA report: 美國原子力委員會(AEC)의 改編에 따라 1974年에 設立된 에네르기 研究開發廳(Energy Research and Development Administration: ERDA)의 管轄에 따른 report이다. 以前의 AEC report 以外에 各種의 에네르기 研究開發 report를 包含하게 되었다. 年間 刊行數는 21,000件이다.

5) NASA report: 美國航空宇宙局(National Aeronautics and Space Administration: NASA)의 管轄에 따른 report로서 아폴로 計劃을 비롯한 宇宙開發 研究成果의 大部分을 包含한다.

6) RAND report: 美國의 非營利 研究 調査機關인 RAND Corporation의 report로서 大部分이 政府의 依託研究이다. 中·蘇問題, 都市問題 等 政治, 社會分野가 約 60%를 차지한다. 年間 刊行數는 約 500件이다.

6. 流通과 配布

이들 政府機關에 따른 研究 Project에 關聯하여 作成되는 Technical report는 그 研究機關 또는 關聯 있는 研究 Project의 監督機關에 따라 流通에 對한 Control이 行해진다. 이 統制는 그 研究機關 自身을 爲함과 政府에 따른 研究成果의 生産에의 利用을 促進하기 爲함이다.

여기에 機密, 關聯機關만의 限定配布라고 하는 制限도 있다. 非機密 및 機密解除된 report는 다음 方法에 따라 外部에 公開, 配布된다.

1) 研究機關 또는 管理機關에 附屬한 情報管理機關에 따른 直接配布. 여기서는 主로 關聯機關에의 提供을 받는다. 이들 情報機關은 各地에 (外國에도) Technical Report Center 또는 寄託圖書館을 設置하여 여기에서도 一般에게의 利用에 供하고 있다.

2) 美國의 National Technical Information Service(NTIS)와 같이 report의 公開, 配布를 爲해서 特別히 設置된 機關에 따라 配布한다.

이 NTIS는 前記한 PB report의 刊行機關이었던 Office of the Publication Board가 發展한 機關으로 現在 美國防省(DoD), 에네르기 開發廳(ERDA), 航空宇宙局(NASA), 그 밖의 情報機關의 Technical report를 複製하고 抄錄誌로서 公知시키는 以外에 一般에게도 頒布하고 있다.

3) 政府印刷局에 따른 配布: 美國의 Government Printing Office(GPO), 英國의 Her Majesty Stationary Office(HMSO) 等 各國의 印刷局에서는 그 나라의 Technical report의 一部를 取扱하고 있다. 公開된 個個의 report의 入手는 前記한 配布機關에 直接 申請하든가 Technical report를 積極的으로 蒐集하고 있는 圖書館에 複寫를 依賴하는 것이 좋다. 日本에서는 日本國會圖書館이나 日本科學技術情報센터에서 利用할 수 있다. 外國의 境遇로는 美國의 Library of Congress에서는 130萬 件(小冊子만의 숫자임)을 英國의 British Library Lending Division에서는 150萬 件의 Technical report를 蒐集하여 利用에 供하고 있다.

7. Technical report의 檢索法

資料의 一次的 配布와 併行해서 流通에 있어서의 다른 問題는 利用者에의 公知이다. 이러한 目的을 爲해서 情報管理機關이나 NTIS에서 公知 list가 刊行되어 있어 現在 이것이 檢索을 目的으로 한 抄錄誌로서 아주 充實하다. Technical report는 一般抄錄誌에의 收錄採擇이 制限되어 世界的인 抄錄誌인 Chemical Abstract에도 終了報告書만이 收錄될 뿐이므로 Technical report

의 檢索에는 report를 對象으로 한 抄錄誌가 不可缺하다. 그의 代表的인 것으로는 다음의 것이 있다.

Government Reports Announcement & Index(GRA) Springfield, NTIS, 1946-(B-W) Scientific and Technical Aerospace Reports(STAR) Washington, NASA, 1963-(S-M)

ERDA Energy Research Abstracts, Washington, ERDA, 1976-(M) INIS Atomindex.

Vienna, IAEA, 1970-(S-M)

이들 抄錄誌는 本文은 分類排列, 各號 및 半年, 1年의 累積件名索引이 있어 主題에 따른 調査에는 便利하다. NTIS에서는 機械에 의한 檢索 서비스인 NTIS search도 行하고 있다.

이밖에 Technical report 特有의 몇 가지의 調査가 있다. 그 첫째는 研究機關名으로부터 report 記號의 調査이다. 例를 들어 TR(Technical report)과 記號는 많은 研究機關에서 주어지기 때문에 그 前에 研究機關名을 코드化하여 붙이는 것이 普通이다. 그렇기 때문에 研究機關名과 코드記號 사이의 相關關係를 分明히 한 코드索引(Dictionary of Report Series Codes, 2nd ed., New York, SLA, 1973)이 刊行되어 있으므로 이것을 利用한다.

둘째로는 report 番號에서 PB·AD番號의 調査이다. 이것은 研究機關에서 附與되는 report 番號로부터 PB·AD의 受入番號(Accession Number)가 보다 넓게 使用되기 때문이다. 이 調査에는 前記 抄錄誌의 report 番號 受入番號 索引을 利用하는 以外에 對照索引(Correlation Index)도 刊行되어 있다.

셋째로는 契約番號(Contract Number)로부터 發表論文의 調査가 있다. 前記 抄錄誌에 붙여져 있는 契約番號索引을 使用하는 것인데 契約番號 1個에 對하여 數件의 report가 發表되는 것이 普通으로 契約時 以後 數年間分의 調査를

要한다. 또 現在 問題가 되어 있는 것으로 硏究課題調査(on-going-research)가 있다. 硏究의 重複을 막기 爲해 論文으로 그 成果가 發表되기 以前에 現在 進行 中인 硏究課題를 알릴 必要가 있다.

特히 Technical report가 되기 以前의 現在 實施 中의 契約, 依託硏究 테마의 調査가 要求된다. Smithsonian Science Information Exchange-SSIE에서는 이와 같은 契約硏究의 리스트도 刊行하고 있다. 또 美國 議會圖書館의 National Referral Center에서도 全國의 硏究機關의 主要 範圍를 調査하여 要求에 對한 情報源이 되는 機關 等을 紹介하는 Reference Service를 하고 있다.

NASA나 NSF의 Fact Book이나 Grant Index에 依해서도 調査가 可能하다.

8. Technical report와 雜誌論文과의 關係

Technical report는 다른 一般資料, 特히 雜誌論文과 어떤 關係가 있는 것일까. 이것은 Technical report의 公利性, 情報의 重複問題로 자주 論難되고 있는 일이다. 科學技術情報의 發生과 流通을 調査한 몇 件의 報告에 따라 이들 兩者間의 關係를 더듬어 보자.

Garvey 等의 學術硏究情報의 流通에 關한 調査報告(1) 中에 雜誌에 論文을 發表한 硏究者가 그 內容을 雜誌의 公刊 前에 어떠한 形態로 發表 報告했는가에 對해서 詳細한 調査가 있다.

여기에 따르면 雜誌調文 中에 21%는 以前에 Technical report로 發表되고 그 時期는 論文刊行의 13個月 前이다(〈表 1〉, 〈圖 1〉 參照).

〈表 1〉 雜誌論文 刊行 前의 發表手段

口頭發表	比率(%)	論文發表	比率(%)
對話(所內)	29.0	Technical report	21.0
全國的 學會	24.1	學位論文	19.4
對話(所外)	13.0	所內論文	15.8
學位審查會	10.7	會議報告	6.6
地域的 學會	8.3	口頭發表의 copy	6.6
部內 報告	8.0		
國際會議	7.2		
招待發表	7.1		
研究委員會	3.2		

〈圖 1〉 雜詳論文 刊行 前의 發表의 機會

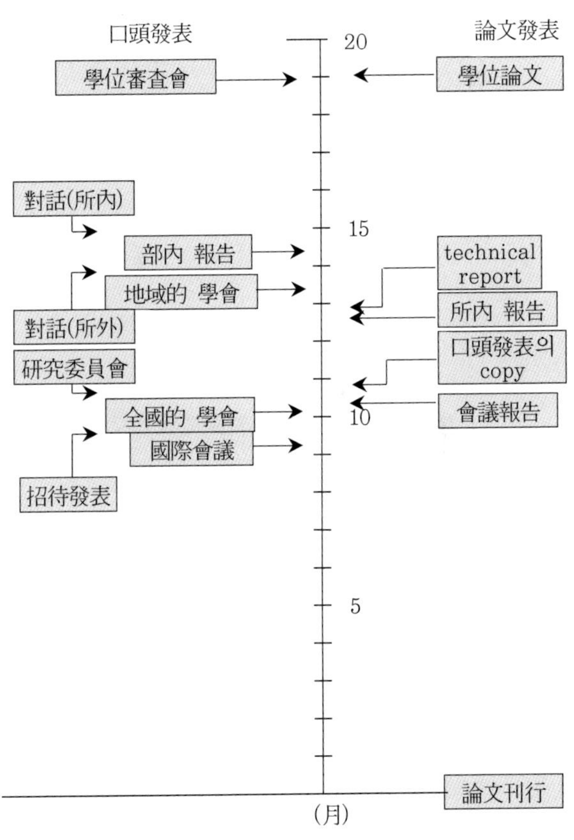

즉, Technical report를 調査함에 따라서 雜誌論文의 2割은 1年 以上 前에 그 內容을 알 수 있다.

反對로 Technical report로서 刊行된 報告가 뒤에 雜誌論文 等으로 發表되었는가에 對해서 2가지의 報告가 있다.

그 하나는, Gray의 調査에 따르면 對象으로 한 1,500件의 Technical report 中 그의 60~65%는 公刊할 수 있는 情報를 包含하고 그 中의 約 半數는 2~3年 後에 實際로 公刊된다. 그러나 全體의 21%는 전혀 公刊되지 않는다.

둘째는 Herner의 調査(3)인데 여기에 따르면 2,295件의 調査對象 中 22%에 該當하는 49.5件은 全體 또는 一部가 10~12個月 後에 公刊된다. 그 形態는 雜誌論文 161件, 圖書 32件, 特許 6件, 會議 Pre-Print 47件이다. 以外에 42件은 모두 公刊된 論文의 reprint이다. 이들 調査에서 Technical report의 一部는 後에 雜誌論文 等에 依해서 公刊되지만 그 時期는 1~2年 後이다.

따라서 後에 公刊되는 것이라도 Technical report에 따라서는 迅速한 情報를 얻을 수 있고 또 公刊되지 않는 것은 이 以外에는 情報入手 手段이 없다고 말할 수 있다. 迅速性이 要求되는 技術分野에서는 이 迅速함이 重要한 要素로 되어 있다.

9. Technical report의 質과 問題點

以上과 같이 迅速性과 內容의 詳細한 記述이라고 하는 利點을 갖고 있는 Technical report이지만 反對로 몇 가지의 問題 때문에 公的인 一次資料라고는 하지 않는다는 主張이 있다. 特히 學術雜誌의 編輯者 中에는 Technical report를 科學文獻으로 보지 않고 雜誌論文에 引用하는 것조차 바람직하지 않다는 立場을 取하는 사람도 있다. 그 問題의 하나는 學術雜誌와 같은 調査員에 따른 審査 시스템이 確立되어 있지 않기 때문에 있을 수 있는 質的인 問題이다. 硏究自體는 契約硏究인 以上 그의 監督機關에 依한 委員會 調査를 거쳐 資金援助가 定해지기 때문에 前審査를 받고 있다고 말할 수 있다. 그러나 report는 本質的으로 契約硏究報告라고 하는 性格을 갖고 定期的으로 報告해야 된다는 義務로서 發表되는 것도 많고, 이 때문에 많은 noise가 發生하는 것은 事實이다. 이 問題의 解決에는 契約機關 또는 監督機關에 있어서 審査制度의 確立이 必要하지만 利點인 迅速性을 犧牲하지 않도록 해야 한다.

審査制度에 關해서는 와인・바-그 report(4)에서도 放大한 report를 取扱하는 硏究機關은 report가 그 System에 보내지기 前에 從來 形式으로 刊行된 資料의 審査員이 行하고 있는 傳統的인 審査와 完全 同一한 精神으로 審査할 수 있는 專任 審査員을 主要 契約者와 政府機關에 둘 것을 强力히 提案하고 있다.

둘째 問題는 配布가 限定되어 있다는 點이다. 報告書이자 Project나 組織內의 情報流通을 目的으로 하기 때문에 直接 硏究者에게 公表되는 學術雜誌와는 다르다. 이것이 限定配布資料라고 하는 觀念을 주게 되어 學術雜誌의 編輯에 그의 引用을 私信으로서 取扱하는 態度를 取하고 있다. 그러나 前述한 바와 같이 Technical report Center나 NTIS와 같은 機關에서 쉽게 入手할 수 있다. 따라서 限定配布資料가 아니고 學術雜誌와 똑같이 公開資料라고 하는 見解가 取해져 왔다. 약간이라도 限定的이라고 하는 缺點을 補完하기 爲해서는 Technical report에 包含된 情報를 될 수 있는 限 學術雜誌에 公開하는 것이 바람직하다는 意見도 있다.

셋째로는 檢索 tool 問題를 들 수 있다. 一般 抄錄誌에서는 前述한 理由에서 Technical report를 전혀 收錄하지 않거나 一部만을 收錄하는데 不過하다. Technical report를 對象으로 하는 抄錄誌가 刊行되고 있는 나라, 分野에서는 여기에 依한 檢索이 可能하다. 그러나 이들 抄錄誌에 採錄되지 않은 Technical report라든가 전혀 刊行되지 않는 나라도 있고 해서 어떠한 report series가 刊行되어 있는가를 알기가 어려운 것이 現狀이다. 그러므로 Technical report의 檢索 tool의 整備는 아주 急先務이다.

10. 일본의 Technical report

日本에서 Technical report가 刊行되게 된 것은 戰後이다. 日本原子力研究所의 JAERI report를 비롯해서 日本國會圖書館에서 調査한 範圍로는 60個機關에서 87種의 report가 刊行되고 있다(〈表 2〉 參照).

〈表 2〉 日本의 Technical report의 刊行數

研究機關의 種類	刊行機關 數	report 數
國公立研究機關	25	36
公共企業體等研究機關	9	15
大學附設 研究所	13	17
各種 研究機關	11	17
民間研究所	2	2
計	60	87

그 大部分은 原子力, 航空, 電氣 等의 工學分野이다. 이들 report 中에는

report 記號가 붙어 있지 않고 다만 一連番號만의 monographic series 形式의 것도 있다.

日本의 Technical report는 그의 內容이나 性格으로 보아 여러 다른 나라의 것과 相當히 다르다. 그의 거의 全部는 研究機關의 報告書로 機關 內의 流通이나 關聯機關과의 情報交換에 使用되는 所內 報告이다. 日本에서는 政府와의 契約에 따른 研究가 적은데다가 그의 報告 시스템도 確立되어 있지 않기 때문일 것이다. 實際로는 文部省의 科學研究費 補助金 等 國家의 助成에 依한 研究도 있지만 그 成果의 一部는 「研究報告集錄」이나 雜誌에 發表되고 또 小冊子로 印刷되어 關係機關에 配布될 뿐이다. 이들을 統括하는 機關도 없고 流通 root도 없어서 書誌 Control도 되지 않기 때문에 그 全部를 把握하기는 아주 어렵다. 內容도 大多數는 終了報告書이다.

美國과 같은 契約研究도 있다. 〈表 2〉의 report 中에도 契約研究報告 report가 여러 title 包含되어 있다. 또 民間 研究機關에서의 研究開發 狀況을 調査한 報告에 따르면 그의 七割은 官公聽으로부터의 依託, 助成研究라고 한다. 그러나 그 報告書는 一般에게는 公刊되지 않고 直接 그 機關에 依賴하는 以外에는 入手方法이 없고 Copy조차도 制限하는 곳도 있다.

檢索 tool에 對해서 말하자면 「鐵道技術研究報告」 等의 雜誌 取扱하는 것에 對해서는 日本國會圖書館 刊行의 「雜誌記事索引」이나 「科學技術文獻速報」에 收錄되지만 形態的으로 팸플릿으로서 處理되고 있는 것에 對해서는 檢索手段이 안 되어 있다고 보는 것이 現 實情이다.

11. 맺음말

以上 Technical report의 概要를 말했고 最近 30年間 技衆情報로서 確固한 地位를 構築한 Technical report이지만 情報量의 增大에 따라 그에 對한 問題點의 解決이 强力히 要望되고 있다.

以後 日本에서도 Technical report의 刊行이 增加되고 있으니 日本의 것도 包含한 report 全體의 質의 改善, 流通 root의 確立, 檢索手段의 整備가 今後의 課題로 남아 있다.

JMLA 및 日本의 醫學圖書館界의 近況과 問題點*

梁會長을 비롯해서 KMLA(韓國醫學圖書館協議會)의 여러분들 안녕하십니까?

방금 紹介받은 JMLA(日本醫學圖書館協會)의 쿠와바라 젠사쿠입니다.

이번에 KMLA 第11次 總會에 參席하게 되어 정말로 감사하게 生覺하며 더구나 오늘 「JMLA 및 日本醫學圖書館界의 現況과 問題點」에 對해서 저의 두서없는 말씀을 드리게 된 것을 더없는 榮光으로 生覺합니다.

이미 알고 계시리라고 믿습니다만 昨年 10月 저희들의 JMLA는 創刊 50調年을 맞이하여 보잘 것은 없었지만 그런대로 紀念式典을 東京의 順天堂大學 圖書館 講堂에서 가졌습니다.

뒤돌아보면 1927年 11月 11日에는 JMLA는 「官立醫科大學 附屬圖書館協議會」로서 日本海에 面한 雪國의 新潟市에서 創設되었습니다. 이것은 5個의

* 本橋는 第11次 韓國醫學圖書館協議會 總會(1978. 4. 29, 延世大學校 醫科大學 圖書館) 時에 日本醫學圖書館協會의 事務局長인 桑原善作가 演說한 內容을 譯者가 通譯한 것이며, *Bulletin KMLA*, Vol. 5, No. 1-2, 1978, pp. 13~15에 수록되었다.

官立醫科大學 圖書館長 및 司書 10餘 名이 先驅者가 되었습니다. 會則을 만들고 재빨리 始作한 일이 加盟圖書館 間의 相互貸借 業務였습니다. 이 일은 그 後에도 繼續해서 JMLA의 中心業務로 되어 왔습니다.

JMLA의 50年의 발자취는 여기 10여 부를 가지고 왔습니다만 「JMLA 50年 略報」를 보시면 大略 아실 줄 믿습니다.

이 略報는 저희들의 機關誌인 『醫學圖書館』의 Vol. 23, No. 1의 創立記念特輯號의 첫머리에도 실려 있으므로 이미 보신 분도 계실 줄로 生覺합니다.

저희들 JMLA에서 現在하고 있는 일을 말씀드리자면, 먼저 各種 委員會의 活動에 對해서 가장 알기 쉬울 것입니다. 委員會는 10餘 個로 나뉘어 있는데 그의 주된 것에 관해서 몇 가지 頭序없이 말씀드리자면,

첫째는 『醫學圖書館』 編輯委員會입니다. 『醫學圖書館』은 JMLA의 機關誌로서 季刊으로 나오며 KMLA의 機關誌인 「한국의학도서관」과 交換하고 있기 때문에 보셨을 줄로 알고 있습니다.

이 機關誌는 1954年 洋書輸入商인 丸善株式會社의 援助를 얻어서 1954年 1月 30日付로 創刊되었습니다. 그 뒤에 해가 감에 따라 進展을 보게 되어 協會 自身이 自力으로 發刊할 수 있게 되어 지난 1976年 10月 5日付로 完全自主的으로 最初의 號를 내었습니다. 그것은 廣告揭載라고 하는 形式으로 協力을 얻을 수가 있게 되었기 때문입니다. 現在 Vol. 23, No. 4까지 刊行되었습니다만 좀 이상한 것은 刊行日字가 過去로 되어 있어 여러 가지로 困難한 일이 생기는데, 1979年 中에는 正常的으로 날짜를 맞추어 나올 수 있도록 會員一同이 熱心히 努力하고 있습니다.

둘째로는 醫學圖書館員 세미나 및 研究集會 各 實行委員會라고 하는 것이 常設되어 있는데 세미나는 圖書館 經歷 3年 以上 워크숍은 3年 未滿을 對象으로 하여 各各 年 1回式 施行하고 있습니다. 세미나는 第1回가 1974年에

大阪에서, 워크숍은 1966年이 第1回로서 이때에는 東北, 九州 2個 地區에서 행해졌었습니다.

셋째로서는 會則改正檢討委員會인데 이 委員會는 昨年 10月의 總會 때에 會則이나 諸規定의 全面的인 改正을 提案하고 特히 지금까지 懸案問題였던 正會員으로서의 製藥會社 3個社에 對하여 5年 後에는 自動的으로 脫會하도록 決定하여 職種이 다른 會員의 混在問題를 解決하였습니다. 그리고 新 準會員制를 새로이 만들어 舊準會員으로서 正會員으로 格上된 以來 5年이 經過하여도 아직 現在의 正會員으로서의 基準에 達하지 못한 正會員은 自動的으로 新準會員이 됩니다. 거기에 特히 國立의 新設 醫科大學圖書館은 創立된 지가 얼마 안 되었기 때문에 正會員 入會 加盟의 基準에 達하지 못하는 것이 現狀이며, 이러한 圖書館들도 新準會員으로 加盟해서 全國的인 서비스 네트워크를 緊密히 하고 있습니다.

本 協會는 醫學圖書館界와 똑같이 發展하고 있으며 時間의 흐름과 學問技術의 飛躍的인 進步에 對處하기 爲해서는 이 委員會는 앞으로도 더욱더 重大한 使命을 갖고 있다고 할 수 있겠습니다.

넷째로는 出版委員會인데 이것 亦是 JMLA의 貴重한 商品을 맡고 있는 곳으로 「現行醫學雜誌所在目錄」의 年刊은 文部省으로부터 學術出版物, 2次資料刊行物을 每年 60萬¥ 前後의 刊行費 補助를 받아 만드는 것으로 Interlibrary Loan의 tool로서 가장 좋은 것입니다. 이 目錄의 前身이라고 할 수 있는 것은 1931年의 「醫科大學 共同 學術雜誌目錄」이며 이어서 1957年에 刊行한 「輸入豫定雜誌目錄」으로 거슬러 올라갑니다.

또 「醫學雜誌總合目錄: 歐文篇」은 1977年 10月에 第6版을 刊行하고 「和文篇」 第6版도 곧 着手할 段階에 와 있습니다.

그리고 1964年에는 現在의 慶應義塾大學 醫學情報센터 一內에 「醫學文獻

센터」를 設置하여 그 業務를 同 센터에 委託하였는데, 相當히 잘 利用되고 있으며 이들 單行本의 基本카드를 冊字目錄으로 만들라는 소리가 나오고 있습니다만, 많은 出版費用은 勿論 編輯刊行 事務量이 너무 많아서 目下 考慮中에 있습니다. 이것 亦是 그의 前身이라고 할 수 있는 것은 文部省의 助成金으로 1949年에 第1冊을 내고 1956年에 8卷8冊을 完成한 「醫科大學總合洋書目錄」입니다.

現在 看手 中인 것으로는 「Mesh 用語의 英和對譯書」와 「Chemical Abstract의 使用法」으로 前者는 今年 10月頃, 後者는 7月頃에 刊行될 豫定으로 있습니다.

다섯째는 팩시밀리 導入檢討委員會인데 이 委員會는 朴鍾根 氏도 잘 알고 있는 바와 같이 5年 前부터 發足한 것으로 相互貸借 業務에 꼭 必要한 것이며 이것을 採用하는 것은 時間問題라고 生覺합니다. JMLA에서는 드디어 今年 5月 下旬부터 6月 末까지 有力한 2개의 機種에 對해서 批較實驗을 하기로 되어 있습니다. 東京地區 4個 館과 崎玉, 栃木의 두 縣에서 2個 館이 이미 여기에 參加하게 되어 있습니다. 어쨌든 팩시밀리는 10種 以上 되는 各 메이커의 機種 間에 互換性이 없어서 本 委員會로서는 高速性이나 明瞭性에 重點을 두고 機種의 選定에 愼重을 기하고 있습니다.

여섯째로 이밖에 國立醫學圖書館 設立推進委員會 等도 슬슬 活動을 하고 있습니다만 本 協會 自體가 아직 弱體이기 때문에 政府, 特히 文部省이라든가 厚生省 等의 關係機關을 어느 정도 움직일 수 있겠는가가 問題가 되어 있습니다.

NLM이나 BLLD나 EM과 같은 곳과 國際的인 協力과 交流를 圖謨해야 한다는 것은 두말할 必要가 없다고 生覺합니다.

勿論 貴國과의 相互協力이나 親善圖謨도 마찬가지입니다.

1951年 第13回「日本醫學會」總會 때 學術展示會에 처음으로 本 協會도 參加했었습니다만 거듭해서 來年 4月에 東京에서 開催 豫定인 第20次 日本醫學會 總會에는 總會行事의 一部로서 「未來의 醫學圖書館」像에 關한 展示에 關해서 積極的인 參加를 主催者로부터 要請받고 있습니다. 이러한 것에 關해서도 가까운 將來에 委員會가 構成될 것으로 生覺하고 있습니다.

그 밖에 MEDLARS 對策委員會 等等이 있습니다만 時間 關係上 省略하겠습니다. JMLA에서는 每年 外國의 醫學圖書館協會의 年次·總會에의 參加를 會員에게 권하고 있는데 今年에는 6月 中旬에 美國 시카고에서의 第78回 總會에의 參加者를 募集 中에 있습니다.

이와 같이 國外로는 貴國을 비롯하여 歐美諸國과의 交流, 協力을 推進하고, 國內에서는 例를 들어 「醫療情報 서비스 關係 團體 懇談會」의 멤버가 되어 1975年 2月 10日에 第1回의 會合을 가졌었는데 現在는 中斷되어 있었습니다. 日本藥學圖書館協議會 等과도 緊密한 運絡을 갖고 있는 것은 當然한 일입니다.

마지막으로 JMLA의 業務로서 한 가지 會員에게 즐거운 일은 亦是 NLM에의 複寫 서비스 供與 中繼役을 맡고 있는 것입니다. 이것은 지난 1976年에 美國에서 Copyright laws가 大幅 改正되어 今年 1月 1日부터 施行하고 있는데 여러 가지 잘못 施行한 것이 많았으나 最近에는 正常的으로 본 궤도에 들어선 것 같습니다. 貴國 圖書館協議會나 各 圖書館에서는 어떠한 狀況인지 다음에 알아보고 싶습니다.

NLM에의 複寫 請求問題는 貴國 圖書館과 같이 各 圖書館이 直接 申請하는 方向으로 해볼까 하고 생각중입니다.

이제 演題에 들어 있듯이 저희들의 問題點에 對해서 말씀드리자면, 그 첫째로 말할 수 있는 것은 當協會가 內包하고 있는 財政事情의 惡化라는 것입니다. JMLA가 如前히 有名無實한 法人이라는 것도 이 財政問題와 關聯되어 있습니다. 財政的으로는 正會員이나 準會員의 增加를 꾀하고 年額이 5萬￥인 贊助會員을 늘리고 業者나 關係團體로부터의 援助, 다시 말해서 寄附金을 받아서 겨우 維持하는 정도입니다.

貴協議會와 같이 團體會員 以外에 個人會員 問題도 生覺은 하고 있지만 그것은 實現되기가 어려운 것 같습니다.

다음에 日本의 醫學圖書館界를 보았을 때 어떻든 눈에 第一 잘 띄는 것은 全國의 모든 縣에 醫學大學을 적어도 하나씩은 두고 이에 따라 醫科大學이 있는 懸에는 반드시 醫學圖書館이 있어야 한다는 活動입니다.

國民 1人當에 對한 醫師數가 적다는 것은 다 아는 事實이면서도 한편으로는 自治醫科大學이라든가 産業醫科大學이라고 하는 것과 같이 一般的인 養成이 目的이 아니고 獨立的인 設立 趣旨를 가진 醫科大學이 생겼다는 것은 注目할 만한 일이라 하겠습니다.

文部省은 1977年度 豫算에 外國學術雜誌의 購入費를 大量으로 投入하여 地域別 또는 全國的으로 共同利用할 수 있는 센터의 構想을 檢討하고 있습니다.

醫學圖書館에는 없지만 病院圖書室協議會도 東京과 大阪을 中心으로 各各 結成되어 活潑한 活動을 始作하고 있습니다만 本 協會는 이들 團體에 對하여 KMLA와는 달리 消極的이고 閉鎖的인 態度라는 非難도 들리지만 本 協會는 加盟은 시키지 않고 있지만 可能한 限 協力하고 있음은 勿論입니다.

病院圖書室이나 市內의 開業醫에게까지 開放한 醫學圖書館의 서비스 問題는 앞서 말씀드린 國立醫學圖書館 設立 等의 問題와도 크게 關聯되는 것이지만 個個 醫學圖書館의 問題로서는 亦是 開館時間의 延長 等이 懸案問題이겠습니다. 開館時間 內에라도 비록 歐美諸國과 같은 水準의 서비스는 못한다

할지라도 여러모로 더욱더 努力하고 改善해야 되겠습니다.

대개 豫定時間이 다 된 것 같습니다만 JMLA의 第49次 總會는 10月 13日 東北地方의 岩手縣의 花券溫泉에서 開催됩니다. KMLA에서는 1973年度 초가을의 第44次 總會에 이어서 다음 해 10月 初의 第45回 總會에도 두 분이나 參加해 주셔서 많은 交流와 親睦이 되었다고 生覺합니다.

오늘 第49回 總會에도 꼭 여러분이 參席해 주실 것을 부탁드리며 이만 제 말씀을 마치겠습니다. 傾聽해 주셔서 대단히 感謝합니다.

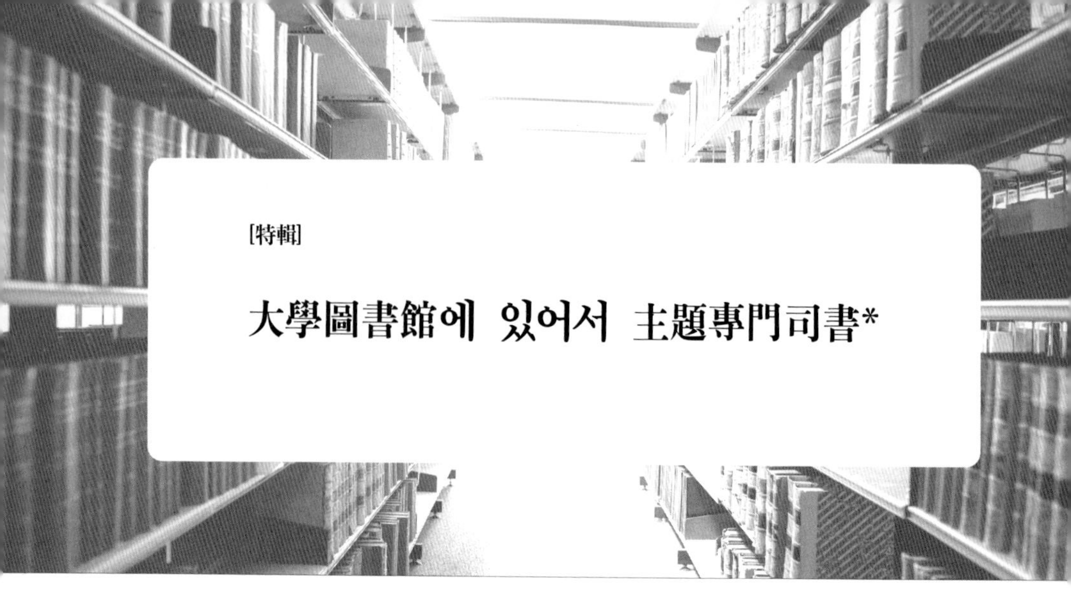

[特輯]

大學圖書館에 있어서 主題專門司書*

1. 머리말

오늘날 大學圖書館에 있어서 專門職으로서의 圖書館員은 從來 必要로 했던 圖書館의 知識 및 技術만이 아니고 일정한 學問分野의 專門的인 知識에도 精通해야만 한다는 것이 歐美에서는 널리 認識되어 왔다.

그러나 이와 같은 主題專門知識을 가진 圖書館員의 呼稱은 반드시 일정하지 않고 그가 해야 할 일이나 身分・資格 등도 한결같지 않아서 아직은 확실히 되어 있는 것은 아니다.

本論에서는 먼저 近年에 歐美의 大學圖書館 中에 점차로 地位를 굳혀 가고 있는 主題專門知識을 갖춘 圖書館員(主題專門圖書館員)의 現況에 대해서 정리해봄과 동시에 圖書館員의 役割과 그에 따른 갖추어야 할 知識이란 어떠한 것

---

* 本稿는 *Library and Information Science*, No. 15, 1977, pp. 85~95에 菊池しづ子 氏가 發表한 論文을 飜譯한 것으로 국회도서관보 제139호, 1979. 4, pp. 13~23에 수록되었다.

인가에 대한 것 등 關聯된 문제에 대해서 살펴보고자 한다.

2. 主題專門圖書館員의 定義와 役割

大學圖書館員에 있어서 主題知識이 必要한가 아닌가에 대해서 논란되어 왔던 것은 새삼스러운 일이 아니다. 유럽 대륙에서는 特定 分野에 있어서 아주 高度한 (通常 博士課程 수준의) 學識을 가진 자가 大學圖書館에 있어서 주로 資料의 選擇에 관계하고 있는 것이 傳統으로 되어 있다. 따라서 主題專門圖書館員이라고 하는 槪念도 普遍的으로 實體를 가지고 있다. 그러나 이와 같은 유럽 대륙의 主題專門圖書館員은 옛날부터 지금까지 學者圖書館員(Scholar-Librarian)의 傳統을 지녀온 것으로 스스로를 圖書館員이라고 말하기보다는 오히려 學者에 가까운 것으로 自認하고 있는 傾向이 있는데, 英美에서는 近年 大學圖書館의 體質改善의 하나의 活力素로 여기고 새로운 地位를 確立하면서 主題專門圖書館員이라는 것은 유럽 대륙에서 말하는 그러한 槪念의 것과는 약간 質이 다른 것으로 생각하고 있다. 그러한 점에서 本論에서는 주로 英美에 있어서의 主題專門圖書館員에 焦點을 두고 考察해 보고자 한다.

英美에서 主題知識이 풍부한 圖書館員을 從來의 圖書館員과 區別하여 定義하고자 試圖된 것은 1960年代 이후의 일이다. 이와 같은 圖書館員은 subject specialist (librarian), bibliographer reference bibliographer, professional specialist 等의 몇 개의 이름으로 불리어져 왔다. 그리하여 그 名稱 각각에, 또 그 論者 각각에 조금씩의 뉘앙스가 다른 說明이 붙어 있다.

가장 單純하게는 主題專門圖書館員이라고 하는 것은 "特定의 主題領域에 있어서 圖書館 서비스를 하기 위해서 일임 받은 圖書館員이다"라고

Holbrook는 定義하고 있다. Holbrook는 이것을 補充하여 다시 다음과 같이 說明한다.

> "이 主題領域은 아주 좁은 경우도 있지만 대개 大學, 學科組織에 包含되는 關聯 있는 學問領域 全體를 包含한 넓은 것을 말한다. 各各의 主題領域에 있어서 서비스를 더욱 增大시키고 圖書館 資料의 利用을 最大限으로 擴大시켜야 하는 主題專門圖書館員의 責任에는 各樣各色의 任務가 包含된다. 主題專門圖書館員은 通常 關聯分野에 있어서 最小限의 學位를 가지고 다시 大學에서 圖書館學의 大學院 過程을 마치는 것으로 한다."

Humphreys는 主題專門圖書館員에 대해서 圖書館 活動의 各 側面과 關聯시켜 要領있게 綜合整理한 것이 있는데 그중에서 Holbrook의 定義에 이어서 그의 資格에 關해서는

> "通常 主題專門圖書館員이라고 하는 것은 特定 主題分野에 있어서 상당한 經驗을 가지고 있고 學士나 碩士學位를 가지고 있지만 어떤 任務를 맡은 時點에 있어서 반드시 當該 分野의 資格을 가지고 있어야 한다는 것은 아니다."

라고 말하고 있다. 대개 主題分野에 있어서 資格이나 學歷을 明確히 規定한 論文은 보이지 않고, 또 그 領域의 넓이나 깊이도 各 圖書館의 組織이나 職員의 配置狀況 등의 個別的인 條件에 따라 다르다고 되어 있다.

그렇다면 어떠한 業務에 가장 主題知識을 必要로 할까, 또는 主題專門圖書館員의 가장 有效한 機能이라는 것이 무엇인가 하는 觀點에 따라 主題專門圖書館員으로의 認識하는 樣相이 달라지게 된다.

從來 主題專門圖書館員이라고 하는 것은 유럽 大陸의 傳統에 따라 主로 資料選擇業務에 從事하는 것으로 보는 傾向이 많았던 것 같다. 더구나 유럽 大

陸에서는 選擇 以外의, 卽 利用者에의 서비스 面에서는 전혀 無視되고 있었다. 한편 英美에서는 傳統的으로 서비스를 重視하기 때문에 主題專門圖書館員도 서비스 面에서 크게 貢獻해야 한다고 생각하고 있었다.

어떠한 機能을 重要時할까, 主題專門圖書館員에게는 지금까지의 圖書館員과는 다른 廣範圍에 걸친 責任과 綜合的인 調整者로서의 役割이 賦課되어 있다. 從來의 圖書館의 組織은 資料가 處理되어 가는 흐름(收入・目錄・貸出 ……)에 따라 職員이 配置되어 各 職員의 機能은 그 資料處理 過程 위에 位置하게 되어 있다. 그런데 主題專門圖書館員은 이러한 業務의 흐름에 따른 것이 아니고 資料의 主題에 따라 位置하게 되어 能力이 미치는 主題領域이라면 圖書館 業務의 모든 側面에 關與할 可能性이 賦與되어지기 때문이다. 이와 같이 職員의 機能을 物件으로서의 資料의 處理業務에 따라 나누는 것이 아니라 資料의 知的 內容의 主題에 따라 나눈다는 것은 組織上의 大變革을 意味하는 것으로서 Guttsman은 이의 變化를 "機能의 水平分化로부터 垂直의 綜合으로"라고 表現하고 있다.

收入・目錄이라고 하는 資料處理 過程에 따른 職員의 役割의 限界는 勿論 지금도 역시 圖書館 組織의 大部分을 점하고 있고 앞으로도 없어지리라고는 생각되지 않는다. 그러나 조금이라도 主題專門圖書館員과 같은 上位的 職員은 더더욱 융통성 있는 일이 賦與되어야 한다고 생각한다. Smith는 主題專門圖書館員을 다음과 같이 말하고 있다.

"主題專門圖書館員은 어떤 知識領域의 書誌構造의 專門家로서 이 知識에 依하여 利用者에게 대하여 필요로 하는 複雜한 서비스를 提供한다. 學術圖書館에 있어서는 이와 같은 서비스에는 다음과 같은 것이 包含된다. 藏書構成: 藏書를 最大限으로 利用시킬 수 있는 유능 藏書의 書誌調整에 參與할 것, 이들의 서비스를 遂行하기 위하여 主題專門圖書館員은 利用者 全體에 關한 詳細한 知識을 가지고 있어야 하며

圖書館 業務라고 하는 것을 그의 可能性과 同時에 限界도 包含하여 完全히 理解해야 한다."

또 主題專門圖書館員이 從來 選擇業務에만 從事한다고 認識되어 왔던 것을 批判하고 그의 機能을 再定義해야 한다고 Haro는 다음과 같이 말하고 있다.

"정말로 有能한 Bibliographer는 單純한 圖書選擇系만은 아니다. 그는 上級의 參考司書이며 硏究者이며 圖書館 利用의 指導者이며 圖書館과 大學과의 사이에 생기는 對話의 連結者이며 學生의 친구이다."

이와 같은 主題專門圖書館員의 活動은 當然히 圖書館 組織, 그것의 主題에 依한 分化에 따라서 促進되는 것이라고 말할 수 있다. 大學圖書館이 醫學이나 法學 등의 分野에서 個別의 部局圖書館을 가지고 있다는 것은 옛날부터 볼 수 있었지만 單一한 綜合的인 圖書館 內에 있어서도 資料 및 서비스를 分野別로 하게 된 것이 部門化 圖書館이다. 美國에서 1940年代부터 盛行하게 된 部門化 圖書館에 關한 論議에서는 자주 各 部門에 配置하기 위한 主題專門圖書館員의 必要性이 아울러 論議되어 왔다. 部門化 圖書館은 藏書가 많이 늘고 모든 資料를 하나의 組織으로 管理運營한다는 것이 非能率的으로 된다고 하는 理由에 따른 것이기도 하지만 대개는 利用者의 便宜와 서비스의 高度化를 꾀하기 위하여 採擇되어 온 것이다. 學術圖書館의 경우 利用者는 一定한 分野에 있어서의 特定한 主題를 가지고 圖書館에 찾아오는 것이 普通인데 圖書館에서는 知識의 全 分野에 걸치는 많은 所藏圖書와 그의 目錄을 미리 다 準備해 놓고 있지만 必要한 것은 쉽게 찾아내는 데 있어서는 많은 時間이 걸리게 된다. 따라서 圖書館 側에서는 利用者의 要求에 쉽게 應答해 줄 수 있도록 主題別 態勢를 갖추고 있는 것이 서비스 向上에 直結되는 것이라고 생각하였다. 또 各 分野에 配置되는 圖書館員이 取扱할 資料의 領域이 限定되게 됨에 따라 圖書館員은 그가 取扱할 資料와 그의 知識分野에 精通하게 되어 구석구석에까지 詳細하게 서비스를 할 수 있게 되었다. 그러나 部門化 圖書館이 서비스 하는 데 있어서 보다 充分한 效果를 發揮하기 위해서는 그 圖書館員이 高度의 主題專門知識을 갖추고 있을 것이 必須條件이라고 할 수 있겠다.

이상에서 알 수 있는 바와 같이 主題專門圖書館員이 처음으로 導入되게 된 것이 部局圖書館이나 特殊한 專門分野였다는 것은 當然한 일이다. 그러나 主題專門家라고 말할 수 있는 充分한 知識을 갖추고 있는 자가 그리 많지 않고 採用되어도 極히 特殊한 部門만이거나 從來의 組織 中에서는 그의 活動範圍가 限定되지 않을 수 없었기 때문에 充分히 그의 能力을 發揮하지 못하는 경우도 많았고 圖書館管理者 側에서도 主題專門圖書館員을 採用하는데 있어서 망설일 수밖에 없었던 것 같다.

그런데 最近에는 利用者 要求의 增大와 그 內容의 高度化, 出版物의 增加와 學問 間의 急速한 進步·變化, 그 結果로써의 書誌의 複雜化 等의 理由에서 圖書館員의 能力에 對하여 要求水準이 높게 되어 部局圖書館이나 特殊部門만이 아니고 綜合圖書館에서도 主題專門圖書館員을 採用하여 그의 活動範圍를 넓혀 주어야 한다는 움직임이 크게 일어났던 것이다.

그러면 主題專門圖書館員의 具體的인 狀況으로서는 勿論 各者가 處해 있는 狀況에 따라 實際로는 多樣하겠으나 大體로 간추려 整理해 보고자 한다.

먼저 主題專門圖書館員의 最大의 活動領域은 亦是 資料의 選擇에 있다. 그들은 敎授들과 協力하여 選定委員會 等을 構成하고 圖書館員의 立場에서 積極的으로 決定에 參與하고 또 助言을 한다. 즉, 敎授들의 資料購入에 關한 要

求와 連絡 및 調整을 하기 때문에 主體的으로 圖書館의 藏書를 構成해 나갈 수 있다는 것이다. 또 主題知識을 必要로 하는 主題目錄作業에 있어서 監督的인 役割을 해 나간다. 主題專門圖書館員은 그 數字가 많지 않기 때문에 이와 같이 分類나 主題名作業과 같은 계속적으로 많은 시간과 人力을 필요로 하는 개개의 作業에는 直接 參與하지 않고 指導나 監督的인 立場을 취하게 된다.

또 從來에는 參考業務나 閱覽業務 等의 一部를 除外하고는 職員의 大部分은 利用者와 떨어져서 別室에서 근무하고 있기 때문에 利用者와 直接 接할 機會가 적어서 그 때문에 利用者의 要求에 대한 對應이 別로 좋을 수가 없다는 弱點이 있었다. 이러한 점을 是正하기 위해서는 主題專門圖書館員은 소위 利用者와 圖書館 間에 仲裁者가 되는 것이다.

主題專門圖書館員은 그의 主題上이나 書誌上의 知識을 發揮하여 參考奉仕나 利用指導를 통하여 利用者에게 대하여 直接的인 서비스를 한다. 또한 이러한 活動 中에 얻어 모아지게 되는 利用者의 생생한 要求를 다른 圖書館員이나 管理職에 傳達하여 보다 改善된 奉仕를 할 수 있게 된다.

어떠한 학생에게나 필요로 되는 基本的인 圖書館 利用指導(圖書館 案內, 目錄의 使用法, 基本的인 參考圖書의 紹介 등)는 오래된 圖書館 職員이라면 누구라도 할 수 있는 일이지만 主題專門圖書館員은 그 외에도 特定 分野 또는 特定한 테마에 관한 書誌나 文獻의 出版事項 等에 관해서는 大學院生이나 젊은 硏究者들을 대상으로 하는 講義에 나갈 수도 있다.

이와 같이 積極的으로 專門的 內容에 이르기까지의 利用指導는 利用者의 圖書館이나 圖書館 職員에 대한 評價와 認識을 높게 하고 圖書館 利用의 促進에도 劃期的 役割을 할 수 있게 된다.

主題專門圖書館員은 또한 자기들 自身의 各者의 硏究 테마를 가지고 그 硏

究를 계속할 것이 要望된다. 이것은 本來 擔當하는 主題領域에 대한 學問의 進步에 뒤지게 되는 것을 막아주고 敎授나 硏究者들에게 뒤떨어지지 않는 知識을 갖게 하기 위해서도 必要하다고 생각되는 것이다. 그러나 圖書館員으로서의 職務를 遂行해 나가면서 여기에 倂行해서 硏究를 계속 해나간다는 것은 實際로 時間的으로 쉬운 일이 아니다.

그중에서도 特히 實驗을 해보아야 하는 自然科學界의 硏究는 더욱 不可能에 가깝다. 따라서 大部分은 圖書館 業務와 關係있는 硏究 테마를 잡게 되는데, 예를 들어 擔當分野의 特殊한 테마에 관한 書誌나 索引의 作成, 새로운 分類法이나 目錄法의 考察, 자己 圖書館의 機械化 시스템의 開發 등 將來의 圖書館 運營의 向上에 直接 役割을 할 수 있는 것 등을 考察해 낸다. 그래서 많은 主題專門圖書館員은 이와 같은 자己 테마에 대한 硏究를 위한 時間이 보다 더 많이 있기를 바라고 있다.

그런데 지금까지 말한 主題專門圖書館員의 活動은 하나의 바람직한 典型에 不過하고 실제로 이들의 機能을 모두 원활하게 遂行하고 있는 사람이 실제로 있을까 하는 것은 疑問이며 이 정도의 多樣한 活動을 各 個個人이 各各 한다고 하는 것은 理想論이라고밖에 말할 수 없을 것이다. 이러한 觀點에서 Haro의 Bibliographer論이 “그가 말하는 Bibliographer는 적어도 다섯 살짜리는 되어야 할 것이다.”라고 놀림 받고 있는 것도 수긍이 갈 것이다. 여기에서 主題專門圖書館員의 導入과 그의 地位確立에 수반되는 問題點을 몇 가지 列擧해 보고자 한다.

첫째로 主題專門圖書館員의 機能이 從來의 圖書館 職員의 構造와는 전혀 다른 것에서부터 오게 되는 軋轢이다. 많은 圖書館이 資料의 整理作業을 中心으로 한, 利用者와는 다른 次元의 組織을 가지고 어떻게 해서라도 그의 作業能率을 最優先시키려는 傾向이 있다. 그와 같은 構造 속에는 作業能率이

數字로 나타나게 되는 일은 별로 하지 않는 主題專門圖書館員이 들어가기는 어려운 일일 것이다.

또 主題專門圖書館員이 日常業務에 時間을 빼기지 않기 위해서는 適切한 數의 下級職員이 配置되어야 하는데 사람 수가 모자라기 때문에 主題專門圖書館員 自身이 單純作業을 하는데 많은 時間을 허비하게 되어 그들 本來의 業務나 研究, 利用者와의 接觸이라고 하는 것이 잘 안 되는 경우가 많다. 그러나 한편 이와 같은 從來의 圖書館과 서로 맞지 않는 主題專門圖書館員의 性格은 結局(바꾸어 말해서) 그들이 圖書館의 體質을 變化시키게 하는 原動力이 된다는 것일 것이다. 따라서 主題專門圖書館員의 進出은 圖書館의 固定된 體質을 바꾸어 서비스의 質을 높이고 圖書館人의 이미지를 높게 하는데 크게 有效하다고 생각한다.

둘째로 資質問題이다. 主題專門圖書館員이 從來의 圖書館員과는 다른 機能과 地位를 갖기 위해서는 明確히 區別될 수 있는 것만이라도, 卽 學歷이나 資格 等을 規定하고 專門養成 教育體系의 確立이 긴요하다. 그렇지 않으면 一般職員으로서 圖書館에 들어와 目錄이나 參考業務의 熟練家로서의 經歷을 쌓은 圖書館員과의 사이에 마찰은 피할 수 없고 또 教授를 비롯한 利用者로부터도 그 나름대로의 評價를 받는 것도 어려울 것이다.

셋째로 知識은 全 領域을 몇 사람인가의 制限된 主題專門圖書館員으로 커버해야 하는 어려움이다. 主題專門圖書館員의 歷史가 긴 獨逸에서도 1963年에 1個 大學에 平均 8名의 主題專門圖書館員밖에 없었고, 또 1969年 英國에서는 古典을 修學한 사람이 哲學·心理學·教育學을 擔當하기도 하고 化學을 專攻한 사람이 化學·物理學·工學·地學·植物學을 擔當한다는 例도 報告되어 있다. 그러나 學問分野는 날마다 變化를 계속해서 分野 間의 統合이나 重複 또는 전혀 새로운 테마의 出現이 생기고 있다. "恒常 카멜레온(chameleon)

처럼 變化하고 있다"고 할 수 있는 이러한 學問의 世界에 있어서 어떤 分野의 專門家이면서 同時에 圖書館員이다 라고 말한다는 것은 쉬운 일이 아니다. 더구나 主題만이 아니고 言語에 따른 專門化도 必要하고 主題專門圖書館員의 專門性의 넓이와 깊이는 最大의 問題라 아니 할 수 없다.

이상과 같이 主題專門圖書館員의 將來는 결코 樂觀視되는 것은 아니지만 現實的으로 그들이 이미 圖書館의 體制 그것에 조금씩이나마 影響을 미치고 있는 것은 確實한 것 같다.

3. 主題專門圖書館員과 資料選擇

大學圖書館은 國立圖書館과 함께 그 圖書館으로서 가지고 있는 機能 中에서 學術資料의 收集이라고 하는 面에서 특히 상당히 重大한 責任을 지고 있는 것이다.

分明히 大學圖書館은 獨立해서 存在하는 것이 아니고 大學이라고 하는 教育研究機關의 一部를 이루는 것으로서 그 때문에 大學에 있어서 教育 및 研究의 計劃이나 方針 등에 따라 制限을 받는다.

母機關(會社나 研究所)에 있어서 研究調査活動에 必要한 資料를 提供하기 위한 存在라고 하는 意味의 限定性은 여러 가지의 專門圖書館에서도 볼 수 있는 일이지만 이러한 圖書館이 基本的으로 私的인 存在인 것에 대하여 大學圖書館은 더욱 公的으로 學術資料를 收集하고 保存한다고 하는 커다란 責任을 가지고 있는 것이다.

그것은 個個 大學의 個別的인 條件을 超越하여 大學圖書館이 總體로서 가지고 있는, 또 大學圖書館 全體가 안고 있는 責務인 것이다.

國立圖書館은 元來 資料를 包括的으로 收集, 保存하는 것을 第一義的인 目的으로 存在하기 때문에 거기에서는 選擇이나 收集에 가장 힘을 기울인다는 것이 當然한 것으로 받아들여지고 있다. 그러나 大學圖書館은 大學이라고 하는 한 組織 中에서의 한 機能이기 때문에 圖書館이 獨立해서 選擇收集의 方針을 세운다는 것은 상당히 어렵다. 즉, 大學圖書館의 性格은 大學의 規模·學部의 構成·授業이나 硏究活動의 形態 등 여러 가지 要因에 따라 좌우된다. 따라서 圖書選擇에 있어서 敎授와 圖書館員의 權限에 關해서도 各 大學이 처해 있는 狀況에 따라 달라지게 된다.

유럽 大陸에 있어서는 近年에 새로운 大學이 別로 增加하지 않고 大學圖書館이 美國처럼 그 수가 많지 않아서 歷史가 깊은 大規模의 大學圖書館의 中央圖書館은 學外에 公開되기도 하고 國立圖書館으로서의 機能을 가진 것도 있어서 그와 같은 경우에는 圖書館은 單純히 大學의 占有物이 아니고 學術資料의 圖書館을 만들어 놓고 그것을 維持한다고 하는 보통 이상의 使命을 부여 받고 있다. 그렇기 때문에 當該大學所屬의 硏究者가 要求하는 資料를 購入하고 限定된 利用者의 便宜만을 생각하면 된다는 그러한 생각을 해서는 안된다는 것이다. 圖書館의 自主的인 選擇收集이 어느 정도 可能하게 되어 있다. 유럽 大陸의 소위 學者圖書館員(主題專門圖書館員)의 選擇이야말로 大學圖書館員의 最大의 任務라고 自負하고 있는 것은 이러한 背景에도 기인하고 있다.

한편 英美에 있어서는 一般的으로 圖書의 選擇은 敎授에 依해 이루어지고 圖書館員의 權限은 補助的인 範圍에 머무르고 있는 경우가 많았다. 이것은 서비스를 重視하는, 利用者 志向의 英美 圖書館에서 본다면 반드시 不可思議한 것은 아니다.

勿論 特定의 利用者集團(學生·敎授)을 갖고 있기 때문에 圖書館員의 完全한 獨斷으로 資料를 選擇할 수 없다는 것은 두말할 필요도 없다. 그러나 藏書의

均衡 또는 價値의 最終的인 責任은 圖書館 側에 있다고 해서 利用者에게 그의 責任을 돌릴 수는 없는 것이다.

Danton은 美國 大學圖書館藏書의 大部分은 本來 아주 有效한 것으로 만들려고 했던 그만큼 좋지 않았다고 말하고 있다. Danton에 의하면 1954年 캘리포니아 大學에서는 高等敎育에 關한 講義나 課程은 전혀 행해지지 않았다고 한다. 따라서 敎授로부터는 이 分野에 對한 圖書購入의 要求가 전혀 없었고 그 결과 高等敎育에 關한 圖書는 별로 購入되지 않았다. 英美의 慣習에서 본다면 圖書館의 第一의 機能은 現行의 敎育硏究 프로그램에 奉仕하는 것이기 때문에 當然하다고 말할 수 있을런지는 모르지만 이와 같은 狀況은 다음의 세 가지의 理由로 肯定될 수 없다고 Danton은 말하고 있다. 첫째로 知識의 各 領域은 서로 孤立되어 있는 것이 아니고 서로 重複하고 相互依存하고 있기 때문에 社會學·政治學·心理學·歷史學을 硏究하는 者의 大部分은 高等敎育의 資料를 當然히 要할 것이다. 둘째로 高等敎育은 當然이 大學이 그의 存在를 두는 分野라고 하는 것, 셋째로는 論理的으로 외골수로 깊이 생각해 본다면 러시아文學 課程이 없는 大學에서는 러시아語辭典을 購入할 必要가 없다고 하는 論理가 正當化되고 만다는 것이다.

이 캘리포니아 大學의 경우는 너무 극단적이라고 할 수 있겠지만 이와 비슷한 現象이 많든 적든 간에 各地의 大學圖書館에 있었다는 것은 英美에서도 主題專門圖書館員에게 選擇業務를 맡겨야 한다는 움직임이 나오게 된 하나의 原因이 된다고 할 수 있겠다. 資料의 選擇權이 敎員으로부터 圖書館員에게 옮겨지게 된 것은 다른 데에도 理由가 있다고 생각된다. 그 첫째로는 敎員硏究者의 側에서 資料를 正確히 選擇할 만큼의 時間과 能力이 없어지게 되는 것에 따른 것과, 다른 하나는 主題專門圖書館員이 資料의 客觀的 價値를 判斷할 만큼의 主題知識을 가지고 있다는 것을 根據로 하여 選擇權을 要求하게 되었다고 하는 理由에 따른 것이다.

以前에는 出版物이 오늘날과 같이 많지 않고 研究者의 數도 制限되어 있고 또 學問의 進步가 거의 停滯되어 있는 時代에는 學者들은 적어도 自己의 專功分野라면 사람에 관한 것이나 文獻에 관한 것이거나 무엇이든지 알고 있는 "살아 있는 辭典"과 같은 性格을 가지고 있었다. 그들이 文獻을 알 수 있는 方法은 書誌的인 參考資料를 使用하여 體系的으로 되어 있는 것이 아니고 研究活動을 通한 引用文獻에서도 알기도 하고 동료와의 對話 中에서 示唆되기도 하고, 執筆者나 出版社로부터의 案內에 따라 알게 되는 등의 方法에 따른 傾向이 强했다. 그리고 그것만으로도 充分한 時代이기도 했을 것이다. 오늘날에 있어서도 研究活動에 있어서 information communication이 情報入手의 手段이라는 것은 변함이 없으나 文獻量의 增大와 그 出版流通의 複雜함과 多樣性은 高度의 文獻探索技術이 없이는 最新의 情報를 빠짐없이 把握하고 있기가 困難하다. 體系的인 書誌的 接近을 취하지 않은 資料의 選擇에는 時點(時間的)으로서는 한쪽 구석에 치우치기도 하고 빠진 것이 있을 수 있다는 危險性이 包含되어 있기 때문이다. 그래도 必要充分한 資料를 選擇하기 위해서는 여러 가지 書誌情報에 恒常 눈을 돌리고 單行本에 관해서는 紹介記事, 書評을 읽고 또는 直接 現物을 보아야만 알 수 있는 것도 있다. 이와 같이 選擇이라고 하는 業務는 餘暇에 하기에는 너무도 時間이 많이 걸리고 體系가 없어지게 되는 業務이기도 하다.

教授들은 自己의 研究·受業·여러 가지 會合 또는 大學運營上의 任務 등에 쫓기는 중에 하나하나 調査하여 注文하거나 圖書選定委員會 같은 것을 開催하지 않더라도 必要한 資料는 圖書館 側에서 選定해서 購入해 놓는 것이 좋겠다고 생각하지 않을 수 없다. 다만 그것을 躊躇하게 하는 것은 圖書館員에게 정말로 專門書일지라도 調査할 만한 能力이 있을까 하는 것이 不安한 것이다.

資料를 選擇하는데 있어서는 各 分野의 主題知識과 그 分野의 書誌, 圖書의 流通構造, 自己 圖書館이나 혹은 다른 利用이 可能한 圖書館 資料의 構成과 收集方針에 精通해야 한다. 그중에 圖書館員이 從來에 選擇의 責任을 갖지 못했던 理由는 主題知識의 不足이라고 하는 點이었다. 따라서 主題上의 學識과 圖書館에 關한 여러 가지 知識과 技術을 모두 갖춘 主題專門圖書館員이야말로 選擇이라고 하는 任務에 알맞은 것이라는 主張이 나오게 되었던 것이다.

이미 言及한 바와 같이 選擇이라는 것은 상당히 많은 時間이 걸리는 어려운 일이다. 예를 들어 캘리포니아 大學의 로스앤젤레스 分校에서는 Bibliographer로 불리는 主題專門家보다는 地域專門家의 圖書館員이 되어 圖書選擇에만 專念하고 있다. 그는 擔當하는 地域의 言語만이 아니고 圖書流通·各種 書誌·資料入手上의 諸問題에 精通하고 있다. 더구나 每年 그 地域에 派遣되어 調査·購入業務를 맡는다고 한다. 그 結果 바야흐로 新規購入圖書의 85%는 圖書館員의 自主的인 選擇에 依한 것이 되었다. 이와 같은 用意周到함을 갖기 시작하여 主題專門家는 그의 이름에 어울리는 일을 할 수도 있고 권위를 갖는 것도 可能하게 된 것이다. 그래서 敎授들도 主題專門圖書館員이 信賴할 수 있는 充分한 知識과 能力을 갖고 있다면 기꺼이 選擇을 맡긴다는 態度를 나타내게 된 것이다.

圖書館員 自身에 따른 資料의 選擇은 藏書構成이 圖書館員의 最大의 任務라고 하는 基本原則에 따른 것이지만 이러한 것에 對한 實際上의 長點을 筆者 나름대로 整理해 본다면 다음과 같다.

1) 選定되는 資料의 價値가 客觀的으로 判斷되어 그 當時만이 아니고 長期에 걸쳐서 價値判斷을 할 수 있다.

2) 書誌上의 知識이나 參考資料의 效果的인 使用으로 빠짐없이 資料를 선택하고 檢討할 수가 있다.

3) 出版流通機構에 精通함에 따라서 많은 重複購入이나 같은 內容의 文獻이라면 비싼 것을 사는 것 등을 피할 수가 있다.

4) 다른 圖書館과 協力하여 分擔購入을 하기도 하고 使用頻度가 적은 資料는 빌려 볼 수 있는 경우는 購入하지 않고 利用할 수 있는 連絡調整을 할 수 있다. 勿論 同一 大學 內의 分館이나 部局圖書館 사이에는 當然히 있게 되는 配慮이다.

5) 圖書館 獨自의 一貫性 있는 收書方針에 따라서 特色 있는 充實한 藏書構成을 이룩할 수가 있다. 이러한 것은 一朝一夕에 되는 것이 아니고 그때그때의 경우에 따라서는 동요되어 흔들릴 때도 있다. 그렇기 때문에 圖書館은 初志一貫한 責任體制를 가질 必要가 있다.

以上과 같이 大學圖書館員의 最大의 弱點인 資料의 選擇責任의 缺如를 克服함에 따라 大學圖書館員은 自信을 가지고 敎授나 硏究者와 對等한 地位를 要求할 수 있게 된 것이다.

4. 主題專門圖書館員과 서비스의 向上

資料의 選擇과 竝行해서 圖書館員에게 主題知識의 必要性이 强調되는 것은 利用者에 對한 서비스의 問題 때문이다. 이것은 參考業務를 主로 하는 서비스 面에서 發達한 美國이나 情報 서비스에 主力을 기울이는 美國에 있어서는 强力히 要求되고 있는데, 유럽 大陸에서는 이러한 서비스 面에는 별로 눈을 돌리지 않는 것 같다. 後者에서는 主題專門圖書館員은 全的으로 選擇이라고 하는 業務에 그의 能力을 쏟고 있다. 그러나 美國에서는 選擇보다도 오히려 서비스 面에서 主題專門圖書館員의 能力이 發揮되어, 特히 reference bibliographer라고 하는 말을 그의 名稱으로 쓰고 있는 論者도 있을 정도이다.

周知하는 바와 같이 大學圖書館은 利用者에게의 서비스라고 하는 面에서는 恒常 專門圖書館에 뒤떨어져 왔다. Foskett에 의하면, 研究者에 對한 서비스의 最大限의 擴大 및 深化한 서비스인 情報 서비스는 科學技術係인 産業圖書館에서부터 始作된 것이라고 說明되고 있다. 情報 서비스가 必要로 하게 되는 條件으로서는, 첫째가 出版物의 增大이고, 둘째로는 事實의 發見이라고 하는 科學研究의 性質에 있다. 그러나 이것 만으로서는 情報 서비스가 생겨나게 되었다고는 할 수 없다. 大學에 있어서도 高度의 科學研究는 옛날부터 해오고 있지만 大學에 있어서의 研究는 주로 人文係에 있어서의 研究模型의 傳統을 밟아온 것이고, 大學圖書館은 좋은 책을 광범위하게 모아서 훌륭한 藏書를 만드는 것을 最大의 責務로 하고 情報 서비스에 關해서는 消極的이었다.

情報 서비스가 생기게 되는 第3의 要因으로서는 科學研究가 産業에 應用되게 된 것에 있다. 學術的인 研究와 産業界에 있어서의 研究와의 커다란 差異點은 後者에서는 結果(成果)가 나오는 것에 關心이 集中되어 있고 이미 알고 있는 것을 重複하여 研究開發한다고 하는 不必要함은 容忍되지 않기 때문에 研究를 할 때에는 그 테마에 대해서 이미 發表된 것이 있는가, 없는가를 綿密히 調査하여 볼 必要가 있다. 그런데 研究者 自身은 文獻을 읽는 것보다도 實驗하는 쪽에 더욱 觀心과 精力을 集中하기 때문에 文獻에 關한 調査를 맡을 사람이 별도로 必要하게 되니 거기서부터 情報 서비스와 그것을 담당할 information officer가 出現하게 되었다고 하는 것이 Foskett의 說明이다.

Foskett는 情報 서비스가 發生한 까닭으로 從來 圖書館員의 일부를 이루는 것이 아니고 圖書館員과는 별도의 새로운 職種으로 보는 傾向이 있다는 것을 遺感으로 생각하고 있는데, 近年 美國에서는 그와 같은 서비스를 參考奉仕業務에 包含시켜서 생각하는 傾向이 훨씬 强하다. 그것은 Rothstein을 처음으로 하는 參考業務의 最大의 理論이다. 이 理論(主張)에 있어서의 圖書館員象을 Rothstein에 依하면 다음과 같이 描寫하고 있다.

"그는 다른 사람의 일을 代身하는 것에 대해서 전혀 아무런 拘礙를 받지 않는다. 實際에 있어서 그는 그 때문에 存在하는 것이기 때문이다. 그는 書誌를 編纂하고 文獻探索을 하고 學問의 現狀況에 관한 報告를 提供한다. 그는 現行의 硏究프로젝트에 關聯 있는 記事의 抄錄을 配布함으로써 利用者의 質問을 미리 豫測하고 解答해 준다. 때에 따라서는 번역도 해주고 出版하기 위한 資料의 編輯도 해준다. 바꾸어 말하면 그는 會社의 硏究에 관한 文獻關係의 責任全體를 職務로서 擔當하고 거기에 따라 硏究者의 時間을 實驗室 쪽으로 集中할 수 있도록 해주는 것이다."

다시 繼續해서 다음과 같이 말하고 있다.

"廣範한 圖書館 援助는 利用者가 節約할 수 있는 時間이 圖書館員이 消費하는 時間보다 價値가 높을 경우에는 恒常 經濟的으로 有益하다. 化學者는 이미 自己 自身이 器具를 만지지 않는다. 醫師는 體溫을 재지 않는다. 그렇다면 그들은 왜 圖書館員에게 自身들 代身에 文獻探索을 시키지 않겠는가? 效率性에서 본다면, 이러한 面에서는 오히려 자기들보다 더욱 훌륭하고, 信賴性에서 보더라도 오히려 자기들보다 믿음직 할 터인데. 必要한 主題知識과 確固한 書誌的 訓練을 닦는다면 圖書館員을 찾아내는(finding out) 專門家가 될 것이다."

여기에서 가리키고 있는 것은 정말로 從來의 專門圖書館의 獨特한 것으로 일컬어져 왔던 서비스이며 또 그것이 參考奉仕의 最高水準으로서의 librarianship의 範疇에 들어감을 豫想할 수 있다는 것이다. 그리고 圖書館員에게 主題知識이 要求되는 것은, 첫째로는 이와 같은 서비스 機能의 擴大와

專門化에 依한 것이다. 이것을 다시 Rothstein의 말에 따르면,

> "(1917년부터 1940年 사이의) 大學圖書館에 있어서의 參考奉仕는 一般的인 것에 머물러 있었고 一般的이었기 때문에 그 範圍는 限定되어 있었던 것이다."

라고 하는 思考方式으로서 結局 參考奉仕는 一般的인 水準을 넘어서 專門的인 또한 利用者의 硏究 그것에 깊숙이 파고드는 能動的 서비스에까지 나아가야 한다고 하는 것이다. 그래서 이것을 可能하게 하기 위해서는 從來의 一般的인 圖書館員이 아닌 一定한 學文分野에 있어서 專門知識을 갖춘 圖書館員이 아니면 안 되고 또 그와 같은 主題專門圖書館員이야말로 專門職이라고 하는 이름으로 價値 있는 活動을 할 수 있다고 하는 見解이다.

Shera의 말을 빌리자면

> "從來의 一般參考司書는 主로 專門 外의 것을 調査하고자 하는 硏究者에게 助言해 왔다. 그러나 지금이야말로 專門知識을 가진 圖書館員이 各 利用者의 專門領域에 있어서 積極的으로 高度한 援助를 한다고 하는 方向으로 나가고 있다."

고 말하고 있다.

이와 같은 趨勢는 이미 言及한 大學圖書館 組織의 主題分野에 따른 서비스 體制의 專門化에 따라 促進된다. 個別的인 情報 서비스에는 利用者와 圖書館員과의 關係가 緊密하게 되어 利用者의 硏究上의 要求를 圖書館員이 個人的으로 精通하고 있을 것이 必須의 要件이기 때문이다. 그러나 아직 圖書館員과 硏究者의 活動 혹은 硏究프로젝트가 一體化하는 데는 이르지 못하고 있다. 大學에 있어서 圖書館員은 圖書館이라는 組織 中에 位置하게 되어 있지 硏究者集團의 一員으로서는 되지 않기 때문이다. 때문에 英國에서는 情報 서비스

를 大學에서 한다고 하는 試圖가 조금씩 이루어지고 있는데, 이것이 本來 圖書館員이 해야 할 機能인가 아니면 硏究部門에 속하는 硏究補助者가 해야 할 것인가 하는 根本的인 問題가 未解決인 채 남아 있다.

어쨌든 大學圖書館에서도 組織이 專門圖書館的으로 分化하여 그것과 함께 서비스도 專門圖書館이 하고 있는 것과 같은 方向으로 擴大하여 가는 傾向이 있다. 特히 美國에 있어서는 그 參考業務의 發展史에서 볼 수 있는 至極히 實利的인 色彩, 즉 圖書館은 利用되고, 또 利用될수록 存在價値가 있고, 또 서비스가 있음으로서만이 圖書館員은 存在價値를 認定받을 수 있다고 하는 風潮가 강하다고 말할 수 있다. 이와 같이 圖書館의 意義를 利用者와 直接的으로 關係있는 部分에서 찾게 되는 傾向은 近年에 들어 더욱 강해지고 있다.

또한 圖書館員의 專門職으로서의 地位의 確立(自他가 共히 專門職으로 認定하고 또한 높은 地位와 報酬를 받는 것)이 論議될 경우 顧客에 對한 서비스가 專門職의 必要條件으로서 반드시 擧論된다는 것도 美國에 있어서 서비스 志向의 하나의 理由이다. 다른 分野에서 確立된 專門職 例를 들어 醫學·法曹界 등과 몇 개의 項目을 들어 比較하여 거기에 따라 圖書館員에게 不足하는 項目을 찾아내어 强化해야 한다고 하는 생각이 정말로 좋은 結果가 나올만한 方法인가 아닌가는 疑問의 餘地가 있지만 어쨌든 圖書館員의 大部分은 從來의 librarianship의 밖에서부터 發生生長하여 온 도큐멘테이션이나 情報 서비스라고 하는 機能을 圖書館 서비스에 包含시켜 서비스의 向上과 充實을 꾀하지 않으면 안 된다고 생각하고 있다.

從來의 參考業務를 주로 하는 서비스는 오로지 利用者의 要求에 의해서 利用者와 藏書와를 묶어 주는 것을 目的으로 한 것이었다. 그러나 Rothstein 等이 主張하는 서비스라는 것은 利用者의 要求를 받고 비로소 처음으로 서비스 하는 것이 아니고 利用者의 硏究活動의 테마나 現況을 圖書館員이 自己가 스스로 把握한 위에 그의 要求를 미리 豫想해서 研究活動의 文獻的 側面을 한손에 스스로 맡음으로써 圖書館 서비스 研究의 不可缺한 部分이 되게 하는 것이다. 이와 같이 圖書館員의 役割의 本然의 姿勢는 研究者에 따라서는 便利하고 有益한 것으로 될 수 있고 또 그 結果, 從來의 圖書를 保管만 하는 사람으로 전혀 受動的인 機能만 가진 것으로 생각하던 圖書館員의 이미지를 研究活動에 없어서는 안 될 파트너로서의 地位에까지 올려놓는 效果가 있다고 생각하고 있다. 여기에 또한 圖書館員의 地位를 높여야 한다는 意圖가 나타나 있는 것이다.

5. 圖書館員의 役割과 主題知識

지금까지 筆者는 오로지 現實의 圖書館의 경우에 있어서의 主題專門圖書館員에 관해서 概括的으로 이야기했다. 그것은 圖書館員이 物體로서의 圖書館資料만이 아니고 圖書館 資料의 知的 內容에 따라 積極的으로 일을 맡아서 해야 한다는 意圖의 表現이었고 또 거기에 따라 知的 職業으로서 研究者의 活動에 보다 깊숙이 加擔하여 專門職으로서의 地位를 높이고 機能의 幅과 責任을 擴大해야 하는 現像으로 볼 수가 있다.

이것은 그 自體를 理解하기 쉬운 것으로서 圖書館員의 前進으로 받아들일 수 있는데, 한편 이와 같은 圖書館員에 있어서의 變化에 눈을 돌리게 된 경우에는 반드시 直面하게 되는 問題가 있다. 그것은 첫째로 圖書館員이 해야 할 本來의 役割은 무엇인가 하는 것이고, 다른 하나는 圖書館員은 어떠한 能力과 知識을 가지고 圖書館員이 될 수 있는가 하는 問題이다. 勿論 이 兩者는 나눠서 얘기할 수는 없다.

「圖書館員이 職業이다」라고 하는 것을 基點으로 하고 있는 限 먼저 圖書館員의 役割과 機能이 무엇인가라고 하는 것부터 始作해서, 거기에서 圖書館員에게 關係된 갖추어야 할 知識, 卽 다른 職業과 明確히 分離될 수 있는 圖書館員 獨自의 知識領域과 그 理論이 導出되어야 할 것이다.

그렇지만 圖書館員을 圖書館員으로서 明確히 다른 것과 分離하는 獨自의 機能領域, 그리고 獨自의 知識領域은 確立되어 있지 않은 것으로 생각된다.

> "社會에 있어서 圖書館職員의 役割은, 社會의 利益을 위해서, 形象的 記錄(graphicrecords)의 利用을 最大限으로 擴大하는 것이다. 바꾸어 말하면 圖書館員의 機能이라는 것은 人間과 形象的 記錄과의 媒介者로서 쓸모 있는 것이다."

와 같이 定義한다면 그 自體는 아마도 누구도 否定은 하지 않지만 現實에 있어서 圖書館員의 本然의 姿勢라든가 갖추어야 할 知識內容을 明確하게 한 것은 아니다.

오래된 例이긴 하지만 1930年代에 카네기財團의 援助로서 推進된 "研究圖書館員" 設置의 試圖에 관해서 Kaplan은 다음과 같이 批判하였다.

> "이 實驗에서 强調된 것은 近年 强化되어 온 大學의 教授들에 對한 서비스였다. 卽, 研究圖書館員은 이미 專門圖書館에서는 實行하여 왔고 또 大學에서는 從來 研究助教에 依해서만이 提供되어 왔던 것과 같은 類의 個人的 서비스를 하게 되었다. …… 이 實驗을 批判하여 Herman Henkle은 圖書館員은 單純한 하나의 研究助教로 變質하여 버린 것을 한탄하였다. Henkle의 머리에 들어 있는 것은 研究助教가 아니고 書誌上의 助教였다."

이 文章自體의 意味의 曖昧性을 包含해서 여기에는 圖書館員의 機能을 定義하고 그의 役割領域을 明確히 하는 어려움이 端的으로 나타나 있는 것은 아닐까?

從來 자주 圖書館員은 物件으로서의 圖書를 取扱하고 Documentalist 또는 information officer는 知的 內容(情報)으로서의 圖書를 取扱하는 것이라는 區別이 되어 왔었다. 卽, 圖書館員은 物件으로서의 圖書를 收集하고 整理한다. 거기까지가 圖書館員의 業務로서 그 圖書의 內容(情報)을 分析하고 抽出하고 利用하는 것이 documentalist이다. 따라서 當然히 documentalist는 內容에 관한 知識(主題知識)을 必要로 한다는 것이다. 그러나 오늘날의 圖書館員의 大部分은 이와 같은 區別에 承服하지 않을 것이다. 圖書館員이 社會에 있어서 知的 役割을 擔當하는 것으로 생각하는 限 물건으로서의 圖書를 다루고 그 圖書의 內容에 關한 知識은 必然的으로 要求될 수밖에 없는 것이다.

그러나 이 主題知識의 程度에 관해서는 아직 애매하게밖에 定義되어 있지 않아 그것은 Brodman이 능숙하게 잘 말한 것처럼 "圖書館員은 科學者일 必要는 없다"고 한 消極的인 答에 지나지 않는다.

圖書館員의 歷史를 槪觀하여 보면 初期에는 圖書館員의 서비스의 效果性은, 學者나 硏究者들로부터는 學問上의 知識이 不足하다는 理由로 疑問視되어 왔다. 그러던 것이 이번에 圖書館員이 여러 가지의 參考資料들의 使用法이나 그 밖의 技術을 高度化함에 따라 主題知識만이 아니고 圖書館員 獨自의 技術에 따라 수준 높은 서비스를 提供할 수 있다는 것이 明白하게 됨에 따라 硏究者들로부터 文獻處理 專門家로서의 信賴를 얻을 수 있게 된 것이다.

옛날부터 Bishop이, 參考奉仕를 推進할 때에 圖書館員은 學者에 대하여 專門的인 協力을 하기 위해, 各 學文知識의 習得은 無理한 것이기 때문에 그 대신 圖書館에 있어서 여러 가지의 熟練된 方法의 技術習得에 專念해야 한다고 말한 것은 바로 그러한 變化를 目標로 했기 때문이다.

그런데 오늘날 다시 圖書館員에게 主題知識의 重要性을 지나치게 强調한 나머지 圖書館員의 本來의 特性을 輕視하는 傾向이 생기게 되었다. 예를 들어 Weber는 "圖書館員으로서의 能力을 두루 갖춘 主題上의 專門能力을 갖춘 사람"을 主題專門家(professional specialist)라고 定義한다든지, Coppin은 "Generalist로서 訓練된 專門圖書館員의 適應性이야말로 專門職이라는 말을 正當化하는 特質이 된다고 하는 생각은 消滅되어야 하고 消滅하고 있다."고 하는 極論을 말하고 있다. 이와 같은 主張의 밑바닥에는 분명히 圖書館員의 知識技術은 그것만으로는 專門職이라고 하기에는 약간 불만스러운 것이고 또 다른 것과 맞서서 主張할 수 있을 정도의 理論的 性格을 갖고 있지 않다고 하는 생각이 뿌리 깊게 흐르고 있는 것이다.

勿論 主題專門知識을 갖고 있는 쪽을 優位로는 定하고 있다. 그러나 問題를 그렇게 單純하게 處理해 버려서는 안 된다.

만일 Weber가 생각하는 바에 따른다면, 그가 말하는 主題專門家는 圖書館員이라고는 말할 수 없는 것이 아닐까? 왜냐하면 主題知識을 武器로서 研究者와 相對한다고 하는 것은, 말하자면 같은 씨름장에서 씨름을 하는 격이 되어, 그렇게 된다면 研究者의 優位는 明白하기 때문이다. 흡사 主題專門家는 研究者에 채용되어 單純히 우수한 助教가 되고 만다. 資料의 選擇에 있어서도 지극히 特殊하고 專門的인 테마에 있어서 個個 資料의 具體的인 有用性은 極端的으로 말한다면, 정말로 그 테마를 研究하고 있는 專門家만이 알 수 있는 경우도 있고, 主題專門家이기 때문이라는 것으로 研究者와 同等하게 理解할 수만은 없는 것이다.

結局 圖書館員을 代身할 수 없는 專門職으로 志向하는 圖書館員이 스스로 主題知識에서 바탕이 되는 根源을 찾는다고 하는 모순을 범하고 있는 셈이 된 것이다.

따라서 圖書館員이 되기 以前에 特殊한 學問을 닦는다는 것은 知識의 獲

得・生産・蓄積의 方法・硏究의 方法 등에 精通하게 됨에 따라 圖書館員으로서의 基礎的인 敎養을 높인다고 하는 意味에서 더욱 意義가 있다고 생각한다. 그래서 圖書館員이 가져야 할 特性이란 것은 역시 人間의 知識分野 全體에 있어서의 知識生産이나 傳達을 보다 폭넓게 把握하는 理解力・洞察力 등이 아니겠는가?

더욱이 圖書館員은, 主題知識을 個個人이 習得하고 거기에 의존만 하는 것이 아니라 圖書館員 全體로서, 各 領域의 書誌・情報의 流通・利用의 實態 등을 解明하고 組織化하여 共有의 말하자면 soft ware로서의 圖書館員이 스스로 操作利用할 수 있는 態勢를 갖추는 데에 努力해야 할 것이다. 그리고 거기에 따라서만이 圖書館員은 獨自의 地位를 얻게 되는 것이 아닐까 생각한다.

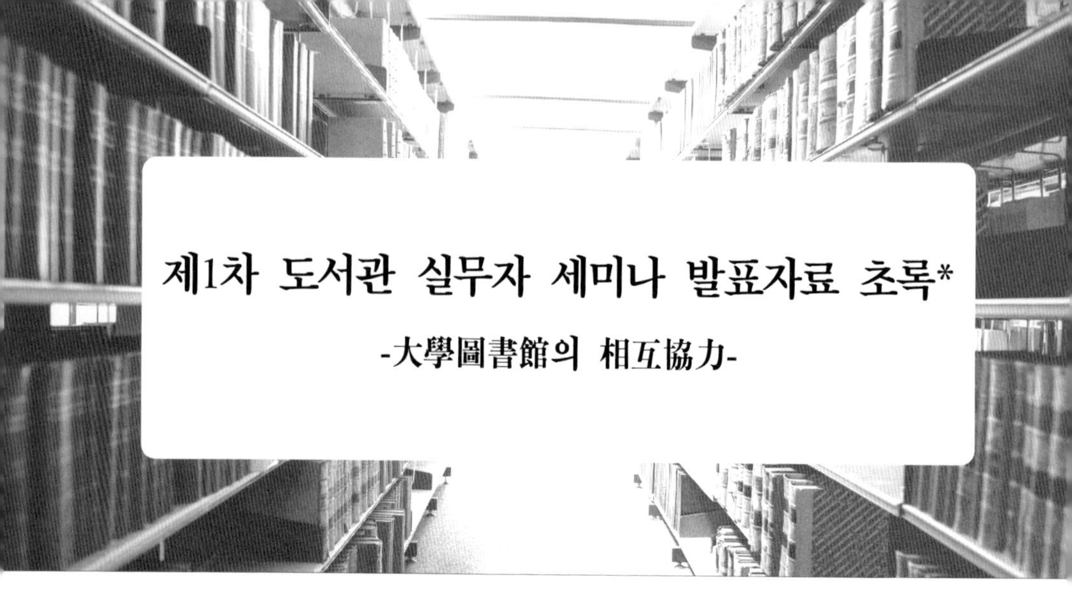

제1차 도서관 실무자 세미나 발표자료 초록*

-大學圖書館의 相互協力-

圖書館 間의 相互協力이라 함은 2個 또는 그 이상의 圖書館이 어떤 形態로든 서로 協力關係를 維持하고 相好의 圖書館 서비스를 보다 넓고 충실하게 하기 위한 모든 일을 通稱하는 말이라고 할 수 있다.

이러한 相好協力은 協力할 義務도, 協力 받을 權利도 아닌 서로가 많은 犧牲과 奉仕가 있은 後에야 비로소 可能하다는 特性이 있다.

따라서 圖書館 間의 相互協力은 무엇보다 參與하는 圖書館마다 協力과 奉仕精神이 있는 바탕 위에서 相互의 協力實現을 위한 具體的 協約은 勿論 協力媒體로서의 어떤 共通된 書式이나 綜合目錄 等이 協力體制 維持의 基本的 要件이라고 할 수 있다.

相互協力의 必要性은, 첫째 情報量의 急增으로 圖書館이 아무리 크다고 할지라도 利用者가 必要로 하는 資料를 모두 所藏하고 奉仕한다는 것은 豫算이나 施設 또는 人力面에서 전혀 不可能하고, 둘째 消極的, 被動的 奉仕가 아닌

* 이 글은 『國立大學圖書館報』, 제1집, 1983, pp. 45~46에 수록되었다.

積極的, 能動的 奉仕를 하기 위하여는 비록 自己 圖書館이 所藏하지 않은 資料에 대한 情報도 提供해야 되기 때문이다.

그러나 必然的으로 大圖書館에로의 偏重되는 協力要求는 결국 相互協力이 아닌 一方的인 奉仕로 歸結될 수 있다는 事實에 現實的인 問題도 적지 않아 이에 대한 適切한 補完이 必要한 것이다.

協力體制를 만들 때에는 그 協力內容에 따라서는 對內的으로 館內의 各 課間이나 本館과 分館과의 業務調整 또는 學內에서 敎授, 學生과 圖書館 間의 三位一體的 紐帶問題 等도 考慮하여야 하며 協力對象機關으로는 國內外를 網羅해서 地域別, 主題別, 機能別, 設立者別 또는 規模別 等으로 어디엔가 相互共通性이 있어야 할 것이다.

相互協力 內容에 대하여는 圖書館의 機能에 따라 收書, 整理, 保存, 利用 및 其他 事項 等으로 區分하여 각 機能別로 具體的으로 어떠한 事項에 대하여 어떻게 協力할 것인가를 相互協議하여야 할 것이다.

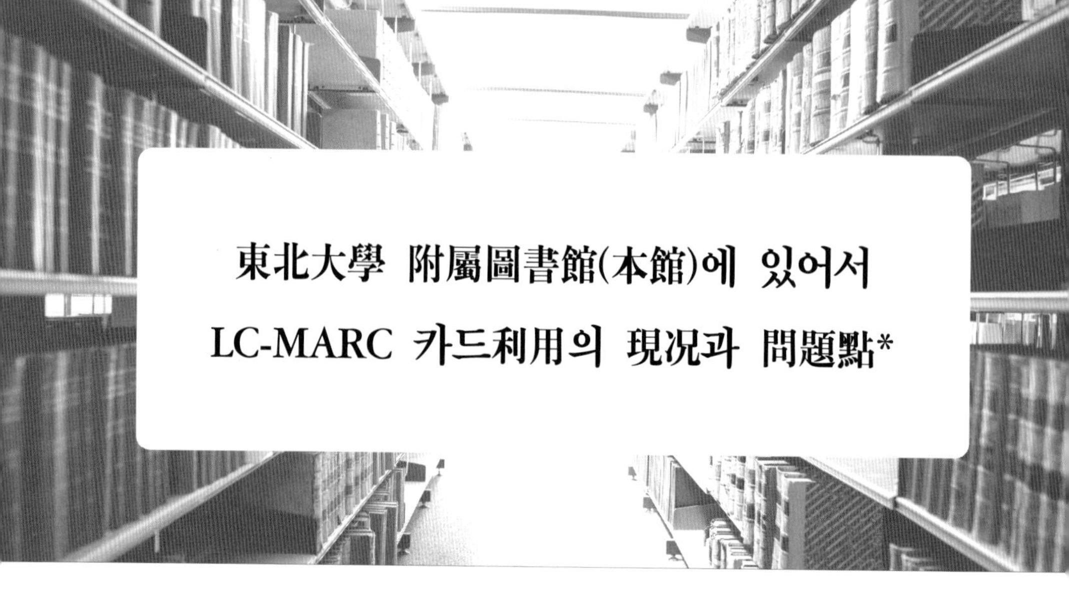

東北大學 附屬圖書館(本館)에 있어서 LC-MARC 카드利用의 現況과 問題點*

머리말

日本 文部省에서는 1972年 9月부터 全國의 國立大學을 對象으로 LC-MARC Ⅱ(Library of Congress-Machine Readable Cataloging Ⅱ) 磁氣테이프로부터 나온 目錄카드(以下 MARC 카드라함)의 配布를 文部省의 經費支援으로 始作하였다(Asia Business Consultant: ABC社에 委託).

그 目的은 「整理業務의 合理化, 標準化」[1]에 있고 이 標準化는 業務機械化의 第1段階라 할 수 있기 때문이었다.

이 MARC 카드는 1975년 8月부터 改良되어 現在에 이르고 있다.

---

* 本稿는 『大學圖書館研究』, 第21號(1982. 12)에 阿部佳市 氏가 쓴 "東北大學 附屬圖書館(本館) における LC-MARC カード利用の現狀と問題點"을 번역한 것으로 『國立大學圖書館報』, 제2집, 1984. 6, pp. 56~73에 수록되었다.

1) 吉川謄一, 高田博行, 中山和彦, 松村多美子, "MARC II 磁氣 テープの利用による目錄カード配布プロジェクト", 『ドクメンテーション研究』, 23(5), 1973. 5, p. 143.

1976年 1月 國立大學圖書館協議會 圖書館機械化 調査研究班(以下 國大圖協機械化 調査研究班이라 함)에서 實施한 「MARC 카드・앙케트 調査」에 의하면 全國 國立大學 81個校의 圖書館(分館 等 包含) 262個館 中 91個館이 이 制度를 利用하고 있다.[2)]

東北大學 附屬圖書館(本館)은 1973年 11月 現在의 位置에 本館과 教養部 分館을 合併하여 新築되었다. 圖書館의 新築移轉을 계기로 東北大學 附屬圖書館은 分類 및 目錄法을 바꾸어 分類는 東北大學 附屬圖書館 獨自의 分類表에서 國立國會圖書館 分類表로, 目錄法은 西洋書에 대하여는 英美目錄規則(Anglo-American cataloging rules. North American text, 1967), 東洋書에 대하여는 日本目錄規則 1965年度版(1978年度부터 新版豫備版을 採用하였음)을, 排列法에 있어서는 西洋書는 ALA 目錄 카드 排列規則 第2版(ALA rules for filing catalog cards. 2nd ed., 1968)을, 東洋書는 日本目錄排列規則(案)("圖書館雜誌" 第52卷 第5號 附錄 1, 1958)을 各各 該當 部署에서 修訂增補하여 使用하게 되었다.[3)]

西洋書目錄係에서는 各 擔當者가 分類, 目錄, 카드排列을 하고 있으며 또한 大學 全體의 綜合目錄(醫學分館 除外)도 관장하고 있다. MARC 카드의 發注業務도 이 西洋書係에서 擔當하고 있다.

東北大學 附屬圖書館은 1977年度까지는 MARC 카드를 目錄作成하는데에 參考로만 하였으나 1978年度부터는 MARC 카드를 入手할 수 있는 것은 그대로 使用하거나 약간의 加筆이나 訂正을 한 후 複製하여 直接 既存目錄에 混合排列하여 全面的으로 利用하기 시작하였다.

---

2) "「MARC 打出 カード・アンケート調査」の分析と評價", 國大圖協機械化調査研究班 編, 『大學圖書館の機械化』, 紀伊國屋書店, 1979, pp. 110~125.

3) 齋藤雅英 編, "東北大學附屬圖書館における分類・目錄法の改革-東北大學附屬圖書館運營研究會整理部會 分類・目錄擔當者會議會議錄", 『圖書館學硏究報告』, No. 8, 1975, pp. 11~121.

그 理由는 ① 카드複寫機의 普及, ② 分類目錄作業의 能率化, ③ 以前부터 AACR을 使用하고 있기 때문에 目錄規則上의 問題가 별로 없다. ④ MARC 카드의 文字가 以前보다 鮮明해졌다. ⑤ ISBN으로도 發注할 수 있게 되었다. ⑥ 簡便하게 入手할 수 있다는 것 등을 들 수 있다. 同時에 이것은 新館으로 移轉한 以來 慢性化 되어 온 未整理圖書의 滯貨를 一掃한다는 目的에도 附合된다. 바꾸어 말하면 MARC 카드의 利用을 目錄業務의 省力化에 중점을 두었지 MARC 카드를 利用하는 目的 中의 하나인 業務標準化에 관해서는 별다른 意見이 나오지 않았다. 또 하나의 意見으로서 圖書가 西洋書目錄係에 들어온 뒤에 MARC 카드를 發注하게 되면 오히려 目錄作業이 더 느려지지나 않을까 하는 우려도 있었다.

1976年度 以前에 MARC 카드를 全面的으로 利用하지 않은 理由로서는 ① MARC 카드의 文字가 읽기 힘들다. ② 繼續 카드의 枚數가 많게 된다. ③ 카드의 紙質이 좋지 않다. ④ 標目 等을 고쳐야 될 경우 번거롭게 된다. ⑤ 도리어 擔當者의 業務가 늘어나게 된다는 것 等을 들 수 있다.

처음에는 MARC 카드의 利用에 대하여 强力한 反對도 있었지만 將來性이나 標準化의 必要性 等을 愼重히 檢討한 當時 擔當係員의 끈질긴 努力으로 結局 全面的으로 利用하게 된 것이다.[4)]

그런 점에서 MARC 카드의 全面的 利用을 開始한 以來 지금까지 5年間을 懷古하여 目錄作業上에 있어서 MARC 카드의 利用現況과 問題點에 대하여 整理해 보고자 한다.

---

4) MARC 카드의 利用에 관한 檢討는 했지만 그에 관한 記錄이 남아 있지 않아서 當時 職員의 記憶에 依存할 수밖에 없었다.

1. MARC 카드의 發注와 入手時期

1976年度의 東北大學 附屬圖書館에 있어서 MARC 카드의 利用調査[5]에 따르면 當時 洋書目錄係 職員들이 直接 受入荷置場에 나가서 各各 MARC 카드 發注리스트를 作成하고 그것을 한데 모아 ABC에 發注하여 왔기 때문에 그 受入圖書가 洋書目錄係에 돌아올 때는 이미 MARC 카드는 들어와 있다(〈圖 1〉 參照).

現在(1982年 8月)는 受入圖書가 洋書目錄係에 들어온 후에야 MARC 카드의 發注作業이 시작되기 때문에(〈圖 2〉 參照) 그 期間만큼 MARC 카드의 入手가 늦어진다. 이것을 다른 大學의 發注時期에 관하여 앞서의 앙케트 調査 結果에서 보면 目錄作業 以前에 發注하고 있는 圖書館은 91個 圖書館 中 61個 圖書館으로 67%였다.[6]

1981年度의 受入手續期間[7]은 1976年度에 비해 短縮되었지만 MARC 카드의 入手에 最低 2週間이 所要되고 그 外에 비록 發注는 하였지만 어떤 事情에 의해 結果的으로 MARC 카드를 入手할 수 없는 圖書까지도 그 期間 동안은 待機하게 되므로 以前과 比較하여 볼 때 圖書整理에 要하는 期間이 短縮되었다고는 말할 수 없고 圖書整理業務 總所要日數에서도 兩年度 사이에 별 差異가 없다.

그러므로 期間의 短縮에는 會計係, 收書係 및 目錄係가 各各 係를 超越하여 보다 緊密한 協力關係를 維持할 必要가 있다는 것을 말해 주고 있다.

---

5) 佐藤正弘, 『洋書目錄掛におけるMARCII打出しカード利用の現狀(資料)』, 1977年 10月(部內 資料).

6) 國大圖協機械化調査硏究班 編, 前揭書, p. 118.

7) 圖書의 發注, 檢收, 登錄까지의 期間.

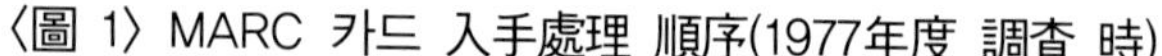
〈圖 1〉 MARC 카드 入手處理 順序(1977年度 調査 時)

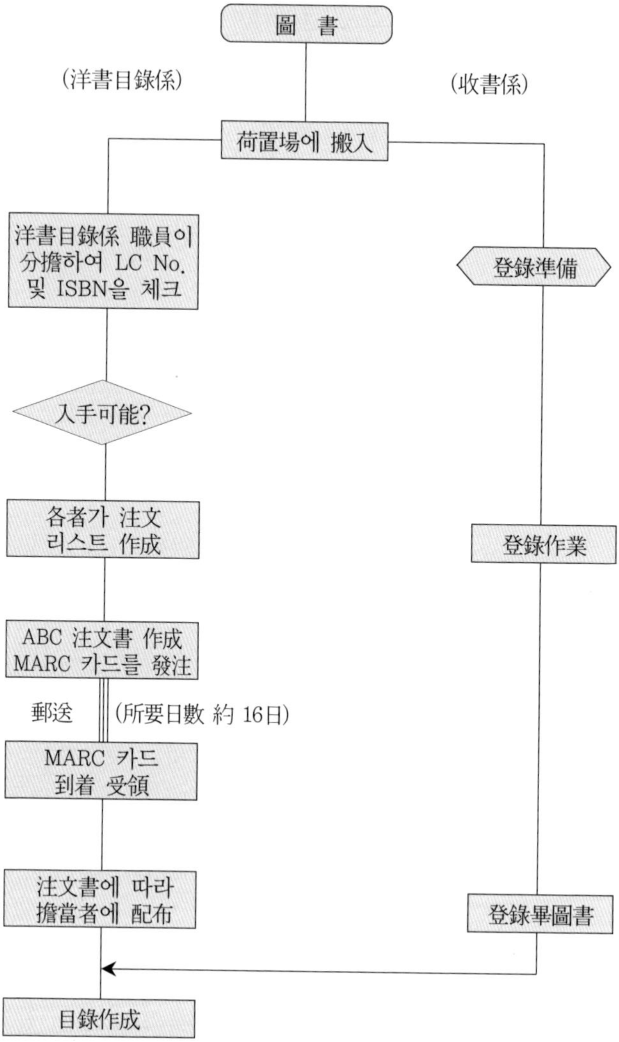

圖 書

(洋書目錄係)

(收書係)

荷置場에 搬入

洋書目錄係 職員이 分擔하여 LC No. 및 ISBN을 체크

入手可能?

各者가 注文 리스트 作成

ABC 注文書 作成 MARC 카드를 發注

郵送 (所要日數 約 16日)

MARC 카드 到着 受領

注文書에 따라 擔當者에 配布

目錄作成

登錄準備

登錄作業

登錄畢圖書

〈圖 2〉 MARC 카드 入手處理 順序(現在)

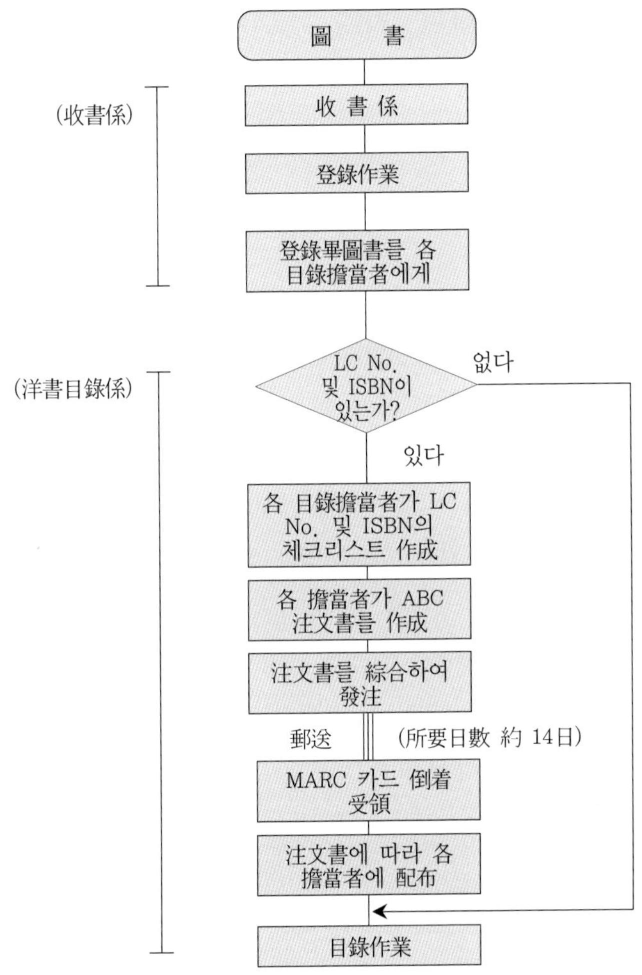

2. 受入册數와 MARC 카드

1) MARC 카드 發注率(〈表 1〉, 〈表 2〉 參照)

1981年度의 年間 洋書收入册數에 대한 MARC 카드의 發注率은 40%이다. 受入圖書 中에는 LC-MARC 데이터베이스 收錄開始(〈表 5〉 參照) 以前의 圖書도 있어서 LC No.(Library of Congress Card Number, 美國議會圖書館 目錄카드番號=LC番號), ISBN(International Standard Book Number, 國際標準圖書番號)(〈表 6〉 參照)가 附與되어 있는 것만을 發注對象으로 制限할 수는 없다. 또 通常的으로는 LC No.나 ISBN의 어느 한쪽으로 發注하게 되지만 出版社가 두 군데에 걸쳐 있어 ISBN이 2개 있는 境遇 等에는 美國의 出版地를 優先으로 하는데, 때로는 適合率을 높이는 뜻에서 양쪽의 ISBN으로 發注하는 境遇도 있기 때문에 實際의 發注率은 40%를 밑돌게 된다. 이것은 1976年度의 發注率 59%에 比하면 크게 떨어지고 있는데 그 理由는 旣存의 카드目錄을 參照하여 目錄作業을 하게 되는 많은 連續刊行物과 LC No.나 ISBN이 없는 圖書, 그 밖에 지금까지의 經驗으로 入手 不可能하다고 생각하여 아예 처음부터 發注를 하지 않는 것들이 적지 않았기 때문일 것이다. 그래서 1981年度의 MARC 카드 發注件數는 年間 受入 西洋書 約 2萬册 中 約 半數에 達하고 있다.

〈表 1〉 年間受入册數(本館)

年度	1976	1977	1978	1979	1980	1981
洋書受入册數	18,460	23,720	25,077	32,904	21,908	20,619
總受入册數	40,016	56,524	49,751	66,434	47,927	47,085

〈表 2〉 MARC 카드의 利用狀況

年度 / 區分	1976	適合率(%)	1980	適合率(%)	1981	適合率(%)
總發注件數 總適合件數	10,885 8,442	78	8,891 5,489	62	8,173 4,757	58
LC No. 發注件數 LC No. 適合件數	6,213 5,636	91	4,481 3,884	87	3,596 3,129	87
ISBN 發注件數 ISBN 適合件數	4,672 2,806	60	4,515 1,650	37	4,744 1,625	34

2) 洋書受入册數와 Cover率(〈表 1〉, 〈表 2〉 參照)

受入册數에 대한 MARC 카드의 Cover率은 1976年에 46%인 것에 비하여 1981年度에는 23%로 아주 저조하다.

「Cover率은 蓄積되어 있는 데이터베이스의 量, 實驗對象으로 한 資料의 刊行始期, 言語, 刊行國 等의 外的인 環境에 크게 좌우되기 때문에 劃一的으로 定한다는 것은 困難하다」[8]고 할 수 있는데, 대개 MARC 카드를 利用함으로써 그 效用을 느낄 수 있는 것은 50% 以上[9]이 確保되었을 때일 것이다. 이런 數値에서 본다면 東北大學 附屬圖書館의 Cover率은 낮다. 그 理由는 發注件數 中에 점하고 있는 英語 以外의 言語로 쓰여진 圖書가 많아서 適合率이 低下되기 때문이다. 바꾸어 말하면 LC의 收書領域을 넘어선 圖書가 많게 되었다고 말할 수 있다. LC의 收書計劃[10]이 全 世界에 뻗치고 있으면서도

8) 根岸正光, 井上如, 藤原鎭男 共編, 『大學圖書館のシステム化』, 紀伊國屋書店, 1981, p. 181.

9) 前揭書, p. 182 및 茂機周治, "大阪大學附屬圖書館 中之島分館における図書の整理とMARCカード利用について", 『醫學圖書館』, 25(1/2), 1978, p. 6.

10) 美國 議會圖書館의 收書計劃을 NPAC(National Program for Acquisition and Cataloging)

適合率이 낮다고 하는 것은 한 나라의 收書만으로는 全 世界의 出版物을 網羅蒐集하기가 困難하다는 것을 말해 준다. 그것을 補充하는 것으로서 IFLA (International Federation of Library Associations and Institutions: 國際圖書館協會聯盟)가 推薦하고 있는 것이 바로 UBC, UAP 計劃[11]이다. 이들 計劃은 各國에 의한 分擔收書와 分擔目錄에 의한 相互利用을 强調하고 있다.

이러한 補完的인 計劃이 없이는 MARC 카드의 Cover率은 높여질 수 없을 것이다.

Cover率은 MARC 카드 發注件數에 대한 適合率이라고 생각하는 傾向이 있는데 目錄作業이라는 觀點에서 본다면 受入冊數와도 比較되어야 할 것이다.[12] 우리는 適合率이 높기를 원하지만 現實的으로는 23%의 Cover率에 지나지 않는데 그렇다고 해서 MARC 카드의 效用을 否定하는 말은 결코 아니다.

3) 受入冊數와 MARC 카드 發注件數의 月別 變化(〈圖 3〉 參照)

MARC 카드의 發注方法은 受書係로부터 조금씩 繼續的으로 들어오는 圖書를 洋書目錄係에서 모아서 1週에 1回 程度 發注하고 있다. 이와 같이 週單位로 發注하는 것과 受入進行分을 합하여 생각하여 보면 그달 그달의 受入冊

이라 하는데 1966年度부터 實施되었다. 이에 관한 參考文獻으로서는 キャロル F. イシモト, 田辺廣譯, "全國收書整理計劃: その大學への影響", 『現代の圖書館』, 11(3), 1973. 9, pp. 135~143.

アンドルウ クロダ, "アメリカ議會圖書館ーそのシステムとサービス", 『現代の圖書館』 特別號, No. 1, 1979, pp. 65~80.

11) UBC(Universal Bibliographic Control), UAP(Universal Availability of Publications).
丸山昭二郎, "UBC-世界書誌調整", 『現代の圖書館』, 16(2), 1978, pp. 84~85.
吉田正夫, "UAPと國立圖書館-第44回 IFLA總會に關連して", 『國立國會圖書館月報』, No. 219, 1979. 6, pp. 2~10.

12) 國大圖協機械化調査研究班 編, 前揭書, p. 113. 茂機周治, 前揭書, p. 6.

數와 MARC 카드 發注件數 사이에는 本來 受入進行分의 差異가 생기게 되는데 그것을 꼭 數値로 나타내기는 어렵다는 것이 〈圖 3〉에 잘 나타나 있다.

〈圖 3〉

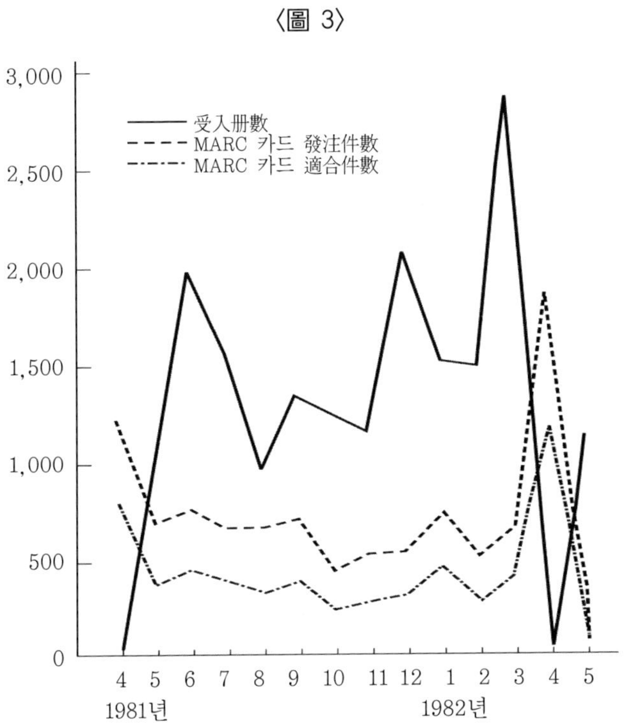

그것은 圖書의 受入月日과 MARC 카드의 發注月日이 같은 달 중에 이루어진 것으로 나타나 있는데 實際로는 꼭 그렇지는 않다. 왜냐하면 回送되어 온 圖書가 그것을 受入한 다음 달에 들어갈 수도 있고, 그와 마찬가지로 MARC 카드 發注 역시 다음 달에 이루어질 수도 있기 때문으로 圖表에 그 差異가 나타나지 않은 것은 아마도 그것들이 서로 相殺되기 때문인 것으로 생각된다. 또한 이 그림은 洋書受入册數와 MARC 카드 發注件數, 洋書册數

와 MARC 카드 適合件數, MARC 카드 發注件數와 MARC 카드 適合件數의 3者 關係가 明確히 把握되어 MARC 카드를 注文하지 않은 圖書가 많다든가 Cover率이 낮은 것을 證明해 주고 있음을 알 수 있다.

受入冊數가 每月 다르기 때문에 目錄作業의 定量化가 곤란하게 되고 또한 受入圖書의 大部分을 차지하고 있는 講座費(※ 敎科目當 圖書購入費)로 購入되는 圖書의 選定權이 敎授들한테 있기 때문에 敎授들과의 關係改善을 增進할 必要가 있다.

3. 發注件數와 適合率(〈表 2〉 參照)

總發注件數에 대한 總適合率(Hit率, Match率)은 1976年度에 78%, 1981年度는 58%이다. 이것을 發注手段인 LC No.와 ISBN으로 區分하여 보면 LC No.로 發注한 것은 1976年度에 91%, 1981年度는 87%이고, ISBN으로 發注한 것은 各各 60%, 34%로 나타났다.

1976年度의 適合率이 1981年度와 比較해서 높은 것은 ISBN의 適合率이 約 26%나 높게 나타난 때문이며 이것은 ISBN이 適合度가 比較的 높은 英語로 쓰여진 圖書가 많다는 것을 말해 주고 있다. 또한 總發注件數 中에 LC No.로 發注한 숫자의 比率이 57%인 것도 總發注件數에 대한 LC No.에 의한 適合率을 上徊하고 있다.

1981年度의 適合率이 낮게 된 理由는 ISBN에 의한 發注件數가 增加한 만큼 거기에 따른 適合率이 그만큼 低下되고 그 외에 좀더 仔細히 觀察해 보면 ISBN 시스템의 加盟國이 점점 增加[13]하고 따라서 LC-MARC 데이터베이스에 收錄되지 않은 것이 相對的으로 많아졌고, 또 收錄되었다고 하더라도 LC

카드를 받기까지의 所要時間이 오래 걸리는 것이 많아졌다는 것 등에 起因하고 있는 것으로 推測된다(〈圖 4〉 參照).

〈圖 4〉 LC-MARC 데이터베이스에 있어서의 出版年度別 레코드 統計

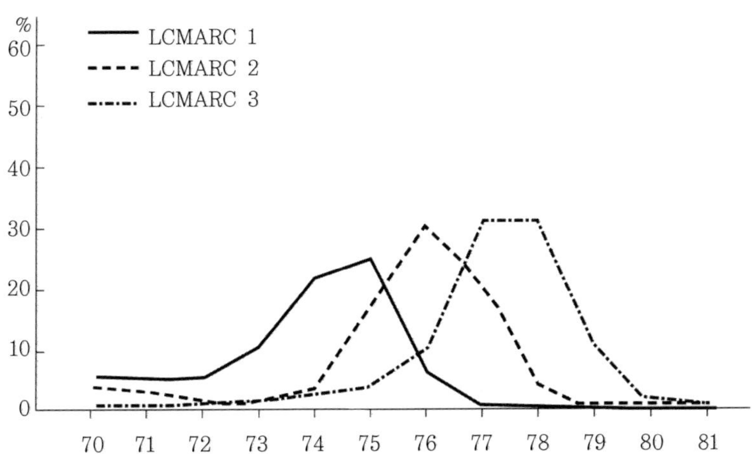

자료: 根岸, 井上, 藤原共 編『大學圖書館のシステム化』, 紀伊國屋書店, 1981, p. 243.

그와 관련해서 LC-MARC 데이터베이스의 言語別 收錄을 筑波大學의 調査[14]에서 보면 英語 이외의 레코드는 1974/1975年에 17%, 1976/1977年에는 45%로 增加하고 있다(年代는 다르지만 參考로 東北大學 附屬圖書館의 數値를 〈表 7〉에 내놓았다).

---

13) 1971年 9月 ISO 參加國인 23個國의 贊成으로 採擇되었는데 그때 日本은 唯一하게 反對한 나라였다(服部金太郎, “ISBNについての一考察”, 『圖書館短期大學紀要』, No. 10, 1975, pp. 139~144). 1981年度 上半期는 43個 그룹으로 出版文化圈의 거의 全部를 커버하고 있다(『日本圖書コード』, 日本圖書コード管理委員會 發行, No. 2, 1982. 4, p. 2).

14) 根岸, 井上, 藤原 共編, 前揭書, pp. 242~247.

〈表 3〉 法學部 · 經濟學部 洋書受入册數

學部 \ 年度	1976	1980
法 學 部	1,445册	2,269册
經濟學部	2,323册	3,826册

〈表 4〉 法學部 · 經濟學部 MARC 카드 利用狀況

學部	法學部				經濟學部			
區分 \ 年度	1976	適合率(%)	1980	適合率(%)	1976	適合率(%)	1980	適合率(%)
總發注件數 總適合件數	726 475	65	1,656 887	54	1,108 701	63	1,690 1,177	70
LC No. 發注件數 LC No. 適合件數	297 254	86	595 515	87	561 481	86	882 824	93
ISBN 發注件數 ISBN 適合件數	429 221	52	1,061 372	35	547 220	40	808 353	44

〈表 5〉 LC-MARC II 收錄範圍(圖書)

英 語 圖 書	………… 1969年 以後
佛 語 圖 書	………… 1973年 以後
獨 語 圖 書 스 페 인 語 圖 書 포 르 투 갈 語 圖 書	………… 1975年 以後
北歐 諸言語圖書	………… 1976年 以後
其他 로마字를 使用 하는 모든 言語 圖書	………… 1977年 以後

〈表 6〉 ISBN 加盟國

다음에 主題語圈國과 各 實施年度(괄호 內)를 表示

Group-No.	Country
0 & 1	Australia (69) Canada (English speaking) (69) Great Britain (66) South Africa (71) United States of America (68) Zimbabwe Rhodesia (74) New-Zealand (69) Belgium (French speaking) (74) Canada (French speaking) (79) France (74) Switzerland (French speaking) (79)
3	Austria (71) Federal Republic of Germany (69) Switzerland (German speaking) (69)
4	Japan (81)
5	USSR
81	India
82	Norway (71)
83	Poland
84	Spain (72)
85	Brazil (78)
86	Yugoslavia
87	Denmark (70)
88	Italy (77)
90	Belgium (Dutch speaking) (69) Netherlands (69)
91	Sweden (71)
92	UNESCO (73)
950	Argentine (81)
951	Finland (72)
958	Colombia
962	Hong Kong (77)
963	Hungary (74)
965	Israel
968	Mexico (77)

971	Philippines (81)
974	Thailand
977	Egypt (76)
978	Nigeria (74)
	以下 略

자료: 『日本圖書コード』, No. 2, 1982. 4, p. 2.

여기에서 페센티지上으로는 英語圖書가 적은 것처럼 보이지만 그 發注件數는 LC No.에 의한 發注의 大部分을 차지하고 있기 때문에 實際의 件數는 많다. 筑波大學의 調査에서도 같은 結果로 나왔는데, LC No.가 記載되어 있는 標本의 大部分은 英語로 쓰여진 것이고 그 出版國 中 23.2%가 美國 以外의 나라이다.[15] 또 다른 側面에서 MARC 카드의 適合率이 적은 原因을 생각해 보면, 첫째 發注하는 측의 問題로서 代行社인 ABC에 注文할 때 書式上의 誤記, LC No.나 ISBN 以外의 番號記入, 둘째 ABC 측의 問題로서는 펀치할 때의 잘못(이것은 注文書에 숫자를 흘려 썼을 때 일어나기 쉽다)과 LC나 出版社가 圖書를 印刷할 때의 미스프린트 等을 들 수 있다.[16]

〈表 7〉 東北大學 圖書館의 言語別 比率

言語別 / 年度別	英語	獨語	佛語	其他
1970年度*	65%	20%	8%	8%
1981年度**	69%	16%	6%	8%

* 引用文獻 3)의 別表 6에서.

** 1981年 11月~1982年 8月까지의 調査에 의함.

15) 前揭書, p. 209.

16) 茂幾周治, 前揭書, p. 6.

東北大學 附屬圖書館의 ISBN에 의한 MARC 카드의 言語別 發注率은 1981年度에 英語圖書가 41%, 獨語圖書는 44%, 佛語圖書는 9%, 其他語 圖書는 7%로 나타났다.[17] 獨語圖書가 가장 많은 理由로는 西獨에서 發行, 流通되는 圖書는 거의 100%가 ISBN을 付與받고 있기 때문인 것이다.[18](〈表 8〉 參照).

〈表 8〉 流通書籍 中에서의 ISBN 普及率(1980年度 末의 앙케트 回答 中의 重要한 것)

普及率	國別
100%	英國, 西獨, 오란다, 스페인, 덴마크, 오스트레일리아, 캐나다, 짐바브웨
95%	핀란드, 노르웨이, 스웨덴
93%	美國

자료: 『日本圖書コード』, No. 2, 1982. 4, p. 2에서.

4. 法學部・經濟學部 受入圖書의 適合率(〈表 3〉, 〈表 4〉 參照)

人文・社會科學系 資料가 比較的 많은 東北大學 附屬圖書館의 MARC 카드 利用에 관하여 機關單位로 보면 어떠한 傾向이 나타나는가 하고 參考로 法學部와 經濟學部의 境遇를 살펴보고자 한다.

1976年度의 調査[19]에는 法學部와 經濟學部의 受入圖書에 관한 適合率이 報告되어 있다. 〈表 3〉과 〈表 4〉는 그것과 1980年度와의 比較이다.

여기서 보면 2個 學部 모두가 MARC 카드의 發注件數가 增加하였다. 特

17) 1981年度 ABC에서 나온 리스트의 3個月 間의 統計.

18) 다만 LC-MARC 데이터베이스에 있어서 ISBN의 付與狀況은 1978年度分으로 51.9%이다(根岸, 井上, 藤原 共編, 前揭書, p. 206).

19) 佐藤正弘, 前揭書.

히 法學部는 2部를 넘고 있다. 또 두 學部의 總發注件數에 대한 適合率을 보면 1976年度에는 同率이었던 것이 1980年度에는 經濟學部가 20% 以上 높아졌다. LC No.에 의한 發注件數에 대한 適合率은 두 學部가 모두 높지만 ISBN에 의한 發注件數는 法學部에서는 增加했음에도 適合率은 오히려 떨어지게 된 것은 前項 3에서 指摘한 바와 같다.

LC-MARC 데이터베이스의 主題分類別 收錄 레코드(〈表 9〉 參照)는 人文·社會科學 分野가 80%를 차지하고 있어 두 學部의 適合率에도 反映되고 있다. 즉, LC-MARC 데이터베이스는 人文·社會科學系 資料가 많이 收錄되어 있기 때문에 두 學部의 適合率이 좋은 것은 납득이 간다.

〈表 9〉 LC 分類番號別 收錄 레코드 統計

Class	Frequency	%	Class	Frequency	%
A	862	0.64	O	2	0.00
B	9,400	7.00	P	28,114	20.91
C	1,981	1.47	Q	8,129	6.05
D	10,500	7.81	R	5,213	3.88
E	1,319	0.98	S	2,472	1.84
F	2,956	2.20	T	9,575	7.12
G	4,286	3.19	U	735	0.55
H	20,966	15.60	V	409	0.30
J	3,252	2.42	Z	3,841	2.86
K	4,692	3.49	Others	3	0.00
L	8,774	6.53	None	22	0.02
M	1,633	1.21	Total	134,426	
N	5,292	3.94			

자료: 根岸, 井上, 藤原 共編 『大學圖書館のシステム化』, 紀伊國屋書店, 1981, p. 242.

다른 한편 文學·言語學 關係의 收錄率은 21%로 主題分類別 中에서는 高率인데도 東北大學 附屬圖書館으로서의 Cover率은 比較的 낮다. 이것은 東北大學 附屬圖書館에서 受入하는 文學·言語學 關係 圖書는 英國과 西獨을 除外한 유럽 諸國語를 비롯해서 東洋, 中近東, 스라브系의 諸國語의 圖書가 많고 또 그 大部分은 LC No.나 ISBN이 付與되지 않고 있기 때문이다.

〈表 10〉 東北大學 附屬圖書館의 目錄體系(西洋書 目錄)

閱覽用 目錄	事務用 目錄
書名目錄	著者·書名(基本記入) 目錄
著者名目錄	書架目錄
分類目錄	舊人文系 著者·書名(基本記入) 目錄
舊著者·書名(基本記入) 目錄	舊人文系 分類目錄
舊分類目錄	舊自然系 著者·書名(基本記入) 目錄
舊敎養部著者·書名(基本記入) 目錄	舊自然系 分類目錄
雜誌誌名目錄	舊敎養部 書架目錄
美國文化센터 寄贈圖書目錄	雜誌總合目錄
各個人文庫目錄	各個人文庫目錄

5. 맺음말 —改善方案—

資料의 提供은 利用者에 대한 重要한 圖書館 機能의 하나이고 目錄業務는 利用者에게 可能한 限 迅速하게 書誌情報·所在情報를 提供하는 것이다.[20][21]

20) 圖書館 機能 中 目錄業務의 位置에 관하여 淺賀律天 氏는 「圖書館은 資料를 收集하고 組織하여 利用者에게 提供하는 機關이다. 整理業務는 第2의 機能이라고 할 수 있는 資料組織을 擔當하는 技術的인 業務이다」라고 말하고 있다(淺賀律天, "整理業務の 現狀と將來-

그러기 위해서는 早速히 電算化가 이루어져 온라인에 의한 目錄業務가 遂行되어다 한다는 것[22]이 主要한 當面 目標라고 하는 데에는 누구도 異論이 없을 것이다.

이것은 現在 推進되고 있는 學術情報 시스템의 一環으로 東北大學 附屬圖書館이 東北地區의 센터가 될 것을 가상한 境遇에도 당연한 方向이다.[23]

그러나 그의 實現에는 상당한 歲月이 要할 것이 豫想되어 當分間 利用者는 現在의 카드目錄에 의한 書誌・所在情報의 提供에 依存하지 않으면 안 된다.

現在 東北大學 附屬圖書館에서는 擔當職員의 不斷한 努力에도 불구하고 앞서 말한 바와 같이 MARC 카드의 活用에 있어서 그 適合率이 생각하기보다 낮기 때문에 整理期間을 短縮하는데의 貢獻度는 아직 未洽하여 業務가 遲滯되기 쉽다. 그런 점에서 改善方案의 1私案을 提示해 보고자 한다.

i) MARC 카드 入手期間의 短縮

受入圖書가 目錄擔當者에게 回送되어 올 때 이미 MARC 카드가 入手되어 있다면 圖書가 MARC 카드를 기다릴 必要가 없게 되어 바로 目錄作業에 들

いまなにをすべきか—", 『現代の圖書館』, 20(1), 1982, pp. 26~30).

21) 圖書館 業務 中 目錄業務의 機能에 관해서 「圖書館의 目錄은 資料檢索에 接近하기 위한 主要한 Tool의 하나로서 항상 利用되는 오직 唯一한 Tool이다」라고 말하고 있다(三浦逸雄, 阻田蓉子, 稚葉偢子, 多田惠子, 津久井甲, "國際基督教大學圖書館における目錄利用行動-インタビュー調査-", *Library and Information Science*, No. 18, 1980, p. 29).

22) 例로서는 OCLC(Online Computer Library Center, 1980. 以前에는 Ohio College Library Center, 1967), WLN(Washington Library Network 外 RLIN, UTLAS, BLAISE 等.
온라인 目錄에로의 移行에 관한 參考文獻으로는 다음과 같은 것이 있다. 三浦逸雄, 稚葉偢子, "1980年代の目錄をぬぐるアメリカの動向-大規模大學圖書館の報告書を中心に-", *Library and Information Science*, No. 17, 1979, pp. 11~32.
松村多美子, "変"りめく圖書館目錄(その1), 『ドクメンテーション研究』 30(7), 1980, pp. 310~316.

23) 長尾公司, "學術情報システムと東北大學", 『木這子: 東北大學附屬圖書館』 5(3), 1980, pp. 1~2.

어갈 수 있다. 그래서 MARC 카드는 ABC製에 局限하지 말고 丸善製 MARC 카드나 紀伊國屋書店製 MARC 카드 等 市販되고 있는 MARC 카드를 包含하여 注文과 同時에 MARC 카드를 發注하는 것을 생각할 수 있다.[24)]

ii) 目錄體系의 根源的 改革

利用者에게 보다 빨리 目錄情報를 提供하기 위하여는 恒常 카드目錄이 最新性을 維持하고 있어야 하는데 그러기 위해서는 目錄體系의 簡素化가 必要하다.

東北大學 附屬圖書館의 目錄體系는 新·舊藏圖書를 合하여 15種類의 目錄이 있다[25)](〈表 10〉 參照). 이와 같이 複雜한 目錄體系는 檢索을 困難하게 하고 그 配列에도 많은 時間이 所要된다. 現在 利用者가 新築 圖書館의 開館 以來 要求하고 있는 것 중의 하나가 新·舊目錄의 一元化이다. 그것을 實現하기 위하여서는 目錄體系 簡素化의 第1段階로서 現在 維持하고 있는 作業方法이나 相互關係 等에 관해서 全館的으로 再檢討할 時期에 왔다고 생각한다. 具體的으로는 全體 學校의 綜合目錄[26)]의 作成方法을 檢討하여 事務用 基本目錄은 閱覽用 目錄으로 代用하고 新·舊閱覽用 分類目錄은 分類表가 各各 달라

---

24) 三者의 比較에 관해서는(推葉伸子, "MARCカードと印刷カードー 利用の 視點から", 『現代の圖書館』 15(4), 1977, pp. 11~19.

25) 新·舊目錄의 區別은 1973年 4月을 基準으로 하고 있다. 왜냐하면 新目錄·分類法의 採用을 1973年 4月 受入分부터 適用하기로 決定되었기 때문이다.

26) 齊藤雅英編, 前揭書, pp. 64~65.
中村初雄 氏는 綜合目錄을 「2 以上의 圖書館이 協力하여 作成한 目錄」과 「圖書館 간의 協力, 特히 圖書館 間의 資料相互貸借를 可能하게 해주는 道具」라고 규정하고 있다. 綜合目錄에 관한 同氏의 論文에는 다음과 같은 것이 있으니 參考하십시오.
"總合目錄について-共同調査を初めるまで-", 『圖書館雜誌』 51(3), pp. 95~97. "總合目錄の問題點(Ⅰ)-", *Library Science*, No. 1, 1963, pp. 93~106. "總合目錄評價試論-總合目錄の問題點(Ⅱ)-", *Library Science*, No. 2, 1964, pp. 25~49. "綜合目錄編成試稿", *Library and Information Science*, No. 14, 1976, pp. 37~54.

一元化는 不可能하고 또 利用者가 많지 않으므로 이의 編成을 中止하는 것 等을 생각할 수 있다.[27]

一般的으로 利用者들은 이들 目錄을 使用하는 데에 익숙하지 못하다. 따라서 目錄法이나 카드 編成法을 잘 알고 있는 圖書館 職員이 直接 迅速히 찾아 줌으로써 資料檢索의 번거로움을 덜어줄 必要가 있다.[28] 따라서 參考司書와의 보다 緊密한 協力關係 維持와 積極的인 利用指導가 要望된다.

iii) 目錄作業上의 改善

LC-MARC 데이터베이스를 效果的으로 使用할 수 없는 現 狀況下에서 보다 迅速하게 目錄情報를 提供하기 위하여서는 目錄作業을 빨리 할 수 있는 方案을 摸索하여야 한다. 많은 時間을 들여 目錄記述을 詳細하게 해주는 目錄情報보다는 오히려 記述을 간결하게 하더라도 迅速하게 情報를 提供해 주는 편이 좋을 것이며 또한 記述이 詳細한 目錄일지라도 副出, 重出을 制限하여 目錄編成 時間을 最大限으로 短縮시켜 주는 方案 等을 摸索하여야 할 것이다.

그러나 利用者의 便宜와 要求하는 情報의 效率的인 檢索이라는 側面에서 본다면 目錄記述을 어느 程度까지 簡素化할 수 있을 것인가에 대하여는 보다 愼重한 研究와 檢討가 必要할 것이다.[29]

---

27) 東北大學 附屬圖書館에 있어서의 目錄利用調査는 해보지 않았기 때문에 다른 大學의 調査를 參考로 하였다. 目錄利用調査에 관한 文獻을 여기에 紹介하니 參考하십시오. 淺賀律夫, "大學圖書館における 目錄利用實態調査 私立大學8館の サンプル調査とその分析結果報告", 『圖書館界』 24(1), 1972, pp. 23~28. 淺賀律夫, "大學圖書館に於ける目錄利用調査-圖書館員を對象として-", 『私立大學圖書館協會會報』, No. 64, 1975, pp. 27~37. 三浦, 阪田, 維葉, 多田, 津久井, 前揭書.

28) 鮎澤修, "目錄利用論序說", *Technical Sciences*, No. 10, 1975, pp. 14~25.

29) 簡略記入目錄의 調査에 관해서는 다음 文獻에 紹介되어 있으니 參考하십시오(松村多美子, "変りゆく圖書館目錄(その2)", 『ドクメンテーション研究』, 30(8), 1980, pp. 373~379).

또 學校 全體의 綜合目錄 編成을 보다 容易하게 하기 위하여는 分館이나 研究所 및 各科의 資料室에서 使用하고 있는 分類 및 目錄規則의 統一과 標準化가 必要하다. 또 分類作業을 輕減시키기 위하여는 美國議會圖書館分類表(Library of Congress Classification: LCC)를 採用하고 LCC와 NDLC(國立國會圖書館分類表)와의 變換과 檢索의 自動化가 考慮되어야 할 것이다.

그 밖에 MARC 카드의 Cover率을 높이기 위한 한 方法으로서 LC No.나 ISBN만이 아니고 著者名이나 書名으로도 注文할 수 있는 시스템을 開發하고 UK-MARC, France-MARC, Deutch-MARC 等을 導入함으로써 MARC 카드 서비스의 向上에 期待하는 바가 크다고 하겠다.

以上의 提案들은 圖書館 業務의 電算化, 卽 目錄業務의 온라인化를 위한 前段階 措置라고 생각되며 조금이라도 잘 해보고자 함이다.

또 學內의 中央館으로서, 東北地區의 센터館으로서의 機能을 擔當하기 위해서는 目錄業務에 대한 長期的인 計劃을 보다 愼重히 檢討해 나가야 할 것으로 생각된다.

以上 東北大學 附屬圖書館에 있어서 MARC 카드의 利用에 관해서 알아보았는데, MARC 카드의 適合率이 높을 것으로 생각되는 自然科學·技術科學系 分野를 對象으로 하는 醫學, 工學, 農學 等의 分野에 대하여는 本稿에 들어 있지 않다.

앞으로 分館에 있어서 目錄業務에서 차지하는 MARC 카드의 意義는 대단히 클 것으로 생각되며 장차 그 비중은 더욱 增大될 것으로 생각된다.

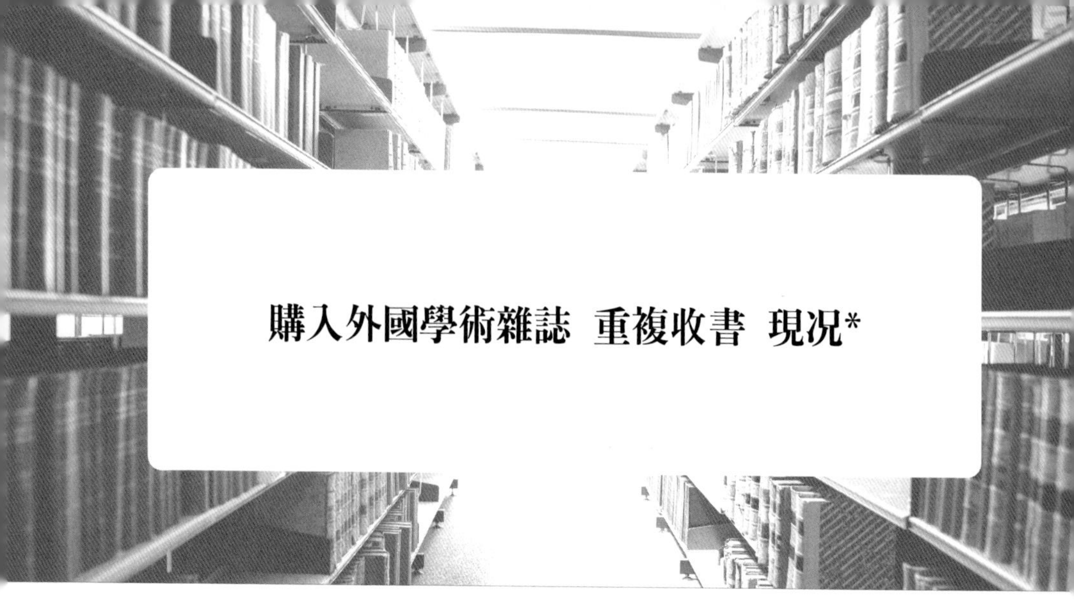

購入外國學術雜誌 重複收書 現況*

本協議會에서는 外國學術雜誌의 共同購入方案을 摸索키 위한 基礎資料 蒐集의 일환으로 25個 會員圖書館의 1983年度 購入外國學術雜誌現況을 調査한 바 그 結果는 아래와 같다.

複本數	種數			購入雜誌總數		
	東洋書	西洋書	計	東洋書	西洋書	計
1	442	2,428	2,870	442	2,428	2,870
2	134	733	867	268	1,466	1,734
3	74	305	379	222	915	1,137
4	26	157	183	104	628	732
5	36	93	119	130	465	595
6	14	44	58	84	264	348
7	12	30	42	84	210	294
8	2	17	19	16	136	152
9	4	20	24	36	180	216
10	1	10	11	10	100	110
11	2	8	10	22	88	110
12	2	4	6	24	48	72
13	–	5	5	–	65	65
14	–	1	1	–	14	14
計	739	3,855	4,594	1,442	7,007	8,449

※ 忠南大는 포함되지 않음.

* 「購入外國學術雜誌 重複收書現況」, 『國立大學圖書館報』, 제2집, 1984, pp. 106~107.

10種 以上 重複購入 外國學術雜誌

複本數	雜誌名	刊種	種數
C.14	Accounting Review	Q	1
C.13	American Economic Review	Q	5
	Harvard Business Review	Bm	
	Journal of Food Science	Bm	
	Journal of Nutrition	M	
	Public Administration Review	Q	
C.12	American Journal of Sociology	Bm	6
	American Political Science Review	Q	
	Harvard Educational Review	Q	
	Journal of Marketing	Q	
	史學雜誌	M	
	體育の科學	M	
C.11	American Historical Review	Q	10
	Analytical Chemistry	M	
	Journal of Home Economics	Q	
	Journal of Organic Chemistry	Bw	
	Journal of the American Chemical Society	Bw	
	Language	Q	
	Physical Review A-D	72/Y	
	Transactions of the ASME	36/Y	
	民商法雜誌	M	
	音樂藝術	M	
C.10	American Literature	Q	11
	Crop Science	Bm	
	Journal of Applied Physics	M	
	Linguistic Inquiry	Q	
	PMLA	Bm	
	Plant Physiology	M	
	Poultry Science	M	
	Science	W	
	Scientific American	M	
	Textile Research Journal	M	
	音樂の 友	M	
合計			33

[特輯]

大學圖書館의 相互協力*

1. 緖論

圖書館 奉仕를 보다 效率的으로 하기 위하여는 基本的으로 利用者가 필요로 하는 資料의 충실한 確保가 무엇보다도 重要하다는 것은 두말할 필요가 없다.

急速한 産業發展에 따라 情報의 生産量은 幾何級數的으로 增加하고 그것을 保存하고 傳達하는 手段과 媒體 또한 多樣化되었다. 情報革命이라고 불리는 이와 같은 變化는 圖書館을 비롯한 各種 情報機關이 從來의 消極的이고 被動的인 資料提供 서비스에서 보다 積極的이고 能動的인 情報提供 서비스에로의 奉仕體制의 變換을 要求하고 있다. 또한 새로운 學問의 發生과 細分化 및 重疊 등으로 利用者의 要求 또한 多面化되어 特히 網羅的, 最新性, 迅速性 등이

---

* 본고는『圖書館』, 제275호, 1984. 12, pp. 28~43에 수록되었다.

그 어느 때보다도 强調되고 있다.

一般的으로 從來의 大學이나 圖書館들은 대부분 閉鎖的인 傾向이 강하여 지금부터 약 50餘年 前(1936年)에는 Co-operation이란 말이 Overwork, 規定外 業務라고 하는 나쁜 意味로 쓰여진 일이 있었으나 現在는 圖書館 奉仕의 基本的인 原理로서 把握되고 있다.[1)]

個個의 圖書館이 갖고 있는 資料의 收集, 整理 및 奉仕能力에는 限界가 있기 때문에 利用者의 要求에 모두 만족스러운 奉仕를 할 수가 없다. 또 비록 아무리 圖書館이 크다고 할지라도 利用者가 要求하는 모든 資料를 所藏한다는 것은 不可能하기 때문에 圖書館의 相互協力은 절대로 필요한 것이다.[2)] 즉, 相互協力은 둘 또는 그 以上의 圖書館이 어떤 形態로든 協力關係를 維持하면서 相互의 圖書館 奉仕를 보다 向上시켜 나가는 것이다. 相互協力問題는 圖書館이 能動的으로 自發的 必要에 의해서 提起되는 것이지만 圖書館 外的인 環境과 趨勢로도 圖書館이 相互間에 協力하지 않을 수 없는 壓力을 받고 있는 것도 事實이다. 이를 테면 大學의 立場에서도 敎育 및 硏究效果를 가일층 높이기 위하여 圖書館이 多樣한 學術情報의 生産, 保存 및 傳達媒體 等에 대하여 空間的인 制約없이 신속히 把握하고 이를 傳達해 주는 데에 익숙해지기를 간절히 바라고 있다는 事實이다. 왜냐하면 學術情報는 産業 및 國家發展의 밑거름이며 大學은 그 主 生産者이다. 學術情報의 成果이자 그 素材이기도 한 이 學術情報는 圖書館에서 供給되기 때문에 大學이 圖書館에 대하여 보다 만족할 만한 情報를 要求하는 것은 當然한 歸結이라 아니할 수 없다.

그러나 相互協力은 現代 圖書館의 必然的인 當爲性을 갖는 主要한 機能이

1) 堀啓次郎, "大學圖書館の相互協力", 『大學圖書館の管理運營』, 東京, 大學圖書館國際連絡委員會, 1972, p. 153.
2) 高宮秀夫, "日本の大學圖書館における相互協力", 前揭書, p. 142.

면서도 個個 圖書館의 固有한 機能과는 약간 다른 特性이 있다. 그것은 協力主體 相互間의 적극적인 參與와 協助精神이 없이는 만족할 만한 協力效果를 期待할 수 없다는 것이다. 이를테면 몇 개 圖書館이 綜合目錄을 만들고자 할 때 그중 한두 圖書館이 途中에 原稿를 늦게 보내거나 漏落하는 등 協力에 소홀하게 되면 그 目錄은 不實하거나 發刊이 遲延될 것임은 틀림없는 事實이다. 또 協力事項의 性格에 따라서는 必然的으로 特定 機關에 要求가 偏重되어 相互協力이 아닌 一方的인 奉仕로 歸結되는 現實的인 問題가 擡頭된다.

根本的으로 相互協力은 서로의 利益을 위하고 奉仕의 提高를 위한 하나의 自發的 約束이지 반드시 協力해야 할 義務도, 協力 받을 權利도 아닌 것이 大部分이기 때문에 約束된 規約과 制度의 誠實한 遵守에서만 所期의 協力效果를 볼 수 있다는 것이다. 勿論 協力의 對象이나 內容에 따라서는 個人이나 圖書館 外的인 要因으로 協力實現이 어려운 일도 적지는 않겠으나 대체로 協力하려는 意志와 積極的인 共同體意識이 必要하다는 特性이 있다고 하겠다. 相互協力은 이러한 特性을 바탕으로 必要한 協力事項에 대한 體制 및 規約을 만들어 制度的으로 推進될 수 있도록 해야 한다.[3] 또한 對外的인 協力이 對內的으로 그 影響이 波及될 境遇가 許多할 것인바 事前에 이에 대한 對內的인 充分한 弘報와 調整이 必要하다. 이를테면 大學本部와의 行, 財政問題, 館內의 各 課 間이나 分館과의 義務調整問題 또는 學內에서 敎授 및 學生과 圖書館 間의 紐帶問題 等이 考慮되어야 할 것이다. 또 相互協力은 國內外의 地域的, 機能別, 主題別, 館種別 및 設立者나 規模別 等等의 相互 類似性이나 等質性이 있는 機關끼리 圖書館의 機能에 따라 收書, 整理, 保存, 利用 및 其他 事業別로 어떤 事項을 어떻게 協力할 것인가를 協議, 推進하여야 할 것

3) 小倉親雄, "圖書館 間の協力形態とその一類型", 『圖書館界』, 13(4), 1961. 10, p. 98.

이다.

以下 論述할 各種 協力事項에 관한 事例 등에 관하여는 紙面關係도 있고 또 大部分 이미 紹介되었고 널리 알려진 事項들이기 때문에 本稿에서는 그 代表的인 한두 개의 件名만을 提示하고 全般的이고 具體的인 事項에 대한 說明은 다음 機會로 미루고자 한다.

2. 收書

우리나라 大學圖書館의 가장 큰 問題 中의 하나는 圖書購入費의 慢性的인 不足現狀이다. 이 때문에 國立大學圖書館協議會가 結成된 20餘年 前부터 계속 圖書購入費의 增額을 要求한 事項이기도 하다. 1983年 國立大學圖書館協議會가 우리나라 25個 國立大學圖書館(一部 敎育大學 包含)을 對象으로 調査한 基本統計表에 따르면 1983年度 1個館의 平均 年間 收入冊數(複本이 包含되어 있으므로 種數가 아님)가 東洋書(大部分이 國內書이고 一部 外國圖書 包含)는 7,548冊이고 西洋書는 3,607[4]冊인데 비하여, 1984年度版 韓國出版年鑑 및 1983年度版 유네스코 統計年鑑에 의한 國內 및 全 世界의 年間 總出版圖書數는 各各 18,588種[5] 및 729,000種[6](大部分이 西洋書이고 一部 東洋書 包含)이다. 여기에서 東洋書의 경우는 상당량의 學位論文이나 合綴編入된 連續刊行物 및 其他 雜多한 寄贈資料 等 出版年鑑의 統計숫자에 包含되지 않은 資料가 적지 않을 것이며 複本數도 어느 정도 있을 것임을 감안할 때 사실상의 購入種數

4)『國立大學圖書館報』第2輯, 서울, 國立大學圖書館協議會, 1984, p. 99.

5)『韓國出版年鑑』1984, 서울, 大韓出版文化協會, 1984, p. 771.

6) *UNESCO Statistical Yearbook 1983*, UNESCO, 1983, p. IV~11.

는 그 半이나 될까 의심스럽다. 더구나 그 위에 國立大學 相互間에도 複本이 있을 것임을 생각하면 國立大學 전체로 볼 때 많지 않은 國內 出版圖書조차 國立大學 어느 곳에서도 볼 수 없을 境遇가 許多할 것이다. 勿論 그중에는 大學圖書館에서 전혀 所藏할 價値가 없는 것도 많겠고 複本購入을 꼭 避할 것이 아니라 오히려 利用頻度가 많은 것은 多重複本도 購入할 必要가 있다. 大學圖書館이 大學의 學問硏究를 支援하기 위하여는 各 主題別로 最小限의 基本的인 圖書는 꼭 갖추어야 하나 그렇지도 못한 狀態에서 더구나 每年 出版量의 極少數밖에 確保하지 못하는 우리나라의 現實이 그저 안타까울 뿐이다. 따라서 아직은 時機尙早라고 생각되나 不足하고 制限된 豫算에서나마 可及的 긴 眼目으로는 國家의 情報源이 確報된다는 立場에서 우선 國立大學圖書館 相互間만이라도 複本購入을 避할 수 있도록 資料를 選定하여야 할 것이다.

大學圖書館은 大學의 敎育과 硏究機能을 支援하는 곳으로서 硏究圖書館的 機能과 學習圖書館的 機能의 複合的인 特性이 있다. 一般的으로 大學圖書館이 硏究圖書館으로 불리우는 것은 이와 같은 硏究機能과 專門圖書館으로서의 一面을 갖고 있기 때문이다. 따라서 資料選定이나 藏書構成 및 各種 基準 等에도 앞서의 두 가지 機能을 考慮하여야 할 것이다. 岩猿敏生 氏는 最適藏書量에 관한 問題에 대하여 現行 各種 大學圖書館 改善要項 等에 定해져 있는 藏書册數의 基準이라고 하는 것은 學部學生用의 學習圖書館에 관해서만 意味를 갖는다[7]고 말하고 있다. 예를 들어 하버드大學의 學生用 圖書館인 Lamont 圖書館에서는 10萬册의 藏書로 學部學生 要求의 90%를, 프린스턴大學에서는 8~10萬 타이틀로 80%를 만족시켰고 또 美國의 大學圖書館 基準에는 5萬册

7) 芦澤明子, "大學圖書館の相互協力", 前揭書, p. 131 再引用.

以上의 嚴選된 藏書를 갖고 있어야 大學教育을 效果的으로 支援할 수 있다[8]고 規定하고 있다. 위의 例들은 學習圖書館의 最適藏書量에 관한 이야기로서 역시 學生用 圖書는 大學의 規模와 特性에 따라 教科課程과 關聯된 基本書와 最小限의 專門圖書로서 學生要求의 大部分을 充足시킬 수 있다는 것이다.

最近의 學問趨勢는 各 分野마다 研究關心의 幅이 넓어지고 또 細分化, 重疊化로 旣存의 傳統的인 學問領域이 무너지고 再定立되거나 새로운 學問이 생기는 等 急速한 發展을 거듭하기 때문에 이에 따른 情報의 엄청난 生産으로 利用者의 要求도 多面化됨으로써 研究圖書館으로서의 收書原則은 當然히 網羅的이어야 할 것이다. 이런 점에서 하버드大學 圖書館長이었던 브라이 안트 氏는 「現在 하버드大學 圖書館이 700萬冊을 所藏하고 있지만 100萬冊을 所藏했던 60年 前보다도 教授나 學生들의 要求에 充足을 주지 못하고 오히려 恒常 不足을 느낀다」[9]고 말하여, 研究圖書館의 藏書量은 많을수록 좋다는 것을 뒷받침하고 있다. 따라서 資料收集 面에서의 相互協力은 豫算不足이라는 消極的, 近視的 理由에서 協力할 것이 아니라 적어도 어떤 資料는 어디에 가도 있고 어떤 資料는 어디에 가도 하나도 없는 그러한 狀況은 되지 않도록 利用者 全體의 利益과 나아가서는 學問과 研究의 發展을 前提로 한다는 觀點에서 資料를 選定하여야 할 것이다.

大學圖書館에서의 資料選定은 極少數의 參考圖書나 學習用 圖書 以外에는 거의 大部分을 教授들이 選定하고 있는 것이 現實이다. 教授는 各己 該當 專門分野의 主題專門家들이므로 一般的으로 教授들의 圖書選定이야말로 가장 合理的이고 최선인 것으로 認識하고 있다. 그러나 資料選定이 傳來의 慣習과 選定者 個人의 近視的 必要에 依해서 이루어지는 境遇도 없지는 않을 것인즉

---

8) 前揭書, p. 131 再引用.

9) 前揭書, p. 132 再引用.

이러한 點은 圖書館長이 全體的 立場에서 調整하여야 할 것이다. 青野伊豫兒 氏가 「第1回 日米大學圖書館會議」에서 大學圖書館에 成文化된 資料蒐集方針이 明確히 서 있지 않다[10]고 指適한 바도 있으나 비록 方針이 서 있다고 하더라도 大部分이 極히 包括的이고 象徵的이며 全體的으로 上位計劃과 繫性이 缺如된 內部的인 것이라 긴 眼目으로는 實效性이 적다.

이와 같이 選定된 하나하나의 資料가 累積되어 圖書館의 藏書가 되고 그 藏書들의 集合이 곧 그 地域이나 國家의 總體的인 情報源이 되는 것이다. 이와 관련하여 掘內郁子 氏는 大學圖書館 藏書論에서 圖書를 나무와 比較하여 個個의 나무가 숲을 이루고, 숲이 모여 綠地帶가 造成되고, 各 숲은 소나무숲, 대나무숲의 山林地帶나 果樹園, 牧草이 草原地帶 等의 特性이 있듯 藏書構成도 個個의 圖書選擇에 그치지 말고 國家의 綠地帶造成計劃처럼 巨視的 眼目에서 國家的 規模로 組織的이고 體系的인 收集計劃下에서 特性있게 이루어져야 한다[11]고 强調하고 있다.

相互協力에 의한 收集方法으로는 分擔收集, 集中收集, 共同購入, 重複 및 不用資料의 活用 및 其他 方法 等으로 區分할 수 있다. 이제 前述한 바와 같은 背景과 趣旨로 보다 具體的인 協力收集 方案에 대하여 考察해 보고자 한다.

1) 分擔收集

分擔收集을 위하여는 몇 가지 前提되는 條件이나 要素가 있다. 첫째, 分擔

10) 青野伊豫兒, 「大學圖書館 資料の 收集について」, 『第1回 日米大學圖書館會議議事錄』, 東京, 1969, p. 99.

11) 掘內郁子, 「大學圖書館藏書論」, *Library Science*, No. 2, 1964, p. 14.

收集은 當然히 資料의 相互利用을 前提로 한 것이기 때문에 相互利用 體制가 마련되어야 한다. 그렇지 않으면 分擔收集의 實現이 困難하고 그 意義를 喪失하게 되기 때문이다. 둘째는 藏書構成의 特殊性을 尊重하고 强化한다는 側面에서 分擔收集될 資料를 所藏하는 圖書館은 他 圖書館에 비하여 그 藏書構成이 特定主題에 대하여 集中管理되어 있어야 한다.[12] 셋째로 分擔收集對象資料를 選定키 위한 基礎參考資料로서 綜合目錄이나 最小限 個個 圖書館의 所藏目錄이 必要하다. 왜냐하면 可及的 他 圖書館이 所藏하지 않은 資料가 分擔收集의 對象이 되기 때문에 우선 그의 所藏如何를 알아야 되기 때문이다.

分擔收集 方法에는 資料의 主題別, 形態別, 時代別, 國語別, 地域別 區分等의 方法이 있는데 特定의 地域, 時代, 國語에 따른 資料의 分擔收集 區分은 비교적 容易하나 資料의 主題別 區分에 따른 分擔은 主題領域의 決定이 어려워서 實際的으로는 資料의 形態別 區分에서 連續刊行物 中 어느 特定 主題를 選定 分擔하는 것이 가장 初步的이고 쉬운 方法이라 하겠다.

分擔收集對象 圖書의 範圍는, 첫째 高價圖書, 둘째 重要하기는 하지만 모든 圖書館이 다 所藏할 必要는 없는 도서 그리고 셋째로는 利用頻度가 적은 圖書(little used materials: 2次的 使用資料[13])라고 할 수 있다.

利用頻度가 적은 圖書가 對象이 되는 理由로는 大學圖書館은 社會敎育機關을 가진 소위 公共圖書館과는 달리 明確한 敎育과 硏究를 目的으로 하는 機關으로 그 目的을 達成하기 위하여는 他 大學과는 관계없이 어느 程度 質과 量을 갖춘 專門中心的인 資料를 갖고 있을 必要가 있기 때문이다. 또한 前述한 바와 같이 大學圖書館이 硏究 및 學習圖書館의 複合的 機能과 特性이 있는바 大學圖書館 資料는 그 性格上 主로 學生用의 一般敎養圖書, 指定圖書,

---

12) 堀啓次郎, 「大學圖書館の相互協力」, 前揭書, p. 155.
13) 前揭書, p. 155.

아주 基礎的인 專門 및 參考圖書 等 最小限의 基本的, 中心的 資料로 보고 또 그 收入 可能性이나 圖書館으로서의 自給態勢를 갖출 必要가 있기 때문에[14] 分擔收集 對象에서 除外시키는 것이 좋을 것이다.

分擔收集의 代表的인 例로서는 美國의 Farmigton plan이 있다.

2) 共同購入

共同購入은 글자 그대로 共同으로 選定, 購入하여 共同으로 利用하는 方法을 말한다. 共同購入은 單行本보다는 連續刊行物을 對象으로 하는 것이 비교적 簡便하고 效率的이다. 또한 共同購入은 利用方法이나 特히 購入節次上 實務的으로 事前에 協力館 相互間에 問題點에 대한 充分한 意見調整이 必要하며, 特히 國立機關은 物品管理法이나 豫算會計法上의 制約 때문에 어려운 問題가 많다. 共同購入된 資料의 保管은 特定 圖書館에 集中保管하거나 몇 개 圖書館이 나누어 分散保管하는 수도 있다.

連續刊行物의 共同購入에 관한 事例는 筆者가 日本에 가서 얼마 前에 이루어져 當時 日本에서는 司書들 間에 큰 話題가 되었고, 여기에 參與한 當事者로부터 仔細한 얘기를 들었기 때문에 여기에 簡單히 紹介해 보고자 한다.

日本科學情報센터(JICST)에서는 1965年에 MEDLARS라는 데이터 뱅크를 導入키로 하고 아울러 醫學關係雜誌 900種도 新規 購入하려고 日本國內醫學關係雜誌의 所藏事項을 調査키로 하였다. 이 調査를 日本醫學圖書館協會에서 하기로 하고 1969年에 그 加盟館인 慶應大, 大阪大, 東京大의 3個 大 職員으로 作業班을 構成하여 MEDLARS에 收錄되어 있으면서 日本 國內에 所藏되

14) 大學圖書館 改善協議會, 「昭和 48年度 大學圖書館 改善協議會報告」, 『大學圖書館研究』, No. 6, 1975, p. 69.

지 않은 雜誌를 調査한 것이다. 調査結果 總未所藏雜誌 1,541種 中에서 特殊外國語로 된 것, JICST에 所藏된 것, 調査結果 間에 重複된 것, 休·廢刊된 것, 購入處 不明인 것, 受贈이나 交換으로도 入手하기 困難한 것 等等의 雜誌 502種을 除外하고 1,039種을 JICST의 經費負擔으로 新規 購入하게 되었다. 또한 新規 購入된 雜誌는 地域別로 3個 大學이 分散所藏하여 共同 利用키로 決定하고 東京大는 共産圈, 北歐, 亞細亞, 아프리카 各國 關係, 大阪大는 西歐 各國 關係, 慶應大는 北美(캐나다 包含), 南美 各國 스페인, 포르투갈 關係 資料를 各各 分置하였다.

한편 純粹한 意味의 共同購入과는 약간 그 性格이 다르나 國立大學圖書館協議會에서 外國 學術雜誌의 共同購入問題가 提起되어 數次 討議한 일이 있었다. 그것은 新規雜誌의 分擔이나 會員校 相互間의 重複購入 等은 전혀 考慮치 않고 다만 輸入代行業者의 덤핑이나 缺號, 未着, 價格問題 等 現行業務의 改善을 目的으로 어느 한 곳에서 全 會員校의 外國 學術雜誌 購入業務를 一括代行하여 配布하는 問題를 檢討하자는 內容으로 國立大學圖書館協議會에서 關聯되는 몇 가지 基礎資料를 調査하였으나 여러 가지 事情으로 現在로서는 不可能한 것으로 結論지은 事例가 있었다.

3) 集中收集

分擔收集에 對하는 말로서 國家나 어느 特定 機關이 全 主題 또는 特定主題에 관해 網羅 收集하는 것으로 그 自身이 利用시킬 것을 主目的으로 하기 때문에 利用者로서는 다른 圖書館보다 容易하게 網羅的으로, 迅速하고 低廉하게 利用할 수 있다. 또 이 方法은 國家 全體的으로 볼 때에 經費節減과 奉仕의 極大化를 期할 수 있는 利點이 있다. 우리나라도 國立中央圖書館에서

國內 出版物에 대한 納本을 받음으로 해서 國內 出版物에 관한 限 集中收集하고 있다고 할 수 있다. 外國의 代表的인 例로는 英國의 National Lending Library와 美國의 Center for research libraries가 있다.

4) 重複 및 不用資料 活用

各 大學圖書館은 國內外의 圖書館 및 學術圖書 等과의 交換業務가 活發히 進行되고, 이는 圖書館의 藏書收入에도 큰 比重을 차지하고 있다. 어느 大學에는 複本이 必要 以上으로 많이 있고 어느 大學에는 1冊도 所藏하지 않고 또 어느 大學으로서는 不用資料이지만 그것이 다른 大學에서는 有用한 資料일 수도 있다. 이러한 資料들의 相互交換이나 管理轉換은 各 大學의 藏書確保 및 構成에 많은 도움을 주게 된다. 交換業務는 오래전부터 實施되어 왔으나 交換資料의 確保가 제대로 되지 않아 보다 組織的이고 計劃的인 確保努力이 要望된다. 지금까지의 交換資料는 거의가 다 未登錄된 資料들이기 때문에 消極的이라 할 수 있다. 보다 積極的으로는 各 大學圖書館이 既登錄된 所藏資料 中 不用資料나 重複事項을 調査하여 이를 必要로 하는 圖書館에 管理轉換하거나 交換 또는 寄贈하는 일일 것이다. 이때에 國立大學의 境遇는 物品管理法 等 關係法規上의 問題가 없도록 適切한 方法을 講究할 必要가 있다.

其他 相互協力에 依한 收書 方法으로는 마이크로資料나 複寫에 의한 方法이 있다. 卽, 自館에 없는 必要한 資料를 他 圖書館에서 마이크로화하거나 복제하여 自館에 있는 資料와 같은 方法으로 複製 相互交換하는 方法이다. 複製交換方法은 唯一本이나 稀貴資料의 收書方法으로 活用한다면 效果的일 것이다.

3. 整理

1) 集中目錄

集中目錄은 目錄作業을 어느 한 圖書館에서 集中하여 整理하고 다른 모든 圖書館은 그 圖書館으로부터 必要한 目錄카드를 購入하여 使用하는 것이다. 例를 들어 綜合大學의 境遇는 그 大學校에서 收入한 모든 圖書館 資料를 本館에서 一括的으로 整理하여 各 分館이나 圖書室 等에 必要한 目錄카드를 分配備置하는 方式을 말한다.

集中目錄의 目的은, 첫째 目錄作成의 重複을 避하고, 둘째 그에 따라 整理業務에 所要되는 人力과 時間 및 經費를 節減할 수 있으며, 셋째로는 業務의 標準化를 期한다는 것이다.

서울大學校 圖書館의 事例를 紹介하면 서울大는 그 綜合化 計劃에 따라 1975年度에 農學系 및 醫學系 分館을 除外하고는 10餘 個 以上의 모든 分館을 廢止하고 本館에 흡수 綜合化되었다. 綜合化 以前의 各 分館은 形式的으로는 分館이면서도 收書, 整理, 保存 및 利用 等의 모든 圖書館 機能이 獨立的으로 運營되어 事實上 本館과는 業務的으로 별다른 유대가 없었다. 綜合化 以後 本館에서는 우선 冠岳캠퍼스 內에 있는 硏究所 및 各 大學에 自生된 資料室들의 所藏資料에 대한 綜合整理를 始作하여 現在도 進行 中에 있다. 卽, 各 資料室의 圖書를 本館에서 整理하여 必要한 카드를 備置해 주는 것이다. 이와 같은 集中目錄의 副産物로 本館에는 캠퍼스 內의 資料에 대한 카드型 綜合目錄이 만들어져 있다. 또한 1984年 3月에는 綜合化 以前의 分館과는 그 性格이나 運營方式이 다른 純粹한 主題分館으로 法學分館이 新設開館된

바 이곳에 備置하는 資料 亦是 모두 本館에서 目錄, 備置함으로써 斷片的이기는 하나 一種의 集中目錄이라 할 수 있다. 그러나 集中目錄은 小規模로 작은 集團들이 個別的으로 하는 것보다는 全國的인 體制와 規模로 施行되어야 本來의 目的에 附合되며 그 效果도 極大化 할 수 있는 것이다.

따라서 集中目錄은 대개 그 나라의 法定 納本機關으로 되어 있는 國家代表圖書館이 主管하여 實施하는 것이 合理的이고 能率的일 것이다.

우리나라의 代表的인 集中目錄 事例는 역시 國立中央圖書館의 印刷카드 配布이다. 물론 아주 오래전에 國會圖書館에서 試圖한 일이 있었으나 곧 中斷되었고 本格的으로는 國立中央圖書館이 韓國文獻自動化目錄法(KOR-MARC)에 의거 全體 圖書館과 共同으로 使用키 위한 컴퓨터로 出力되는 印刷카드를 1983年 8月부터 本格的으로 生産, 配布하기 始作하여 1984年 初에는 34個 圖書館이 이에 參加하고 있다.[15)]

그러나 이와 같은 印刷카드는 그것을 使用하는 圖書館이 必要로 하는 適時에 配達되지 않고 相當期間 待機해야 되는 境遇가 많아 問題點으로 提起되어 있는 것이다.

한편 近來에는 이들 目錄이 MARC에 의해서 컴퓨터로 出力되는데 MARC를 導入하여 使用할 境遇는 費用에 比하여 敵中率이 낮아서 問題가 되기도 한다.

外國의 主要 集中目錄 事例는 美國의 議會圖書館 및 日本의 國立國會圖書館 等의 印刷카드가 있다.

15) 玄圭燮, 「圖書館業務自動化에 따른 諸 問題點과 그 解決方向의 摸索」, 『國立大學圖書館報』 第2輯, 1984, p. 33.

2) 共同目錄(協同目錄: Co-operative Cataloging)

共同目錄이란 複數의 圖書館이 서로 協約을 맺고 圖書가 新規로 收入되면 個個 圖書館이 各各 먼저 目錄을 한 다음에 그것을 參加圖書館 相互間에 交換하여 活用하거나 個個 圖書館이 目錄 後 그 內容을 中心圖書館(據點圖書館)에 보내면 中心圖書館에서 必要한 만큼 複製하여 各 參加圖書館에 配布하는 方式이다. 좀더 具體的으로 說明하자면 A라는 冊이 甲圖書館에 먼저 收入되면 우선 甲圖書館이 目錄을 하여 乙이나 丙圖書館에 目錄카드를 보냄으로써 乙이나 丙圖書館은 나중에 A라는 冊이 들어왔을 때 다시 目錄을 하지 않고, 그 目錄을 複製하여 使用하고 A라는 冊이 乙圖書館에 먼저 들어 왔으면 乙圖書館이 먼저 目錄하여 甲이나 丙圖書館에 그 目錄카드를 보냄으로써 나중에 甲이나 丙圖書館에 A라는 冊이 들어오면 다시 目錄을 하지 않고 乙圖書館에서 보내온 目錄을 複製하여 使用하는 方式이다. 또한 協同目錄參加館끼리 特定 圖書館을 中心(據點)圖書館으로 指定하여 各 參加館에 어떤 冊이 新規로 收入되면 그 冊의 目錄에 必要한 諸般 書誌事項 等을 우선 中心圖書館에 보내면 中心圖書館에서는 目錄카드를 作成하여 各 參加館에 必要한 枚數만큼 複製하여 보내주는 方式으로 複數의 圖書館이 共同으로 目錄을 作成하거나 複製配布하여 주는 協同目錄 方式을 말한다.

協同目錄을 手作業으로 한다면 時間上으로 不便이 적지 않겠지만 美國의 OCLC처럼 電算化가 되면 各 參加 圖書館은 自己 圖書館에 新規收入圖書가 들어오면 目錄者 앞의 터미널에서 他 圖書館의 收入 如否가 卽時 確認될 것인즉, 收入이 되었으면 自己 圖書館도 所藏한다는 事項만 入力시키고, 만일 아직 收入이 안 되었다면 目錄하여 入力만 시키면 各 參加館에 카드를 보낼 必要도 없이 온라인으로 卽時 處理될 것이다.

이와 같은 共同目錄作業은 처음에는 學內的으로, 다음에는 地域的으로, 全國的으로 確大 實施하게 되는데 全國的으로 協同目錄을 하게 되면 곧 前述한 集中目錄(Centralized Cataloging)과 그 效果가 같게 된다.

이러한 協同目錄은 各 圖書館이 整理業務의 重複을 避할 수 있고 다른 圖書館이 所藏하고 있는 資料의 目錄을 폭넓게 入手할 수 있으며 綜合目錄을 容易하게 만들 수 있어서 相互利用을 促進할 수 있는 利點이 있다. 다만 協同目錄作業을 하기 위하여는 分類의 統一性 및 目錄의 標準性 等이 前提가 되는 問題가 있다.

또한 電算化가 되면 美國議會圖書館의 NUC(National Union Catalog)처럼 巨大한 綜合目錄 生産도 容易하게 된다.

共同目錄의 例로서는 美國의 OCLC(Ohio College Library Center), NPAC (National Program for Acquisition and Cataloging) 等이 있다.

3) 綜合目錄

圖書館 相互間에 그 利用體制가 아무리 잘 되어 있다 하더라도 綜合目錄이 없다면 效果的인 相互利用은 不可能하다. 왜냐하면 우선 어디에 무엇이 있는가를 쉽게 알 수 없기 때문이다. 따라서 綜合目錄은 相互利用이 무엇보다 重要한 必須的인 道具이다.

綜合目錄이란 圖書館 資料를 相互利用할 目的으로 圖書館 資料의 所藏處를 確認하고 또 그 分擔收集을 하기 위한 道具로써 編成된 2個 館 以上의 藏書에 대한 合同目錄을 말한다.[16)]

16) 田邊 廣, 「大學圖書館の相互協力」, 前揭書, p. 112.

綜合目錄의 形式으로는 카드型과 冊子型이 있으나 카드型은 最新性을 維持할 수 있다는 長點은 있으나 空間的인 制約이 있어 共用性이 不足하기 때문에 一般的으로 綜合目錄은 冊子型 目錄을 指稱한다. 그러나 冊子型 目錄은 最新性을 維持할 수 없는 것이 큰 短點이다. 收錄內容別로는 單行本과 連續刊行物이 있으나 單行本의 綜合目錄은 電算機에 의한 編輯이 아닌 手作業으로는 그 編輯에 所要되는 人力이나 時間, 經費 및 努力이 엄청나게 많이 들어 連續刊行物에 比해 發刊된 것이 그리 많지 않다. 特히 單行本의 境遇는 參加 圖書館 間의 整理方式의 差異로 이를 調整, 編輯하기란 상당히 어렵다. 收錄對象別로 보면 地域別, 主題別, 機關別 等으로 區分할 수 있는데 地域別 綜合目錄은 科學團地 綜合目錄처럼 公共圖書館을 包含하여 國·公·私立大學圖書館 等 設立者나 設立目的과는 拘礙됨이 없이 特定 地域의 隣接 圖書館들에 대한 所藏目錄이고 主題別 綜合目錄은 醫學, 敎育學 等 特定 主題에 관하여 全 地域을 網羅 收錄한 目錄이고 機關別 綜合目錄은 國立大學이나 私立大學 間처럼 相互 等質性이 있는 機關끼리의 綜合目錄을 말한다.

綜合目錄의 編輯에는 緖論에서 言及한 바와 같이 參加館의 編輯 圖書館에의 原稿送付 義務의 誠實한 移行이 特히 切實히 要望된다. 우리나라의 綜合目錄은 單行本으로는 國立中央圖書館의 外國圖書綜合目錄 等이 있고 連續刊行物로는 學術振興財團의 外國學術雜誌綜合目錄을 위시하여 國立大學 圖書館間, 私立大學 圖書館 間, 科學團地나 延大, 西江大, 梨大 間 等 多數가 있고 外國의 例로는 美國 議會圖書館이 만든 9,600餘 圖書館이 參加한 600餘 冊의 The National Union Catalog: A Cumulative author list가 代表的이다.

4. 保存

蒐集된 資料의 保存은 圖書館의 重要한 機能 中 하나이다. 學術情報의 爆發的인 增加에 따라 出版量도 急激히 많아져 圖書館에서는 그의 蒐集에 많은 努力을 하고 있다. 어쨌든 圖書購入費의 多少에 상관없이 많으면 많은 대로, 적으면 적은 대로 圖書館에는 恒常 資料가 늘어나기 마련이고 年間 增加冊數도 相對的으로 늘어나고 있다. 一般的으로 圖書館藏書는 10年~20年에 두 배로 增加한다고 한다.

日本의 大學圖書館改善協議會에서 實施한 大學圖書館實態調査結果報告에 의하면 日本의 大學圖書館의 藏書數는 1957년을 100으로 基準한다면 增加指數가 1967年에는 170, 1971年에는 216으로 나타나 있다.[17)]

그러나 藏書量이 늘어난다고 해서 그만큼 그때그때 書庫가 收藏面積이 늘어나는 것은 아니기 때문에 收藏能力의 限界에 따른 對策을 마련해야 되는 것은 必然的인 歸結이다. 이러한 場所問題의 解決方案으로는 廢棄, 資料의 마이크로化, 密集書架의 活用, 不用 및 重複資料의 他 圖書館으로의 管理轉換等이 있을 수 있다. 그러나 資料의 保存問題는 單純히 所藏面積만이 問題가 되는 것은 아니다. 卽, 藏書 中에는 전혀 利用되지 않거나 몇 년 만에 한 번이나 利用될까 하는 資料도 많다.

圖書館 藏書의 利用率에 관하여 Northwestern 大學 Tuneswell 氏의 硏究에 의하면 大規模 硏究圖書館에 있어서 藏書의 利用率은 極히 낮아서 理工系 圖書는 25%, 人文社會系 圖書는 40%의 藏書로서 利用者 要求의

---

17) 大韓圖書館改善協議會, 「昭化 48年度 大學圖書館改善協議會報告」, 『大學圖書館硏究』, No. 6, 1975, p. 75.

99%를 滿足시킬 수 있다[18]고 한다. 이것은 달리 表現하면 全 理工系 圖書의 75%$\left(\frac{3}{4}\right)$와 全 人文社會系 圖書의 60%$\left(\frac{2}{3}\right)$는 1% 未滿의 要求를 위해서 있는 셈이 된다.

勿論 利用이 잘 되지 않는다고 해서 所藏價値가 없다는 것은 결코 아니다. 다만 利用頻度가 많은 것과 아주 적은 것이 混在되어 있으면 出納手의 動線距離, 索出이나 配列問題 等 管理面에서 非效率的인 面이 많다는 것이다.

이와 같은 利用이 잘 안 되는 資料의 效率的인 管理 및 活用方法으로 保存書庫나 保存圖書館의 設置運營問題가 提起되는 것이다.

利用頻度가 적은 資料에 대한 處理方案으로 다음과 같은 것을 들 수 있다. 첫째, 廢棄한다. 둘째, 可能한 限 現 圖書館의 書庫 內에 別途의 保存書架를 마련 活用하거나 가까운 곳에 保存書庫를 設置運營한다. 셋째, 비록 自館에 所藏하지 않더라도 適切한 方法으로 別途 保管하여 必要할 때 利用할 수 있도록 한다.[19] 첫째, 둘째 방법은 個個 圖書館 自體에서 相互協力 없이도 解決할 수 있는데 셋째의 保管方法에서 分擔 및 共同保存問題가 생기게 되는 것이다. 卽, 保存書架, 保存書庫는 自體 內의 問題이고 相互協力에 의한 保存方法으로는 共同保存(保存圖書館)과 分擔保存이 있다.

1) 共同保存

保存書庫, 保存圖書館은 利用頻度의 높고 낮음에 따라 資料를 區分하여 集約的이고 經濟的인 管理를 함으로써 利用效率을 높이기 위한 施設이라고 할 수 있다. 保存書庫에는 單獨으로 使用하는 保存書庫와 共同으로 使用하는 共

---

18) 田邊 廣,「大學圖書館の相互協力」, 前揭書, p. 112 再引用.

19) 前揭書, p. 111.

同保存書庫가 있다.

共同保存書庫는 複數의 圖書館이 各各 自己 圖書館의 書架의 延長으로써 保存할 수 있는 場所만을 빌려서 共同으로 保存하는 形式을 취하기 때문에 原則的으로 所有權은 各 圖書館에 있는 것이 一般的이다. 그러나 保存圖書館은 複數의 圖書館으로부터 保存對象 資料들을 移管 받아 그들 資料의 再編成을 包含한 獨自的인 體制나 利用規程 等에 따라 獨立的으로 圖書館 機能을 遂行하는 것을 말한다. 이때의 保存圖書館 機能은 保存 그 自體만이 아니고 保存資料 中 重複資料는 交換하고 缺號는 收入補充하여 利用시키는 等 圖書館의 모든 機能을 다하는 것이다.

保存圖書館으로 資料를 管理轉換 또는 保管轉換함에는 圖書館에 따라서는 뿌리 깊은 所藏意識에 의한 抵抗과 關係法規 等의 問題는 歷史가 길거나 國立의 圖書館 等은 內部的으로 多少 問題가 있을 것이다.

保存圖書館에 收藏되는 資料의 大部分은 勿論 利用頻度가 낮은 것들이지만 여기에는 主題別로 간약 見解가 다르다. 卽, 圖書를 硏究의 手段으로 생각하는 自然科學系의 資料는 別問題이지만 圖書 그 自體가 硏究의 對象이라고 생각하는 人文社會學系에 있어서는 오래되었다는 것만으로 保存圖書館에 收藏한다는 것은 困難하는[20]는 理論도 있다.

2) 分擔保存

지금까지는 複數의 圖書館이 特定 資料를 한곳에 모아놓고 共同으로 管理하는 共同保存에 관하여 說明하였다. 이에 對하는 말로서 分擔保存이 있다.

---

20) 前揭書, p. 111.

分擔保存은 複數의 圖書館이 協定하여 特定 資料 A는 甲圖書館이, 特定 資料 B는 乙圖書館이 各各 保存責任을 지고 分擔하여 保存하는 方式을 말한다. 卽, 乙・丙圖書館이 所藏한 特定 資料 A는 甲圖書館에, 甲・丙圖書館이 所藏한 特定 資料 B는 乙圖書館으로 각각 移管하여 分擔管理하는 것이다. 이 때 各 特定 資料는 그것을 保存하는 該當 圖書館이 所有管理하고 該當 圖書館이 利用規程 遵守와 分擔의 一元的인 廢棄 等이 없도록 協定館 相互間의 각별한 協助精神이 要望된다. 代表的인 保存圖書館은 美國 Midwest Inter-Library Center가 있고 日本 東京大學에는 保存書庫가 設立되어 있다.

5. 利用

圖書館 業務의 最終的인 效果는 利用業務에서 나타난다. 그렇기 때문에 이를 直接奉仕 또는 一線奉仕라 하고 收書, 整理 및 保存業務는 利用業務를 위한 準備作業으로 間接奉仕 또는 二線奉仕라고 한다. 이 말은 司書에게는 極히 初步的이고 常識的인 것이다.

마찬가지로 相互協力에 依한 收書, 整理 및 保存業務는 利用面에서의 協力을 前提로 하는 相互協力이 指向하는 最終的인 手段이자 最高의 目標이다.

大學圖書館 相互間에는 大學이라는 同質性이 있으면서도 제各己의 特性이나 制度, 歷史 規模, 藏書, 職員 및 利用者 等 여러 가지 要素에서 그 質과 量的인 不均 等이 있기 때문에 緖論에서도 强調한 바와 같이 相互協力에는 무엇보다도 協力하려는 意志가 重要하고 前提되는 基本的인 要件인 것이다.

利用面에서의 相互協力에는 相互貸借, 相互利用 및 文獻複寫 等을 들 수 있다.

1) 相互貸借

美國圖書館協會에서는 相互貸借를 "研究者가 必要로 하는 專門資料를 他圖書館에서 획득하는 일에 援助하는 것이며 一般利用者가 圖書館의 施設未備로 달리는 利用할 수 없는 資料를 빌릴 수 있도록 協助하는 것이다"[21]라고 규정하고 있는바, 이는 傳統的인 資料提供 서비스의 한 積極的인 手段이라고 할 수 있다.

相互貸借의 對象은 주로 單行本이다. 왜냐하면 連續刊行物은 學內에서도 大部分 貸出을 안하고 있는 것이 一般的이기도 하지만 連續刊行物은 그 性質上 必要한 곳만 複寫하기에는 너무 많고 또 大部分을 通讀해야 할 必要가 있는 境遇가 있기 때문이다.

最近에는 어느 圖書館이고 여러 가지 性能이 좋은 複寫施設이 갖추어져 있어 必要한 곳만 複寫해 가는 方法으로 바뀌어 가기 때문에 그 活動이 別로 活發하지 못하다.

相互貸借는 利用者에게 直接 貸出하는 方法과 圖書館이 代行하여 주는 方法이 있는데, 個人에게보다는 機關 間에 貸借하는 것이 一般的이고 가까운 거리면 直接 貸出하지만 먼 곳에는 郵送한다. 郵送方法은 紛失이나 破損 等의 事故에 의한 憂慮와 번거로움으로 忌避하는 現象도 없지는 않다.

相互貸借를 하는 데에는 반드시 貸借에 必要한 規約과 共通된 書式이 必要하며 貸出資料의 範圍, 貸出期間이나 册數 및 借用圖書의 管理責任 等 協力館 相互間에 相對 圖書館의 關係規定을 尊重하여야 한다.

相互貸借制度의 確立을 위하여서는 大學 當局의 적극적인 支援과 大學 相

---

21) 裵楊奎, 「우리나라 도서관 협력문제」, 『國會圖書館報』, Vol. 18, 1981, p. 96 再引用.

互間에 긴밀히 協力하여 圖書館 資源의 廣域開發, 廣域 서비스라는 새로운 認識 아래 相互貸借制度의 組織體 確立이 要望된다.[22]

우리나라는 1968년 11월 20일에 國立中央圖書館이 中心이 되어 公共圖書館 3, 特殊圖書館 3, 大學圖書館 6의 12個 圖書館이 始作하였으나 그 實積이 不振하여 1969年 末까지 88件에 238册만이 利用되었다.[23] 外國은 英國의 National Lending Library, 美國의 New York State Library 等 수없이 많다.

2) 相互利用

相互利用은 圖書館 相互間에 學內의 敎授 및 學生이 他 圖書館으로 直接 가서 分擔收集 및 保管된 資料를 包含한 相對 圖書館의 所藏資料나 視聽覺器機를 위시란 各種 圖書館 設備 및 閱覽室 等의 施設을 利用하는 것을 말한다.

相互利用을 위하여는 協力館 相互間에 利用節次에 관한 實務的이고 細部的인 協力規約이 있어야 한다.

이러한 相互利用 規約에는 利用範圍에서 資料의 貸出, 閱覽 또는 複寫나 마이크로 촬영 등을 할 수 있도록 包括的으로 規定하고 있으면서도 대개의 境遇 原則的으로 또는 될 수 있는 限이라는 等等의 단서를 붙여서 實物貸出보다는 可及的 複寫에 의한 相互利用을 勸奬하고 誘導하고 있다.[24]

또 利用手續을 하는 데에는 우리나라는 所屬 圖書館長 또는 機關長이 發行하는 利用協力을 依賴하는 公文과 身分證을 持參하거나 學內 敎授들의 紹介

---

22) 金鏞龍, 「大學圖書館 奉仕를 위한 相互貸借에 관한 硏究」, 『도협월보』, Vol. 14, No. 4, 1973, p. 22.

23) 權紀遠, 「圖書館 相互協力에 관한 小考」, 『國會圖書館報』, Vol. 17(3), 1980. 6, p. 76.

24) 高宮秀夫, 「日本の大學圖書館における相互協力」, 前揭書, p. 145.

狀이나 保證으로 利用하는 것이 一般的이며, 圖書館에 따라서는 身分證이나 學生證만으로 代用하는 곳도 있는데, 日本은 그 외에 協力館 相互間에 共用할 수 있는 共通閱覽證을 發行하여 使用하기도 한다.[25] 앞서 말한 利用範圍는 서울大學校 圖書館의 境遇 亦是 館內 閱覽, 卽 複寫에 局限하고 利用期間은 各 利用依賴書에 적혀 있기도 하지만 이것을 認定하지 않고 대개 當日限 또는 數日間에 限해 許容하고 있다. 日本 역시 一定하게 定해져 있지는 않지만 共通閱覽證을 發行할 境遇는 數個月 또는 學期單位로 定해 주는 것도 있다.[26]

서울大學校 圖書館의 境遇 自體 相互利用業務 統計에 依하면 1983年度에 本校生의 他 機關 利用依賴한 것은 54個 機關에 811件이고 他 機關으로부터 利用依賴 받은 것은 105個 機關으로부터 2,744件이다. 또한 1984年度는 11月 末까지 11個月 동안에 依賴한 것은 1,072件이고 依賴 받은 것은 3,152件이다.

이 統計숫자에 依하면 서울大學의 利用集中率은 3倍가 넘으며 年間 增加率로는 依賴한 것은 32%, 依賴 받은 것은 約 15%의 增加를 보이고 있다.

또한 1983年度의 統計에서 서울大에서 依賴한 54個 機關 811件 中 年間 50件 以上 依賴 받은 機關은 4個 機關 549件으로 1% 未滿의 機關이 全體의 68%를 차지하는 奇現象이 나타나고 있다. 그 理由를 나름대로 分析해 보면 이들 4個 機關은 모두 所藏目錄이 있거나 큰 綜合目錄 몇 군데에 參與 圖書館인 것을 보면 어쩌면 當然한 일일런지도 모른다. 卽, 綜合目錄이 相互利用의 前提가 된다는 것을 實證해 주는 資料가 아닌가 싶다.

---

25) 昭和 54年度 圖書館相互協力調査硏究班報告, 「國立大學における圖書館相互利用制度の整備について」, 『大學圖書館硏究』, No. 17, 1980. 10, p. 106.

26) 前揭書, p. 101.

한편 서울大에서 接受 받은 105個 機關 2,744件 中 年間 50件 以上 서울大에 依賴한 機關은 16個 機關 1,945件으로 15%의 機關이 全體의 71%를 차지하는 것으로 나타났다. 이와 같은 極甚한 偏重現狀은 아직 一般的으로 相互利用이 定着되지 못한 것으로 分析된다.

日本의 圖書館 相互協力 調査硏究班이 1979年度에 調査한 相互利用 統計 中 學外者의 利用者數가 年間 2,000名 以上 되는 圖書館이 33個 館[27)]인 것과 아직도 相互利用이 本格的으로 定着되지 않고 더구나 相互利用 期間을 當日로 局限시키고 있으면서도 11個月에 3,150名을 上廻하는 서울大와 比較한다면 現 서울大의 利用集中率은 대단한 것으로 分析된다.

따라서 學外者가 가져오는 利用依賴書에 적혀 있는 利用期間을 認定하지 않는 것도 큰 無理는 아닌 것 같다.

相互利用의 問題로는 利用依賴書를 갖고 오지 않거나, 代理人을 보내거나, 必要한 文獻의 書誌事項을 잘못 알고 오거나, 전혀 모르고 오거나, 資料는 利用치 않고 閱覽席만 利用하려 한다거나, 自己 圖書館에 있으면서도 所藏 如否를 確認 않고 無條件 큰 圖書館으로만 간다거나, 利用者의 集中에 따른 人力問題 等等이 있다.

施設의 相互利用, 卽 主로 閱覽席 利用 問題는 現在 各 大學 共히 閱覽席의 심한 不足으로 他校生에 對하여는 거의 許容하지 않는 것이 現實이다.

3) 文獻複寫

相互協力에 의한 利用業務 中 相互貸借나 相互利用은 共히 結果的으로는

---

27) 前揭書, p. 101.

複寫業務로 處理되는 것이 큰 흐름이다. 따라서 文獻複寫는 利用面에서 相互協力의 主宗을 이룬다고 해도 過言이 아니다.

따라서 各 協力館 相互間은 文獻複寫 業務의 效率的인 處理를 위하여 共用할 수 있는 複寫申請書式의 制定은 勿論이고 豫想되는 問題點에 대한 充分한 檢討와 協議를 거쳐 成文化된 具體的인 協約이 마련되어야 할 것이다.

前述한 바와 같이 利用面에서의 相互協力 方案에는 相互貸借, 相互利用 및 文獻複寫가 있다. 相互貸借는 主로 連續刊行物의 複寫이고 나머지 極少數 單行本은 實物貸出로써 終了되며, 相互利用 亦是 本人이 直接 圖書館에 오거나 가기 때문에 單行本이건 連續刊行物이건 간 當日에 館內 閱覽하고 反納하거나(勿論 貸出할 境遇는 反納問題가 따르지만), 複寫의 境遇도 本人이 直接 申請하고 複寫料도 直接 支佛하고 複寫物도 直接 찾아가면 그뿐이다.

그러나 文獻複寫 業務는 그렇지가 않다. 文獻複寫는 언뜻 생각하면 가장 單純하고 쉽게 끝나는 일로 생각되지만 事實은 가장 複雜하고 現實的으로 금방 完決하기가 어려운 問題이다.

왜냐하면 여기에서 말하는 文獻複寫는 相互協力에 따른 複寫業務이기 때문에 學內 利用者에 대한 自館의 複寫가 아니고 學內 利用者의 他館 複寫나 學外 利用者의 自館複寫를 뜻하는 것으로 圖書館에서 이에 關聯한 一連의 過程을 代行하여 주기 때문이다.

複寫를 申請하는 방법으로는 本人이 直接 가서 申請하거나 本人이 直接 가지 않고 申請하는 두 가지 方法이 있겠다. 本人이 直接 가서 申請한다면 이것은 相互利用 業務이지 여기서 말하는 文獻複寫 業務는 아니다. 따라서 여기서 말하는 文獻複寫 申請方法은 學內 利用者가 自己가 必要로 하는 文獻을 所藏한 學外의 圖書館에 直接 가지 않고 申請하는 方法을 말한다.

相互協力에 依한 文獻複寫 過程圖

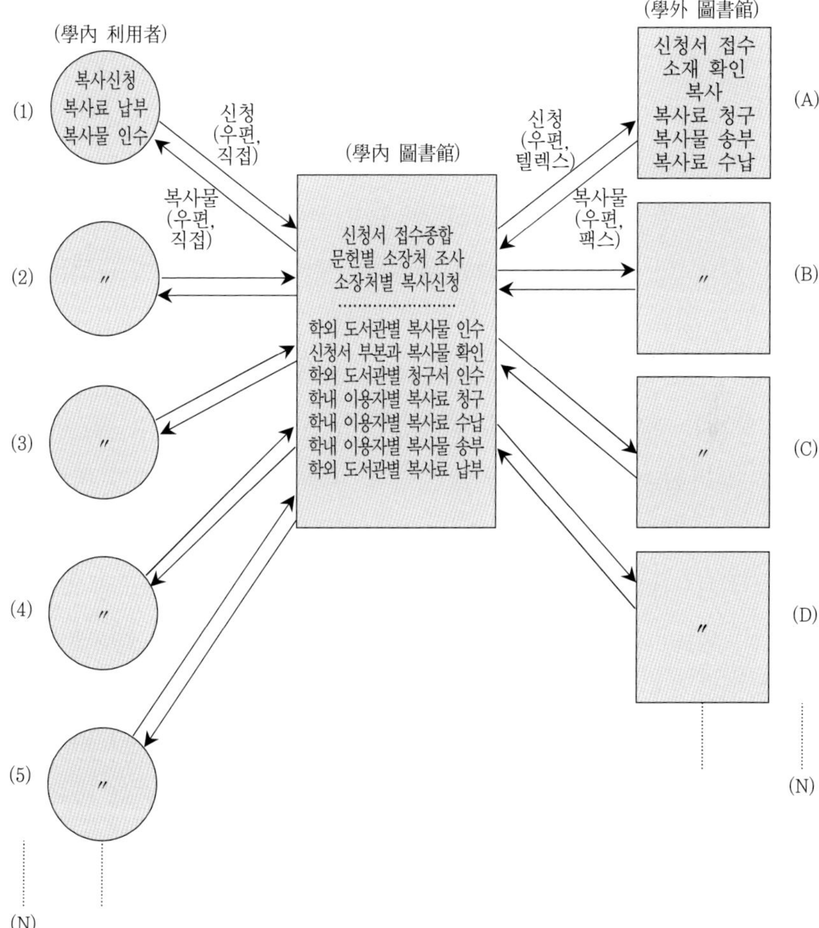

大學圖書館이 大學의 敎授 및 研究活動에 보다 效率的으로 支援하기 위하여는 위와 같이 비록 利用者 個個人이 必要한 文獻을 찾아서 直接 여기저기

該當 圖書館에 일일이 가지 않더라도 必要한 文獻을 迅速하게 入手할 수 있도록 圖書館이 보다 積極的인 奉仕를 하여야 한다.

相互協力에 依한 文獻複寫 業務는 그 過程圖만 보아도 상당히 複雜함을 알 수 있을 것이다.

實務的인 몇 가지 問題點으로는 各 過程別 所要時間의 差異로 어느 사람의 어느 論文은 빨리 오고, 늦게 오고, 안 오고, 어느 것은 書誌事項이 잘못되어 있고, 目錄에만 있고 實物이 없고 落帳이라 反送되고, 複寫物이 申請者 間에 바뀌거나, 엷은 文獻은 섞여서 못 찾거나, 複寫物을 안 찾아가거나, 申請者가 長期間 不在中이거나 우편요금이나 텔렉스 使用料, 著者權 問題, 申請의 集中化로 業務量 急增, 人員問題 等等이 있다. 그러나 이들 問題들은 細心한 注意와 多少의 支援으로 別問題이지만 가장 큰 問題는 亦是 複寫料의 相互 納付 問題이다. 圖書館 相互間에 서로 줄 것이 있고 받을 것이 있고, 少額을 서로가 每日每日 送金할 수도 없고, 圖書館에 따라 複寫機種도 다르고 複寫料도 다르고, 國立도 있고 私立도 있고 等等의 問題가 있다. 따라서 日本에서는 月別, 分期別 또는 年末精算으로 하거나, 미리 各 機關에 複寫費를 豫置하거나, 쿠폰과 비슷한 어떤 證紙를 活用하거나, 後拂制로 하거나, 國立大學만이라도 文部省이 精算해 주거나 全額 國庫에서 負擔하거나, 全額 無料로 하거나 또는 關係法規 問題 等으로 많은 協議와 建議를 해도 아직까지 이렇다 할 좋은 方法이 없는 듯하다.

文獻複寫에 관하여는 우선 實務的인 몇 가지 問題點만을 列擧해 보고 綜合的이고 具體的인 것은 다음 機會에 다루고자 한다. 우리나라도 머지않아 이와 같은 問題에 當面하리라고 豫想된다.

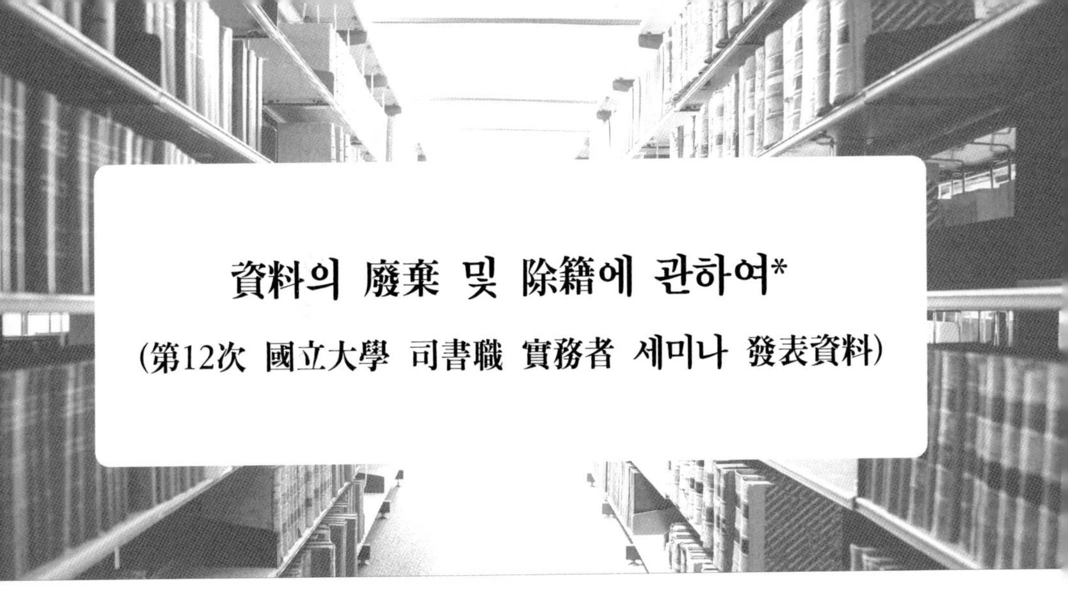

資料의 廢棄 및 除籍에 관하여*
(第12次 國立大學 司書職 實務者 세미나 發表資料)

1. 序論

圖書館法 第8條 및 同施行令 第6條에 나와 있는 資料의 交換, 移管, 廢棄 및 除籍에 관한 事項 中 대체로 資料의 交換이나 移管에 관하여는 쉽게 이해하면서도 廢棄와 除籍은 平素에 별로 이루어지지 않았던 일이기 때문에 多少 生素한 감도 없지 않다. 1986年에 圖協에서 發行한 『도서관학 · 정보학 용어사전』에 의하면 "廢棄(discard)는 所藏資料 中 汚損 및 破損된 圖書, 不適當한 圖書 또는 利用되지 않는 圖書를 圖書館 藏書에서 公式的으로 除去하는 일"이라 하였고, "除籍(weeding)은 더 이상 利用價値가 없다고 判斷되는 圖書를 登錄臺帳에서 除去하는 것"이라고 되어 있다. 따라서 어느 한 책이 廢棄될 때 그 책은 除籍되지만 除籍될 때는 반드시 廢棄될 필요는 없는 것이다.

---

* 본고는 『國立大學圖書館報』, 제7집, 1989, pp. 45~55에 수록되었다.

圖書館法이 지난 1987年 11月에 만 24年 만에 改定되고 그 이듬해인 1988年에 同施行令도 改定되었는바 이번에 改定된 圖書館法 中 가장 重要하다고 생각되는 것은 무엇보다도 實質的으로 우리 司書職들의 宿願이었다고 할 수 있는 資料를 보다 쉽게 廢棄할 수 있도록 法的 根據를 마련했다는 것이 아닌가 생각된다. 그래서 앞으로 資料의 廢棄問題를 包含하여 몇 가지 事項들을 그 具體的 施行節次를 規定하는 施行規則을 하루 속히 마련하여 文敎部令으로 公告되어야 한다고 생각한다.

2. 本論

1) 不用處分의 必要性

産業의 急進的인 發展에 따라 生成되는 情報量은 우리의 想像을 超越할 만큼 엄청나게 쏟아지고 있으며 이와 같은 現象은 現代社會의 特徵이기도 하다. 그래서 우리는 情報의 洪水니 또는 情報汚染이라는 말까지 크게 거부감 없이 使用하기도 한다. 情報量이나 出版量의 增加에 關한 論文들은 國內外的으로 여러 가지 多樣한 事例를 들어 많이 發表되었기 때문에 여기서는 省略하고 다만 國立大學의 경우 國立大學圖書館報에 나와 있는 事例 한 가지만 들어보겠다.

同册子에 나와 있는 基本統計에 의하면 1982年 당시 21個 校의 總藏書數는 約 285萬册이었다. 이 숫자는 길게는 光復 以前부터 생긴 圖書館 21個 機關이 約 60餘年 동안에 蒐集한 資料의 總數인 것이다. 그런데 1987年에는 같은 21個 機關만의 總藏書數가 約 429萬册으로 不過 6年 만에 151%의

增加率을 보이고 있다. 여기서 藏書數가 가장 많은 서울大를 除外하고 計算해 보면 175%로 더욱 큰 增加率을 보이게 된다. 이것은 出版量의 增加는 必然的으로 圖書館 藏書數의 急激한 增加로 波及된다는 것을 숫자로 立證하고 있다고 할 수 있다. 大學마다 圖書購入費의 不足을 呼訴하는 現實에서 이와 같은 增加率을 보일 때 앞으로는 더욱 큰 伸張率을 보일 것은 틀림없는 事實이다. 이처럼 날로 늘어나는 圖書館 藏書量으로 인한 圖書館 施設의 不足現象은 많은 圖書館에서 深刻한 問題로 臺頭되고 있다. 藏書量의 增加에 따른 施設擴充은 물론 必要하다 하겠지만 앞서 例示한 藏書增加率만큼 그때마다 그만큼의 施設擴充을 한다는 것은 現實的으로 어렵고 또 施設擴充 方法만이 最善의 方策은 아닌 것이다. 많은 圖書館에서는 藏書量 增加에 따른 對策의 一環으로서 施設擴充 方案 以外에 생각한 것이, 첫째로 保存圖書館의 設置運用이다. 이 保存圖書館은 主로 利用價値가 현저하게 적어진 資料들을 골라 密集書架 等에 別置管理함으로써 場所問題 및 資料의 生動性 維持 等 保存과 利用의 效率을 높여 經濟的인 圖書館 管理을 圖謀하고 있다. 이 保存圖書館은 몇 개 機關이 相互協力하여 共同으로 活用하는 成功的인 事例도 적지 않지만 利用者의 不平과 不滿을 誘發하는 境遇도 있다. 둘째로는 所藏資料의 마이크로 필름化이다.

所藏資料의 마이크로 필름化는 初期에는 많은 說得力을 가졌으나 利用者의 利用便宜 問題와 電算媒體資料의 出現 等으로 最近에는 주로 場所를 많이 차지하는 新聞이나 貴重資料의 實物利用을 代身할 目的으로 活用되고 있는 정도이다. 셋째로는 分館이나 資料室 等을 新設하여 主題別 또는 學科別 等으로 資料를 分散시키는 方法이 있으나 이것은 根本的으로는 資料增加에 대한 施設擴充과 크게 다를 바 없다고 할 수 있다. 그러나 앞에서의 方法들은 대부분이 消極的 對應으로 根本的 對策으로서는 未洽하다고 할 수 있겠다. 네

번째로 廢棄를 包含한 資料의 不用處分을 생각하게 된 것이다. 物品管理法上 不用處分은 不用으로 決定된 物品에 對한 事後處理를 뜻하는 것으로 그 處分方法으로는 管理轉換, 讓與, 貸附, 賣却, 解體, 廢棄 等이 있다. 圖書館 資料의 境遇 不用處分 方案으로는 資料의 交換, 移管 및 廢棄 等을 들 수 있다. 여기서 우리가 留念해야 될 事項은 不用處分이라 하여 다시는 使用할 수 없도록 없애버린다는 뜻이 아니라는 것이다. 즉, 不用이란 使用할 必要가 없거나 使用할 수 없는 것으로 여기서 말하는 不用處分이란 例를 들어 어느 特定資料를 어느 特定 機關에서 不用으로 決定하고 또 그 決定의 結果에 따라 處分한다는 뜻으로 그 不用決定이 他 機關에는 影響을 주지 않고 또 處分이라고 해서 버리는 것이 아니고 不用으로 決定한 그 機關에서 管理하지 않게 된다는 뜻이다. 왜냐하면 不用資料란 어느 特定 機關에서는 不用資料이지만 다른 어떤 機關에서는 아주 有用한 資料로 活用될 수 있는 境遇가 얼마든지 있기 때문이다. 이를테면 學校 圖書館에서 中高生用의 問題集이나 學習參考圖書는 아주 重要한 資料이지만 이 資料가 大學圖書館에 있다면 당연히 不用資料로 處分되어야 할 것이다. 또한 같은 大學圖書館이라 할지라도 母機關인 大學의 特性에 따라 어느 大學에서는 有用한 資料가 다른 大學에서는 學問的으로 거의 쓸모없는 境遇도 있을 수 있다.

또 한편으로 어느 누구에게도 有用한 資料가 特定 圖書館에만 複本이 많이 있고 다른 圖書館 等에는 1冊도 없을 境遇에는 그 特定 圖書館에서는 그 資料의 1部를 당연히 不用處分하여 없는 圖書館에 管理轉換하거나 交換資料로 活用할 수 있도록 하여야 할 것이다. 圖書館 資料는 항상 最新性과 生動性 그리고 健實性을 維持하여 활기차고 新鮮한 情報源으로서 利用者의 要求에 提供될 수 있어야 한다. 그러기 위하여는 利用價値가 현저히 줄어든 資料나 破損이나 汚損된 資料 等을 日常的 業務로 持續的으로 調査하여 보다 效率性

이 높고 滿足度가 높은 均衡 있는 藏書構成이 되도록 努力하여야 할 것이다. 별로 利用되지 않는 圖書가 書庫에서 언제까지나 자리만 차지하고 있으면 書庫不足 現象은 加重되고 또 利用者의 資料檢索에도 적지 않은 不便을 주게 될 것이다. 資料에 대한 利用價値의 評價에 있어서는 各 主題別로 資料의 平均壽命이나 利用率, 利用頻度 또는 利用要求에 대한 適中率이나 最適藏書量 等에 관하여 이미 專門家들의 硏究結果가 많이 나와 있으니 여기서는 省略하겠다. 結果的으로 資料의 效率的인 保存管理와 利用者 便宜 또는 그 機關의 特性과 專門性 提高를 위하여는 所藏資料에 대한 不用處分 業務가 持續的으로 이루어져야 할 것이다. 한편 우리나라 대부분의 圖書館들은 아직까지도 資料蒐集에만 급급해 왔다고 할 수 있다. 大學設置基準令에는 每年 學生 1人當 3冊 以上의 資料를 受入하도록 規定하고 있지만 그만한 冊을 살 수 있는 豫算의 뒷받침이 없어 事實上 死文化된 規定이 되고 있는 것은 別問題라 하더라도 그것은 아직까지도 藏書의 質的인 面보다는 最小限의 量的인 基準 充足에 置重하고 있음을 立證하는 한 短篇的인 例라 하겠다. 그러나 前述한 바와 같이 藏書의 量的인 增加만으로는 效率的인 圖書館 奉仕는 期待할 수 없다. 따라서 앞으로는 藏書의 量的인 增加와 함께 質的으로도 向上된 바람직한 藏書開發이 되도록 所藏資料에 대한 評價와 이에 대한 對處가 根本的으로 이루어져야 할 것이다.

資料의 最新性과 利用率의 極大化를 위하여는 所藏資料에 대한 不用處分이 日常的 業務로 遂行되도록 한다는 것은 두말할 필요가 없다.

그러나 많은 圖書館에서는 資料의 不用處分 特히 資料의 廢棄는 꼭 必要하다고 認定하면서도 特히 國公立機關에서는 아직까지 떳떳하게 實施하지 못했던 것이 솔직한 일반적인 事情이었다. 그 이유를 類推해 보건데 圖書 역시 物品管理法의 포괄적 적용을 받아야 되기 때문에 廢棄과정에서 수반되는 여러 가지 節次上의 번거로움과 決裁나 承認 또는 監査過程에서 그동안 덮어두어 왔던 所在不明資料에 대한 責任問題 등이 誘發될런지도 모른다는 두려움이 크게 作用된 것이 아닌가 생각된다.

廢棄事例는 일일이 조사하기도 어렵거니와 또 가급적 그것을 公開하지 않으려는 경향이 있어 仔細히 알 수는 없으나 圖書館法이 改正되기 전에도 現行 物品管理法에 따라 廢棄한 事例도 전혀 없지는 않았으리라 생각된다. 왜냐하면 不用決定 過程에서의 特殊性은 있었겠으나 圖書館 資料도 책상이나 의자처럼 같은 節次에 따라 廢棄하면 못할 理由도 없고 또한 合法性도 있기 때문이다.

그동안 國立大學圖書館協議會 等 圖書館界에서는 單需品을 物品管理法의 特例規定으로서 따로 정한 法律의 정하는 바에 따르도록 規定한 것처럼 圖書館 資料도 그 特殊性을 감안하여 物品管理法의 特例規定으로 해주기를 數次建議하여 왔었다. 또한 外國의 경우처럼 所藏資料에 대한 一定 比率까지는 損亡失處理할 수 있도록 法的 根據가 마련되기를 强力히 주장하여 왔다. 圖書에 대한 自然減耗率의 認定을 주장하는 意見과 物品管理法 等 現行 各種 關聯法規 等과 연관시켜 생각해 볼 때 그 취지에는 同情과 理解가 가지만 現實的으로 圖書를 自然減耗率 認定 對象 物品에 包含시킨다는 것은 거의 不可能한 것이 아닌가 생각된다. 그러던 중 圖書館法이나 同施行令에 廢棄對象과 範圍를 明白히 規定함으로써 物品管理法 第4條 "他 法令과의 關係"에 의거 圖書館法의 適用 하에 廢棄할 수 있게 된 것은 아주 多幸스러운 일이 아닐 수 없다.

現行 物品管理法上에서 보면 物品의 類型을 그 耐久性에 따라 消耗品과 非消耗品으로, 機能(使用目的)에 따라 行政用品과 事業用品으로, 蓄積與否에 따라 貯藏品과 非貯藏品으로, 狀態에 따라 新品, 中古品, 要整備品, 廢品으로 大別

하고 있다. 圖書를 管理함에 있어서도 이러한 區分 취지에 따라 取扱管理하는 것은 當然한 일이라 생각된다. 그러나 圖書館이 利用者에게 情報를 提供하기 위해서 存在한다는 原論的 設立目的과 그 情報源인 圖書館 資料는 保管보다는 不特定 多數人에게 無限하게 利用되어야 한다는 特性이 있기 때문에 그것을 利用시키고 管理하는 과정에서 일어날 수 있는 現實的인 여러 가지 事故와 관련 司書들은 善良한 管理者로서의 注意義務를 다 했음을 認定 받을 수 있을 것인가의 與否에 크나큰 부담을 느껴온 것이 事實이다. 따라서 圖書館界에서는 이러한 特殊性을 감안하여 自救策으로 物品管理法의 해석 등 廢棄를 위한 여러 가지 나름대로의 궁리가 있었다.

勿論 圖書館法이나 同施行令이 改正되어 物品管理法이 아닌 圖書館法에 의해 廢棄할 수 있도록 法的 뒷받침이 되어 있는 지금도 마찬가지이기는 하지만, 예를 들어 物品管理法에서 物品을 消耗性이나 耐久性 또는 價格 等에 基準을 두어 消耗品과 非消耗品으로 나누어 그 管理나 處分上의 節次를 달리하듯이 圖書館 資料도 消耗性이 있는 것과 그렇지 않은 것을 區分하여 그 管理方法을 달리하여 取扱하려는 運動과 事例가 있었다. 特히 일본의 林 靖一 氏는 그의 著書『圖書の受入カう配列まで』또는『圖書管理法』等에서 藏書의 保管이나 取扱上의 特殊性을 物品會計規則 等과 관련하여 仔細히 說明하고 圖書를 圖書出納簿에 登載하고 保管上의 責任을 져야 할 圖書(備品扱 圖書)와 그렇지 않은 圖書(消耗品扱 圖書)로 區分하여 管理할 것을 强力히 主唱한 바 있다. 그의 이와 같은 생각은 후에 圖書館界에 많은 영향을 주었다고 생각하며 그런 관점에서 위의 책들은 藏書를 管理하는 우리들의 입장에선 한 번쯤은 읽을 필요가 있다고 생각된다.

이러한 事例는 우리나라에도 있었다. 例를 들면 遞信官署 物品管理規則(遞信部令 第249號, 1964. 3. 10) 第6條 第5號(圖書)에서「事業上 必要에 의하여 備

置하는 書籍은 消耗品圖書와 備品圖書로 區分하고 다음과 같이 細分한다. 가. 消耗品圖書 ① 新聞 ② 官報 ③ 回報 ④ 雜誌 ⑤ 年鑑類 ⑥ 名簿類 ⑦ 事業用法規集類 ⑧ 加除式法規集類 ⑨ 其他法規集類 ⑩ 地圖(케축식 또는 장부식을 除外한다) ⑪ 基地物品管理官(分任物品管理官을 包含한다)이 管理하기에 不適當하다고 認定된 경미한 書籍 ⑫ ① 내지 ⑪ 以外의 書籍으로서 單價 200원 未滿의 것. 나. 備品圖書消耗品 以外의 書籍」이라고 되어 있다. 60餘年 前의 日本이나 25年 前의 우리나라에서 大圖書館도 아닌 一般 行政官署의 小圖書館에서 이와 같이 消耗品扱 圖書와 備品扱 圖書로 나누어 管理하겠다는 생각을 했다는 事實에 대해 感歎하며 당시로서는 상당히 先進的 構想이었다고 생각된다. 또한 그러한 構想이 왜 定着되지 못하였는가 하는 아쉬움감도 없지 않다. 다른 한 例로는 이와 같은 趣旨에 着眼하여 만든 것으로 서울大學校 圖書館의 "圖書館 資料管理에 관한 規定"이다. 이 規定은 1979年에 制定한 것으로 역시 消耗性이 있는 資料와 그렇지 않은 것으로 區分하여 消耗性 資料, 즉 乙種 資料는 보다 簡單한 節次를 밟아 廢棄할 수 있도록 하기 위한 것이었다. 여기에 關聯 條文을 紹介하면 다음과 같다.

「第5條(資料의 管理區分) ① 資料는 그 蒐集者의 區分에 따라 이를 區分하되 圖書館 및 그 分館에서 蒐集한 資料는 이를 第1登錄 資料라 各 大學(院) 研究所 및 學科에서 蒐集한 資料는 이를 第2登錄 資料라 한다. ② 前項의 規定에 의하여 區分된 資料는 取扱의 區分에 따라 이를 다시 區分하되 永久保存 價値가 있는 資料는 甲種登錄 資料로 하여 主要物品으로 取扱하며 永久保存 價値가 없거나 마모되기 쉬운 資料는 乙種登錄 資料로 하여 消耗品으로 取扱한다. ③ 前項에 規定된 資料의 區分은 分任 物品管理官이 이를 指定한다.」

圖書館 資料의 特殊性에 대하여는 當局에서도 認定하고 있다고 생각된다. 每年 定期的으로 實施하는 在物調査를 함에 있어서 各 機關에서는 調達廳의

"物品管理 作成指針"에 의거 調査報告하게 되어 있는바 여기에는 在物調査 對象에서 除外되는 여러 가지 物品 中에 圖書가 포함되어 있다. 즉, 同指針에서 在物調査 對象에서 除外되는 物品은 "2) 物品管理法上 第49條 및 令 第51條에 規定된 다음의 物品"하고 그 사)項에 "圖書"가 包含되어 있으며 또한 "3) 特別法規에 規定된 다음의 物品"하고 그 바)項에 "圖書管理 規定에 의거 管理되는 圖書類 및 定期刊行物"로 되어 있는 等 圖書의 特殊性을 明文化해서 認定하고 있다.

또 한편 近來에는 不用品의 迅速한 處分 및 汎政府的 次元의 經濟的 處分을 圖謀하기 위하여 不用決定 및 賣却節次의 簡素化와 無償管理轉換 및 讓與의 促進을 위하여 調達廳에서 물관01754-36924(1987. 12. 29)호로 不用品處分業務 改善指針通報를 한 바도 있다.

2) 不用決定 및 廢棄의 基準

物品의 不用決定을 위하여는 不用品의 定義, 不用品의 區分, 不用의 決定權者 不用決定을 할 수 있는 物品의 範圍, 不用決定의 基準 및 不用決定의 節次 等 不用決定과 關聯한 諸般 必要한 事項을 定하여야 될 것이다. 여기에서 參考로 現行 物品管理法上 위의 몇 가지 事項에 關하여 簡單히 要約해 보면 다음과 같다.

- ○ 不用品의 定義: 使用할 必要가 없는 物品, 使用할 수 없는 物品
- ○ 不用品의 區分:

  發生原因에 의한 區分: 剩餘品, 過藏品, 廢品

  狀態에 따른 區分: 新品, 中古品, 要整備品
- ○ 不用決定權者: 中央官署의 長 또는 物品管理官

○ 不用의 決定을 할 수 있는 物品의 範圍

① 物品管理官이 不用의 決定을 할 수 있는 物品은 다음 物品 以外의 物品으로 한다(令 第24條 第1項의 規定에 의한 取得單價 50萬원 以上의 重要한 機械와 器具, 其他 所屬中央官署의 長이 指定하는 物品).

② 物品管理官이 不用決定할 수 있는 物品 以外의 物品을 不用決定하고자 할 때에는 다음 事項을 明白히 하여 中央官署의 長이 承認을 얻어야 한다(不用의 決定을 하고자 하는 物品의 分類番號, 品名, 規格, 數量 및 加額, 物品의 購入 年·月·日 및 狀況, 物品의 使用經緯, 不用의 決定을 하고자 하는 理由, 다른 目的을 위하여 使用할 수 있는 可能性의 確認與否, 處分에 對한 意見)

○ 不用決定基準

① 使用할 必要가 없게 된 物品으로서 앞으로도 使用할 展望이 없는 物品

② 定數를 超過하는 物品과 豫測할 수 있는 일정 期間이 需要를 超過하여 在庫로 保有하고 있는 物品

③ 原裝備가 使用不能 狀態이거나 原裝備가 없어지고 새로 取得할 可能性이 없는 境遇의 그 部屬品

④ 規格 또는 模型이 달라져 修理하여도 원래의 目的에 使用할 수 없는 物品

⑤ 施設物에서 除外된 物品으로서 活用할 수 없는 物品

⑥ 毁損 또는 마모되어 修理하여도 원래의 目的에 使用할 수 없는 物品

⑦ 修繕을 要하는 物品으로서 修繕함이 非經濟的인 物品

⑧ 上記 物品에 準하는 事由가 있다고 中央官署의 長이 認定하는 物品

文獻에 의하면 日本에서는 "物品管理法"의 포괄적 規定과 "文部省所管 物品管理事務 取扱規定"에 의거 圖書館 資料에 대한 不用 및 廢棄決定을 하고

있으며 참고로 附錄에 日本의 몇 개 大學의 廢棄基準 等을 收錄하였다.

收書業務에 있어서 모든 資料를 망라 蒐集하는 것도 重要하지만 그보다는 어떤 資料를 어떻게 모으느냐 하는 蒐集資料의 選定業務가 더욱 重要한 것이다. 마찬가지로 圖書館의 藏書構成이나 藏書開發의 側面에서 資料의 交換, 移管, 廢棄 및 除籍業務도 主要한 收書作業 中의 하나인 것이다. 따라서 不用決定對象資料의 選定業務는 受入資料 選擇業務 못지않게 重要하고 專門的인 일이다. 圖書館 資料의 不用決定에는 外形的 狀態나 可視的 記錄 等 客觀的 判斷으로 不用決定할 수 있는 基準과 그 資料의 內容이나 內在的 價値 等 主觀的 判斷으로 不用決定할 수 있는 基準으로 나누어 생각할 수 있겠다. 우리가 資料의 不用決定 過程에서 특히 혼동해서는 안 될 것은 앞에서도 言及한 바와 같이 不用이란 必要없다는, 活用할 수 없다는 뜻이 아니고 그 資料를 所藏한 機關에서 使用하지 않는다는 뜻이다. 따라서 貴重한 資料라도 그 圖書館에서 管理하지 않으려면, 즉 使用하지 않으려면 不用으로 決定할 수 있다. 물론 極端的인 例이기는 하지만 貴重한 資料를 어느 圖書館에서 不用으로 決定했다면 그렇게 決定한 理由는 다른 機關에서 管理하는 것이 보다 더 安全하게 保存할 수 있다거나 보다 더 有用하게 活用될 수 있다고 判斷했기 때문일 것이다. 이 境遇의 不用處分 方法은 管理轉換이라고 생각할 수 있다.

따라서 不用決定이란 바로 그 機關에서 어떤 資料를 所藏할 意思가 있는가, 없는가를 決定하는 것이 되겠고 廢棄基準이라는 것은 活用可能 與否를 判斷하는 基準으로 생각해도 되겠다. 그러므로 不用決定을 하기 위하여는 活用可能 與否를 여러 가지 側面에서 檢討, 審査한 후 決定하여야 되겠다. 活用可能 與否를 決定하기 위하여는, 첫째로 그 資料의 汚損이나 毁損, 落帳, 破損 等의 外形的 狀態를 調査하고, 둘째로는 資料의 內容이나 利用價値 等을 關係主題 專門家들의 所見을 所定의 節次를 거쳐 들어야 할 것이다. 셋째로는 過多한 複本을 가졌거나 其他 事由로 所藏할 必要가 없게 된 것을 調査해야 되겠다. 여기서 廢棄나 除籍基準은 곧 不用決定 基準이 되는 것이므로 重複을 피하기 위하여 廢棄와 除籍基準 說明으로 대신하고자 한다. 물론 廢棄基準 또는 除籍基準이 모두 不用決定 基準이 되는 것은 아니라는 것에 留念해야 되겠다. 또한 여러 가지 事情으로 貸出資料의 回收가 不可能하게 된 資料에 대한 處理는 변상하게 하고, 변상도 불가능할 경우에는 善良한 管理者로서의 注意義務를 다 했음을 立證하고 決裁를 받은 후 除籍節次를 밟아야 할 것이다. 廢棄基準은 크게 아래와 같이 集約될 수 있겠다. 첫째 汚損, 毁損, 落帳, 腐蝕, 破損狀態가 심하여 利用시키기가 困難하거나 이를 修理하는 것이 非經濟的이라고 判斷되는 資料, 둘째 利用價値나 利用率이 현저히 저하되어 所藏할 價値가 없다고 判斷되는 資料, 셋째 內容에 重大한 誤謬가 있거나 重要部分이 改正되어 利用시킴이 적절치 않다고 判斷되는 資料 또한 文獻에 의하면 중복되고 표현이 다르기는 하지만 다음과 같은 것도 있다.

不用決定, 除籍 및 廢棄 흐름도

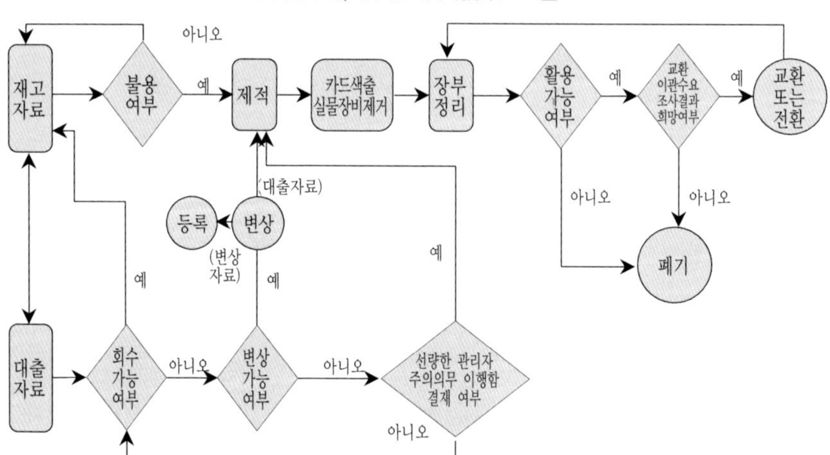

各 主題別로 內容이 不實하거나 時代的으로 뒤떨어진 資料, 逐次的 資料에 대한 累積版이 나오거나 改定版이 나온 原資料, 本來 時限이 있고 短期的 利用目的으로 出版된 資料로서 상당 期間이 經過한 資料, 圖書의 複本으로 保存所要部數을 超過한 資料, 永久保存價値가 없는 오락적 內容의 連續刊行物로서 缺號가 많은 不完全한 著作物, 保存期間이 지나간 資料, 複本으로 利用되지 않는 資料, 利用頻度가 낮고 他 機關에서 자유롭게 利用할 수 있는 資料, 縮刷版이나 마이크로化 新聞 등등. 貸出資料로서 回收가 不可能하다고 認定되는 資料 等을 들 수 있다. 그 外에 原因不明의 長期的 所在不明資料 中 館長이 善良한 管理者로서의 注意義務를 다했다고 認定한 資料, 合册이나 分册으로 인한 數量更正 또는 明白한 行政錯誤로 밝혀진 資料, 貸出資料의 紛失에 따른 代物辨償에 의한 除籍 等이 있겠다.

3. 不用決定, 廢棄 및 除籍節次

物品管理法上 不用의 最終決定權者는 中央官署의 長 또는 物品管理官으로 되어 있다. 圖書館에서 資料蒐集의 最終決定權者는 一般的으로 大部分이 圖書館長이다. 따라서 圖書館에서 資料의 不用決定權者는 圖書館長이라고 할 수 있겠다. 勿論 圖書館長이라고 해서 모두가 物品管理官 또는 分任物品管理官인 것은 아니다.

이를테면 大學의 경우 分館長은 物品管理官이 아니고 그 學長이 物品管理官이 되는 경우가 많다. 따라서 이러한 分館의 경우는 資料의 蒐集, 廢棄 및 除籍 등은 物品管理官 또는 分任物品管理官인 學長이 最終決定을 하여야 될 것이다. 여하간 常識的으로 蒐集의 最終決定權者가 廢棄나 除籍의 最終決定權

者가 되는 것은 順理라 하겠다.

物品管理法上 不用決定의 節次에 관해 要約하면 다음과 같다.

가) 物品管理官이 不用決定할 수 있는 物品에 대하여는 다음과 같이 不用決定한다.

1) 當該 中央官署 內의 다른 物品管理官에게 所要照會한다.

2) 所要照會 結果에 따라 所要機關이 있을 때에는 不用決定한 후 管理轉換 措置한다.

3) 所要機關이 없을 때에는 不用決定한 후 當該 中央官署의 長에게 報告한다.

4) 物品의 特質上 긴급처분을 요하는 物品과 活用可能物品에 대하여는 所要照會를 省略한다.

나) 中央官署의 長이 不用決定을 承認하는 경우에는 다음과 같이 不用決定한다.

1) 所屬 物品管理官에게 管理轉換 照會한다.

2) 所要機關이 없을 때에는 不用決定 承認 與否를 決定한다.

3) 物品의 特質上 緊急處分을 要하는 物品과 活用可能物品에 대하여는 所要照會를 省略한다.

다) 中央管署의 長은 그 管理하고 있는 物品 中 不用의 決定이나 處分이 지연되고 있는 物品의 有無를 分期別로 確認하여 必要한 是正措置를 하여야 한다.

圖書館 資料의 不用決定 節次는 다음과 같이 要約할 수 있겠다.

가) 不用決定對象資料의 別置 및 目錄作成

圖書館 資料의 不用決定을 하기 위하여는 우선 그 對象 資料를 別置하고 目錄을 作成한다. 이 目錄에는 受入區分, 日字, 價格, 著者事項, 出版事項 및

各種 書誌事項을 記錄해야 한다. 이 目錄은 資料의 外形的 狀態가 客觀的으로 누구나 쉽게 不用으로 判斷할 수 있는 資料와 必要 以上으로 過多保有하고 있는 複本資料 및 그 資料의 內容上 保存 또는 利用價値 有無를 判斷해야 할 性質의 資料로 크게 3區分하여 目錄을 作成한다.

나) 主題專門家의 意見수렴

資料內容上 保存 또는 利用價値 有無를 判斷해야 될 資料는 複數의 關聯主題專門家들로 하여금 所見을 듣는 節次가 必要하다. 不用決定 또는 廢棄에서 가장 번거롭고 쉽게 決定하기가 곤란한 것이 바로 主題專門家들의 의견수렴 과정이다. 왜냐하면 主題에 따라 그 判斷基準이 다를 수 있기 때문이다.

다) 物品管理官의 決裁

위의 가), 나)항의 節次를 거친 資料는 各 資料마다 不用決定 事由와 그 處分內容을 表示하여 最終決定權者의 決裁를 얻는다.

라) 除籍

不用으로 決定된 資料는 모두 除籍한다. 그리고 除籍資料 中 活用 不可能한 資料는 廢棄하고 活用 可能한 資料는 따로 目錄을 作成하여 他 物品管理官에게 所要照會한다.

마) 所要照會 및 管理轉換

活用可能한 資料는 交換資料 또는 管理轉換資料로 活用하기 위하여 다른 物品管理官(主로 圖書館長) 또는 分任物品管理官에 所要照會를 하고 그 結果 管理轉換 또는 交換을 希望하면 同 目錄과 함께 實物을 移管하고 그렇지 않은 資料는 廢棄한다.

바) 目錄카드 索出, 實物 裝備除去 및 帳簿整理

일단 資料의 不用決定이 確定되면 該當資料의 事務用 및 閱覽用 카드를 索出하여 消印을 찍어 廢棄한다. 또한 實物의 藏書印이나 登錄番號에 消印을

찍어 各種 裝備를 除去한다. 아울러 圖書出納簿 및 圖書原簿 等에 資料의 拂出數字와 處分內容 等을 記載한다. 處分內容은 交換, 管理轉換, 廢棄로 表示하고 關聯 文書番號 및 日字도 記載하여야 한다. 또한 그 資料가 電算入力된 資料라면 그 데이터베이스에서 削除하는 일도 잊어서는 안 될 것이다.

사) 廢棄

廢棄된 資料의 處分方法으로는 매각, 解體(破棄) 또는 소각이 있을 수 있다. 그러나 매각 또는 해체가 국가에 不利하거나 不適當하다고 認定될 경우에는 소각한다.

이와 같은 一連의 不用決定 및 그 處分過程에 必要한 諸 書式 等은 다음으로 미루고 여기서는 省略하였다.

3. 結論

우리들이 圖書館 資料의 廢棄 必要性은 切實히 느끼면서도 아직까지 제대로 이루어지지 못하고 있는 이유는 여러 가지로 分析할 수 있겠다. 그 原因으로 첫째는 앞에서도 言及한 바와 같이 圖書도 物品管理法의 適用을 받도록 되어 있기 때문에 廢棄過程에서 수반되는 여러 가지 節次上의 번거로움과 決裁나 承認 또는 監査過程에서 誘發될런지도 모를 責任問題 等에 대한 두려움이 크게 作用되었으리라 생각된다. 둘째로는 廢棄基準設定이 極히 어렵다는 것이다. 왜냐하면 利用價値 有無 判斷에 있어서는 主題에 따라 다를 수 있고 또 같은 主題의 專門家일지라도 見解에 따라 差異가 있기 때문이다. 셋째로는 廢棄에 대한 막연한 固定觀念으로 어렵고 힘든 것으로 생각하고 또한 책을 아끼려는 傳統的 觀念이 큰 저해요인이 되고 있다. 넷째로는 업무의 증가가 불가피하여 人員 및 時間不足도 큰 理由가 되겠다. 그 외에도 사소한 여러 가지 要因이 있겠지만 處分過程에 수반되는 여러 가지 節次의 非經濟性 때문에 오히려 廢棄의 實效性에 대한 회의를 느끼기도 한다. 그러나 우리는 보다 效率的인 도서관 봉사와 바람직한 장서구성을 위하여 所藏資料에 대하여 끊임없이 評價하고 이에 따른 不用決定 및 處分이 持續的으로 이루어질 수 있도록 해야 한다.

이제 그동안 그렇게도 바랐던 廢棄에 대한 법적 뒷받침이 圖書館法 및 同 施行令에 그 對象과 範圍가 明示되어 있으므로 앞서 말한 몇 가지 廢棄業務의 저해요인을 분석하고 改善하여 하루속히 바람직한 圖書館法施行規則이 마련되기를 期待하며 本 졸고가 同 施行規則 마련에 一助가 되었으면 한다.

參考文獻

1. 總務處, 物品管理要領, 1988.
2. 高聖秀, 藏書의 自然減少는 어떻게 處理해야 하나, 도협월보, V. 6, N. 3, 1965. 4, pp. 17~19.
3. 崔星洛, 物品管理의 意義와 圖書館(Ⅰ), 국회도서관보, V. 3, N. 11, 1966. 12, pp. 5~9.
4. 崔星洛, 物品管理의 意義와 圖書館(Ⅱ), 국회도서관보, V. 4, N. 1, 1967. 1, 6, pp. 5~16.
5. 崔星洛, 圖書館의 物品管理, 도협월보, V. 8, N. 3, 1967. 4, pp. 7~14.
6. 李炳穆·徐惠蘭, 圖書館資料의 廢棄政策, 도협월보, V. 20, N. 1, 1979. 1/2, pp. 3~8.
7. 金萬碩, 大學圖書館에 있어서의 事故圖書의 問題點 考察(Ⅰ), 도서관, N. 216, 1977. 1, pp. 44~51.
8. 金萬碩, 大學圖書館에 있어서의 事故圖書의 問題點 考察(Ⅱ), 도서관, N. 217, 1977.

2, pp. 42~49.
9. 楊炯祿, 圖書館藏書의 損亡失 處理問題, 국회도서관보, V. 2, N. 5, 1965. 5, pp. 5~9.
10. 鄭泌謨, 圖書館資料의 損失과 消耗問題, 도협월보, V. 5, N. 8, 1964. 10, pp. 10~12.
11. 사공철등편, 도서관학・정보학 용어사전, 서울・한국도서관협회, 1986.
12. 도서관법, 법률 제3972호, 1987. 11. 28.
13. 도서관법시행령, 대통령령 제12506호, 1988. 8. 16.
14. 도서관리규정, 조달청훈령 제351호, 1974. 7. 10.
15. 물품관리법, 법률 제3947호, 1987. 11. 28.
16. 물품관리법시행령, 대통령령 제1250호, 1988. 8. 16.
17. 물품관리법시행규칙, 재무부령 제1504호, 1981. 12. 24.
18. 조달청, 1989년도 물품관리보고서 작성지침.
19. 불용품처리지침, 조달청 고시 제4호, 1982. 3. 5.
20. 물품관리기준 설정지침, 조달청 고시 제32호, 1983. 12. 30.
21. 李恩撤, 大學圖書館藏書의 廢棄基準에 관한 研究, 成均館大學校 大學院, 碩士學位論文, 1979.
22. 啓明大學校 圖書館規定.
23. 鄭樂春, 保管面에서의 圖書館協力, 이화여대 도서관학보, V. 2, 1973, pp. 43~53.
24. 기준분과위원회 편, 韓國圖書館基準, 서울, 韓國圖書館協會, 1981.
25. 손정표, 대학도서관의 제문제-제25회 전국도서관대회 주제발표논문-, 1987. 11, 한국도서관협회.
26. 李炳穆, 大學圖書館基準의 理論과 實際, 서울, 九美貿易出版部, 1985.
27. 國立大學圖書館協議會, 大學圖書館業務便覽, 서울, 1982.
28. 軍需品管理法, 法律 第3947號, 1987. 11. 28.
29. 國會圖書館法, 法律 第4037號, 1988. 12. 29.
30. 國立大學圖書館報 第1-6輯, 1983-88.
31. 自然減耗率協議節次規程, 조달청 고시 제7호, 1982. 3. 27.
32. 物品管理事務處理規程, 조달청 훈령 제642호, 1985. 12. 28.
33. 조달물자손망실처리규정, 조달청 훈령 제186호, 1969. 2. 28.

34. 불용품처분업무개선지침통보, 물관 01754-36924, 1987. 12. 29, 관보 제10821호.
35. 사학기관재무·회계규칙, 문교부령 제553호, 1987. 2. 6.
36. 체신관서물품관리규칙, 체신부령 제249호, 1964. 3. 10, 관보 3682호 그2.
37. 구자춘, 대학도서관 장서의 별무이용도서 원인분석, 연세대학교대학원, 석사학위논문, 1985.
38. 양병훈, 대학도서관 장서의 효율성에 관한 연구, 연세대학교대학원, 석사학위논문, 1984.
39. 横川 薫,「東京大學に おける圖書館資料の 不用の 決定基準」, について,『圖書館の窓』, V. 13, N. 6, 1974. 6, pp. 51~52.
40. 佐竹 大通,「東京大學における圖書館資料の不用の 決定基準に關する報告」, について,『圖書館の窓』, V. 13, N. 5, 1974. 5, pp. 39~41.
41. 田辺 廣,「大學圖書館に おける圖書の 不用決定と廢棄」,『大學圖書館 研究』, V. 1, N. 1, 1972, pp. 13~16.
42. 加藤 誠之助 , 不用圖書問題を 考える-①「本は譲い合つて力ら捨ててもよいのではないか」,『圖書館の窓』, V. 19, N. 2, 1980. 2, pp. 22~24.
43. 柿沼 正男, 不用圖書問題を 考える-②「本學における圖書館資料の不用の決定基準に關する報告」とその問題點について,『圖書館の窓』, V. 19, N. 3, 1980. 3, pp. 34~36.
44. 伊藤美津子, 不用圖書問題を 考える-③「限 りある 貴重なスベースを生ガすために」,『圖書館の窓』, V. 19, N. 4, 1980. 4, pp. 44~45.
45. 佐左木 敏雄, 不用圖書問題を 考える-④「自然科學係部局 圖書館ガら見て」,『圖書館の窓』, V. 19, N. 5, 1980. 5, pp. 55~56.
46. 岩田 勝, 不用圖書問題を 考える-⑤「管理換について思うこと」,『圖書館の窓』, V. 19, N. 6, 1980. 6, pp. 68~69.
47. 高橋 美香,「資料の廢棄と 圖書館のネシトウーク」,『專門圖書館』, N. 120, 1988. 3, pp. 63~66.
48. 林靖一,『圖書保管法』, 東京, 大阪屋號書店, 昭和 12年, 1937.
49. 林靖一,『圖書の受入力ら配列まで』, 東京, 大阪屋號書店, 昭和 8年, 1933.
50. 南 諭造,『圖書運用法』, 東京, 蘭書房, 昭和 30年, 1955.
51. 毛利 宮彦,『圖書館學序說』, 長谷川書店, 昭和 30年, 1955.

52. 高田 克太郎・中嶋 正夫・吉澤 輝夫, 『圖書館資料論-新圖書館學 2-』, 東京, (株) 教育出版ヒンター, 昭和 51年, 1976.
53. 久保 輝己 編, 『圖書館學校教育資料集成』, 東京, 白石書店, 1978.
54. 沓掛 伊左吉 編, 『圖書の受入, 保管, 拂出』, 日本圖書館協會, 1967.
55. 全國國立大學圖書館長會議, 大學圖書館の業務分析, 東京, 日本圖書館協會, 1970.
56. 井上 如, 「外國の保存圖書館」, 『圖書館の窓』, V. 19, N. 12, 1980. 12, pp. 133~135.
57. 東京大學圖書行政商議會, 「"保存圖書館に關する委員會"設置さる」, 『圖書館の窓』, V. 6, N. 6, 1967. 6, p. 39.
58. 特集: 圖書の廢棄, 『學校 圖書館』, 334號, 1978. 8, pp. 9-38(澤 利政, 廢棄の意義と必要性/山田 安委, 廢棄の種類/山琦 慶子, 廢棄の基準/幡谷 勳, 廢棄のしこと/安達 正惠, 事務簡素化のため 明細書で 除籍/宮本 忠治, 人手不足を どう解消するガ).
59. 特集: 圖書の廢棄基準とその手續き, 『學校 圖書館』, 237號, 1970. 7, pp. 9~45(彌吉 光長, 藏書の更新と基準の 考え方/葆田 徹男, 物品管理の 面ガらみた廢棄/中山 我生, 廢棄の簡素化/長伐 重春, 新鮮さを 持續させる ために/吉井 善三郎, 廢棄の實際と その すすめ/澤 利政, 資料構成に計劃を もって/林 茂夫, 廢棄のあり方/堀江 善郎, 廢棄の決裁は 學校長).
60. 大學圖書館 國際連絡委員會, 『大學圖書館の 管理經營』, 東京, 1972.
61. 岡崎 義富, 「圖書館資料の 保存」, 『大學圖書館研究』, N. 8, 1983.
62. 物品管理法(日本), 法律 第113號, 昭化 31年, 5. 22.
63. 物品管理法施行令(日本), 政令 第339號, 昭化 31年, 11. 10.
64. 物品管理法施行規則(日本), 大藏省令 第85號, 昭化 31年, 12. 29, 號外.
65. 文部省所管物品管理事務取扱規程, 文部省訓令, 第16號, 昭化 61年, 4, 5.
66. 阪本 一郎等著, 『學校 圖書館圖說』, 東京, 岩崎書店, 昭化 35年, 1960.
67. Weeding the Collection, 大邱美國文化院資料室規整.

附錄(資料)

1. 不用品處分指針.
2. 自然減耗率協議節次規程.
3. 日本國 東京大學圖書不用決定基準.
4. 日本國 大阪大學圖書廢棄要領.
5. 日本國 廣島大學圖書不用決定基準.
6. 日本國 金澤大學圖書不用決定 및 廢棄基準.
7. 大邱美國文化院 除籍基準.

1. 不用品處分指針(1982. 3. 5 調達廳 告示 第4號)

1. 目的

各 中央官署 地方自治團體(道, 서울特別市 및 直轄市 다만 敎育特別計劃에 關하여는 道·서울特別市 및 直轄市 敎育委員會) 및 政府投資機關의 不用品管理에 適用케 함으로써 效率的인 物品管理를 기함을 目的으로 한다.

2. 根據法令

가. 物品管理法·地方財政法·政府投資機關管理法

나. 物品管理業務 改善方案(77. 12. 26 第96次 國務會議議決)

3. 定議

이 指針에서 "各 機關의 長"이라 함은 各 中央官署·地方自治團體·政府投資機關의 長을 말하며, "不用品"이라 함은 各 機關의 長 또는 傘下 物品管理官(政府投資機關의 境遇에는 "物品管理者")이 物品管理法 施行規則 第64條의 物品狀態分類基準(別紙 第1號 參照)에 의하여 不用決定한 活用可能品과 活用不可能品을 말한다.

4. 管理轉換

各 中央官署의 長과 地方自治團體의 長이 物品管理法 第19條 第2項, 物品管理法施行令 第23條 및 地方財政法 第61條의 3의 規定에 의하여 調達廳長과 管理轉換協議를 하고자 할 때에는 別紙 第1號 書式 "物品管理轉換 合議書"를 作成하여 添附하여야 한다.

5. 活用과 處分

가. 各 機關의 長은 活用不可能品과 다음 各號의 1에 該當하는 活用可能品에 對하여는 不用決定 후 自體에서 處分한다.

(1) 個當 取得金額이 5萬원 未滿인 物品

(2) 變質 또는 腐敗할 憂慮가 있는 物品

(3) 保管 또는 取扱에 있어서 폭발·방화 등의 危險性이 있는 物品

(4) 其他 緊急處分을 要하는 物品

나. 各 機關의 長은 "가"에서 該當하지 않은 活用可能品에 대하여는 傘下機關에 管理轉換 소요 여부를 조회하고, 所要機關이 없는 物品에 대해서는 調達廳長에게 別紙 第2號 書式 "不用決定 通報書"를 作成提出하여야 한다. 다만 노후화, 구식화, 不用決定機關의 전용품 등의 理由로 他 機關에 所要가 없을 것으로 認定되는 不用品은 不用決定通報書의 "其他事項"란에 이를 明示하여야 한다.

다. 各 機關의 長은 調達廳長으로부터 管理轉換(무상대여 포함) 所要照會를 받은 物品에 대해 傘下機關의 소요 여부를 檢討하고, 所要物品이 있을 때에는 정해진 기일 내에 調達廳長에게 管理轉換을 要請하여야 한다.

라. 各 機關의 長은 調達廳長으로부터 管理轉換(무상대여 포함) 所要照會를 받은 物品이 需給計劃上에 購買取得計劃으로 反映되어 있으면, 特別한 사정이 없는 한 이를 管理轉換 받아 活用하여야 한다.

6. 賣却要請

가. 各 機關의 長은 不用品 中 自體에서 賣却되지 않은 物品을 物品管理法 第31條의 2, 地方財政法 第61條6 및 政府投資機關 管理法 第

19條에 의거 調達廳長에게 賣却 要請하고자 할 때에는 다음 書類를 添附하여야 한다.

(1) 不用品 處分要請書(別紙 第3號 書式) 1部

(2) 豫定價格 調査寫本 1部

(3) 豫定價格調書 作成을 위하여 基礎資料가 된 감정평가서, 견적서 등 寫本 1部

나. 各 機關의 長은 調達廳長에게 物品管理法 施行令 第38條의 9의 業務費 및 조작수수료를 支給하여야 한다.

7. 廢棄 및 解體

가. 各 機關의 長은 物品管理法 施行管理法 施行規則 第69條 및 第70條에 의거 不用品을 廢棄 또는 解體할 수 있다.

나. 各 機關의 長은 不用品을 廢棄 또는 解體하고자 할 때에는 別紙 第4號 書式 "不用品 廢棄 조서 또는 해체조서"를 作成하여 備置하여야 한다.

8. 其他

가. 이 指針은 告示한 날로부터 施行한다.

나. 不用品處分에 關하여 財務部長官이 特別히 定한 指針이 있으면 同指針에서 정한 바에 의한다.

2. 自然減耗率 協議節次規定(1982. 3. 27 調達廳 告示 第7號)

第1章 總則

第1條(目的) 이 規程은 物品管理法 施行令 第39條의 規定에 따라 自然減耗로 整理할 수 있는 物品의 선정이나 自然減耗率을 定하기 위한 協議 節次를 規定함으로써 物品의 效率的인 管理適用에 寄與함을 目的으로 한다.

第2條(適用範圍) 自然減耗로 整理할 수 있는 物品은 다음과 같다.

1. 葉煙草
2. 소금
3. 穀物
4. 其他 中央官署의 長이 調達廳長과 協議하여 定하는 物品

第3條(定議) 이 規定에서 使用하는 用語의 定議는 다음과 같다.

1. "自然減耗率"이라 함은 物品의 長期保管이나 運送 其他 不可避한 事由로 減耗되는 양의 比率을 말한다.
2. "取扱過程"이라 함은 荷役, 保管, 輸送하는 機關에서 自然減耗의 對象이 되는 物品을 取扱함을 말한다.
3. "狀態別"이라 함은 自然減耗의 對象이 되는 物品이 산물인지 포장물인지, 포장물이라면 개당 單位重量을 얼마인지 등을 말한다.

第2章 協議節次

第4條(資料提出) 該當機關의 長이 自然減耗를 對象으로 하는 物品의 선정이나 自然減耗率을 定하기 위하여 調達廳長에게 協議를 要請할 경우에는 다

음 各號의 資料를 提出하여야 한다.

1. 品名別, 狀態別, 取扱過程別, 自然減耗 실적(3年 以上)
2. 品名別, 狀態別, 取扱過程別, 自然減耗 發生原因이 된 客觀的인 根據資料
3. 自然減耗率(案)을 決定하게 된 具體的인 事由
4. 其他 參考資料

第5條(意見提示) 該當 機關의 長이 前項의 規定에 의하여 調達廳長에게 關係資料를 提出할 때에는 다음 各號에 대한 意見을 請求하여야 한다.

1. 鄭重한 取扱과 減量防止를 위하여 善良한 管理者로서의 義務를 履行하였는지의 與否
2. 取扱過程에서 水分蒸發과 같은 自然發生的 現狀이나 마모, 비산, 낙화, 유실 등 人力으로 防止할 수 없었던 감량인지의 與否
3. 關係法令 中 盜難이나 역흘한 作業 등 人力으로 防止할 수 있었던 감량이 아닌지의 與否
4. 關係法令에 따라 소정의 檢査를 畢한 저울계근대 등을 사용하였는지의 與否
5. 自然減耗率 策定(案)의 基礎資料가 客觀的이고 合理的으로 作成되었는지의 與否
6. 其他 參考事項

第6條(資料補充) 調達廳長은 第4條 및 第5條의 規定에 따라 提出된 資料나 提示된 意見에도 不拘하고 自然減耗 可能品目의 선정이나 적정선의 自然減耗率을 定하기가 困難할 경우에는 전문기관의 用役報告書나 자문을 받을 수 있다.

第7條(協議決定) 調達廳長은 該當機關의 長이나 專門機關으로부터 接受한 關

係資料를 綜合檢討하여 妥當할 경우에는 自然減耗 對象物品을 선정하거나 自然減耗率을 決定하여야 한다.

다만, 適用品目의 特性에 따라 適用期間이나, 適用對象機關을 提案하기 위하여 條件附 協議도 할 수 있다.

第3章 通知

第8條(協議機關 通報) 調達廳長은 該當 機關의 長이 協議要請한 事項에 대하여 協議가 이루어지면 그 내용을 該當 機關의 長에게 通報하여야 한다.

第9條(財務部 通報) 調達廳長은 前條 規定에 의하여 該當機關에 通報한 內容을 物品管理法 施行令 第39條 第3項에 의하여 財務部長官에게 通報하여야 한다.

第10條(官報告示) 調達廳長은 物品管理法 施行規則 第77條의 2의 規定에 의하여 中央官署의 長으로부터 自然減耗로 整理할 수 있는 物品과 自然減耗率을 定하였다는 通報를 받으면 그 內容을 官報에 告示하여야 한다.

이 規定은 告示한 날로부터 施行한다.

3. 日本國 東京大學圖書 不用決定基準

東京大學にわける圖書不用決定基準(案)

本學所藏の圖書館資料について, 文部省所藏物品管理事務取扱規程第28條に基き, 不用の決定をしようとするときは, この基準によるものとする。

1. 頻繁な使用, 利用上の事故等により, 甚しく汚損もしく破損したため, 補修が不可能なとき, めるいは, 補修に要する費用が當該圖書館資料の購入費より高價であると認めるとき。
2. 本來, 短期間の利用を目的として取得された圖書館資料で相當期間を經過したもの。
3. 綜合圖書館, 學部, 研究所等において, 保存を要すると認める正本を除いた複本。
4. その他, 綜合圖書館, 學部, 研究所等において必要とない圖書館資料。

注 1　ここにいう圖書館資料とは, 圖書, 雜誌, 文書, フイルム, レコード等を合み, 國有財産として登錄されたもの。

注 2　圖書館資料の不用の決定は當該部局の圖書委員會又はそれに準ずる委員會の決定によることとする。

注 3　圖書館資料の賣拂又は廢棄については別に定める。

4. 日本國 大阪大學 圖書廢棄要領

大阪大學 附屬圖書館: 圖書廢棄手續要領

① 汚損がひどく廢棄すべ圖書を廢棄候補圖書として別置し，ブックカードを摘出する。

② その圖書には複本がないかどうか調査する。あれは廢棄。

③ その圖書に新刊·增刷があるかどうか調査する。

④ 複本もなく，新刊もない圖書について，受入・參考・運用第一各掛長が廢棄か保存かについて定期協議する。

⑤ 保存する圖書のタイトル·ベージおよびブック・カードに「保存印」を押し，修理製本に出す。

⑥ 製本完了後，受入を濟ませてから圖書は書庫內に納架する。(開架には出さない)。

⑦ 先に①で別置したブック・カードにもとづき，事務用・開覽用目錄から當該カード摘出し，必要記入要項をベクカードに轉記する。

⑧ ブック・カードをリスト化して廢棄伺を作成し，決裁にまわす。

⑨ 決裁終了後，圖書原簿から當該圖書を採消する。

⑩ 一切の手續終了後，圖書は燒却する。

5. 日本國 廣島大學 圖書不用 決定指針

廣島大學: 圖書の不用決定基準

廣島大學の圖書について，文部省所管理事務取扱規程第28條に基づき，不用の決定をしようとするときは，この基準によるものとする。

1. 頻繁な使用，利用上の事故等により，甚だしく汚損もしくは破損したため修繕が不可能なとき，または修繕に要 する費用が，當該圖書の購入費より高價であると認めるとき。

2. 本館・分館および文・理・教育學部各教室(學科)圖書室において, 保存を要するものと認める正本を除いた正本外の複本。

3. 資料の內容が逐次または改版等によって改訂され, 利用價値を失った圖書。

4. 資料の內容が古く, 利用價値を失った圖書。

5. 本來, 短期間の利用を目的として取得された圖書資料で, 相當期間經過したもの。

付: 不用圖書の決定をするに當っては, 各館各圖書室の實情に従い, 關係教官と連絡協議のうえ, 愼重に實施する。

6. 日本國 金澤大學 圖書不用決定 및 廢棄基準

金澤大學: 圖書館資料の不用決定および廢棄の基準

金澤大學所管の圖書館資料について, 文部省所管物品管理事務取扱規程第28條および第29條の規定に基づき, 不用の決定および廢棄をしようとするときは, この基準によるものとする。

(圖書館資料の定義)

第 1 金澤大學所管の圖書館資料(以下「圖書」という) とは次のをいう。

一 圖書(製本した雜誌を含な。)

二 雜誌(未製本のもの)

三 記錄類(書簡, 卷物, 軸, 地圖 等)

四　視聽覺資料(映寫用フイルム，スライド，マイクロフイルム，レコード，吹き込み濟錄音テープ等)

(不用の決定)

第 2　次の各號に當該する圖書で，管理換等により適切な處理ができないと認めるときは，不用の決定をすることができる。

一　圖書の複本で保存所要部數をこえるもの。

二　圖書の內容が逐次または改阪等により改訂されて利用價値を失いか保存の必要がないと認められるもの。

三　時日の經過によって利用價値を失いか保存の必要がないと認められるもの。

2. 頻繁な使用または管理上の不測の事故によりはなはだしく汚損もしくは破損したため，補修を行なうことができないと認められる圖書，ならびに補修に要する費用が當該圖書の取得等に要する費用より高價であると認められる圖書は，不用の決定をすることができる。

(不用決定の要件)

第 3　物品公用官は，圖書の不用決定をするに當っては，圖書館および部局(學部， 教養部， 硏究所ならびに附屬施設等をいう。)の實情に從い， 關係敎官と連結， 協議のうえ當該部局の圖書委員の同意を得て行なうものとする。

(不用決定の事務手續)

第 4　不用決定の事務手續については，金澤大學物品管理事務取扱要領に定める物品賣拂(廢棄)請求書ならびに物品不用決定承認申晴書により行なうものとする。

(藏書印の處理)

第 5　不用決定をした圖書に岬なつしある藏書印は，所定の消印でまつ消するものとする。

(賣拂の要件)

第 6　賣拂價値の判定については，圖書の專門家等の意見を聽取するものとする。

(廢棄處分)

第 7　不用決定をしに圖書のうち，次の各號に該當する場合は，廢棄するものとする。

一　賣拂價格が買取業者の引取諸經費に滿たないと認められるとき。

二　賣拂によって國の事務または事業の秘密がもれるおそれがあると認められるとき。

三　賣り拂うことが公の秩序または善良の風俗に反すると認められるとき。

(廢棄の方法)

第 8　圖書を廢棄するときは，圖書館職員が直接または立會いのうえ焼却するとする。ただし，前條第1號に該當するものは，焼却することができるものとする。

(たなべ・ひろし　東京大學附屬圖書館)

7. 大邱美國文化院 除籍基準

WEEDING THE COLLECTION

Weeding is the process of withdrawing books from the collection to make space for new acquisitions, identify and discard outdated materials and evaluate the usage and physical condition of the books.

Circulating Books

Withdraw books that:

- have become outdated; determined by content as well as publication date.
- have been superseded by more recent books on the same subject. This assures a constant turnover in the collection.
- have been replaced by later editions.
  are badly worn.
- have not circulated or have rarely circulated within a reasonable period of time. Each library should determine the time frame, depending on the size of the collection and annual acquisitions. Many libraries use a five year period. Use it as a guide. This does not mean that a book should always be removed based on this criterion. There are certain standard works which the library ought to keep indefinitely (e.g. survey history of the United

States).

Reference Collection

Withdraw:

- old editions of standard reference book's upon receipt of new editions.
- rarely used books and replace them newer, more useful resources.

The weeding process is an on-going activity, conducted in several ways.

- During circulation. Pull badly worn books as they are returned after loan.
- During ordering process. Review materials on subjects currently held in the library while selecting new materials for the collection.
- During inventory process. Allow sufficient time to do both tasks well.

  Weeding adds to the time required to complete an inventory.
- During regularly scheduled weeding sessions. Set up a schedule for weeding; at least two times each year, depending on the size of the collection. Often a portion of the collection is weeded at one time (e.g. arts, humanities and fiction in December and July; the social sciences in November and June).

Procedures

- Remove weeded books from the shelves and store in a specially designated area of the workroom.
- Pull cards from shelflist and public catalog.
- Record the number of books removed from the collection.
- Review weeded books. Either donate to local universities/institutes or discard. Discard badly worn books. Do not donate.

RLC/CLD should work with the library staff to establish and monitor a system for on-going weeding.

Documents and Pamphlets

For all cataloged documents and pamphlets, follow the procedures for weeding books. For documents and pamphlets keep in the virtical file, see page III-56 of the handbook.

Periodicals

Weed periodicals annually, generally in January after receipt of issues for the new year. Back issues are either donated to universities and institutes or held in the library for a limited period of time, depending on space and need. Record the number and titles of donated periodicals and recipients.

Videotape Recordings

VCR collections are generally weeded at least twice during the year. Examine carefully VCRs dealing with public statements by U.S. Government officials and current events. They may be superseded by more recent materials.

UCLA 硏修를 마치고*

1. UCLA

서울대학교와 미국 UCLA와의 교환사서 프로그램에 의해서 미국 로스앤젤레스에 있는 UCLA의 동아시아 도서관에서 지난 1990년 1년 동안 연수할 기회를 가졌었다. UCLA는 University of California, Los Angeles의 약자로서 University of California(이하 UC) 계열대학, 즉 UC Berkeley, UC Davis, UC Irvine, UC Los Angeles, UC Riverside, UC San Diego, UC San Francisco, UC Santa Barbara, UC Santa Cruz 등의 9개 종합대학 중 하나이다.

UCLA는 1919년에 설립된 종합대학으로 2개의 대학과 11개의 전문적인 학교(Professional School) 및 24개의 연구센터가 있다. 학기는 쿼터(Quarter)제

* 본고는 『國立大學圖書館報』, 제9집, 1991, pp. 1~25에 수록되었다.

이며 학생수는 36,400여 명이고 교수수는 3,150명이다. 전체 학생수의 거의 반이 대학원생이며 교포 2세를 포함한 한국인 학부생은 약 1,000명, 그리고 대학원 과정 학생은 대부분이 본국으로부터의 유학생으로 약 200여 명이 된다고 한다.

2. UCLA 도서관

UCLA 도서관 시스템은 주로 인문, 사회과학 분야의 연구 도서관이며 중앙도서관 격인 University Research Library(이하 URL)과 주로 학부생을 위한 학습도서관이라고 할 수 있는 College Library(Powell Library라고도 함) 약 8만 장서의 개인 기념도서관으로서 주로 영국 문학에 관한 귀중자료가 많은 William Andrew Clark Memorial Library가 있으며, 의학도서관이나 동아시아 도서관 등의 각 주제별 또는 지역의 특성에 따른 15개 주제 분관이 있다. 그 외에 일종의 保存圖書館이라고 할 수 있는 Southern California Library Facilities(이하 SRLF)와 부속초등학교 도서관인 University Elementary School Library가 있다. 15개 분관은 다음과 같다.

- Architecture & Urban Planning Library
- Art Library
- Biomedical Library
- Chemistry Library
- East Asian Library
- Education & Psychology Library
- Engineering & Mathematical Science Library

◦ Geology-Geophysics Library

◦ Law Library

◦ Management Library

◦ Map Library

◦ Music Library

◦ Physical Science & Technology Library

◦ Physics Library

◦ Theater Art Library

1990년에 미국연구도서관협회가 발행한 ARL Statistics 1988/89에 의하면 UCLA 도서관은 장서수에서 Harvard, Yale, Illinois Urbana, UC Berkeley, Michigan, Texas대학에 이어 미국 내에서 7위이고 연간 증가 책수는 Harvard, Stanford, UC Berkeley에 이어 4위, 연속간행물 종수는 UC Berkeley, Harvard에 이어 3위, 도서구입비는 Harvard, Yale에 이어 3위, 전문직원수는 Harvard에 이어 2위, 그리고 마이크로 자료수는 1위이다. 현재의 도서구입비나 연간 증가 책수를 감안하면 앞으로 수년 내에 장서수에서도 5위 정도가 될 것으로 예상되어 지금과 같은 발전속도를 유지한다면 수년 내에 각 부문에서 그 순위는 더 올라갈 것으로 예상된다. UCLA의 장서수는 약 612만 책이고 정기적으로 구독하고 있는 학술잡지 종수는 93,549종, 연간 증가 장서수는 약 19만여 책, 직원수는 728명이며 도서구입비는 $7,821,472이다.

도서관 조직은 다음 표와 같이 관장 밑에 기능별 또는 주제별로 각 부서나 분관을 관장하는 6명의 부관장 격인 사서가 있다.

전산화 시스템으로는 UCLA에서 자체 개발한 "ORION"이라는 온라인 시스템과 全 UC계열 대학 간의 온라인 공동목록시스템인 "MELVYL"이 있다.

전산관련 업무를 관장하는 부서로서는 UC계열 9개 대학교 전체를 관장하는 Oakland에 있는 UC 본부 산하의 DLA(Division of Library Automation)와 UCLA 대학본부의 전신소인 OAC(Office of Academic Computing)가 있고 도서관 내에는 OUS(ORION User Services)가 있다.

ORION에는 현재 약 3백만 레코드가 입력되어 있으며 매년 6십만 건 이상의 레코드가 추가되고 있다. 1990년 2월 현재 ORION 데이터베이스에는 단행본 2,217,000책, 연속간행물 181,000종, 주문 중 및 정리 중 307,000책, 그리고 저자 및 주제에 관한 전거레코드 3,019,000건이 입력되어 있다. 또한 지원되는 기능으로서는 단행본 수서와 처리 중 업무관리, 연속간행물 관리(주문, 인보이싱, 체크인, 클레임) 제본처리 중 관리, 회계관리, 저자 및 주제명 표목에 대한 전거통제, Full MARC 포맷, 출력물 그리고 대출업무 등이다.

ORION 시스템은 캠퍼스 내 모든 분관이나 연구실에서는 물론이지만 Dial Access 등 가정에서도 검색 등의 이용이 가능하다. UCLA 도서관에는 독자적인 컴퓨터가 없고 대학본부의 전산소인 OAC의 전산기기를 이용하고 있다. 컴퓨터 기종은 IBM 3090/600S이며 프로그램 언어는 PL1과 아셈블러를 사용한다. 터미널 수는 직원용이 200개, 열람용이 87개, 검색만 가능한 교외 이용자용이 145개, 교수용이 400개이며 1일 평균 Logons 수는 800이다.

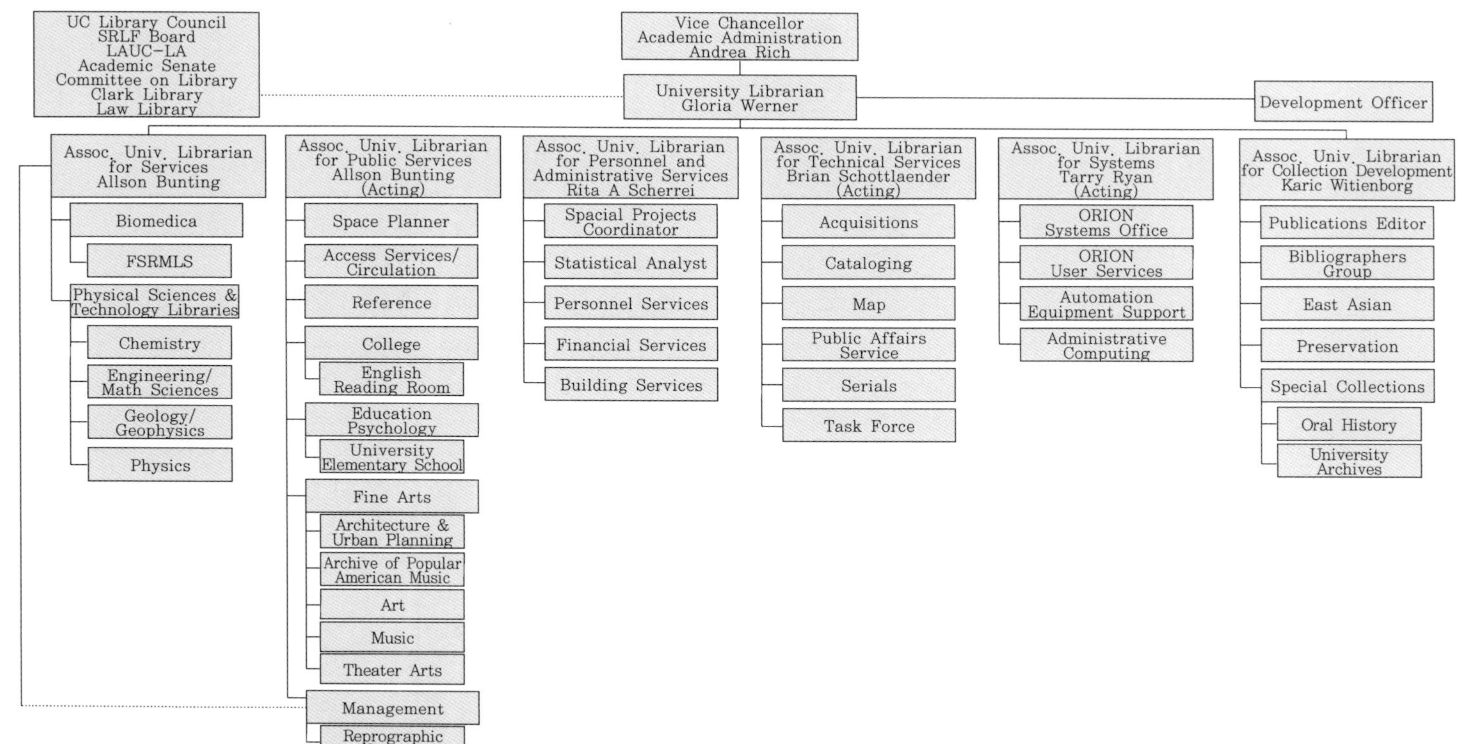
UC Library Council
SRLF Board
LAUC-LA
Academic Senate
Committee on Library
Clark Library
Law Library
Vice Chancellor
Academic Administration
Andrea Rich
University Librarian
Gloria Werner
Development Officer
Assoc. Univ. Librarian
for Services
Allson Bunting
Biomedica
FSRMLS
Physical Sciences &
Technology Libraries
Chemistry
Engineering/
Math Sciences
Geology/
Geophysics
Physics
Assoc. Univ. Librarian
for Public Services
Allson Bunting
(Acting)
Space Planner
Access Services/
Circulation
Reference
College
English
Reading Room
Education
Psychology
University
Elementary School
Fine Arts
Architecture &
Urban Planning
Archive of Popular
American Music
Art
Music
Theater Arts
Management
Reprographic
Service
Assoc. Univ. Librarian
for Personnel and
Administrative Services
Rita A Scherrei
Spacial Projects
Coordinator
Statistical Analyst
Personnel Services
Financial Services
Building Services
Assoc. Univ. Librarian
for Technical Services
Brian Schottlaender
(Acting)
Acquisitions
Cataloging
Map
Public Affairs
Service
Serials
Task Force
Assoc. Univ. Librarian
for Systems
Tarry Ryan
(Acting)
ORION
Systems Office
ORION
User Services
Automation
Equipment Support
Administrative
Computing
Assoc. Univ. Librarian
for Collection Development
Karic Witienborg
Publications Editor
Bibliographers
Group
East Asian
Preservation
Special Collections
Oral History
University
Archives

MELVYL 시스템은 UC계열 9개 대학의 장서에 관한 정보를 어느 캠퍼스에서도 접근할 수 있는 온라인 종합목록 시스템이다. MELVYL의 단행본 파일에는 9개 UC계열 대학 단행본 중 약 900만 책이 입력되어 있고 연속간행물 파일에는 약 60만 종이 입력되어 있으나 이 파일에는 UC계열 대학 이외에 캘리포니아 주립대학계열 11개 대학과 스탠포드대학 및 남가주대학 등의 자료까지도 포함되어 있다. 그러나 MELVYL 목록에는 UCLA의 1977년 이전 자료와 주문 중이거나 정리 중인 자료 및 시청각 자료 등은 포함되어 있지 않으며 대출상황에 관한 기록 등도 포함되어 있지 않다. 이 MELVYL은 Oakland에 있는 UC계열대학 본부의 Division of Library Automation에 의해 운용된다. 도서관의 개관시간은 각 도서관 및 요일에 따라 다르나 일상적인 개관시간을 예시하면 다음과 같다.

도서관 \ 요일	월~목요일	금요일	토요일	일요일
URL	8am~11pm	8am~6pm	9am~5pm	1pm~10pm
College Library	9am~10pm	8am~5pm	10am~6pm	낮 12시~9am
College 열람실	7am~밤 12시	7am~밤 12시	9am~밤 12시	9am~밤 12시
East Asian Library	8am~9pm	8am~5pm	9am~5pm	1pm~5pm

대출은 토요일, 일요일까지도 폐관시간 15분 전까지 계속되며 주로 학생(Student Assistant)이 대출업무를 담당하며 복사는 동전 대신에 복사 전용카드를 사용하면 복사요금은 1매당 7.5센트이다. 누구에게나 대출 책수의 제한은 없고 대출기간은 도서별로 신분이나 자료에 따라 각기 다르다. 그 몇 가지 경우를 예시하면 다음과 같다.

○ 교수 대출기간

자료 / 도서관	단행본	제본잡지	미제본잡지
URL	6개월	1주	관내 열람
College Library	2주	관내 열람	관내 열람
East Asian Library	6개월	3개월	1주

○ 대학원생

자료 / 도서관	단행본	제본잡지	미제본잡지
URL	3개월	1주	관내 열람
College Library	2주	2시간	2시간
East Asian Library	3개월	3개월	1주

○ 학부생, 직원

자료 / 도서관	단행본	제본잡지	미제본잡지
URL	4주	1주	관내 열람
College Library	2주	관내 열람	관내 열람
East Asian Library	4주	2주	1주

○ 기타 Library Card 소지자

자료 / 도서관	단행본	제본잡지	미제본잡지
URL	4주	관내 열람	-
College Library	2주	관내 열람	관내 열람
East Asian Library	4주	2주	1주

○ UC계열대학 도서관 통계(1989년)

가) 장서수

대학	장서수	연간 증가	연속간행물 종수
Berkeley	7,366,672	195,076	103,944
Davis	2,306,831	89,236	51,486
Irvine	1,395,955	54,085	19,492
Los Angeles	5,976,588	188,733	93,549
Riverside	1,415,040	47,880	13,316
San Diego	1,888,207	65,414	30,225
San Francisco	680,288	15,088	4,415
Santa Barbara	1,926,290	67,973	21,497
Santa Cruz	934,527	43,400	13,190
TOTAL	23,890,398	766,885	351,114

나) 직원수

대학	Professional Staff	Non-Prof. Staff	Student Assistant	Total
Berkeley	173	286	314	773
Davis	72	201	59	332
Irvine	57	116	55	228
Los Angeles	204	322	202	728
Riverside	36	104	51	191
San Diego	86	175	78	339
San Francisco	-	-	-	-
Santa Barbara	62	145	43	250
Santa Cruz	-	-	-	-
TOTAL	690	1,349	802	2,841

다) 비도서 자료

대학	Manuscript Units				Maps	Microcopy		Pamphlets	Government Documents not Counted as "Volumes"
	Personal Manuscripts	UC Archival Manuscripts	Other Archival Materials	Total		Microfilm Reels	Microcards, Microfiche, Microprints		
Berkeley	21,820.60	3,638.30	4,471.60	29,930.50	382,066	253,882	4,001,637	439,334	106,907
Davis	840.50	1,089.00	5,142.90	7,072.40	214,296	80,293	2,705,395	591,521	702,920
Irvine	939.20	539.85	0.00	1,479.05	8,058	54,628	1,582,498	3,273	430,029
Los Angeles	13,841.00	2,765.00	284.00	21,890.00	588,914	190,082	5,282,989	893,927	114,552
Riverside	288.40	97.60	1,011.50	1,397.50	72,941	50,066	1,201,341	20,148	397,794
San Diego	2,014.57	1,315.38	137.90	3,467.85	259,209	49,828	1,770,365	115,982	378,431
San Francisco	672.34	499.24	568.09	1,739.67	42	1,634	158,931	6,048	241
Santa Barbara	3,880.00	1,573.00	303.00	5,756.00	335,795	54,831	3,385,682	93,716	628,699
Santa Cruz	519.40	439.60	863.20	1,822.20	155,829	18,567	478,896	0	39,448
TOTAL	49,816.01	11,956.97	12,782.19	74,555.17	2,017,150	753,811	20,567,734	2,164,249	2,819,021

대학	Audio Materials					Video Materials			Multi-Media Kits	Motion Pictures	Film-strips	Pictorial lvems	35mm Slides
	Audio-disc	Audio-cassetts	Audio-reels	Compact Disc	Total	Video-tape	Video-disc	Total					
Berkeley	89,494	10,351	6,001	5,178	61,924	2,915	49	2,964	12	2,796	17	2,451,722	32,171
Davis	9,416	3,219	26	118	12,779	377	34	411	123	7	13	198,791	90
Irvine	92	10,621	0	7	10,720	990	1	991	0	339	0	23,218	32,841
Los Angeles	82,353	10,798	22,806	14	115,971	6,715	101	6,816	27	1,915	221	1,291,520	98,652
Riverside	29,152	411	0	511	30,074	931	23	954	575	235	36	8,826	10,755
San Diego	31,337	10,005	11,305	1,559	54,206	1,942	5	1,947	32	49	0	19,606	186,695
San Francisco	30	620	223	0	873	68	7	75	0	519	0	13,004	19,071
Santa Barbara	59,620	1,604	8,357	90	69,671	434	0	434	2,057	10	0	2,162,190	0
Santa Cruz	12,642	8,378	2,189	148	23,357	1,022	0	1,022	33	564	24	14,404	186,829
TOTAL	254,136	56,007	50,907	7,625	368,675	15,394	220	15,614	2,859	6,434	311	6,183,281	567,104

라) 예산

대학	봉급	도서구입비	제본비	비품 및 재료비	합계
Berkeley	$20,277,057	$6,330,941	$759,928	$1,669,234	$29,037,160
Davis	11,427,808	4,966,086	414,101	901,818	17,709,813
Irvine	8,001,988	3,348,351	309,888	425,215	12,085,442
Los Angeles	18,714,360	6,698,976	639,923	1,857,546	27,910,805
Riverside	4,928,010	2,527,863	168,733	371,457	7,996,061
San Diego	9,871,396	3,965,873	310,476	1,078,727	15,226,472
San Francisco	2,726,524	879,585	75,831	144,261	3,826,201
Santa Barbara	8,673,395	3,280,450	355,081	664,007	12,972,933
Santa Cruz	4,911,835	2,101,225	140,909	318,687	7,472,656
합계	89,532,373	34,099,350	3,174,868	7,430,952	134,237,543

마) 대출 책수

대학	CAMPUS UNDER-GRADUATES	CAMPUS GRADUATES	CAMPUS ACADEMIC	CAMPUS STAFF	OTHER	TOTAL
Berkeley	758,063	671,138	224,387	20,215	347,698	2,021,501
Davis	449,512	245,982	78,215	32,241	67,652	873,602
Irvine	268,136	112,003	41,639	23,697	116,011	561,486
Los Angeles	562,172	560,294	267,191	76,421	411,584	1,877,662
Riverside	156,245	90,868	51,205	24,880	43,625	366,823
San Diego	278,633	94,681	70,627	23,748	67,562	535,251
San Francisco	680	33,651	16,283	6,191	10,447	67,252
Santa Barbara	262,511	101,112	58,214	9,091	71,427	502,355
Santa Cruz	328,830	43,360	30,287	8,577	21,620	432,674
합계	3,064,782	1,953,089	838,048	225,061	1,157,626	7,238,606

3. 동아시아 도서관(Richard C. Rudolph East Asian Library)

동아시아 도서관은 본래 동양 도서관(Oriental Library)이었으나 1990년 7월 1일부터 그 명칭을 현재의 이름으로 바꾸었다.

URL의 2층에 위치하고 있으며 주로 인문, 사회과학 분야의 자료가 대부분으로 중국어, 일본어 및 한국어로 된 자료만을 소장하고 있다. 장서수는 1990년 6월 말 현재 293,171책이고 계속구독 학술지는 2,374종, 연간 증가책수는 11,753책이다. 1990년도의 도서구입비는 총 $311,652이며 이중 중국서 구입비는 $109,288(35%), 일본서 구입비는 $186,714(60%) 그리고 한국서 구입비는 $15,650(5%)이다. 직원수는 전임직원으로 중국인 4명, 일본인 3명, 한국인 1명 외에 파트타임 직원, 학생조무원(Student Assistant) 및 교환사서 등을 포함하면 거의 30여 명이 된다. 도서관 운영은 언어의 특수성으로 URL과는 거의 독립적으로 운영되고 있으며 소장자료에 대한 데이터베이스 구축은 1986년에 Online Computer Library Center, Inc.(이하 OCLC)의 CJK(Chinese, Japanese, Korean의 약자) 시스템을 도입하여 1987년 이후 수입된 자료부터는 모두 입력하였고 그 이전 자료는 1989년부터 OCLC에 용역을 주어 CJK 소급변환 프로젝트에 의한 소급입력이 진행 중에 있어 앞으로 2~3년 후에는 모든 자료에 대한 데이터베이스 구축이 완료될 것이다. 따라서 아직도 대출업무는 수작업으로 되고 있으나 그 외의 모든 업무는 ORION 시스템에 의해 운영, 관리되고 있다. 목록은 OCLC의 CJK 시스템에 의해 약 89%는 Copy Cataloging 하고 나머지 11% 정도는 Original Cataloging 하고 있다.

참고로 1990년 1월 현재 전 미국에서 OCLC 데이터베이스에 입력된 연도별 CJK 레코드 수는 다음과 같다.

언어 / 일자	중국서	일본서	한국서	계	증가지수
1986. 4. 6	36,748	40,339	7,314	84,401	0%
1987. 1. 17	49,343	57,893	8,936	116,172	38%
1987. 7. 13	77,420	83,927	16,964	178,311	112%
1987. 12. 29	101,038	101,436	24,113	226,586	169%
1988. 7. 5	111,924	110,424	26,681	249,029	195%
1989. 1. 7	125,561	128,864	29,259	275,684	227%
1990. 1. 7	160,589	146,614	35,370	342,573	306%

한편 미국에서는 LC를 비롯한 OCLC, RLIN 및 각종 도서관에서 중국서의 번자 문제로 Wade-Giles식과 Pinyin식 중 어느 방식을 채택할 것인가 하는 문제가 대두되어 논란이 되고 있다. 한국서의 경우는 거의 모두 McCune-Reischauer식을 사용하지만 장차는 문교부 방식을 채택했던 본국과의 호환성 문제 등이 필연적으로 제기될 것이다.

이 도서관은 인력이 부족하여 아직 정리 못하고 쌓여 있는 책이 약 37,700여 책이나 되고 장소도 협소하여 여러 곳에 분산 관리되고 있어 인원과 공간 확보가 시급한 실정이다.

이 도서관에는 중국, 일본, 한국과 각각 교환사서 프로그램이 있어 한국은 서울대에서, 일본은 Keio대에서, 그리고 중국에서는 Dalian대학에서 각각 1명씩 와 있어 3명의 Visiting Librarian이 있다. 이 프로그램은 해당국의 자료수집과 언어와 관련한 참고봉사 업무에 큰 도움이 되고 있음은 물론이고 상호간의 이해증진과 업무협조에도 유익한 프로그램으로 생각된다.

○ 동아시아 도서관 주요 통계

가) 장서수

연도 / 언어	1985/86	1986/87	1987/88	1988/89	1989/90
중국서	132,436	139,234	143,658	151,523	157,021
일본서	104,245	107,752	108,294	111,264	115,251
한국서	9,298	10,247	12,336	13,844	15,424
계	245,979	257,233	264,288	276,631	287,696

나) 마이크로 자료

연도 / 자료별	1985/86	1986/87	1987/88	1988/89	1989/90
마이크로 필름	2,379	2,379	2,683	2,997	3,685
마이크로 휘시	1,790	1,790	1,790	1,790	1,790
계	4,169	4,169	4,473	4,787	5,475

다) 연속간행물 종수

연도 / 언어	1985/86	1986/87	1987/88	1988/89	1989/90
중국서	548	857	1,016	1,173	1,287
일본서	489	494	526	648	873
한국서	41	57	94	94	214
계	1,078	1,408	1,636	1,915	2,374

라) 연간 증가 책수

언어 \ 연도	1985/86	1986/87	1987/88	1988/89	1989/90
중국서	4,640	6,798	4,424	7,865	5,498
일본서	2,755	3,507	542	2,970	3,987
한국서	736	949	2,089	1,508	1,580
계	8,131	11,254	7,055	12,343	11,065

마) 목록 책수

	목록방법	1985/86	1986/87	1987/88	1988/89	1989/90
중국	오리지널 목록	263	431	783	2,226	432
	Copy 목록	1,632	1,835	3,343	5,426	2,589
	소계	1,895	2,266	4,126	7,652	3,021
일본	오리지널 목록	130	219	311	1,081	355
	Copy 목록	1,101	2,163	2,317	1,795	3,138
	소계	1,231	2,382	2,628	2,876	3,493
한국	오리지널 목록	329	290	64	338	313
	Copy 목록	116	292	325	2,038	1,045
	소계	445	582	389	2,376	1,358
계	오리지널 목록	722	940	1,158	3,645	1,100
	Copy 목록	2,849	4,290	5,985	9,259	6,772
	소계	3,571	5,230	7,143	12,904	7,872

바) 대출 책수

연도	1985/86	1986/87	1987/88	1988/89	1989/90
책수	13,393	11,295	13,843	16,621	17,869

4. 연수생활

UCLA에서는 동아시아 도서관에 근무하면서 주로 한국학 관련 자료의 선정 및 수집업무를 하였다. 그리고 ORION 시스템을 통한 복본조사, 주문, 체크인, 지불, 제본준비, 목록 및 검색업무 등의 실습과 OCLC에서 사용하고 있는 한자문화권 자료, 즉 중국어, 일본어, 한국어 자료에 대한 온라인 공동목록 시스템인 OCLC CJK 350 시스템에 의한 목록실습 등을 해가면서 URL의 여러 부서들을 순회하며 연수하였다.

초창기 몇 달간은 언어훈련을 위해 하루 1~2시간씩 캠퍼스 내에서 무료로 실시하는 회화반이나 International Students Center의 회화반(연간 수강료가 $75.00)에 다니기도 했는데, 어디서나 모든 강사가 무보수의 자원봉사자들이었다.

일상적인 한국학 관련 자료의 수집업무 이외에 한국학에 기본적으로 필요로 하는 자료목록을 작성하는 데는 이에 관한 참고자료의 부족 등으로 고충이 많았다. 그러나 나름대로는 비록 부실하고 부족하나마 여러 자료를 참고하고 관련 교수들의 자문을 받아 미흡하나마 현재 소장자료 이외의 자료로서 앞으로 꼭 필요하다고 생각되는 자료목록과 정기구독 해야 될 학술지 및 정부간행물 등의 선정목록을 만든 것은 보람 있는 일이었다고 생각된다.

연수기간 동안 월 1회의 정기적 회의에 참석하는 이외에 비정기적 각종 회의나 세미나, 워크숍, 콜로키업 및 여러 가지 교육 프로그램에도 수십 차례 참석하였다.

또한 미국 도서관협회(American Library Association: 이하 ALA)나 동아시아 도서관 회의(Committee on East Asian Library: 이하 CEAL) 등 전국 규모의 회

의에 참석하였고 주요 대학이나 기관 등도 방문, 견학하였다.

○ CEAL

CEAL은 CTA(Committee on Teaching about Asia)나 SAC(South Asia Council)처럼 Association for Asian Studies, INC.(이하 AAS)의 산하에 있는 분과회의 성격의 여러 회의체 중의 하나로서 한자 문화권 자료(중국서, 일본서, 한국서)를 소장하고 있는 모든 도서관(일부 캐나다 도서관 포함)이 회원으로 되어 있는 회의체이다. 지난 1990년 4월 5~8일까지 시카고의 Palmar House에서 제42차 AAS 연차 회의가 개최되어 본인도 이 회의에 참석했는데 약 1,500명 이상이 참석하였다. 참석자의 약 90%는 동양계 인이고 그중 60~70%는 중국인이고 나머지가 한국, 일본을 포함한 기타 동양계 인인 것으로 추정된다. 따라서 동양계 인으로서 도서관계의 가장 큰 회의는 CEAL이라고 할 수 있어 미국 및 캐나다에 근무하는 동양인들은 ALA보다는 CEAL에의 참석을 선호하는 것 같았다. 본인도 이 회의에 참석하여 미국 도서관계에 근무하는 한국 분 수십 명을 만날 수 있었다.

이번 CEAL 총회에서 발표되었던 주요 주제는 다음과 같다.

1. Problems of Recon Cataloging in RLIN.
   Karl Kahler, University of IOWA
2. CJK Support in NOTIS.
   John Kolman, NOTIS.
3. LC Report on Cataloging
   Beatrice Ohta, Library of Congress.
4. Result of the Informal RLG Survey on Wade-Giles and Pinyin

Romanization System.

Karen Smith-Yoshimura, Research Libraries Group.

5. Report on CONSER Vernacular Task Force.

Weiying Wan, University of Michigan.

6. Pinyin: Possible Approaches for Cataloging and Automation.

Prepared by Collection Services, Library of Congress. March 30, 1990.

7. OCLC CJK Users meeting

◦ Brief note.

◦ OCLC CJK 350 System Installation Site.

◦ Statistical Report of OCLC CJK 350 Database.

◦ CJK Software Installation Instructions.

◦ On CJK 350 and New Online System.

◦ OCLC User Survey Report on Pinyin Promazation.

◦ The EPIC Service and Price List.

8. Academic Library Automation in Taiwan-National Taiwan University Experience-

Lawrence H. Chen.

9. National Bibliographic Control of Current Publication in Japan.

Kenji Niki, Columbia University.

10. National Bibliographic Control of Current Publication in China.

Raymond N. Tang.

11. Bibliographic Control of Current Publications of South Korea.

Yongkyu Choo, UC Berkeley.

○ ALA

1990년 6월 23~28일에 시카고의 McCormick Place에서 개최된 제109차 ALA 연차회의에 참석하였다. 나는 우선 이 회의의 규모에 놀랐다. ALA 회의에는 도서관과 관련 있는 수많은 각종 전문적인 단체, 협회, 협의회, 협의체, 회의체, 위원회, 그룹, 분과위원회, 회원모임 등등이 참여하기 때문에 그 회의진행에 관한 안내 프로그램 책자만도 326페이지나 되며 참가자수도 15,000여 명 이상이나 되는 초대형 회의이다.

이번 ALA 총회에서는 수많은 프로그램 중에서 주로 대학도서관이나 업무전산화 또는 아시아계에 관한 것을 골라 다음과 같은 프로그램에 참가하였다.

- Opening General Session
- ALCTS Preservation of Library Materials Section
  "Automation and Preservation"
- ACRL Education and Behavioral Science Section
  "Access ERIC"
- LITA Program Planning Committee
  "Automation Product Review Part Ⅰ, Ⅱ"
- Asian Pacific American Librarians Association
  "Assimilation and Identity: An Asian American Dilemma"
- ALA International Relations Committee
  "International Relations Assembly"
- OCLC
  "OCLC Update Session"
- ACRL Community and University Libraries Section

"Multitype Library Cooperation"

- ALA International Relations Round Table

"A Night at the Newberry: IRRT Reception for Foreign Librarians"

또한 ALA 총회에서 잊을 수 없는 것은 그 하이라이트라고 할 수 있는 도서 전시이다. 이 전시회에는 수백 개의 각종 출판사, 서적업자, 도서관 용품 업자, 시스템 및 데이터베이스 업자 등의 많은 관련 업체들이 마치 박람회처럼 참가하여 신간 서적들을 비롯해서 도서관업무와 관련한 자신들의 최첨단 기술을 자랑하는 각종 장비나 제품들을 전시하고 선전하는 곳이다. 이 전시회는 아주 인상적이었다.

그동안 방문, 견학했던 주요 기관으로는 아래와 같으며 서부지역은 대부분 각종 회의나 세미나 등에 참가하면서 방문하였고, 중부지역은 ALA와 CEAL에 참석시, 그리고 동부지역은 약 2주간 여행으로 방문하였다.

1) 서부지역

- UC Berkeley
- UC Santa Barbara
- UC San Diego
- Stanford University & Hoover Institute
- University of Southern California
- California Institute of Technology(Caltech)
- Pepperdine University
- California State University, Fullerton

◦ California State University, Northridge
◦ Los Angeles Public Library
◦ ASIA(Asian Shared Information & Access)
◦ University of Hawaii(하와이)
◦ Pio Pico Library(LA Public Branch Library)

2) 중부지역

◦ University of Chicago
◦ Northwestern University
◦ University of Michigan
◦ Ohio State University
◦ Denison University
◦ Chicago Public Library
◦ Online Computer Library Center(OCLC)
◦ Chemical Abstract Service(CAS)

3) 동부지역

◦ Library of Congress
◦ Johns Hopkins University
◦ Columbia University
◦ New York Public Library
◦ Princeton University

◦ Yale University

◦ Harvard University

◦ Massachusetts Institute of Technology(MIT)

◦ Boston University

◦ University of Toronto(가나다)

5. 참고사항

지금까지 UCLA 도서관에 관해 간략히 소개해 들였으나 미국 도서관계의 이해를 돕고 상식적이기는 하지만 혹시 참고가 되지 않을까 생각하고 우리의 시각과 현실과는 좀 다른 사항을 중심으로 그동안 느낀 점이나 다소 인상적이었던 것 몇 가지를 생각나는 대로 소개하고자 한다.

○ 도서 판매

도서관의 수서부서 안에 Gift Section이 있다. 여기서는 UCLA 도서관에 기증되는 모든 자료를 이곳에서 접수하여 해당 주제 전문가(Bibliographer)와 협의하여 등록 여부를 결정하거나 교환 또는 기증자료로 활용한다. 이와 같이 통상적으로 수증되는 자료처리 과정이야 우리와 큰 차이가 없으나 한 가지 다른 것은 대학 내의 각급 도서관에서 제적한 자료들과 수증된 자료 중 복본이거나 소장할 필요가 없다고 생각되는 자료들을 이곳에 한데 모아 개가식으로 진열해 놓고 판매한다. 이곳에서 판매되는 책은 대부분 복본이거나 신판이 나온 구판이 대부분인데 신간이지만 복본이 많아서 판매되는 경우 등 의외로 값진 자료가 가끔 나온다. 전문서적 이외에도 여행이나 취미생활에 관한 자료 및 문학작품 등은 일반인도 가끔 들어와서 사 가기도 한다.

책값은 물론 책에 따라 다르겠으나 보통 1~2달러로서 아주 싸기 때문에 이용자가 많은 편이나, 폐기조차 제대로 못하고 있는 우리 현실과는 퍽 대조적인 것 같았다.

○ Bibliographers

장서개발(Collection Development) 담당 부관장 밑에는 자료선정을 담당하는 Bibliographers Group이 있다. 여기에는 총 18명의 사서가 있는데 이들은 각각 특정 주제 분야 또는 지역에 관한 주제전문가로서 장서개발을 담당하면서 해당 분야의 참고봉사 업무도 수행하고 있다. 즉, 이들은 자료선정자(Selector)로서 해당 주제 분야에 관하여는 자기 책임 하에 구입하거나 폐기할 대상자료를 선정하여 그 분야에 관한 양질의 장서 구성을 위한 일을 주로 하는데, 대부분의 그 분야의 학위를 소지한 서서들이다.

○ 직원 인사

신규로 직원을 채용할 경우는 언제나 그 사람이 근무할 부서 및 자리, 자격요건과 자격의 등급, 주요 업무 내용 및 책임, 봉급액수 명시 또는 봉금액을 상담 후에 결정할 수 있는지 여부, 근무예정 기간 및 근무시간, 근무조건 등 모든 필요한 사항을 구체적으로 인쇄물화 하여 여러 사람이 오래도록 볼 수 있도록 광고한 후 인사위원회의 서류심사와 실질적인 몇 차례의 면접 등으로 결정한다고 한다.

또한 직원들의 이동 역시 본인이 원하지 않으면 계속 그 자리에 있을 수 있는 등 구체적 조건 없이 시험을 치루어 임용되거나 정기 또는 부정기적으로 전보, 이동되는 우리들의 사정과는 많이 다르다는 것을 알았다.

또한 도서관장의 경우는 여기서는 총(학)장이 임기제로 임명하는데 비해 그곳은 결원이 생길 때 희망자가 출마하여 자기의 소견을 수백 명 대중 앞에서 발표 후 질의응답하고 일정 기간 도서관 직원 등과의 면담절차를 거친 후 선거에 의해 결정한다고 한다. 나는 현재의 도서관장이 출마한 사실을 도서관장 출마 후보자들의 소견발표장에 가서야 처음 알게 되었다.

○ Approval plan

Approval plan이란 일종의 도서구입 방법으로, 예를 들어 어느 회사가 각 출판사의 신간 도서를 입수하여 실물과 출판목록의 해당란에 체크하여 일방적으로 도서관에 보내오는 제도이다. 그와 같은 일을 하는 회사는 각 출판사와의 긴밀한 유대로 신간 도서는 물론이고 출판되기 이전 자료의 정보까지도 항상 파악하는 한편, 주요 고객도서관에 관하여는 그 도서관의 특성이나 장서구성 내용까지도 파악하는 전문가들이 있다고 한다.

이러한 제도의 초창기에는 불필요한 자료까지 마구 보내와서 반송되는 사례가 많아 송료문제가 크게 대두되었다는데, 근래에는 자기회사의 신용과 명예를 위해 소홀히 하지 않고 그 도서관에 꼭 필요할 것으로 예상되는 자료만을 엄선하여 보내기 때문에 반송되는 사례가 별로 많지 않으며 일반적으로 보편화되어 있다고 한다.

이러한 제도는 기본적인 자료를 대부분 다 갖추고 있는 도서관으로서는 신간 구입의 좋은 방법으로 생각하고 구미 선진국의 많은 도서관들이 이 제도를 활용한다고 한다. UCLA에서도 단행본 구입비의 60% 이상을 이 제도에 의해 구입한다고 하는데, 어쨌든 우선 후불이고 또 내용을 본 후 구입 여부를 판단할 수 있기 때문에 양질의 도서를 구입하는 좋은 방법으로도 생각된다.

○ SRLF

UC계열대학 도서관에는 2개의 지역별 도서관이 있는데 캘리포니아주 북부지역에서는 UC Berkeley대학 내에 Northern Regional Library Facilities(이하 NRLF)가 있고 남부지역에서는 UCLA에 Southern Regional Library Facilities(이하 SRLF)가 있다.

SRLF는 1977년의 UC계열대학 도서관 발전계획의 일환으로 설립된 것으로 1985년에 주정부의 재정지원으로 건축하여 1987년 8월에 개관하였다. SRLF는 UC계열대학 중 남부지역에 있는 UC Irvine, UCLA, UC Riverside, UC San Diego, UC Santa Barbara의 5개 대학도서관 소장자료 중 신판이 나온 구판, 귀중자료, 기록류, 마이크로자료 등 비교적 이용빈도가 적거나 특수한 보존시설이 필요한 자료들을 한곳에 모아 공동으로 보존, 이용시킴으로써 각 대학도서관의 장소 부족 문제를 해결하고 자료의 최신성을 유지한다.

SRLF는 약 350만 책의 수장능력이 있으며 1990년 6월 현재 약 160만 책을 소장하고 있다.

자료의 배열을 가령 어느 자료가 SRLF에 보내지면 어느 대학에서 보내왔건 상관없이 우선 그 자료의 형태에 따라 구분하고 2차적으로 그 자료의 크기에 따라 구분하여 순차적으로 배열한다. 이때 기존 대학의 청구기호 및 바코드는 무시하고 새로운 바코드를 부착하고 그 번호순으로 혼합배열된다. 물론 열람방식은 폐가식이지만 대부분이 신청에 의한 Interlibrary Loan에 의해 이용되기 때문에 거의 불편이 없다. 또 UCLA를 중심으로 남부지역 5개 대학 캠퍼스 간에는 남가주대학 및 Caltech 등을 포함하여 Interlibrary Loan 등을 위한 셔틀버스가 먼 곳은 하루 1회, 가까운 곳은 하루에도 여러 차례씩 정기적으로 운행되고 있다. SRLF에는 연간 약 60여 만 책이 증가되고 있으며 1989년도에는 약 8만여 건의 이용실적이 있다. 장차 우리나라에도 이와 유사한 기능을 가진 도서관의 출현이 예상된다.

○ 신문의 분담수집

UC계열대학 간에는 각 대학마다의 장서개발 담당자 9명과 그 외의 UC대학 본부, 도서관 위원회, UC대학 사서협회 및 스탠포드대학 등에서 각각 1명씩 합계 13명으로 구성된 "장서개발위원회"가 있다. 이 위원회에서는 1988/89년에 다음과 같은 4개의 pilot project를 추진하고 있다. 즉,

1) The Science Translation Journals Project

2) The Pacific Trade Rim Journals Project

3) The East Asian Newspaper Backfiles Project

4) The Fax Project

의 4개 프로젝트이다.

1990년 9월 14일에 US San Diego대학에서 개최된 남가주대학 동아시아 사서연차회의(Annual Meeting of the University of California East Asian Librarians)에 참석하였다. 이 회의는 UC계열 9개 대학만의 회의체이지만 장서개발위원회의 사업과 관련하여 스탠포드대학과 동 대학의 후버연구소에서도 참석하였다. 이번 회의에서 여러 가지 토의안건 중 나에게 관심이 있었던 것은 위 장서개발위원회의 사업 중 하나인 동아시아 지역 발행신문의 분담수집에 관한 것(The CJK Newspaper Backfiles Pilot Project-Shared Purchase Program-)이었다. 즉, 주요 골자는 중국, 일본, 한국에서 발행하는 신문 중 각 국별로 주요 신문 1~2종을 선정하고 적어도 이 선정된 신문들을 UC계열대학 중 어느 특정 대학에서 중점 수집하여 소급분까지 결호 없이 모두 갖추기로 하고, 나머지 대학에서는 그 신문은 구입하지 않고 이용은 서로가 불편없이 할 수 있도록 하자는 것이다. 또한 수집하는 대학에서는 그 신문에 대

한 분담목록과 소장처 및 물리적 상태 등의 모든 상황을 다른 대학에서도 항상 알 수 있도록 한다는 것이다. 이들은 회의자료로서 9개 UC계열대학에서 구독 중인 동아시아 발행신문 약 40여 종에 대하여 각 대학별 소장사항을 조사하였다. 그리고 각국별 주요 신문을 선정하고 선정된 신문은 대학별 소장사항과 제반 여건을 참작하여 분담수집할 대학을 정하고 이를 문서로 협약(Written Agreements)하자는 것이다. UCLA에서는 일본의 Mainichi Shimbun을 마이크로필름으로의 구입을 담당키로 결정하였으며 이때 UCLA의 동아시아 도서관장 James Cheng 씨는 KOREA(한국 및 북한) 신문에 관한 보고에서 동아일보, 조선일보, 한국일보 및 로동신문 등 남북한에서 발행되는 주요 신문 대부분을 남가주대학에서 이미 마이크로필름으로 창간호부터 모두 갖추고 있다고 보고하였다. 자료의 분담수집은 구입비용, 보관문제, 이용의 편리성, 이용자의 불만 등 여러 가지 복잡한 문제가 있는데도 이를 실현해 나가는 적극적 자세가 퍽 인상적이었다.

○ 재미한인 도서관인 협회

미국에는 재미한인 도서관인협회(Korean American Librarian Association: 이하 KALA)라는 협의체가 있다. 전 미국에는 교포 2세를 포함하여 도서관계에서 근무하는 한국인 사서는 그 숫자를 정확히 알 수는 없으나 CEAL Directory 등을 참고하면 거의 백여 명에 이를 것으로 추정된다.

KALA 모임은 지역적으로 너무 넓어서 동시에 모이기가 사실상 어려운 실정이라 ALA나 CEAL 등 전국 규모의 관련회의가 열릴 때 그곳에 참가한 사람들끼리 모이거나 서부, 중부, 동부 등 지역단위로 모이고 있는 것이 현실이다.

KALA는 이민사회에서 상호간의 친목도모는 물론이지만 세미나 개최, 자료교환 또는 한글의 로마자 표기법에 관한 문제 등 실질적인 업무에 관한 공동 관심사를 진지하게 토의하는 등 보람 있는 일을 많이 하며 지역사회 발전에도 크게 기여하고 있다. 지난번 로스앤젤레스 지역에 있는 600여 개 이상의 한인 교회에서 대두되고 있는 현실적 문제로서 교회마다 도서가 점증하여 자생되는 자료실의 효율적 관리에 관한 도움말을 몇 개 교회에서 KALA에 요청해 와, 지난 1990년 11월 17일에는 동양선교교회에서 KALA 주최로 "교회도서관 설립, 운영에 관한 세미나"를 개최하였는데, 관심 있는 자들의 많은 호응을 얻기도 하였다.

현재 KALA 회장은 남가주대학의 김정현(죠이 킴) 씨이고 총무는 UCLA의 임춘희 씨가 맡고 있다. KALA와 본국의 도서관 관계 여러 협의체와의 긴밀한 유대관계를 갖는다면 장래의 도서관 발전을 위해서도 서로가 유익할 것으로 생각된다.

○ 기록의 유지와 공람

물론 다른 분들도 경험하고 미국이 아니더라도 누구나 공통적으로 느꼈으리라 짐작되는 일이지만 그들은 어떤 사실에 대한 기록을 반드시 남기고 또 그것을 공람하여 지식을 공유하고 이를 전수하고 있다. 일상적인 정규업무는 물론이지만 그 외에 조금이라도 특이한 사항이 있거나 작으나마 어떤 회의가 있었다면 별로 대수롭지 않게 생각되는 사항까지도 아주 자세히 기록으로 남기고 있다. 간부회의 회의록을 비롯한 각종 회의의 회의록을 전 직원에게 공람하는 공개행정체제, 또는 어느 부서의 누가 어느 날 휴가를 가게 되면 그동안 그 사람의 일은 누가 대신 할 테니 그 사람과 연락하라든지 하는 등 비록 그 당시에는 별로 가치 없이 여겨졌던 일까지도 언젠가는 아주 값진 참고자료가 되는 경우는 허다할 것이다. 보편적으로 우리들은 이 방면에 소홀했다고 생각하며 매사에 기록유지의 습관을 갖을 필요성을 느끼면서 소관업무에 대한 철저한 책임의식과 빈틈없고 자율적인 공개행정체제가 인상적이었음을 다시 한 번 느끼게 한다.

6. 맺음말

이미 모두가 다 알고 있는 일이지만 구미 선진국과는 일반적으로 도서관에 대한 인식과 기대가 우리와는 현격한 차이가 있다. 같은 맥락에서 이용자 위주의 도서관 관리체제가 정착될 수 있었던 사회적 환경과 문화적 배경 또한 우리와는 너무 큰 차이가 있음을 다시 한 번 실감하였다.

그동안 우리보다 월등하게 많고 풍부한 자료에 부러운 마음과 함께 지루함도 없이 시간가는 줄 모르고 자료조사에 파묻혀 지냈던 소박한 생활이 작으나마 밑거름이 될 수 있고 또한 그동안 연수과정에서의 체험과 견문은 앞으로 여러 모로 도움이 되었으면 기대해 본다.

끝으로 UCLA 체재기간 중 많은 도움을 준 URL과 동아시아 도서관 직원 여러분들께 감사를 드리며, 특히 동아시아 도서관장인 James Cheng 씨와 임춘희 선생님 그리고 KOREA program의 김옥숙 박사님께 다시 한 번 깊은 감사를 드리는 바이다.

References

UCLA Library Guide, Fall 1990.

Annual Report(1989/90) of the Richard C. Rudolph East Asian Library UCLA, December 1990.

Allocation of Materials Budget for 1990/91, Oct. 15, 1990.

ORION: The UCLA Library Online Information System, February 1990.

University of California Library Statistics, July 1989, Library Affairs University of California Office of the President.

University of California Collection Development Committee Annual Report 1989/90.

UC SRLF Statement of Operating Principles, January 4, 1988.

ARL Statistics 1988/89, Association of Research Libraries 1990.

1990 CEAL Annual Meeting AGENDA.

酒井明夫, UCLA での 研修を 終えて, KULIC, No. 23, 1989. 11, pp. 26~28.

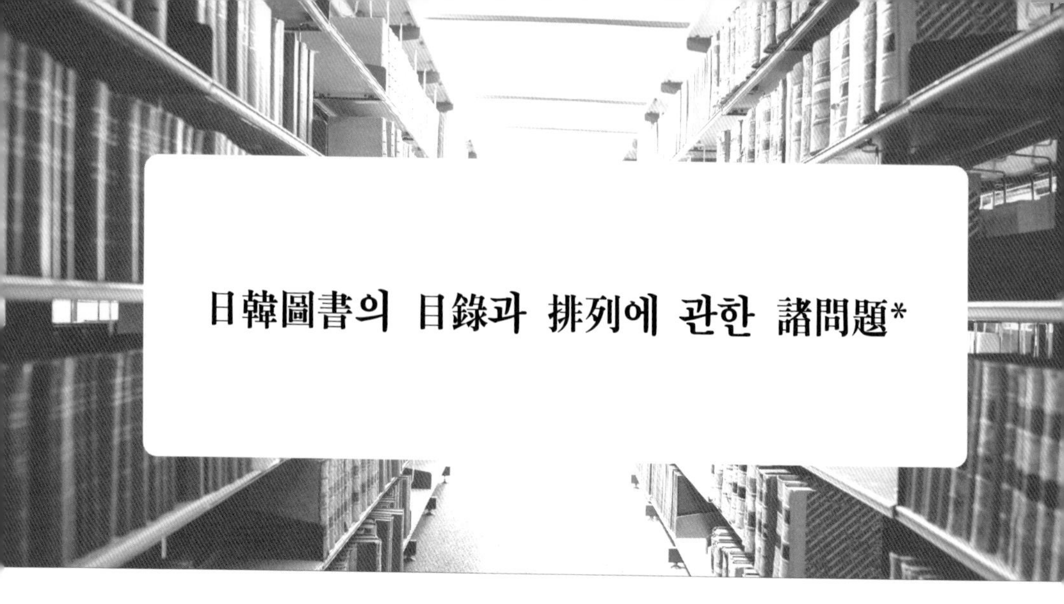

日韓圖書의 目錄과 排列에 관한 諸問題*

1. 문제의 제기

1983년 3월 13~18일까지 台北의 국립사범대학에서 제1회 아시아태평양지구 도서관학회의(ASPAC 도서관회의)[1]가 개최되었다. ASPAC은 일본과 대한민국 그리고 중화민국(대만)의 3국 정부로부터 예산을 포함한 여러 가지 지원에 따라 설립된 것으로, 그 본부는 서울의 ASPAC 사회문화센터에 두고 있다. 그 활동은 여러 분야에 걸쳐 있으나 국제회의를 주행사로 하고 있다.

도서관에 관한 회의는 처음으로 일본, 중국, 한국 외에 오스트레일리아, 피지, 프랑스, 인도, 뉴질랜드, 필리핀, 싱가포르, 타이, 미국 등에서도 참가자가 있었다.[2]

---

* 本稿는 『富士大學紀要』, V. 23(1989. 3), pp. 51~68에 실린 것으로 柳東烈 선생의 定年記念論集에 揭載키 위해 日本 富士大學 敎授 田辺 廣 씨가 보내온 것을 飜譯한 것임. 圖書館論集: 午山 柳東烈 先生 定年記念, 1992, pp. 295~316에 수록된 것이다.

1) The First Asian-Pacific Conference on Library.

의제는 도서관정보학에 관한 전반적인 것으로 자기 나라의 현황보고가 많았었는데, 회의 테마는 "Library Automation and Resource Sharing"이었다. 미국 RLG 소속의 J. W. Haeger 씨에 의한 CJK(중·일·한) Project[3]와 미국과 대만의 컴퓨터전문가의 협조로 만들어진 3바이트 한자코드 CCCII[4]의 설명이 새로운 이야기였다.

나는 이번 회의에서 "Technical Processing in East Asian Language"라는 제목으로 발표하였다. 이것은 그 다음 서울에서 개최되었던 제2차 ASPAC 회의[5]에까지도 계속된 것으로, 동아시아 한자문화권의 여러 나라, 즉 중국, 일본, 한국에 있어서의 서지정보의 유통과 표준화에 관해서 구미와는 다른 방식으로 記述Unit 기본카드 방식을 주장하였다. 여기에 대하여, 이전에 IFLA Worldwide Seninar(1976, Seoul)에서 비슷한 주장에 대하여 대만의 한 사서가 대찬성을 표명해 왔는데도 그때는 아무 반응도 없었고 그 대신, 한국과 홍콩 참가자가 찬성의 뜻을 표명해 왔다. 전혀 의외였었는데 다음에 생각해보니 원탁형 좌석에 앉은 참가자 중에는 대만의 도서관학, 특히 목록전문가는 적고 뒤편의 옵서버로 참가한 사서 중에는 그 취지를 이해하는 사람이 있지 않았나 하는 생각이 든다.

제2회 ASPAC 도서관회의는 1985년 5월 2~24일 서울에서 개최되었다. 주최는 문화사회센터와 한국 국립중앙도서관이었다.[6] 서울회의 테마는 제1회에서 도서관정보학 일반을 대상으로 한 것에 대하여, 동아시아의 서지정보

---

2) 일본에서는 본인과 慶應義塾大學 圖書館情報學科의 津田良成 교수가 참가하였다.
3) 중국어, 일본어, 한국어, 즉 한자를 포함한 서지정보를 컴퓨터로 처리하는 프로젝트.
4) Chinese Character Code for Information Interchange.
5) 한국 연세대학의 이재철 도서관장, 홍콩의 中文大學 도서관장인 簡麗泳 여사 등.
6) 회의운영의 실질 담당자는 당시의 국립중앙도서관 전산실장, 현재의 공주대학교 도서관학과장인 현규섭 교수였다.

교환으로 그 범위를 좁혔다.

즉, 구체적으로는 1) 일본, 한국, 중국의 문자코드 자동화 시스템 개발, 2) 동아시아 출판물을 위한 목록규칙, 3) 동아시아 MARC 시스템의 확립 등 3가지가 토픽으로서 들게 되었다.

회의의 정식 초청자는 37명으로 일본, 중국, 한국 외에 오스트레일리아, 캐나다, 홍콩, 말레이시아, 싱가포르, 타이, 미국이 참가하였다.[7] 일본 대표로는 본인 외에 게이오대학의 津田良成 교수, 국립국회도서관의 丸山昭二郎 사서감, 국제교류기금의 細谷昭夫 과장보좌 등 4명으로 津田 교수는 부회의 의장을 맡았고, 나와 丸山 씨가 발표하였다.

나는 "Chinese Chratacter and Bibliographic Information Interchange"라는 제목으로, 丸山 씨는 "일본에 있어서 서지조정의 현황"에 대하여 JAPAN MARC를 중심으로 발표하였다.

제2회 회의는 테마의 내용을 요약하여 대단히 깊이 있는 발표가 되었고, 여기에 있어서도 RLC-CJK[8]와 CCCII에 관한 발표가 눈에 띄게 두드러졌다.

그리고 최종일에 권고와 결론이 작성되었다.

[권고]

본 회의는 다음과 같은 기술적인 문제에 관해서 운영위원회를 만들 것을 권고한다.

1. a) 동아시아 MARC 포맷

   b) 공통의 CJK 문자세트와 정보교환용 코드의 구조와 표준

   c) 로마자화에 관한 표준

---

7) 제2회에도 중국 본토로부터는 참가하지 않았다.

8) RLIN East-Asian Character Code and the RLIN-CJK Thesaurus/Karen Smith-Yoshimura & Alan Tucker.

d) 목록규칙의 표준화

2. CCCII[9]의 계속 지지

3. 아시아태평양 지구의 도서관 협력의 노력을 지지하기 위하여 ASPAC을 계속하기로 함.

[결론]

본 회의는 다음과 같은 사항을 결의하였다.

1. 우리들의 국가적인 서지적 성과는 국제적 이용을 위해서 있다.

2. 동아시아에 있어서 도서관 협력에 관하여 항구적인 위원회를 구성하고 다음과 같은 문제를 검토한다.

   a) 동아시아 MARC 확립

   b) 동아시아에 MARC의 기술적 고찰

   c) 기타 협력문제

3. 이들 문제를 토의하고 동아시아 도서관 협력을 강화하기 위하여 종래와 같은 회의를 개최할 것을 일본도서관협회와 국립국회도서관에 타진한다.

제3회 ASPAC 도서관회의는 동아시아 MARC의 확립을 목표로 당연히 일본에서 개최되어야 한다.

그러나 거기에는 커다란 장애가 있다는 것은 ASPAC 관계자는 물론이고, 우리들도 충분히 알고 있다. 그 장애라는 것은 국제정치 문제이다. 한자를 사용하는 서지정보에 관한 국제회의에 중국 본토를 제외해서는 안 된다.

일본 정부로서는 정식 국교가 없는 대만은 참석하고 중국이 제외되고 있는

---

9) A Multi-Lingual Coding System Based on CCCII/Chung-tao Chung & et al.

회의에 관계한다는 것을 좋아하지 않는다는 것은 당연한 것인데, ASPAC이 대만을 하나의 주축으로 성립된 이상 그의 참가를 거부할 수는 없다.

여기에서 주최자를 ASPAC으로 하지 않고[10] 일본도서관협회나 국립국회도서관으로 할 것, 그리고 회의참가자에는 국명을 쓰지 않고 도시명을 붙일 것 등을 생각하여 일본에서 이것을 개최할 것이 양해되었다. 그러나 귀국해서부터 각 방면과의 절충에 따라 일본에서의 개최는 곤란하다는 것이 판명되어 부득이 실현할 수가 없었다.

이번 제3회 ASPAC 도서관회의(동경으로 바꾸어)를 개최하는 것이 우리들의 책임이라고 생각하고 있지만, 제52회 IFLA 동경대회(1986)의 준비에 쫓기고, 더구나 서지조정부회의 일본 측 책임자였던 본인으로서는 ASPAC회의를 구체적으로 실현할 수가 없었다.

마침 그때 今圓子 프로그램 위원장으로부터 IFLA 본회의에 앞서 사전회의로서 「다언어・다문자 자료 이용을 위한 도서관 자동화 시스템」[11]이라는 제목으로 회의를 가질 것을 위임받아 일본 측의 조직위원장이 되었다. 이번 회의는 1986년 8월 21~22일에 일본대학회관에서 열리게 되어 세계 각국에서 14명의 발표자가 비로마자의 기계화에 관하여 각국의 현황 설명과 제안이 나왔다. 여기서도 구미에 있어서 한자를 포함한 동아시아 정보의 문제가 많이 발표되었는데, Haeger 씨의 CJK-RLIN, Cain 씨의 UTLAS에 관한 보고, 뉴욕시립대학 교수 불루그린, 도서관 이사인 하수진 여사(Sugine Har-Nicolescu)의 「아시아 제어자료의 로마자화, 번자데이타베이스: 역사・문제・전망」과 KORMARC와 JAPAN MARC에 관한 현황이 한국의 공주사범대학

10) 비용은 ASPAC에서 지출되었다.

11) IFLA Pre-Conference Seminar on Automated System for Access to Multilingual and Multiscript Library Materials: Problems and Solutions.

현규섭 교수 및 국립국회도서관의 丸山昭二郎 씨에 의해 각각 설명되었고, CCCII에 관해서는 대만의 그룹에서 여러 차례 반복하여 설명하였다. 이 예비회의를 개최함으로써 제3회 ASPAC회의를 개최한 것으로 갈음할 수는 없지만, 일본이 당연히 개최했었어야 할 회의를 개최하지 못한 책임을 조금이라도 덜 수 있게 되었다고 하겠다. 또 본인은 IFLA 본회의의 서지조정부회의 부회보고로서 「동아시아에 있어서 서지정보의 교환」[12]이라는 제목으로 발표하였다.

이와 같은 IFLA 동경 대회에 있어서의 활동도 다음 1987년의 부라이튼 대회에서는 전혀 완전하다고 할 수 있을 정도로 영향은 인정되지 못했다.

구미 특히, 북유럽을 중심으로 한 IFLA의 체질은 당분간 바뀌지는 않을 것 같다.

1987년 12월 8~11일까지 4일간 「학술정보 네트워크 국제회의-동아시아 문자의 응용과 국제협력-」[13]이라는 제목의 회의가 일본학술정보센터 주관으로 개최되었다. 참가자는 총 53명으로 해외로부터는 중국,[14] 한국, 홍콩, 미국, 캐나다, 영국, 독일에서 16명이 참가하였다. 회의는 동아시아 3국의 서지, 학술데이터의 정보처리에 관한 제반 문제를 토의하는 것으로는 지금까지의 국제회의에서와 마찬가지였지만, 토의는 긴급하고 중요하다고 판단되는 3국의 한자코드 문제로 국한하여 활발한 의견이 나왔다. 이 회의에서 눈에 띄게 두드러진 것은 3바이트코드를 사용하는 CCCII와 거기에 기초를 둔 CJK가 열세에 있다는 것이다.

「한자의 문자세트・코드의 검토・개발에 관해서는 아시아에서 해야 된다

---

12) Bibliographic Information Interchange in East Asia.

13) International Conference on Scholarly Information Network: East Asian Applications International Cooperation.

14) 참가자는 國名을 표시하지 않고 中國은 Beijing, Taipei의 이름으로 출석하였다.

는 제안이 많은 논평이나 논문에서 지적한 점은 금후의 국제적 제론을 확립했다고 할 수 있다. 따라서 다른 것은 여하간에 그것을 추진할 수 있는 활동모체의 확립이 급선무이다.」[15]라고 内藤 씨가 쓰고 있는 바와 같이, 동아시아의 어딘가에 가능성이 있는 곳은 바로 일본의 학술정보센터밖에 없다.

LC/RLG는 구미세계의 거기에 맞는 센터는 될 수 있어도 동아시아의 한자정보의 크리아링센터로는 될 수 없다.

본인은 이번 회의에서 「국제적 문자로서의 한자」[16]라고 하는 논평・논문을 제출하였다. 그러나 영어로는 뜻을 자세히 알 수 없어 그 후에 「한자와 서지정보」라는 제명으로 상술하였다.[17]

1988년 10월 미국의 위스콘신주의 라신에서 제4회 일・미 대학 도서관회의가 열려 일본에서 36명, 미국 측에서 33명이 출석하여 일・미 간에 대학도서관에 관한 문제가 토의되었다.

제1회(1969) 동경회의 이래 3회까지는 참가도 하고 운영도 해 본 회의이지만, 이번에는 출석하지 않았다. 여기에 참가한 사람의 이야기나 보고서에 의해 미루어 짐작컨대, 아주 열띤 토의가 있었던 것은 역시 CJK에 관한 것으로 그 문자코드인 CCCII를 사용한 EACC(East Asian Character Code)를 국제규격으로 하자고 하는 미국 측 안에 대하여, 동아시아에서는 비록 국제규격으로 하자고 하는 미국 측 안에 대하여 동아시아에서는 비록 국제규격이 되어도 이것을 사용하지 않는다는 뜻을 표명한 것 같다.[18]

언제부터 언제까지 미국을 본보기로 하여 온 일본의 도서관계에도 흐름의

---

15) 學術情報ネァトウク國際會議/内藤衛亮, 『びぶづす』, Vol. 39, No. 6, p. 7.
16) Chinese Characters (Kanji) as International Script.
17) 『鶴見大學紀要』, 第25號 第4部, 人文・社會 編(昭和 63年 3月), pp. 1~21.
18) 圖書館員の國際交流-第4回 日米大學圖書館會議/年崎進, 立教大學圖書館, 『圖書館だより』, 通刊 77호, 1987. 12. 15.

변화하는 안목이 생긴 것 같다. 무엇보다도 한자문제, 한자를 포함한 서지정보의 문제해결은 동아시아 자신이 해결할 결의를 이제 새삼스럽게 해야 되지 않을까?

2. 일본에 있어서 한국서의 정리문제

종래 일본에서의 한국서 취급은 소위, 양서에 대하는 和漢書란 이름으로 함께 일괄하여 처리되었다. 그것은 같은 한자를 사용하고 있다는 전제에서만 가능하고 한국서가 한글로 쓰여지는 원칙으로 한 전후에는 성립되지 않는다.[19]

목록규칙은 기술부와 표목부의 2가지로 크게 구분한다는 것은 주지의 사실이지만, 기술에 관해서는 특별한 문제가 없다고도 말할 수 있겠다.

현재, 세계 각국에서는 자국의 목록기술을 ISBD에 맞도록 규칙을 만들어 쓰고 일본이나 한국도 그것을 채택하고 있다.

일본목록규칙 신판예비판과 한국목록규칙 제3판을 비교해 보더라도 약간의 수정을 함으로써 공동사용이 가능하다고 생각한다.

예를 들어, ISBD의 구분기호의 사용법이라든가 약자사용의 가부, 관칭의 취급 등을 조정한다면 좋을 것이므로 저자 기본기입제를 그만둔 양국의 목록상에는 근본적인 차이는 없다.

문제는 표목이다. 표목은 어떤 자료를 찾아내기 위한 열쇠로서 거기에 접근하기 위한 실마리이다.

일본의 도서관에 있어서는 표목은 가나명이나 로마자로 표기된다. 가나

19) 본 논문에서는 분류, 건명에 관해서는 언급하지 않는다.

명[20]은 주로 공공도서관에서, 로마자는 주로 대학도서관에서 사용되고 있다.

한국서가 和書의 일부로서 취급되고 있는 이상, 그 표목으로서의 저자명, 서명은 가나 또는 로마자로 표기된다.[21] 그리고 이 방식은 戰前이나 전후에 있어서도 계속해서 쓰여졌다. 즉, 서명과 저자명이 한자로 쓰여져 있을 때, 그것을 일본식으로 읽는다면 지장이 없겠지만 고서, 학술서는 한자를 사용하는 예가 많고, 또한 戰前에는 한글을 사용하는 경우가 별로 없었기 때문에 더욱 문제가 되지 않았다.

또 다른 하나의 한국서 특색은, 장서수가 같은 한자를 사용하는 중국서 또는 양서와 비교하여 훨씬 적다고 하겠다. 특히, 한국서의 수집에 노력하고 있는 동경도립 중앙도서관에 있어서까지도 전 장서의 0.5%에 지나지 않는다.[22] 국립국회도서관에 있어서는 1986년 이전 것은 和漢書로서 본 서고에 있기 때문에 장서수를 알 수 없지만 그 이후 아시아자료실에 비치되어 있는 한국서는 약 1만 책으로, 아시아 관계 和書 63,000책, 中文 도서 23만 책, 기타 7천 책, 계 31만 책이다.[23]

그 밖에 대학도서관, 전문도서관 등에도 한국어 도서를 소장하고 있는 도서관은 다음을 제외하고는 전 장서에 대한 비율은 아주 미미하다(東京 外國語大學, 大阪外國語大學, 天理大學, アジア經濟硏究所, 東京大學 東洋文化硏究所, 東洋文庫, 한국문화원, 조선대학교, 조선장학회 등).

따라서 많은 도서관에서는 서명이나 저자명이 한자만으로, 또는 대부분을

---

20) 가나다의 경우, 일본목록규칙에서는 表音主義로 발음되는 대로 표기되기 때문에 助詞인 へ는 エ로, NHK는 エスエイチケイ로, JIS는 ジス로 표기한다.

21) 헵번식이나 훈령식인데, 헵번식이 거의 전부이다.

22) 동 도서관(중앙관)의 전 장서 987,000책 중 중국 책은 약 2만 책, 한국서는 5천 책(남한 3,500, 북한 1,500)이다(전 장서수는 『日本の圖書館』, 1986에 의거함. 그리고 연간 증가는 전관으로 약 4만 책이다).

23) 『國立國會圖書館百科』, 1988, p. 139.

한자로 쓴 도서자료는 어쨌든 간에 한글로만 또는 대부분을 한자로 쓴 도서자료는 어쨌든 간에 한글로만, 또는 대부분을 한글로 쓴 한국서는 미정리된 채로 그대로 방치해 두고 있는 경우가 많다.[24)]

記述에 관해서 말한다면 비록 한국어를 모른다고 하더라도 어느 것이 서명이고 어느 것이 저자명이고 어느 것이 출판지, 출판자인가만이라도 구분할 수 있다면 그려서라도 어떻게든 목록은 하겠지만 표목은 그렇게는 할 수 없다. 그것은 가나로 표시하시오, 로마자로 표기하시오 등 계적으로 번자할 수 있는 표가 확립되어 있지 않기 때문이다.

로마자에 관해서는 매킨라이샤워 방식(MR 방식)과 그 후에 제정된 한국의 문교부 방식(문교방식)이 있다.[25)] 그러나 전자는 일본의 헵번식과 같이 원음을 영미식으로 로마자화 하는 것으로, 같은 한자에 관해서 동일하게는 되지 않는다.[26)]

여기에 대하여 문교부 방식은 한글자모와 한자 한자를 번자한 것으로 안전성은 있지만, 실제의 발음과는 거리가 먼 것이 많아[27)] 양자 모두 문제점이 있다.

한자를 포함한 한글의 로마자화가 얼마나 어려운 것인가에 대한 극단적인 예로써, 인명의 「李」를 로마나이즈 할 때에 Lee, Yi, I, Rhee, Rhi, Lhee,

---

24) 대부분이 기증도서・전후에 한자를 전폐한 북한으로부터 기증된 것이 많다.
25) 〈表 1〉 참조.
26)

	(MR)	(文敎)
學者	hak-cha	hag-ja
文學	mun-hak	man-hag
學問	hang-mun	hag-mun

(アヅア經濟研究所의 鈴木裕子 씨가 든 例)

27) 문교부 방식으로는 없, 밝, 읽의 경우 등.

Ri, Li, Ree, Rhieh의 11개와 같이 『現代韓國人名辭典, 外務省』, アジア局編, 1971에 나와 있다.[28)]

가나표기에 관해서는 표준적인 한글가나 번자표는 없다. 가나로 표시할 수 있는 음이 많아서 원음에 가까운 음을 편의상 가나로 표시하는 정도일 뿐이다.[29)]

한글은 음소를 조합한 문자로 종성이 자음인 경우는 일본어의 촉음 「ッ」와 같이 끝부분만 발음하지 않지만, 다음 말에 연결될 때에는 프랑스어의 리에죤과 같이 발음한다. 그 밖에 모음에는 ㅜ(U) ㅡ(I), ㅔ(e)와 ㅐ(æ), ㅗ(o)와 ㅓ(ə)와 같이 일본인에게는 구별하기가 어렵고 가나로는 표시할 수가 없다. 그렇다면 한국어 표기를 현행에서는 어떻게 하고 있을까?

京都産業大學도서관의 赤瀬美穗 씨가 大阪 외국어대도서관, 大阪大學도서관, 京都大學도서관, 京都大學문학부도서관, 慶應大도서관, 上智大도서관, 天理大도서관, 東海大도서관, 東京外大도서관, 東京大學도서관, 早稲田大學도서관에 관해서 앙케트 조사를 한 결과에 따르면 크게 4가지로 나눌 수 있다.[30)]

① 한자를 일본음으로 읽은 것을 오십음 또는 알파벳으로 표기한다.

② 한글의 일본어 意味音을 ①과 같이 표기한다.

③ 한글표기.

④ 한국음의 로마자 번자방식

이들 중에서 ①은 8개관, ②는 4개관, ③은 2개관, ④는 4개관이었는데, 단순하게 나눌 수 없이 두 방식을 혼용한다거나 현행 방법에 만족하지 않고 검토 중, 보류 중에 있는 곳도 있다. 또한 도립중앙도서관 장서를 조사한 앞

---

28) 국립국회도서관의 大口里子 씨의 지적에 의함.

29) 〈表 2〉 참조.

30) 朝鮮語圖書の讀みと表記について(京都産業大學, 『圖書館年報』, 創刊號, 1982), p. 129.

서의 국립국회도서관 아시아자료실 이하 13개 도서관(실)에는 9개관이 한글표기로 되어 있다. 한국어는 일본어와 함께 알타이계 언어에 속하는 중국어와는 다른 조사를 사용한다.

그렇기 때문에 한자로 쓰여진 서명일지라도 때때로 한글로 조사를 넣는 예가 많다. 이때에 한자를 일본어 발음으로 읽어서 한글 부분을 번자하여 로마자로 읽을 것인가, 가나 읽는 대로 할 것인가, 번역하여 로마자로 읽을 것인가, 가나 읽는 대로 할 것인가 중 어느 한 방법을 택해야 된다.[31)]

그러면 국립국회도서관에서는 어떤 방식으로 하고 있을까?

아시아 자료과의 都志胖 씨의 보고를 인용해 보고자 한다.[32)]

「朝鮮[語] 編, 漢字形의 書名, 인명은 음으로 읽고, 한글에 관해서는 매킨라이셔워(MR 방식)에 따른 번자형으로 이를 채용하고 있다. 서명의 읽기에 관해서는 다음의 3가지로 생각할 수 있다. ① 한자만의 경우, ② 한자와 한글이 섞여 있는 경우, 한글의 많고 적음에 따라 한글을 일본어로 번역하여 음으로 읽을 것인가 또는 한자를 한글로 고쳐서 MR 방식으로 번자하여 읽을 것인가의 2가지로 구분된다. ③ 한글만의 경우,[33)] 또한 우리 과의 서명카드목록은 음으로 읽은 것과 한글의 가나다순으로 2가지로 편성되어 있다.」

그러나 ②의 경우, 「韓國의 文化」라는 경우(Kankoku no bunka)로 하지 않고(Kankoku e bunka)와 같이 "의"만을 한국음으로 읽는 편이 많은 것 같다.

---

31) 이에 대한 반대의 경우는 다음에 나오는 한국에 있어서 일본서의 표기에서도 나온다.

32) 當館の中國語・朝鮮語圖書の整理業務-機構改革から2年 振り返つて-, 『アジア資料通報』, Vol. 26, No. 9, p. 37.

33) 實例

① 韓國科學史(Kankoku kskyosi).

② 岐路에 선 韓半島의 軍事問題(Kiro ni tatu kan hanto no gunzimondai) 새마을 運動(Saemoul undong).

③ 세계시집(Segye sijip).

또한 "의"는 문장어에서는 *wi*이기 때문에(Kankoku wi bunka)로 하는 곳도 있다. 그러나 어떻게 하든 일·한을 섞어 읽는 방법으로도 괜찮을는지 위화감이 극심한 바가 있다.

가나로도 번자가 곤란하다고 한다면 한자를 원음으로 읽어 한글로 표기하여 가나다순으로 배열하는 이외의 방법은 없다. 그러기 위해서는 한국서만을 따로 배열해야 된다.

즉, 이 문제를 해결하기 위해서는 먼저 따로 배열하는 것이 제1요건이다. 과거 어느 시기에 동·서양서의 혼합배역이 유행하여 로마자 표기로 배열하는 대학 및 전문도서관이 많았었다. 그러나 어순배열을 원칙으로 하는 서양서와 자순배열을 원칙으로 해야 함이 부득이한 동양서와는 혼합배열할 수는 없다. 그러나 일본어의 노마나이즈는 용이하여 표목을 타자하는 데도 간단히 할 수 있기 때문에 무리하게 양서를 자순배열로 혼합하여 혼란을 일으켰다.

원서와 번역서를 동시에 찾아볼 수 있다는 등의 이점은 있지만, 이 제도를 채택할 만큼 충분한 이점은 못된다. 서양서 중에서도 기릴문자를 사용한 러시아어책은 로마자를 사용한 일반도서 파일 중에 섞어 놓기 위해서는 번자를 해야 한다.

이것은 러시아어 책을 읽고자 하는 이용자에게는 매우 불편한 것이다. 왜냐하면 기릴문자를 로마자화하기 위한 번자방식은 여러 가지가 있는데, 이용자는 그것을 모두 알아야 된다.

예를 들어, 체홉은 기릴문자로는 YexoB만이지만 ALA 방식으로는 Chekhov, ISO 방식으로는 Cehov, 도이치 방식으로는 Tschehow, 프랑스 방식에서는 Tchekof이 된다.[34] 기릴문자의 언어만을 따로 배열한다면 이러

---

34) 『資料目錄法及び演習』, 田邊廣他, p. 65, 注 2.

한 문제는 일어나지 않는다. 표목에 관하여 또 다른 하나의 문제는 인명에 관해서다. 한국서의 저자가 한자로 쓰여져 있거나 한글로 쓰여져 있을 때에도 한글표기를 한다면 문제는 없다. 문제는 번역서이다. 즉, 원어대로 읽을 것인가 아니면 일본식으로 읽을 것인가의 문제로, 이것은 ASPAC회의에서도 본인이 언급한 일도 있지만, 일본목록규칙 신판예비판의 "인명의 읽기" 항에서 종래의 일본식 읽기에 결함이 있어 정정하였다. 새로운 조항에는「한자로 모국어 읽기가 병기되는 형식으로 표시되어 있는 중국인명이나 한국인명은 한자의 모국어 읽기로 기재한다」라고 되어 있다. 그러나 이것으로 문제가 해결되었을까? 국립국회도서관에서는 이 조항을 1983년 10월부터 당분간 한국인명에만 적용하는 것으로 되었다.

Ⅰ. 표목을 가나로 기재할 때에는 다음과 같다.

1. 모국어로 읽어 가나로 표시되었을 때에는 그 읽기대로 기재한다. ……
   이하 생략.

2. 모국어로 읽어 로마자로 표시되었을 때에는 한자를 일본식으로 읽어 기재한다.

Ⅱ. 표목을 로마자로 기재할 때에는 전항의 가다가나로 기재하는 형식을 그대로 로마자로 표기하여 기재한다. 도서에 로마자로 표시되어 있는 모국어 읽기는 채용하지 않는다.[35]

이 문제는 인권문제와도 관련이 있어 아주 복잡한 요소가 있다. 그러나 大口 씨의 논설에 대한 토론에서「일본 도서관이기 때문에 일본식 한자 읽기가 좋지 않겠는가?」하는 의견이 있었다고 한다. 후술하는 한국에 있어서 일본인명의 읽기에서도 똑같은 문제가 있기 때문에 양국 도서관인들의 대화가 요

---

35) 國立國會圖書館朝鮮關係資料見學會の報告, 大口里子, JOLG Newsletter, No. 6, May 1984에서 轉載.

망된다. 더구나 남한과 북한과는 한글표기가 약간 다른 것이 있다.

인명에서도 먼저 나오는 「李」姓 外에 「柳」, 「林」 등의 경우, 남한에서 「이」, 「유」, 「임」이라고 발음하는데, 북한에서는 「리」, 「류」, 「림」이라고 R 또는 L음을 넣어서 발음하고 철자도 「ㄹ」을 넣는다. 어두에 R(또는 L)음이 나오지 않는다는 알타이어의 원칙에서 보면 남한의 한국음 방식이 옳지만, 한자의 중국음에 충실하다는 점에서는 북한 쪽도 일리가 있다고 할 수 있다.[36]

3. 한국에 있어서 일본서 정리문제

『한국출판연감』 1981년도 판에 따르면, 한국의 연간 총출판수는 983점이 있어 거의 일본과 비슷하다. 그런데도 일본 도서관에 있어서 한국어 장서수는 너무도 적다. 같은 동아시아 문화권인 중국과 비교해 보더라도 현저하게 적다. 무엇보다도 일본에서 한국어를 배우는 것이 적어 동경외국어대학이 한국어학과를 둔 것은 아주 최근의 일이다.[37]

여기에 반하여, 한국에 있어서 일본서의 소장책수는 도서관에 따라서는 영어와 비슷하거나 그 다음 정도되어 일본서를 어떻게 정리할 것인가는 일본보다는 훨씬 중요하다고 말할 수 있다.

「한국국회도서관 언어별 정리자료통계 1982~84」[38]에 의하면 다음과 같다.

한국서 57,596, 고서 422, 중국서 1,720, 일본서 20,410, 영어 16,227, 독어 2,150, 불어 679, 기타 988, 계 100,002책으로 일본서는 전체의

---

36) 본장의 전반에 관해서는 「朝鮮語資料の 整理方法に 關する 調査と試論」, 安勝義敎[ほか], 東京都立中央圖書館, 『硏究紀要』 第12號, 昭和 55年度에 상세히 있다.

37) 한국어 강좌를 개강하고 있는 대학은 30개교가 있음(赤瀨 씨 前揭書).

38) 『韓國國會圖書館報』, Vol. 20, No. 1~Vol. 22, No. 1.

20.4%를 점하고 있다. 그러면 이들 도서자료를 한국에서는 어떻게 정리하고 있는지를 알아보고자 한다.

한국에서는 1983년에 출판된 한국도서관협회 편(대표자: 이재철 연세대학교 도서관장)의 『한국목록규칙』 개정3판이 보급되어 있어 일본의 신판예비판과 같이 記述유니트 방식인 ISBD에 준거하고 있으므로 원칙적으로는 일치하고 있다. 그러나 서양서도 대상으로 하고 있고, ISBD의 구분기호를 사용하는 것으로, 그런 점은 1987년판과 흡사하다. 그리고 전술한 바와 같이, 기술에 관해서는 큰 문제가 되지 않는다. 문제는 표목과 배열인데, 이 목록은 「기술-표목올림지시편」으로 되어 있고 표목부는 없다.

서울대학교 도서관 사서인 고석준 씨는 「목록에 있어서 標(表)記文字」에 관해서 1986년 74개 대학도서관과 9개의 기타 주요 도서관에 대한 앙케트와 국립중앙도서관이나 국회도서관 등의 5개 기관은 면접조사를 했다.[39] 그 결과, 일본어에 관한 것을 소개하고자 한다.

「일본어 자료의 標(表)記文字 현황」을 유형별로 나누자면, 아홉으로 나눌 수 있다. 원문은 森鷗 外 著, 『死生觀に 對して』와 大高ひさお 著, 『日本語』의 책을 예문으로 들고 있는데 여기서는 전자만을 들고자 한다.

① 한자는 한국음으로 읽어 한글로 표기하고 가나는 일본 원음으로 읽고 한글표기 삼구외 사생관 니 대시테(44관 60%)

② 일본어 원음으로 읽어 한글표기
모리 오가이 시세이칸 니 타이시테(12관 18%)

③ 일본어 원음으로 읽어 가나표기
もりまろがいしせいかイにたいして[40]

39) 圖書館目錄에 있어서 標目의 表記에 관하여-標記文字를 中心으로-, 高錫俊, 『國立大學圖書館報』 第4輯, 1986.

다만 한자 옆이나 위에 읽는 법을 토를 단다.

死生觀(しせいかん)に 對(にい)して(4관 6%)

④ 인명은 일본어 원음으로 읽어 한글로 표기

모리 오가이 사생관 니 대시테(2관 5%)

⑤ 가나가 섞여 있는 글은 원음으로 읽고 한글표기

삼구와 시세이칸 니 대시테

한문은 한국음으로 읽어 한글표기

⑥ 한자는 한글로 표기하고 가나는 번역하여 한글표기

삼구와 사생관에 대하여(1관 1%)

⑦ 저자명은 ①의 방식으로, 서명은 ②의 방식으로

삼구와 시세이칸 니 타이시테(1관 1%)

⑧ 助詞는 의역하여 한국음으로 읽어 한글로 표기

삼구와 사생관에 대시테(1관 1%)

⑨ 일본어 원음의 로마자 표기

Mori Ogai Shi-kan ni taishite(2관 3%)

이상의 결과를 보면, ①의 한자를 한국음으로 읽고, 가나는 일본음으로 읽어 한글로 표기하는 방식이 반 이상인 66%도 있다. 일본에서도 꼭 이 역방식이 동경대학 등에서 행해져서 어떤 의미로는 가장 편하여 그리 문제가 안 되는 방법인지도 모른다. 어찌되었건 완전하게 해결되지 않는 위화감이 남게 된 것은 이미 앞서 논술한대로다.

---

40) 이전에 연세대학에서 이재철 선생을 뵈었을 때 「귀국에서는 히라가나를 정식 가나로서 학교에서 가르치고 있으면서 왜 도서관에서는 표기에 가다가나를 사용합니까?」라는 질문을 받고 대답이 궁했던 일이 있었음.

그리고 일본의 대학도서관, 연구도서관과 두드러진 차이는 로마자 표기가 상당히 적다는 것이다. 그 적은 하나가 서울대학교 도서관이다.[41)]

적은 이유는, 한국서의 로마나이즈가 얼마나 어렵고 이용에 불편한가를 나타내주고 있다고 생각한다. 앞서의 고석준 씨의 논문 중에 「로마자 標(表)記文字에 대한 의견」으로서 서울대학교 도서관에서 행한 이용자 조사표가 있다.[42)] 그 표에 따르면 교수(90인), 조교(80인), 대학원생(98인), 학부생(331인)으로 나누어 조사했는데 전체 합계로 보면, 편리하다(25%), 그저 그렇다(45%), 불편하다(17%), 기타(11%), 무응답(2%)으로 되어 이용자 의견은 이것으로도 어떻게 해서든지 해결할 정도의 것일까?

한국에 있어서 또 하나의 일서에 관한 문제로서 일본인 저자명 문제가 있다. 일본인들까지도 일본인명을 모두 바르게 읽을 수가 없다. 근래에는 저자에 읽는 법을 토를 달고 있는 도서가 대부분으로, 목록자는 크게 도움이 되고 인쇄카드 구입이 보급되면 일선 도서관에서는 별 문제가 되지 않는다. 한국에서 저자명만은 한국음으로 읽는 방법은 한자를 읽는 것이 적지 않은 예외를 제외하고 한 가지 방법밖에 없는 한국에서는 가장 안정된 방법일지도 모른다.

4. 문제 해결 방안

지금까지 한·일 양국의 목록과 배열문제에 관해 알아보았다. 그러면 결론

41) 연세대학, 중앙대학은 ①의 방식, 이화여자대학은 ②의 방식, 국립중앙도서관은 ⑨의 방식이다.

42) 『서울大學校 圖書館 利用實態調査 報告書』 注 37, p. 147.

적으로 말할 수 있는 것은 먼저 한국서는 따로 편성하는 것이 문제해결의 첫째라고 할 수 있다. 그리고 양국 모두 서명이나 저자명을 일본서는 가나 또는 로마자 표기로 배열하고, 한국서는 한글의 가나다로 배열하고 혼합배열하지 않는다. 번역서에 있어서 인명(저자명)은 각각 그 나라의 한자 읽는 법을 원칙으로 한다. 가나 또는 한글만으로 쓰여져 있는 것에 관해서도 한자를 고쳐 그것을 각각의 자국 발음으로 표기하는 것을 원칙으로 한다.

그러기 위하여는 일본에서 저자나 기타 인명에 가나로 토를 달아 주는 것과, 마찬가지로 한국에서는 한자명의 병기를 출판자에 강력히 요청하거나 어떤 방법으로든지 의무적으로 하게 할 필요가 있다. 이것은 한·일 양국에 있어서는 ISBN의 부여보다 나으면 나았지 뒤지지 않는 중요한 일이며, 다만 북한에 대하여 이것을 바란다는 것은 현재 입장으로는 무리라고 생각되므로 그것만으로 별도의 파일로 하든지 표제지에 있는 그대로 (아마도 가다가나) 표기하는 것이다.

한국어를 소위, 和漢書와 분리하여 편성하기 위해서는 어쨌든 어느 정도의 한국어 지식은 있어야 한다. 어느 정도의 외국어 지식은 대학도서관이나 전문도서관에서는 필수적인 것으로, 한국어에 관해서도 마찬가지다. 그러나 일본의 일반도서관에서는 그 비율이 너무나 낮기 때문에 습득할 필요가 없게끔 되는 것이 실상일 것이다.

한국서의 별치는 그 언어를 모르는 사람은 그 자료를 이용하지 않는다고 하는 전제가 서 있다고 하겠다. 그러나 한국어를 읽을 줄은 모르더라도 대강의 내용은 알 수 있는 統計書, 사진집, 畵集, 지도, 완전히 한문으로 쓰여 있는 역사서, 詩文 등은 한글을 모르는 일본 이용자나, 가나를 모르는 한국 이용자가 열람은 한다 하더라도 검색은 못한다. 따라서 검색을 위하여는 양국 모두 상대방의 자료표기에 가나와 한글표기를 사용하여 별도의 카드나 참조

카드를 만들 필요가 있는데 이럴 경우, 이중띈독법보다는, 즉 번자하는 것보다는 한글이나 가나로 표기하여 번역하는 것이 본인은 좋다고 생각한다. 그렇더라도 지금 곧 바꾼다는 것은 이론적인 것이고 실행하는 데는 곤란하다. 그래서 비교적 작은 대학도서관 또는 공공도서관에서는 별도로 배열하는 것이 아니라 몇 책밖에 없는 한국서 때문에 그 언어를 배워 알려고 하지도 않는다. 그래서 일본서나 서양서에 혼합배열하게 되는데, 그러기 위하여는 번자표가 필요하다.

일본어를 한글 또는 로마자로 표기하는 것은 일본어를 音讀할 수만 있다면 그렇게 어려운 것은 아니다. 그러나 한자와 섞여 있는 일본어의 음독은 외국인에게는 대단히 어려운 작업이다.[43)]

한국어를 가나 또는 로마자로 표기하는 것이 곤란하다는 것은 모두 논술하였다. 로마자에 관하여는 좋고 나쁜 것을 떠나서 음성주의인 매킨라이샤워 방식과 음운주의인 문교부 방식이 있는데, 한글을 가나로의 번자법은 없다고 하겠다.

도립중앙도서관에서조차 注) 34의 조사논문에 있어서 「조속히 한글을 가나로 번자하는 법을 검토하여 표준적인 것을 정해야 한다.」라고 말하고 있다.[44)] 한・일 양국 간에 문제가 되어 해결책을 모색하고 있는 여러 가지 일들은 거기에 지침을 주어야 할 목록규칙에는 그에 관한 아무런 언급도 되어 있지 않다. 한국목록규칙 재정3판에는 표목에 관한 사항이 없고 일본서에 관해서 해야겠다는 것은 전혀 언급이 없다. 일본의 일본목록규칙 신판예비판에

43) 어느 한국의 대학도서관 카드에, 有島武郎의 「生水出づる悩み」를 우마레 다스루 나야미라고 표기되어 있다. 아마 일본어를 잘 아는 사서로 생각되는데, 일본인이라도 한자읽기는 어려운 것으로 생각하는 것은 무리가 아니다.

44) 〈表 2〉 참조. 이 표는 저자의 시안으로, 종성이 겹쳐진 것에 관해서는 적용할 수 없다. 이러한 것은 로마나이즈할 경우에도 같지 않을까 생각한다.

는 그 대상을 明治 이전의 일본서에 한정하고 있기 때문에 번역서의 경우에 관해서만 3.4.3.2.2(人名의 읽기)에서 약간 언급하고 있다.[45] 일본목록규칙 1987년판이 출판되어 여러 가지 특수자료에 관한 규칙이 추가되고 일서만이 아니라 양서까지 대상으로 했는데, 동아시아 자료에 관해서는 아무 진전이 없었다. 한자문화권의 특수성에 관해서도 특별한 배려는 없고 일본 자료, 서양 자료와 명칭이 바뀐 동아시아 자료[46]에 대한 인식은 별로 없고 AACR2(영·미목록규칙)에 나와 있는 것만 중점으로 다루었다는 것은 유감이다. 또한 한국인명이라는 말은 현 시점으로는 한국인, 조선인명으로 바뀌어져야 할 것이다. 동아시아 합동의 「동서목록규칙」이 한국, 중국, 일본의 합의 하에 우리들의 손으로 만들어야 할 시기는 이미 왔다고 본인은 생각한다.

학술정보센터는 실제로 힘차게 확대를 거듭하여 지금이야말로 서지유틸리티로서 세계적으로도 확고한 지위를 갖게 되었다.

그렇기 때문에 한국(북한), 중국(대만), 기타의 동서·입력이 되지 않고 있는 것은 정말로 안타깝다.

특히, 한국서에 관해서 장서수가 적기 때문에 이용자가 제한되어 있지 않나 하는 이유로 도서관계나 감독관청 등에서 경시하는 경향이 있는데, 이 NIES 시대 현상을 알지 못하는 것이 심하다고 말하지 않을 수 없다.

더구나 한국은 연간 2만 점 이상의 출판량을 가진 출판대국이다. 이전에 일본인은 구미의 사정에 관해서 구미인이 일본에 관해서 갖고 있는 지식(정보)의 몇 십 배를 가지고 있었다. 그리하여 오늘날의 일본의 지위를 가질 수가 있었다.

---

45) 이 조항에 관해서는 이전에도 말했지만, 昭和 58年부터 「한자에 모국어 읽기가 併記된 형식으로 표시되어 있는 중국인명이나 한국인명은 한자의 모국어 읽기로 기재한다.」로 개정되었다.

46) 한국에서는 양서에 대하여 동서라고 하는데, 일본에서도 채용해야 될 것이다.

한국인은 일본에 관하여, 일본인이 한국에 관하여 갖고 있는 지식의 몇 배를 갖고 있다. 일본뿐이 아니고 구미에 관한 정보에도 상세하다. 이와 같은 정보의 불균형은 장래에 있어서 결코 좋은 결과를 가져오지는 못할 것이다.

5. 맺음말

본고를 집필하는 데에 동경도립중앙도서관의 林昌夫 씨, 국립국회도서관의 林果之介 씨 및 本學에 유학중인 한국 공주사범대학교 도서관학과 조교수인 이춘택 씨로부터 많은 자료와 조언을 받았음을 부기하여 감사의 말씀을 드리고자 한다.

(1989. 1. 30)

記述單位 基本카드 例

		잃어버린 王國/崔仁浩 著 서울: 宇石, 1988. -5冊;23cm t1. 잃어버린 왕국 t2. イロボリン ワンクァク t3. ウシナワレタ オウコク a1. 최, 인호 a2. チエ, インホ a3. サイ, ジンコウ

注: 各 內容 및 件名과 分類의 標目指示 省略.

〈表 1〉 한글 飜字表(매킨라시샤워 방식, ( )은 문교부 방식)

	ㄱ	ㄴ	ㄷ	ㄹ	ㅁ	ㅂ	ㅅ	ㅇ	ㅈ	ㅊ	ㅋ	ㅌ	ㅍ	ㅎ
ㅏ	KA (GA)	NA (NA)	TA (DA)	NA (RA)	MA (MA)	PA (BA)	SA (SA)	A (A)	CHA (JA)	CH’A (CHA)	KA (KA)	TA (TA)	P’A (PA)	HA (HA)
ㅑ	KYA (GYA)	NYA (NYA)	CHA (DYA)	YA (RYA)	MYA (MYA)	PYA (BYA)	SHA (SYA)	YA (YA)	CHA (JYA)	CH’A (CHYA)	KYA (KYA)	CH’A (TYA)	P’YA (PYA)	HYA (HYA)
ㅓ	KO (GEO)	NO (NEO)	TO (DEO)	NO (REO)	MO (MMEO)	PO (BEO)	SO (SEO)	O (YEO)	CHO (JEO)	CH’O (CHEO)	KO (KEO)	TO (TEO)	P’O (PEO)	HO (HEO)
ㅕ	KYO (GYEO)	NYO (NYEO)	CHO (DYO)	YO (RYEO)	MYO (MYEO)	PYO (BYEO)	SHO (SYEO)	YO (YEO)	CHO (JYEO)	CH’O (CHYEO)	KYO (KYEO)	CH’O (TYEO)	P’YO (PYEO)	HYO (HYEO)
ㅗ	KO (GO)	NO (NO)	TU (DU)	NO (RO)	MO (MO)	PO (BO)	SO (SO)	O (O)	CHO (JO)	CH’O (CHO)	KO (KO)	TO (TO)	P’O (PO)	HO (HO)
ㅛ	KYO (GYO)	NYO (NYO)	CHO (DYO)	YO (RYO)	MYO (MYO)	PYO (BYO)	SHO (SYO)	YO (YO)	CHO (JYO)	CH’O (CHYO)	KYO (KYO)	CH’O (TYO)	P’YO (PYO)	HYO (HYO)
ㅜ	KU (GU)	NU (NU)	TU (DU)	NU (RU)	MU (MU)	PU (BU)	SU (SU)	U (U)	CHU (JU)	CH’U (CHU)	KU (KU)	TU (TU)	PU (PU)	HU (HU)
ㅠ	KYU (GYU)	NYU (NYU)	CHU (DYU)	YU (RYU)	MYU (MYU)	PYU (BYU)	SHU (SYU)	YU (YU)	CHU (JYU)	CH’U (CHYU)	KYU (KYU)	CH’U (TYU)	P’YU (PYU)	HYU (HYU)
ㅡ	KU (GEU)	NU (NEU)	TU (DEU)	NU (REU)	MU (MEU)	PU (BEU)	SU (SEU)	U (EU)	CHU (JEU)	CH’U (CHEU)	KU (KEU)	T’U (TEU)	P’U (PEU)	HU (HU)
ㅣ	KI (GU)	NI (NI)	CHI (DI)	I (RI)	MI (MI)	PI (BI)	SI (SI)	I (I)	CHI (JI)	CH’I (CHI)	KI (KI)	CH’I (TI)	P’I (PI)	HAE (HAE)
ㅐ	KAE (GYE)	NAE (NAE)	TAE (DAE)	NAE (RAE)	MAE (MAE)	PAE (BAE)	SAE (SAE)	AE (AW)	CHAE (JAE)	CH’AE (CHAE)	KAE (KAE)	TAE (TAE)	P’AE (PAE)	HYAE (HYAE)
ㅒ	KYAE (GYAE)	NYAE (NYAE)	CHAE (DYAE)	YAE (RYAE)	MYAE (MYAE)	PYAE (BYAE)	SHAE (SYAE)	YAE (YAE)	CHAE (JYAE)	CH’AE (CHYAE)	KYAE (KYAE)	CH’AE (TYAE)	P’YAE (PYAE)	HE (HE)
ㅔ	KE (GE)	NE (NE)	TE (DE)	NE (RE)	ME (ME)	PE (BE)	SE (SE)	E (E)	CHE (JE)	CH’E (CHE)	KE (KE)	TE (TE)	P’E (PE)	HYE (HYE)
ㅖ	KYE (GYE)	NYE (NYE)	CHE (DYE)	YE (RYE)	MYE (MYE)	PYE (BYE)	SHE (SYE)	YE (YE)	CHE (JYE)	CH’E (CHYE)	K’YE (KYE)	CHE (TYE)	P’YE (PYE)	HWA (HWA)
ㅘ	KWA (GWA)	NWA (NWA)	TWA (DWA)	NWA (RWA)	MWA (MWA)	PWA (BWA)	SWA (SWA)	WA (WA)	CHWA (JWA)	CH’WA CHWA	K’WA (KWA)	TWA (TWA)	P’WA (PWA)	HWAE (HWAE)
ㅙ	KWAE (GWAE)	NWAE (NWAE)	TWAE (DWAE)	NWAE (RWAE)	MWAE (MWAE)	PWAE (BWAE)	SWAE (SWAE)	WAE (WAE)	CHWAE (JWAE)	(CH’WAE) CHWAE	K’WAE (KWAE)	T’WAE (TWAE)	P’WAE (PWAE)	HOE (HOE)
ㅚ	KOE (GOE)	NOE (NOE)	TOE (DOE)	NOE (ROE)	MOE (MOE)	POE (BOE)	SOE (SOE)	OE (OE)	CHOE (JOE)	(CH’OE) CHOE	K’OE (KOE)	TOE (TOE)	P’OE (POE)	HWO (HWEO)
ㅝ	KWO (GWEO)	NWO (NWEO)	TWO (DWEO)	NWO (RWEO)	MWO (MWEO)	PWO (BWEO)	SWO (SWEO)	WO (WEO)	CHWO (JWEO)	(CH’WO) CHWEO	K’WO (KWEO)	TWO (TWEO)	P’WO (PWEO)	HWE (HWE)
ㅞ	KWE (GWE)	NWE (NWE)	TWE (DWE)	NWE (RWE)	MWE (MWE)	PWE (BWE)	SWE (SWE)	WE (WE)	CHWE (JWE)	(CH’WE) CHWE	K’WE (KWE)	TWE (TWE)	P’WE (PWE)	HWI (HWI)
ㅟ	KWI (GWI)	NWI (NWI)	TWI (DWI)	NWI (RWI)	MWI (MWI)	PWI (BWI)	SWI (SWI)	WI (WI)	CHWI (JWI)	(CH’WI) CHWI	K’WI (KWI)	TWI (TWI)	P’WI (PWI)	HUI (HEUI)
ㅢ	KI (GEUI)	NI (NEUI)	TI (DEUI)	NI (REUI)	MI (MEUI)	PI (BEUI)	SI (SEUI)	UI (EUI)	CHI (JEUI)	CH’I (CHEUI)	K’I (KEUI)	T’I (TEUI)	P’I (PEUI)	–
Final	K	–	T	L	M	P	T	NG	T	T	–	T	P	
Consonant	(G)		(D)	(L)	(M)	(B)	(D)	(NG)	(D)	(D)		(D)	(B)	

注: A handbook of Korea. –Seoul: Korean Overseas Information Service, Ministry of Culture and Information, 1978. –825p. による.

〈表 2〉 한글 가다가나 飜子表

	子音	ㄱ (ㅋ)	ㄴ	ㄷ (ㅌ)	ㄹ	ㅁ	ㅂ (ㅍ)	ㅅ	ㅇ	ㅈ	ㅊ	ㅎ
	母音	K	N	T	R	M	P	S		J	Ch	H
ア群	ㅏ[a]	가 カ	나 ナ	다 タ	라 ラ	마 マ	바 ベ	사 サ	아 ア	자 ジャ	차 チャ	하 ハ
イ群	ㅣ[i]	기 キ	니 ニ	디 チ	리 リ	미 ミ	비 ビ	시 シ	이 イ	지 ジ	치 チ	히 ヒ
ワ群 I	ㅜ[u]	구 ク	누 ヌ	두 ツ	루 ル	무 ム	부 ブ	수 ス	우 ウ	주 ジュ	추 チュ	후 フ
ワ群 II	ㅡ[I]	그 ク	느 ス	드 ツ	르 ル	므 ム	브 ブ	스 ス	으 ウ	즈 ジュ	츠 チュ	흐 フ
エ群 I	ㅔ[e]	게 ケ	네 ネ	데 テ	레 レ	메 メ	베 ベ	세 セ	에 エ	제 ジェ	체 チェ	헤 ヘ
エ群 II	ㅐ[æ]	개 ケ	내 ネ	대 テ	래 レ	매 メ	배 ベ	새 セ	애 エ	재 ジェ	채 チェ	해 ヘ
オ群 I	ㅗ[o]	고 コ	노 ノ	도 ト	로 ロ	모 モ	보 ボ	소 ン	오 オ	조 ジョ	초 チョ	호 ホ
オ群 II	ㅓ[ə]	거 コ	너 ノ	더 ト	러 ロ	머 モ	버 ボ	서 ン	어 オ	저 ジョ	처 チョ	허 ホ

注1: 일본어에 없는 모음 II群은 비슷한 가나로 하였다.
注2: 자음( )의 ㅋ은 ㄱ의, ㅌ은 ㄷ의, ㅍ은 ㅂ의 강음이다.
자음 ㅇ은 소리가 없지만, 마지막에 올 때에는 (ン)
注3: エ群은 ㅔ는 ㅓ와 ㅣ, ㅐ는 ㅏ와 ㅣ의 조합인데, 五十음에 함께 표에 넣었다.
注4: 행은 복합모음으로서 다음과 같이 조합하게 된다.

	조합	한글	發音	가나
ヤ群 I	ㅣ와 ㅏ	ㅑ(야)	ya	ヤ
ヤ群 I	ㅣ와 ㅜ	ㅠ(유)	yu	ユ
ヤ群 I	ㅣ와 ㅔ	ㅖ(예)	ye	イエ
ヤ群 I	ㅣ와 ㅗ	ㅛ(요)	yo	ヨ
ヤ群 II	ㅣ와 ㅐ	ㅒ(얘)	yæ	イエ
ヤ群 II	ㅣ와 ㅓ	ㅕ(여)	yə	ヨ

注5: 모음의 I群과 II群을 구별할 필요가 있을 때에는 II群 모음의 가나 위에 ワ, エ, オ와 같이·을 붙인다.

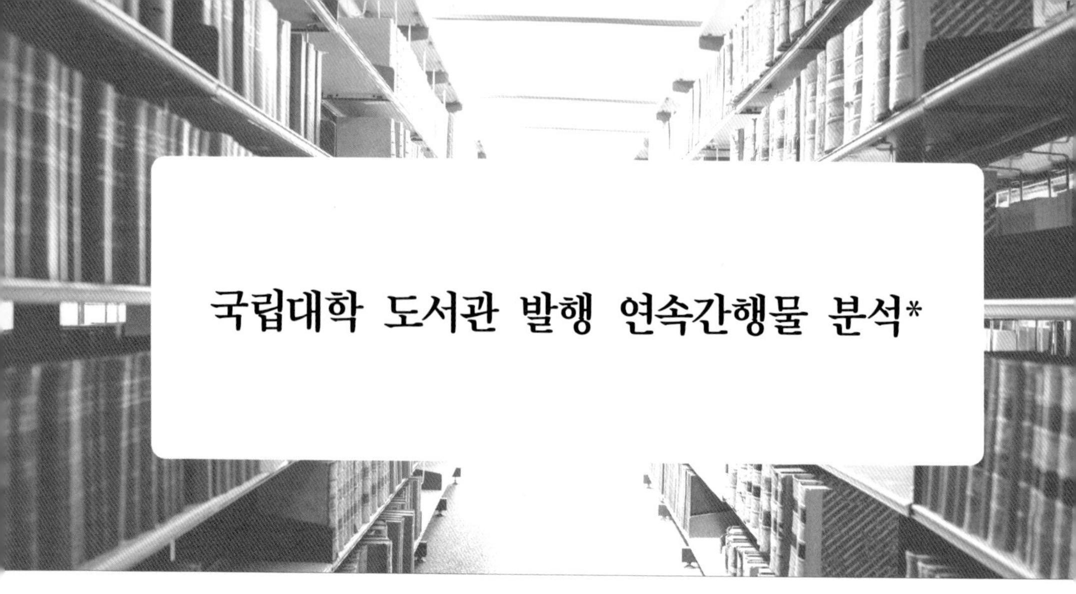

국립대학 도서관 발행 연속간행물 분석*

1. 서론

이제 우리나라가 광복된 지도 50돌이 넘어 그간 여러 분야에서 지난 반세기 간의 발자취를 더듬고 앞으로의 발전적 계기를 모색하는 움직임이 많다. 이러한 의미에서 정보가 국가발전의 기본적 요소이고, 특히 유용한 최신 정보의 신속한 획득은 곧 국가 경쟁력 제고로 특징되는 현대 사회에서 도서관 및 문헌정보학 분야의 연속간행물이 얼마나 어떻게 출판되었는가를 조사해 보는 것은 학술정보를 생산, 관리하는 대학의 도서관으로서는 여간 뜻있는 일이 아닐 수 없다. 여기서 연속간행물이란 용어에 대한 개념정의는 앞서 많은 분들이 잘 정리해 놓았기 때문에 재론하지 않고, 다만 우리나라에서 똑같은 개념으로 혼용해 왔던 축차간행물이란 용어를 1970년대 초반에 도서관계

---

* 이 글은 『도서관』, 제338호, Vol. 51, No. 1, 1996년 봄, pp. 82~95에 실린 것이다.

에서 우리 정서에 잘 맞는 연속간행물로 통일해서 사용하자는 의견이 강하게 대두되어 그로부터 정착되기 시작했는데, 일본에서는 지금도 축차간행물(serials)이란 용어를 사용하고 있음을 참고로 밝혀둔다.

본고에서는 우리나라 국립대학 도서관에서 지금까지 발행했었거나 발행하고 있는 도서관 및 문헌정보학 분야의 연속간행물에 대하여 조사해 보고자 한다. 그러나 각 국·공립대학들이 지역적으로 전국에 산재되어 있고 또 실물을 직접 보지 않고 설문지나 전화 등을 통해서 조사할 수밖에 없었기 때문에 여러 측면에서의 보다 상세하고 다각적인 분석이 어려워 안타까운 마음 또한 적지 않다. 한편 조사과정에서 간행된 관련 연속간행물의 범주를 어떻게 정하느냐가 큰 변수라고 생각된다. 즉, 연속간행물이란 무엇이며 도서관 및 문헌정보학의 주제 한계를 어떻게 설정할 것인가 등에 관하여도 생각하지 않을 수 없다. 어쨌든 이번의 조사 목적이 어떤 간행물이 연속간행물인지 아닌지, 또는 도서관 및 문헌정보학 관련 주제인지 아닌지를 따지기보다는 우리 도서관에서 그와 유사한 간행물들이 어떤 것들이 있는가를 알아보는 것이 주된 조사목적이라고 생각되어지기 때문에 비록 연속간행물은 아닐지라도 장서목록이나 색인류 등의 부정기적 비연속간행물까지도 아울러 조사하기로 했다. 따라서 분석이라기보다는 현황조사라는 용어가 더욱 적절할지도 모른다.

2. 조사내용 분석

1) 조사방법

우리나라 국·공립대학에서 발행했었거나 현재 발행하고 있는 도서관 및 문헌정보학 분야의 연속간행물이 어떠한 것들이 있는지 조사해 보기 위하여 설문조사 방법을 택하였다. 그 이유는 아직까지 여기에 관해서 참고될 만한 자료도 없고 또 국·공립대학은 지역적으로 전국에 산재되어 있고 또 대부분의 간행물들이 도서관 내부 자료로서 대외적으로 배포하지 않는 경우가 많기 때문에 직접 자료를 접하기가 어려웠기 때문이다.

설문 내용은 설문 조사의 취지와 함께 관련 간행물의 발행사실 유무와 발행사실이 있을 경우는 간행물명, 간종, 창간연도, 소장사항, 지명변경 및 발행 중단의 경우 마지막 권·호와 연·월 등 관련사항과 특기사항 등을 적어 주도록 부탁하였다.

물론 보다 충실하게 조사 분석하기 위하여는 여러 가지 측면에서 그 내용이나 형식 등의 질적인 내용 분석과 서지사항, 형태사항 또는 제반 행정 및 사무사항에 이르기까지 실물조사와 면담 등을 통한 다각적인 분석이 필요하다. 그러나 현실적으로 모든 실물을 다 찾아보기는 어려운 실정이므로 설문의 회답 내용을 토대로 필요한 견본의 전송수신 또는 전화를 통한 보충질의 등의 방법을 통해서 미흡한 부분을 보완하였다.

2) 조사대상

조사대상은 4년제 이상 대학으로서 국·공립대학 도서관장협의회에 가입된 회원도서관을 조사대상으로 하였다. 여기에는 회원으로 가입하지 않은 인천대학(공립)과 목포해양대학(국립) 2개 대학을 제외하고는 전 국·공립대학 46개 대학이 망라되었다.

조사대상교를 설립목적이나 특성에 따라 대학군을 구분해 보면, 일반대학이 23개 대학, 방송·개방대학이 10개 대학, 교육대학이 11개 대학이 있고,

특수학교로 육군사관학교와 공군사관학교 2개교를 포함하여 총 46개 대학이 숫자상으로는 46개 대학으로 같으나 내용적으로는 2개의 미가입대학 대신 2개의 사관학교가 포함되어 있다.

〈표 1〉 조사대상 대학(학교) 일람

대학 구분	대학				
일반대학 (23)	강릉대	강원대	경북대	경상대	
	공주대	군산대	목포대	부산대	
	부산수산대	서울대	서울시립대	순천대	
	안동대	여수수산대	전남대	전북대	
	제주대	창원대	충남대	충북대	
	한국교원대	한국체육대	한국해양대		
방송・개방대학 (10)	한국방송통신대학				
	금오공과대	대전산업대	밀양산업대	부산공업대	
	삼척산업대	상주산업대	서울산업대	진주산업대	
	충주산업대				
교육대학 (11)	공주교대	광주교대	대구교대	부산교대	서울교대
	인천교대	전주교대	제주교대	진주교대	청주교대
	춘천교대				
특수학교 (2)	공군사관학교				
	육군사관학교				

3) 간행물 발행률

총 46개 대학에 설문지를 통한 조사 의뢰를 하였던 바 전 대학에서 적극 협조하여 설문지는 100% 회수되었다. 회신내용으로는 비록 연속간행물은 아닐지라도 무엇이든 한 가지 이상의 간행물이 있는 것으로 응답한 대학이 25개 대학으로 조사대상의 54.3%이며, 전혀 간행 사실이 없다고 응답한 대학이 21개 대학으로 45.7%이다. 이를 다시 대학군별로 세분하면 일반대학은 총 23개 대학 중에서 19개 대학이 1종이라도 발행했다고 응답하여 82.6%의 발행률을 보이고, 특수학교 2개 대학이 모두 발행하여 100%의 발행률을 보인 반면, 방송·개방대학 및 교육대학의 경우는 각각 2개 대학만이 발행한 것으로 응답하여 발행률은 각각 25% 및 22.2%로 나타났다.

여기서 우리는 개교 이래 지금까지 단 1종의 간행물도 발행한 사실이 없다고 응답한 대학이 거의 반수에 가까운 21개 대학이나 된다는 사실에 놀라지 않을 수 없었다. 물론 반드시 간행해야 될 일은 아니더라도 적어도 도서관소식지나 신착도서목록 등은 도서관 일상 업무에서 자연스럽게 발간될 수 있는 성질의 것들이기 때문이다.

〈표 2〉 대학군별 간행물 발행률

구분	1종이라도 발행	전혀 발행 사실 없음	계	발행률(%)
일반대	19	4	23	82.6
방송·개방대	2	8	10	25
교육대	2	9	11	22.2
특수학교	2	0	2	100
계	25	21	46	54.3

4) 발행간행물 목록

대학별 발행간행물 목록을 열거하면 아래와 같다.

아래 열거되는 간행물들은 부정기 간행물이나 비연속간행물뿐만 아니라 서명변경이나 폐간된 간행물까지 포함하여 일단 응답지에 기재된 모든 간행물을 망라 수록한 것이다. 다만 서울대학교의 경우는 「일성록」 등의 몇 가지

간행물을 비록 수십 년간 정기적으로 발행하고는 있지만 이들은 영인간행물이고, 또 이번 조사에서 다른 대학처럼 각종 목록이나 색인류 또는 경성제국대학 시절에 간행한 것까지 모두 포함한다면 그 종류가 너무 많고 다양하여 오히려 이번 조사목적이 흐려질 우려가 있기 때문에, 연속간행물 성격이 비교적 뚜렷한 것만을 골라 게재하고 그 외에는 모두 제외하였음을 밝혀둔다.

또한 본고에서의 조사대상은 아니지만 관련이 많고 또 관심 있는 분들의 이용에 참고가 될듯해서 국·공립대학도서관협의회에서 계속 간행 중에 있는 "국립대학도서관보"를 〈표 3〉의 발행간행물 목록에만 추가하고 그 외 모든 분석대상에서는 제외하였음을 아울러 밝혀둔다.

〈표 3〉 발행간행물 목록

대학명	간행물명	간종	창간연도	소장사항	소장사항
강릉대	학술논문 색인	연간	1986	제1~7집+	
강원대	도서관 월보	월간	1980	1980. 6~ 1983. 6	도서관소식으로 서명 변경
	도서관소식		1983	1983. 9~	신착도서 안내로 서명 변경
	신착도서 안내		1993	1993~	
경북대	신착도서목록	격월간	1973~	1~129+	
경상대	도서관소식	부정기	1982	1~50	
공주대	학술논문기사 색인	부정기	1983	1948~1982 1983~1987(1988) 1988~1992(1995)	
	장서목록	부정기	1983		
목포대	장서목록	부정기	1982	제2~10호 목록	도서관소식으로 서명 변경
	도서관소식	격월간	1990	제11~35호~	
부산대	도서관소식		1989	v.1~7 (1989~1994) 1971	

대학명	간행물명	간종	창간연도	소장사항	비고
	학술논문 색인집	부정기	1971	1976上 (인문사회 과학편) 1977下 (자연과학편)	중단
	학술잡지 종합목록	부정기	974	1974	중단
서울대	서울대학교도서관보	연간	1963	v.1~11 (1963~1975)	중단
	신착도서 속보	월간	1974	v.1~30 (1974~1979)	중단
	규장각	연간	1976~	v.1~14 (1976~1991)+	v.15(1992)부터 규장각에서 계속 발행
	학술문헌속보	연간	1967	v.1~5 (1967~1971)	중단
	외국학술잡지 색인	연간	1969	v.1~3 (1969~1971)	중단
	A Catalong of the occidental books in S.N.U. Library	연간	1981	1981~1986	중단
	도서관소식	격월간	1979	1~117 (1979~1996)	
순천대	도서관소식		1986	1~9 (1986~1992)	신착도서목록 안내로 서명 변경
	신착도서목록 안내		1993	1993~	
	장서목록	부정기	1988	제1집(1988)	
안동대	안동대학교 도서관 소장 고서 목록	부정기	1994		
여수수산대	도서관소식	연간	1991	v.1~5 (1991~1995)	
전남대	도서관소식		1990	v.1~12 (1990~1993)	v.13부터 Newsletter로 발간
전북대	도서관소식	부정기	1976	1979~	
	개교 30주년 기념 전북대학교 교수논문·저서색인 목록	부정기	1982		
	전북대학교 소장 연속간행물소장목록	부정기	1981 1986		
	고한적 해제 (사부·집부 창간)	부정기	1990		

대학명	간행물명	간종	창간연도	소장사항	비고
제주대	향토자료실 발전계획서	부정기	1995		
	제주자료목록총서	부정기	1995		
창원대	학술논문 색인집	연간	1992	v.1~4 (1992~1995)	
	도서관소식		1992	v.1~7 (1992~1995)	
충북대	충북의대 도서관소식	부정기	1994		
한국교원대	도서관소식	계간	1986	v.1~8 (1986~1990)	중단
	외국학술잡지목차집	3년간	1989	v.1~2 (1989~1991)	중단
한국체육대	도서관소식	월간	1984		
한국해양대	장서목록: 동양서편 (Ⅰ)	부정기	1983		
한국방송통신대학	장서목록	부정기	1990		
밀양산업대	신착자료 목록	계간	1993	v.1~8	
공주교대	전국교육대학논문목록색인 제1권 (1962~1971)	부정기	1972	v.1(1972)	
	공주교육대학교 졸업논문목록집 제1권(1985~1994)	부정기	1995	v.1(1995)	
인천교대	대학과 도서관	반년간	1993	v.1~6 (1993~1996)+	
공군사관학교	도서관 회보	계간	1988	1988~1995+	
	장서목록	부정기	1990	v.1(1990)	
육군사관학교	장서목록	격년간	1984	v.1~7 (1984~1993)+	
국·공립대학 도서관협의회	국립대학도서관보	연간	1983	v.1~13 (1983~1995)	

5) 대학당 발행 종수

대학당 발행 종수, 즉 한 대학에서 몇 종의 간행물을 발간했는가를 조사해 보면 〈표 4〉와 같다. 그러나 〈표 4〉에서의 발행 종수는 장서목록 등의 비연속성 간행물과 서명이나 발행처 변경 또는 폐간 등의 사유로 발행이 중단된 것까지 모두 포함된 숫자이기 때문에 실제로 현재 발행하고 있는 숫자와는 다소 차이가 있음을 알아야 한다. 현재 실제로 간행물을 발행하고 있는 대학수는 총 19개 대학으로 표에서의 총 25개 대학과는 큰 차이가 있으며, 대학당 발행 종수 또한 〈표 4〉에서처럼 1~5종으로 다양하지 않고 현재는 18개 대학이 각각 1종씩만을 발행하고 오직 1개 대학만이 2종을 발행하고 있을 뿐이다.

〈표 4〉 대학당 발행 종수

대학수	발행 종수 (기발행분 포함)	대학수	현재 발행 종수
13	1종 발행	18	1종 발행
7	2종 발행	1	2종 발행
3	3종 발행		3종 발행
1	4종 발행		4종 발행
1	5종 발행		5종 발행
25	계	19	

현재 발행되고 있는 간행물의 유형별 종수는 〈표 5〉와 같이 도서관소식류가 50%인 10종이나 되고 신착도서목록류가 20%인 4종, 색인류가 15%로 3종이다. 또한 간종별 현행 간행물 종수를 보면 〈표 6〉과 같고 창간연도별 종수는 〈표 7〉과 같다.

〈표 5〉 현행 간행물의 유형별 종수

유형	종수
도서관소식류	10
신착도서목록류	4
색인류	3
휘보류	2
목록류	1
계	20

〈표 6〉 간종별 현행 간행물 종수

간종	종수
월 간	1
격 월 간	3
계 간	2
반 년 간	1
연 간	3
부 정 기	5
간종미상	5
계	20

〈표 7〉을 보면 거의 반수인 9종이 최근 5년 내에 창간되었고, 최근 10년간에는 85%인 17종이 창간되어 현재 간행되고 있는 연속간행물의 대부분이 최근에 창간된 도서관소식이나 신착도서목록류인 것을 알 수 있다.

〈표 7〉 현행 간행물의 창간연도별 종수

창간연도	종수
1971~1975	1
1976~1980	2
1981~1985	3
1986~1990	5
1991~1955	9
계	20

6) 간종별 간행물 종수

간종별 간행물 종수는 〈표 8〉과 같다. 가장 많은 부정기 간행물이 24.5%

인 20종이나 되는 것은 대부분이 목록류로서 비연속성 간행물이 많기 때문인 것으로 생각된다. 또한 격년간이나 3년에 1번씩 나온다는 간행물 역시 모두 목록과 목차집으로 사실상 비연속성 간행물로 부정기 간행물인 것으로 생각되어 실질적으로 부정기 간행물은 거의 반에 가까운 47%나 된다. 그 다음으로 연간이 많은데 이는 17%에 해당하는 8종으로 주로 색인집류이다.

간종 미상 7종은 대부분이 도서관소식지로서 응답지에는 표시되지 않았지만, 격월간이나 계간으로 추정된다. 여기서 연속간행물의 간행빈도란 자료의 유형과 어느 정도라도 부합되어야 합리적이겠으나 그렇지 못한 경우도 있다는 것을 지적하지 않을 수 없다. 예를 들어 신착도서 속보지를 속보하지 않고 계간으로 발행한다든지, 소식지가 1년에 1번 나온다든지, 심지어는 가장 최신성이 요구되는 학술지의 목차집을 3년에 1번 간행한다는 것은 그 간행물의 발간 목적과 실효성에도 문제가 있다고 생각된다.

〈표 8〉 간종별 간행물 종수

간종	종수
월 간	3
격월간	3
계 간	3
반년간	1
년 간	8
격년간	1
3년간	1
부정기	20
미 상	7
계	47

간행주기에 관해서 다소 특수한 경우이지만 신착도서속보의 경우, 예를 들어 당초에는 간행주기를 월간으로 하기로 했더라도 그동안에 자료가 많이 들

어왔을 경우에는 15일이나 20일 만에도 발행하고 또 반대로 신규수입도서가 아주 적을 경우에는 3개월 만에 발행하기도 하는 등 발행주기를 지켜 발행한다기보다는 그때그때의 신착도서 입수 상황에 따라 발행하고 있는 사례도 있었다.

7) 창간연도별 간행물 종수

창간연도별 간행물 종수는 〈표 9〉와 같다. 창간연도는 60년대가 3종으로 6.4%, 70년대가 9종으로 19%, 80년대가 24종으로 51%, 그리고 90년대가 11종으로 23%로 나타났다. 〈표 9〉에 의하면 80년대에 들어서 간행 활동이 가장 활발했던 것으로 생각되며 이는 〈표 10〉의 우리나라 정기간행물의 등록 증가 추세와도 비슷함을 알 수 있다. 또한 서울대 간행 7종 중 6종이 60~70년대에 창간된 것을 보면 비교적 역사가 오래된 대학의 간행물들이 창간연대가 오래되었음을 알 수 있다.

〈표 9〉 창간연도별 간행물 종수

창간연도	종수	누계
1960~1965	1	1
1966~1970	2	3
1971~1975	5	8
1976~1980	4	12
1981~1985	10	22
1986~1990	14	36
1991~1995	11	47
계		47

〈표 10〉 국내 정기간행물 등록 현황

연도	종수
1961	344
1966	604
1971	852
1976	1,290
1981	1,415
1986	2,134
1991	5,962
1994	8,724

자료: 『한국출판연감』, 1995, p. 138에서 발췌.

8) 정간된 간행물의 수명

총 47종 중에서 서명 변경이나 발행 중단된 14종에 대한 간행물의 수명(창간부터 종간까지의 지속 기간)은 〈표 11〉과 같이 조사되었다. 즉, 총 14종 중 20년 이상 지속된 간행물은 1종, 15~20년은 1종, 10~15년은 1종, 5~10년은 4종, 5년 미만 지속된 간행물이 7종으로 나타났다. 즉, 7종 50% 정도가 5년 이내에 중단되는 것으로 나타났으며, 총 14종 전체의 평균수명은 6.3년으로 나타났다. 한편 정간 연대별 간행물 종수는 〈표 12〉와 같고 정간 간행물의 간종별 종수는 〈표 13〉과 같다. 간행물의 서명 변경이나 어떤 사정에 의한 발행중단의 경우에도 예고나 사후 알림이 없었고 간행물의 분리 및 통합의 경우도 발견하지 못했다.

〈표 11〉 정간간행물의 지속기간별 종수

지속기간	종수
20년 이상	1
15~20년	1
10~15년	1
5~10년	4
5년 미만	7
계	14

〈표 12〉 정간연대별 간행물 종수

정간된 연대	종수
1971~1975	4
1976~1980	2
1981~1985	1
1986~1990	4
1991~1995	4
계	14

〈표 13〉 정간간행물의 간종별 종수

간종	종수
월간	2
계간	1
연간	5
3년간	1
부정기	3
간종미상	2
계	14

9) 간행물 내용의 유형

어떤 자료를 평가하거나 분석함에 있어서도 대강 비슷하겠지만, 특히 연속간행물의 경우에는 연속간행물로서의 여러 가지 특성이 있고 또 그 형식과 내용이 아주 다양해서 어떤 측면에서 어떤 관점으로 보느냐에 따라 평가나 분석내용이 전혀 달라질 수가 있다.

따라서 연속간행물을 제대로 평가하고 분석하기 위해서는 보는 관점마다 그 형식이나 내용을 각각 2차적 또는 3차적으로 세분하여 세분된 각각의 항목별로 필요한 검토 사항을 적용해 보아야 할 것이다. 그러나 본고에서는 우선 논제에서부터 주제는 도서관 및 문헌정보학 분야이고, 발행처는 대학 중에서 설립자가 국립이고 그중에서 지원기관인 도서관이라고 최종 단계에까지 구체적으로 지정되어 있고 또 거의 모든 간행물이 그 간행물의 이름에서 구체적인 특징과 내용을 찾을 수 있기 때문에 어떤 의미에서는 상당히 단순하게도 생각할 수 있다. 예를 들어 "신착도서속보"지의 경우 이용대상이 교수 및 학생이고, 속보성을 목적으로 하는 속보지이고, 2차 자료이고, 교육 및 학습을 정보의 목적 내용으로 하고 있고, 사용언어는 도서관에 수서되는 자료의 언어와 같을 것이고, 홍보나 보급을 목적으로 하고, 영리목적의 상업지는 아니고 …… 등등과 같이 도서관소식지나 장서목록류 등도 서명만으로도 그 구체적인 특징과 내용을 유추할 수 있다. 그러므로 본고에서는 조사된 내용을 토대로 가급적 단순하게 구분하여 생각해 보기로 했다.

조사된 간행물들의 내용을 일일이 확인해 보지는 않았지만 서명만으로 그 내용을 유추해 구분한다면 대략 ① 도서관소식(뉴스레터)류, ② 신착도서목록(속보)류, ③ 색인류, ④ 장서목록류, ⑤ 기관지(휘보)류, ⑥ 학술지 등 크게 6가지 유형 등으로 나눌 수 있겠다.

이와 같은 유형에 따라 〈표 3〉에 나와 있는 각 간행물을 구분해 보면 다음과 같다.

〈표 14〉 간행물 내용의 유형별 종수

간행물의 유형	간행물 종수
도서관소식류	13
신착도서목록류	8
색인류	8
장서목록류	14
기관지(휘보)류	3
학술지	1
계	47

여기서 우리는 간행물 내용에 따른 유형과 관련하여 좀 더 구체적으로 분석해 볼 필요가 있다. 일반적으로 우리들이 이해하는 도서관소식지라는 개념에는 간단한 토막소식이 위주로 수록되어야 하고 신착도서목록은 표제에 걸맞도록 신규 수입되는 최신 자료의 목록들이 수록되고 또 신속하게 배포되어야 할 것이다. 물론 예산이나 인력 등의 제반 여건상 어려움이 많아서이기도 하지만 위 두 간행물에 수록되는 내용이 별로 다르지도 않고 속보되지도 않는 경우가 적지 않다. 그것은 위 간행물들의 대부분은 우리 도서관인들의 일상 업무에서 만들어지고 또 평소에 항상 가까이 접하고 있기 때문에, 오히려 좀 더 특성 있고 체계적이지 못할 수도 있기 때문이 아닌가도 생각된다.

또 도서관보는 유일하게 서울대학교에서 1963년도에 창간 발행하다가 1976년에 중단된 사울대학교 도서관보 하나뿐이다. 현재는 도서관소식이란 이름으로 신착도서목록을 위주로 싣고 기타 업무통계와 토막소식 등을 게재하고 있는데, 1966년도 하반기부터는 20년 전에 중단된 서울대학교 도서관보를 복간할 예정으로 있다. 어쨌든 현재로서는 도서관보라는 이름의 간행물은 전체 국립대학에 1종도 없는 셈이 된다. 그러나 부산대학교 도서관에서 간행되는 "도서관소식"지는 다른 대학의 도서관소식지와는 조금 다르고 또 간행물 이름과도 좀 걸맞지 않는 감이 있다. 즉, 수록내용이 직무와 관련된 훌륭한 논문과 자료들이 아주 알차고, 형식 또한 비교적 충실하며 각종 업무통계와 토막소식 등을 종합적으로 수록하여 오히려 도서관보적 성격이 강하게 풍기고 있다. 전남대도서관 발행 도서관소식지 역시 부산대의 경우와 마찬가지로 체계적인 권·호수를 가지고 각종 업무통계와 토막소식 및 직무와 관련된 다양한 논제들을 게재하고 있으나, 한 가지 다른 점은 전남대의 경우는 소식지의 반 이상의 지면을 신착자료 안내에 할당하고 있다는 것이다. 그 외 몇 개 대학의 소식지 등을 검토해 본 결과, 역시 간행물의 제목들이 수록되는 내용과 생각하기에 따라서는 부합되기도, 안되기도 하는 복합적인 형태의 애매한 경우가 적지 않음을 알 수가 있었다. 또 간행물 내용의 유형에서 학술지 성격의 간행물은 유일하게 서울대 도서관에서 발행했던 "규장각"지 하나뿐이다.

학술지라면 수록내용이 전문적인 학술논문으로서 각주나 참고문헌 등이 제대로의 형식을 갖추고 질적으로도 관련 분야의 전문가들이 인정하는 상당 수준이어야 하는데, 위 "규장각"지는 국사 및 국문학 분야에서는 국내외에서 아주 호평 받는 이름 있는 학술지이다. 그러나 규장각이라는 기관이 1992년도에 도서관으로부터 분리되어 하나의 독립된 기관이 됨으로써 발행기관이 도서관에서 규장각으로 바뀌었고, "규장각"지는 현재도 같은 이름으로 권·호를 계속 승계하여 간행되고 있다. 이제 "규장각"지는 도서관에서 발행하는 간행물이 아니고, 또 도서관 및 문헌정보학 관련 간행물도 아니지만 어쨌든 결과적으로 우리나라 국립대학 도서관에서 간행하는 연속간행물 중 순수 학술지는 이번의 설문조사 결과에 의하면 1종도 없게 된 셈이다.

10) 간행물의 권·호 표시

연속간행물은 『도서관 정보학 용어사전』에 나와 있듯이 연속적인 분책으로 나오기 때문에 각 간행물마다 필연적으로 권·호 또는 연호 표지를 가지고 발행된다. 그러나 그 표시방법은 아주 다양하다. 대체로 신착도서속보 등 시사성이 중요시되는 간행물은 주로 연·월 표시를 위주로 하면서도 일련번호를 병기 사용하고, 도서관소식 등의 간행물은 발행 연·월과 함께 권(Volume) 호(Number)를 병용하면서 통권번호까지 사용하는 것이 많았다(도중에 통권번호를 빠뜨리고 얼마 후에 다시 사용된 경우도 있었음).

또 주로 목록이나 색인류 등의 간행물은 號(Number)가 없이 몇 卷, 몇 輯 또는 주제별이나 年月로 혹은 동·서양서별의 무슨 篇 등으로 표시하고 있었다.

일반적으로 권·호가 있는 경우는 1권은 수개의 호가 모여서 하나의 권을 형성해 나가며 그 권수는 보통 연도단위로 바뀌며 순차적으로 일련번호를 갖게 된다. 따라서 월간의 경우는 대개 12개호가 1개권을 이루기 때문에 특별한 사정으로 발행을 못할 경우에도 합병호를 내게 되면 자연스러울 수 있다. 그러나 공교롭게도 당초에 간종은 반년 간으로, 1권에 2개호씩 발행할 계획으로 권·호수를 부여하면서 발행해 오다가 사정에 의해서, 예를 들어 8권 1호는 발행하고 2호는 발행 못했을 경우 8권은 1개호가 1개권을 이루게 된다. 이때 목록상이나 간행물 실물에 사전에 또는 사후에라도 이러한 알림이 없으면 일반이용자는 결호로 생각할 수밖에 없다. 만일 이러한 사태가 다음해까지 지속된다면 간종은 반년 간에서 연간으로 바뀐 것으로 되고 있지도 않은 결호가 2개씩이나 있는 것처럼 된다. 따라서 간종이나 서명의 변경 또는 미발행에 대한 상세한 알림과 적절한 권·호 표시가 필요한데 이번 조사에서 이러한 점들에 둔감한 흔적을 어렵지 않게 발견할 수가 있었다.

11) 간행물의 형식 및 사무사항 등

앞서 간행물 내용의 유형에서 도서관소식류와 신착도서목록류와는 제목과 내용이 서로 중첩되고 복합적이어서 애매하다는 점 이외에는 대개의 경우 일정한 권 또는 호수를 가지고 표제지, 간행사(발간사), 목차, 본문 및 판권지, 투고요령, 편집후기나 편집위원회 명단게재 등 대체로 책자로서의 외형적 체제는 잘 갖추어졌다고 생각된다.

또 일부 소식지의 경우는 논제내용의 질적 수준까지는 파악하지 못했으나 특집호나 기획 시리즈를 내는 등 바람직한 면도 있었다. 그러나 아쉽게도 초록, 난외표제(Running title), 정오표(erratum), 또는 알림(Announcement) 등은 발견하지 못했다. 또 간행물의 영문표기에서도 문제가 있었다. 즉, 부산대의 도서관소식은 Library Bulletin으로, 전남대의 도서관소식은 Library Newsletter로, 서울대 도서관보는 Bulletin of Seoul National University Library로 표기되어 서로 다른 개념으로 번역되고 있었으며, 도서관소식지나 신착속보지 등의 표지에는 의외로 대부분 학교마크 등이 새겨져 있기도 했다. 또한 의외로 자기 도서관 발간 간행물을 결호 없이 모두 소장하고 있지 않는 대학도 있었다.

간행물 크기는 거의가 4×6배판이고 최근에는 A4 용지 규격으로 바뀌는 것도 눈에 띈다. 또한 편집이나 인쇄의 경우도 60~70년대의 필사, 타자, 수작업 편집 및 마스터인쇄에서 D/B 구축으로 인한 전산기 편집 또는 워드프

로세서에 의한 편집과 고성능 복사기 및 프린터의 출현으로 편집 및 인쇄방법에 큰 변화가 오고 있었다. 쪽수는 도서관소식지의 경우 평균 10쪽 내외의 것과 150~200쪽 내외의 2부류가 있고 목록 및 색인류는 아주 다양하다.

또한 단행본적 성격의 목록이나 색인류 등 특수한 경우 이외에는 모두가 종이표지로 간이 제본하고 있으며 모두가 광고게재도 없고 비매품이며, 무료로서 주로 각 소속대학의 교내에만 배부하고 있다.

3. 결론

지금까지 국립대학 도서관에서 발행한 연속간행물에 대한 현황 조사와 함께 대학군별 간행물의 발행률, 대학당 발행 종수, 간종 및 창간연도별 종수, 간행물의 수명과 간행물 내용의 유형별 특성 및 형식 등에 관해서 고찰해 보았다. 우선 발행하고 있는 간행물 수가 예상했던 것보다 너무 적고 또 학술지라 할 만한 간행물은 물론이고 도서관보를 발행하고 있는 대학이 하나도 없다. 이것은 오늘날 우리나라 대학도서관 실상의 한 단면이 아닌가도 싶다. 간행물의 외형적인 형식 등은 대체로 잘 갖추어져 있다고 생각된다. 그러나 예를 들어 도서관소식지에 신착도서목록을 과다하게 수록한다든지, 신착도서목록에 각종 소식이나 통계 등 업무자료를 수록한다든지, 또는 도서관보라고 이름하여도 손색이 없을 정도로 수록내용들이 다양하고 충실한데도 도서관소식이라고 한다든지 하는 등등의 경우처럼 간행물 제목이야 어떻든 수록되는 내용들이 크게 다르지 않는 경우가 상당수 있었다.

또 간종에 있어서는 부정기 간행물이 의외로 많았고, 그 때문인지는 몰라도 전반적으로 간행빈도가 제대로 지켜지지 않는 경우가 적지 않았다. 또한 간행물의 크기나 편집 및 인쇄방법 등이 종래의 수작업 체제에서 컴퓨터나 고성능 프린터의 출현으로 변화해 가고 있음을 느낄 수가 있었다.

앞서 본편에서도 수차 언급했지만 여러 가지 여건상 제대로 분석치 못해 분석이라기보다는 차라리 현황을 조사해 본 것이라 생각하는 게 좋겠다. 어쨌든 미흡하기는 하지만 차제에 우리나라 국립대학에서 간행한 도서관 및 문헌정보학 분야의 간행물이 조사되었다는 데 의의를 두고 참고될 수 있다면 다행이겠다.

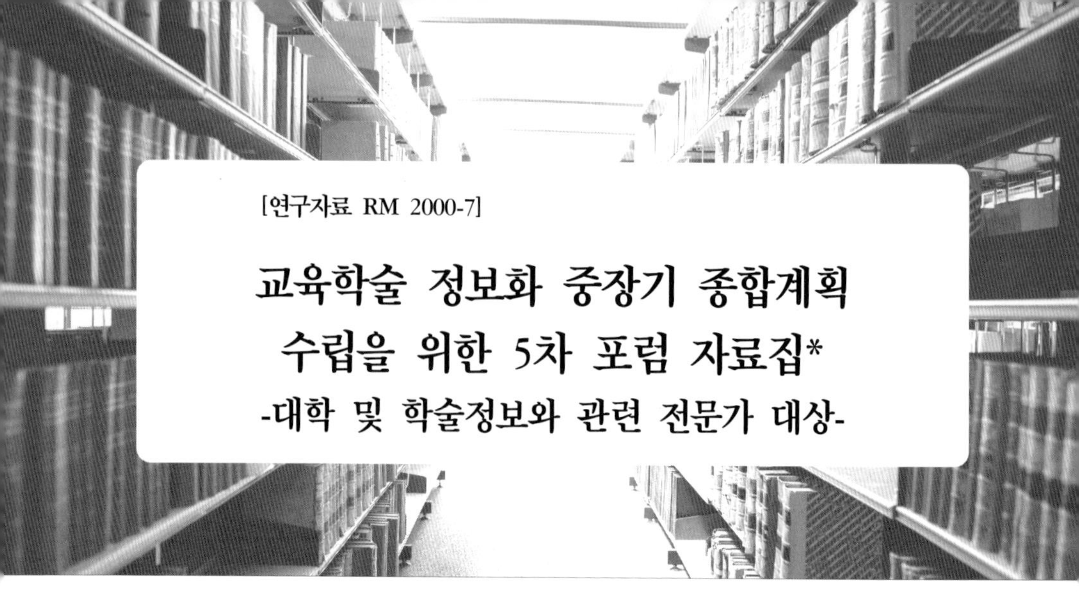

[연구자료 RM 2000-7]

교육학술 정보화 중장기 종합계획 수립을 위한 5차 포럼 자료집*

-대학 및 학술정보와 관련 전문가 대상-

교육 정보화 계획 수립과 관련된 제반 문제점들은 1996년 말에 설립된 첨단학술정보센터에 이어 현재의 한국교육학술정보원이 약 4년여 동안 사업을 추진하는 과정에서 어느 정도 부각되었으리라고 생각되나, 여기에서는 그와 관련하여 몇 가지만 제시해 보고자 한다. 그러나 대부분의 사업들이 그렇듯이 교육학술 정보화 사업도 기본적으로는 사업 추진에 필요한 예산과 인력의 확보 여부에 그 성패가 달려 있다고 생각한다.

1. 전자도서관

전자도서관은 어떤 물리적인 형태가 따로 있는 것이 아니라 종래의 인쇄매체 중심의 전통적인 자료 봉사 체제 하의 도서관과 이에 대한 대칭적 개념으

---

* 한국교육학술정보원 연구자료집 RM 2000-7, 2000. 7. 25, pp. 11~14에 수록되었다.

로서의 논리적 가상도서관을 일컫는다고 할 수 있다. 전자도서관에서는 동화상이나 멀티미디어 자료 및 원문 데이터베이스 등 디지털화된 다양한 형태의 정보자원에 대한 서비스를 시간과 공간적 제약을 뛰어 넘어 제공한다. 그러나 대부분의 도서관에서는 전산장비나 네트워크 문제보다는 서비스 대상 자원이 되는 콘텐츠의 빈약으로 이용자의 기대에 미치지 못하고 있다. 물론 여기에는 콘텐츠 자체의 부족이 근본적인 문제이기도 하지만 현실적인 문제점으로는 비록 기술적인 지원은 가능하다 하더라도 저작권 문제 때문에 실제로 서비스할 수 있는 데이터베이스가 극히 제한되어 있다는 것이다.

이를테면 학위논문의 경우 원문 데이터베이스 구축은 각 대학도서관, 국립중앙도서관, 국회도서관 및 KERIS 등에서 각각 구축하고 있으나 실제로 저작권 문제와 관련해서는 문제 해결이 가장 용이하며 외부 이용자에게도 서비스가 가능한 대학에서 구축하는 것이 현실성 있는 바람직한 대안이라고 생각한다. 또 이와 관련해서 각 대학에서 공통적으로 구축하는 데이터 등의 표준을 제시해 준다면 데이터 통합 시 업무 부담을 줄이고 이용자도 하나의 뷰어(viewer)만을 사용할 수 있어 경제적이다.

현재는 대학마다 각기 다른 형태의 뷰어를 사용함으로써 많은 이용자들에게 불편을 초래하고 있다. 따라서 데이터베이스 표준화를 위한 도서관 간의 업무 조정이 필요하다.

또한 해외 데이터베이스 도입은 각 데이터베이스별로 희망 대학끼리 컨소시엄을 구성하여 구독하고 있으나 이는 전체 국가적 차원에서 볼 때 재정적 낭비 요소가 많아 불합리하므로 KERIS 주관 하에 National License를 획득하여 국내의 모든 이용자가 무료로 이용할 수 있도록 해야 한다. 예를 들어 영국 국가 기관인 CHEST(Combined Higher Education Software Team)의 경우 영국 내의 교육기관에 S/W, Data 및 정보 기술 관련 정보들을 제공해 주는 비영리기관으로 정보 공급자와 직접 협상하고 공식적인 계약을 담당하고 있는데, 우리나라에서는 그와 같은 기능을 KERIS가 담당할 필요가 있다.

2. 학술정보 서비스

도서종합목록 및 해외 데이터베이스의 검색 속도가 지나치게 느리고 네트워크상의 장애가 빈발하고 있으며, 특히 해외 데이터베이스 검색 시 로그 온 타임 설정이 지나치게 짧아 검색 도중 약간의 지체에도 로그아웃되어 재접속해야 하는 불편한 사례가 많이 발생하고 있으므로, 네트워크 및 전산장비를 획기적으로 확충하고 성능을 업그레이드할 필요가 있다.

또한 ILL 복사 서비스의 경우 특정 기관에 신청이 집중되는 현상이 일반적이고 복사 분량이 많은 자료를 신청한 후 취소하는 등 이로 인해 야기되는 업무적, 재정적 부담이 적지 않은 바 복사요금의 현실화 및 일일 신청건수의 제한 등 이에 대한 제도적 보완과 이들 기관에 대한 인센티브가 필요하다.

3. 학술정보 유통 정책

도서종합목록 서지 데이터베이스에 대한 질적인 검증이 필요하나 제대로 시행되고 있지 않아 중복이나 부실한 데이터가 적지 않게 발견된다. 따라서 현재의 모든 데이터베이스의 일괄 검증은 물론이고 향후 업로드되는 데이터에 대해서도 질적인 검증을 마친 후 업로드되도록 하는 제도적 장치가 마련되어야 한다.

또한 정리업무의 참조 데이터베이스로 현재는 LC 및 OCLC 데이터베이스를 이용하고 있으나 그 외에도 영국의 BNB를 비롯한 독일이나 프랑스 등 주요 외국어권의 국가 서지가 구비되어 있지 않아 자료 정리에 많은 시간이 소요되므로 이의 구비가 필요하다. 그리고 중국이나 일본 등의 한자 문화권 국가의 국가 서지도 이용할 수 있다면 자료 정리 및 이용에 큰 도움이 되겠다.

4. 대학 정보화

대학 정보화의 가장 핵심적인 요체는 역시 교육학술 정보화라 할 수 있다. 교육 및 연구에 필요한 학술정보를 신속하게 제공화기 위해서는 필요한 전산 장비와 네트워크 그리고 이 네트워크를 통해 전달될 콘텐츠, 즉 학술정보 자원과 이 자원들의 기능을 향상시키고 운용할 수 있는 인적 자원이다. 이들 4가지 요소는 항상 균형 있게 유지 보완되고 지속적으로 확충되어야 한다.

따라서 이에 대한 투자는 어느 한 요소라도 일회성으로 그쳐서는 안 되고 지속적으로 이루어져야 한다. 특히 인적 자원 육성은 단기간에 이루어질 수 없는 성격의 것이기 때문에 고수준의 지속적인 교육 훈련과 이에 상응하는 대우가 필요하다. 또한 대학의 정보화는 개별 대학 단위로 할 수 있는 성질의 것이 아니고 범국가적 차원에서 종합적이고 체계적인 계획 하에 추진되어야 하기 때문에 무엇보다 국가 차원의 지속적인 지원과 관심이 요망된다.

5. 질의응답 및 포럼 요약

○ 시스템에 대해서 주기적으로 업그레이드를 시킨다거나 네트워크에 문제가 생겼을 때 이를 해결할 수 있을 정도의 능력을 소유한 사람들이 필요하다. 그러므로 이를 위한 재투자가 필요하다.

○ 일단은 현재 사서대우에 대한 문제가 있다. 이제 사서는 이전의 책장정리 수준을 넘어서서 보다 총체적인 능력을 요구받고 이에 부응하고 있음에도 불구하고 사서를 바라보는 시각은 이전을 넘어서지 못한다.

○ 전자도서관 구축에 있어서의 문제점을 표준화, 저작권 문제의 해결, 해외 데이터베이스 구입의 구매 방법 변경.

○ 학술 정보 서비스에 있어 인프라의 개선 등으로 서비스의 질을 개선하고 복사 서비스의 경우 적정 요금으로 업무의 효율화를 기함.

○ 유통 정책에 있어서 데이터베이스의 부실이 역력하므로 데이터에 대한 질적인 검증이 요구되며, 정리 업무에 도움이 되게 외국의 참조 업무가 구비되어야 함.

○ 대학의 정보화는 전산 장비와 네트워크, 콘텐츠, 인적 자원 개발의 요소로 보며 끊임없는 재투자가 지속되어야 함.

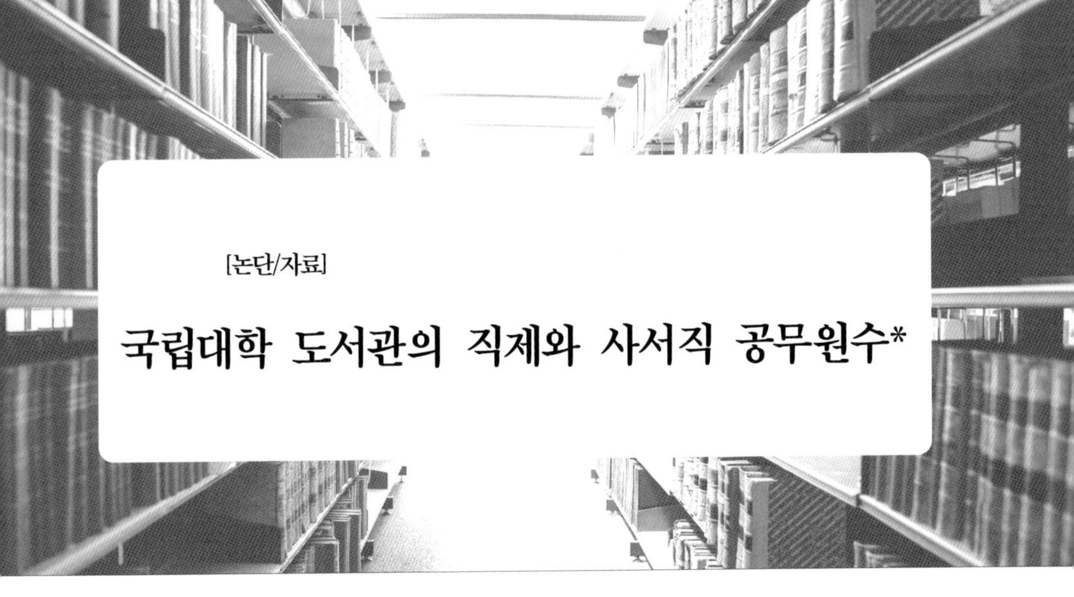
[논단/자료]

국립대학 도서관의 직제와 사서직 공무원수*

1. 서론

우선 이 글은 논문이라기보다는 그간 오랜 실무과정에서 취득한 자료들을 정리한 것으로 가급적 이론적인 논리전개는 피하고 그간에 모아둔 공표된 자료들을 재구성하여 추후 관련 계획 수립에 참고자료로 활용되었으면 하는 바람과 비록 사소한 일이나마 기록으로 남겨두고자 하는 소신에서 작성해 본 것임을 밝혀두고 싶다.

오늘날처럼 모든 면에서 경쟁이 치열한 지식기반의 정보화 사회에서는 누가 얼마나 많은 유용한 정보를 어떻게 신속하게 획득해서 활용하고 이를 토대로 보다 새로운 지식정보를 재창출할 수 있느냐에 따라 그 경쟁력이 달려 있다고 하겠다.

---

* 이 글은 『圖書館報』, 第124號, 2001, pp. 1~39에 수록되었다.

이러한 유용한 정보는 대부분이 기본적으로 학문연구와 인재교육을 주로 하는 대학에서 창출되고 교육하기 때문에 대학에서의 활발한 연구활동은 곧 국가경쟁력 확보의 원동력이라 할 수 있겠다. 대학도서관은 이러한 대학의 교육연구 및 학습활동에 직접 참여하고 필요한 학술정보를 관리하고 제공하는 핵심적인 정보의 유통시설이다. 21세기를 맞이하여 각 대학에서는 나름대로의 변혁과 도약을 위한 몸부림을 치고 있다. 사립대학의 경우에도 유사한 문제가 있기는 하겠지만, 특히 국립대학 도서관의 경우는 서비스 기관이면서도 그 조직이나 인력 또는 운영체제 등이 수요자 중심이기 이전에 예산이나 인력 등을 전적으로 국가재정이나 인력수급정책에 의존할 수밖에 없다. 또한 운영 면에서도 합목적성보다는 엄격한 법령의 정한 바에 따라야 하는 합법성에 보다 충실해야 하는 구조적 취약성 때문에 자율성이 적고 행정 편의적인 경향이 있어 국립대학 발전의 걸림돌이 되기도 한다.

어찌되었든 무엇보다 대학 발전의 요체는 역시 연구기반의 조성이라 하겠으며 이 연구기반의 핵심적 요소 중의 하나가 바로 교육 및 연구에 필요한 학술정보의 제공 기능이다. 따라서 학술정보의 제공 기능을 주목적으로 설립된 도서관의 기능 활성화 없이는 연구기반을 조성할 수도, 대학 발전도 기대할 수 없다.

대학도서관은 교수 및 학생들의 교육 연구 및 학습활동에 어떻게 하면 더 많은 도움과 필요한 지원을 할 수 있는가에 대해서 고민해야 한다. 그 고민의 주체는 바로 도서관의 운영주체인 직원(인력)이요 그 인력에 대한 운영조직이 곧 직제이다.

본고에서는 지금까지 우리나라 국립대학 도서관의 직제나 사서직 공무원에 대해서 신설에서부터 오늘에 이르기까지의 연혁과 연도별 공무원수 등을 알아보고 오늘의 국립대학 도서관의 자화상을 재조명해 봄으로써 향후 대학도서관의 위상제고에 밑거름이 되었으면 한다.

2. 직제

1) 서울대학교 도서관

서울대학교 도서관의 직제에 관한 주요 연혁을 살펴보면, 1946년 8월 "국립서울대학교 설치령"(미 군정법령 제102호)에 따라 "경성제국대학"이 "국립서울대학교"로 바뀌면서 국립서울대학교 중앙도서관이 되었다. 그러나 1948년 대한민국 정부수립 이후에 1949년 11월 5일 공무원 임용령(대통령령 제208호)의 제정에 따라 서울대학교 부속도서관이 되었는데, 이때는 법령에 의한 과 조직은 없었고 내부적으로 서무과와 수서계, 동양서계, 서양서계, 대출계 및 열람계의 5개 계 조직이 있었다.

그러다가 1953년부터는 위 5개 계 업무를 내부적으로 사서과와 열람과의 2과 체제로 개편하여 운영하였는데, 당시의 사무분장은 사서과에서는 도서관의 4대 기능, 즉 자료의 수집·정리·이용 및 보존업무 중 수집·정리업무를, 열람과에서는 이용·보존업무를, 그리고 서무과에서는 행정지원 업무를 각각 분장하였다. 그러다가 1961년 5월 5일 국립학교 설치령이 국무원령 제254호로 개정되면서 그간 비법정으로 운영되어 오던 부서들을 최초로 법령에 의한 조직으로 양성화하여 서무과, 사서과, 열람과가 신설되었다. 1965년 7월 9일에는 보다 양질의 도서관 봉사를 위해서는 참고서지업무의 활성화가 필요하고 그 중요성이 부각됨에 따라 국립학교 설치령이 개정(대령 2171호)되면서 조사과를 신설하였다.

그러다가 1975년 2월 28일 관악캠퍼스로의 종합화 이전과 함께 그간 열람과에서 관리해 오던 국가 중요 문화재인 규장각 도서의 효율적 관리를 위해서 도서관 내에 「규장각도서관리실」을 신설(대령 제7565호)하여 4과 1실 체제가 되었다. 1992년 3월 6일에 서울대학교 설치령이 개정(대령 제13605호)되어 규장각이 별도의 기관으로 승격 독립함으로써 다시 4과 체제로 되었다. 이때에 규장각 도서관리실의 독립과 전산업무의 본격 추진으로 종래의 수서과, 정리과, 열람과 및 참고서지과를 수서정리과, 도서운영과, 정보관리과 및 서무과로 개편하여 구조적인 업무조정을 하였다.

그러다가 IMF 사태 이후 국가적으로 추진되는 구조축소조정 방침에 따라 교육인적자원부에서는 각 대학별로 조직의 규모(처・실・국 및 과・담당관의 숫자)만을 제시하고 세부적 직제는 각 대학에서 학칙으로 정하도록 위임하였다. 서울대에서는 6개의 처・실・국과 16개의 과(담당관)를 두는 내용으로 실치령이 개정됨에 따라 2001년 8월 31일자로 서울대학교 학칙(서울대학교 규칙 제1197호)이 재정 공포되었다. 이에 따라 도서관에는 수서정리과와 정보관리과 및 행정지원팀으로 재편되어 1965년 이래 36년간 유지해 온 4과 조직이 그 반으로 줄게 되었다. 2001년 8월 31일자로 공포된 서울대학교 학칙 중 한 가지 우려되는 부분이 있어 여기에 지적해 둔다. 그것은 도서관장이 학칙 제33조(학장회)의 학장회 구성원이 아니라는 점이다. 물론 전체 대학의 정보화 업무를 총괄하는 학술정보원장이 그 구성원이기 때문에 별 문제가 없다고 생각할는지 모르나 그 문제는 반드시 그렇지는 않다고 본다. 물론 현재처럼 학술정보원장이 도서관장을 계속 겸임하거나 또는 도서관장을 학술정보원장이 겸임한다는 어떤 제도적 장치가 마련된다면 별 문제이겠으나, 우려되는 것은 만에 하나라도 그렇지 못할 경우 자칫 도서관의 위상은 추락하고 도서관 육성이라는 시대적 요구에 역행하는 결과가 될 것이다. 이 점을 지적하는 것은 이 일과 연계해서 과거에 있었던 유사한 실화가 문득 떠올랐기 때문이다.

1970년대 초반은 서울대학교가 관악캠퍼스로의 종합화 이전준비로 아주 중요한 시기였다. 특히 도서관의 경우는 100만 장서를 이전하고 16개 분관을 통합해야 하는 아주 번거롭고 몇 년 전부터 이전을 위한 사전준비를 해야 하는 매우 중요한 시기였다. 그 당시 도서관장은 학장회의 구성원이 아니어서 학장회의에 참석하지 못했고 단과대학장에게 배정되었던 승용차도 물론 없었기 때문에 도서관 경영에 어려움이 적지 않았다. 그러다가 우연히도 당시 도서관장이 74년 1월에 신문대학원장을 겸임하게 되어 신문대학원장 자격으로 학장회의에 참석하여 도서관 관련 발언도 할 수 있었고 승용차도 사용할 수 있었다. 그러다가 1년 후 신문대학원이 폐지되자 학장회의 참석자격과 승용차 문제가 제기되었으나 논란 끝에 앞으로는 도서관장 자격으로 학장회의에 참석도 하고 승용차도 배정 받게 되었다는 뒷얘기는 당시의 작은 화제이기도 했다. 이 작은 일이 화제가 될 수 있었던 것은 도서관으로서는 전학적 위치에서 대학교육에 직접 참여하고 지원하는 중추기관으로서 대학행정의 중요 사항을 결정하는 회의에 참석하기를 갈망하여 왔었고, 자료의 수입 및 교환 업무의 현안문제였던 차량확보 문제가 해결될 수 있어서 다소나마 도서관의 위상이 재고될 수 있었기 때문이다.

아직까지도 일부 대학에서는 도서관장이 학장회의 등 대학의 중요 의사결정회의에 참여하지 못하고 있는 안타까운 경우가 더러 있다. 조속한 시일 내에 도서관장이 학장회의 구성원이 될 수 있는 제도적 장치가 마련되길 기대한다.

〈표 1〉 서울대학교 도서관 직제 연혁 요지

구분 일자	과수	직제 요지	관련 법규
61. 5. 4	3과	서무과 · 사서과 · 열람과 설치(직제 신설) 서무과장: 행정사무관 기타 과장: 사서관	국립학교 설치령 (국무원령 254호)
65. 7. 9	4과	조사과 신설: 과정은 교수직 겸보 서무과장: 행정사무관 사서과장 · 열람과장: 사서관 또는 사서관보	국립학교 설치령 (대령 2171호)
70. 4. 8	4과	사서과장과 열람과장: 사서관	서울대 설치령 제정하고 국립학교 설치령 적용 배제(대령 4870호)
75. 2. 28	4과 1실	규장각도서관리실 신설(실장은 교수직 겸보) 수서과 · 정리과 · 열람과 · 참고서지과로 개편하고 각 과장은 서기관으로 보함	서울대학교 설치령 (대령 7565호)
85. 7. 5		각 과장은 서기관 또는 사서관(4급)으로 보함	서울대학교 설치령 (대령 11721호)
92. 3. 6	4과	규장각도서관리실 폐지 수서정리과 · 도서운용과 · 정보관리과 및 서무과로 개편하고 수서정리과장 · 도서운용과장 및 정보관리과장은 서기관 또는 사서기관으로 보하고 서무과장은 서기관으로 보함	서울대학교 설치령 (대령 13605호)
01. 1. 29	3과	수서정리과 · 정보관리과 및 정보운용과를 두며 각 과장은 서기관 또는 사서서기관으로 보함	교육인적자원부와 그 소속기관의 직제 부칙 제5조②항(대령 17115호)
01. 3. 2	3과	대학 내에 6개의 범위 내에서 처 · 실 · 국과 16개의 범위 내에서 과 · 담당관을 두도록 개정(시행은 2001. 9. 1부터)	서울대 설치령 (대령 17143호)
01. 8. 31	2과 1팀	수서정리과 · 정보관리과 및 행정지원팀을 두고 각 과장은 부이사관 · 서기관 또는 사서서기관으로 보하고 팀장은 서기관 또는 교육행정사무관으로 보함	서울대학교 학칙 (서울대규칙 1197호)

(1) 서울대 도서관 직제 관련 법령

◎ 1961. 5. 4. 국립학교 설치령(국무원령 254호)

· 제13조의2 서울대학교 부속도서관에 서무과, 사서과와 열람과를 둔다.

· 서무과장은 사무관으로서 보하고 기타 과장은 사서관으로서 보한다.

· 서무과는 인사, 관인과수, 서무, 회계, 용도와 기타 타과에 속하지 아니하는 사항을 분장한다.

· 사서과는 동서양제국의 현대도서 및 고전에 관한 사항과 출판물의 조사, 도서의 구입선정, 수증, 교환, 등록, 집계, 제본, 분류, 목록편찬 및 보관과 각 대학원 및 단과대학의 도서관리의 지도 감독에 관한 사항을 분장한다.

· 열람과는 도서의 관내 열람, 관외 열람, 각 대학원 및 단과대학 또는 처·국에의 비치와 그 회수, 연구 참고자료의 제공, 열람통계와 서고정리에 관한 사항을 분장한다.

◎ 1965. 7. 9. 국립학교 설치령(대령 2171호)

· 제13조의2 서울대학교 부속도서관에 서무과, 사서과·열람과와 조사과를 둔다.

〈개정 1965. 7. 9〉

· 서무과장은 행정사무관, 사서과장과 열람과정은 사서관 또는 사서관보로 보하고, 조사과장은 교수·부교수 또는 조교수로 겸보한다.

· 서무과는 인사, 관인관수, 서무, 회계, 용도와 기타 타과에 속하지 아니하는 사항을 분장한다.

· 사서과는 도서의 구입선정, 수증, 교환, 등록, 집계, 제본, 분류, 목록편찬 및 보관과 각 대학원 및 단과대학의 도서관리의 지도 감독에 관한 사항을 분장한다.

· 열람과는 도서의 관내대출, 관외대출, 각 대학원 및 단과대학 또는 처·국에의 비치와 그 회수, 연구 참고자료의 제공, 열람통계와 서

고정리에 관한 사항을 분장한다.

· 조사과는 고서·서지사항조사·특수문헌조사 및 출판물조사에 관한 사항을 분장한다.〈신설 1965. 7. 9〉

· 서울대학교 부속도서관을 필요에 따라 그 분관을 둘 수 있다.〈신설 1965. 7. 9〉

· 분관에 분관장을 두되, 교수·부교수 또는 조교수로 겸보한다.〈신설 1965. 7. 9〉

◎ 1970. 4. 8. 서울대학교 설치령(대령 4870호)

제20조(도서관)

① 부속도서관에 서무과·열람과와 조사과를 두되, 서무과장은 행정사무관으로 사서과장과 열람과장은 사서관으로 보하고, 조사과장은 교수·부교수 또는 조교수로 겸보한다.

② 서무과는 보안·인사·관인관수·문서관리·회계 기타 다른 과에 속하지 하니 하는 사항을 분장한다.

③ 사서과는 도서의 구입·선정·수증·교환·등록·집계·제본·분류·목록의 편찬 및 보관과 각 대학원 및 단과대학의 도서관리의 지도·감독에 관한 사항을 분장한다.

④ 열람과는 도서의 관내열람·관외대출 각 대학원 및 단과대학 또는 처·국에서의 도서의 비치와 그 회수·연구 참고자료의 제공·열람통계와 서고정리에 관한 사항을 분장한다.

⑤ 조사과는 고서·서지사항조사·특수문헌조사 및 출판물조사에 관한 사항을 분장한다.

⑥ 부속도서관은 필요에 따라 분관을 둘 수 있다.

⑦ 분관에 분관장을 두되, 교수·부교수 또는 조교수로 겸보한다.

◎ 1975. 2. 28. 서울대학교 설치령(대령 7565호)

제17조(도서관)

① 도서관에 수서과·정리과·열람과·참고서지과 및 규장각도서관리실을 두며 각 과장은 서기관으로 보하고 실장은 교수 또는 부교수로 겸보한다.

② 수서과는 서무·도서의 주문 및 접수·자료교환·등록 및 제본과 기타 관내에 다른 과의 주관에 속하지 하니 하는 사항을 분장한다.

③ 정리과는 도서의 분류, 편목, 도서목록의 보완 및 출판에 관한 사항을 분장한다.

④ 열람과는 도서의 열람, 대출·장서 및 서고의 관리에 관한 사항을 분장한다.

⑤ 참고서지과는 참고업무, 서지업무, 문헌복사, 문헌속보 및 도서전시에 관한 사항을 분장한다.

⑥ 규장각도서관리실은 규장각 도서의 조사, 문헌해제, 정리 보관 및 공용에 관한 사항을 분장한다.

⑦ 총장이 필요하다고 인정할 때에는 도서관의 분관을 둘 수 있으며 분관장은 교수·부교수 또는 조교수로 겸보한다.

◎ 1985. 7. 5. 서울대학교 설치령(대령 11721호)

제17조(도서관)

① 도서관에 수서과·정리과·열람과·참고서지과 및 규장각도서관리실을 두며 각 과장은 서기관 또는 서기관(4급)으로 보하고 실장은

교수 또는 부교수로 겸보한다.〈개정 1985. 7. 5〉

② 수서과는 서무・도서의 주문 및 접수・자료교환・등록 및 제본과 기타 관내에 다른 과의 주관에 속하지 하니 하는 사항을 분장한다.

③ 정리과는 도서의 분류, 편목, 도서목록의 보완 및 출판에 관한 사항을 분장한다.

④ 열람과는 도서의 열람, 대출・장서 및 서고의 관리에 관한 사항을 분장한다.

⑤ 참고서지과는 참고업무, 서지업무, 문헌복사, 문헌속보 및 도서전시에 관한 사항을 분장한다.

⑥ 규장각도서관리실은 규장각 도서의 조사, 문헌해제, 정리 보관 및 공용에 관한 사항을 분장한다.

⑦ 총장이 필요하다고 인정할 때에는 도서관의 분관을 둘 수 있으며 분관장은 교수・부교수 또는 조교수로 겸보한다.

◎ 1992. 3. 6. 서울대학교 설치령(대령 13605호)

제17조(도서관의 조직)

① 도서관에 수서정리과・도서운용과・정보관리과 및 서무과를 두며, 수서정리과장・도서운용과장 및 정보관리과장은 서기관 또는 사서서기관으로, 서무과장은 서기관으로 보한다.

② 수서정리과는 도서자료의 선정・구입・등록・제적・폐기・분류 및 편목과 도서관 업무 전산화 계획의 수립・추진 및 전자계산기의 관리・운용에 관한 사항을 분장한다.

③ 도서운용과는 도서자료의 열람・대출・보관・제본 및 서고관리에 관한 사항을 분장한다.

④ 정보관리과는 연속간행물 등 비도서자료의 선정·구입·등록·정리·보관·제본·제적·폐기 및 이용과 도서관 자료의 교환 및 상호이용에 관한 사항을 분장한다.

⑤ 서무과는 보안·인사·관인관수·문서·회계·물품관리 및 기타 관내 다른 과의 주관에 속하지 아니 하는 사항을 분장한다.

◎ 2001. 1. 29. 교육인적자원부와 그 소속기관의 직제(대령 17115호)

(부칙 제5조 ②항)

② 서울대학교 설치령 중 다음과 같이 개정한다.

제2조 중 "교육부장관"을 "교육인적자원부장관"으로 한다.

제14조 제1항 중 "경리과·관재과"를 "경리과"로, "경리과장·관재과장"을 "경리과장"으로 하고, 동조 제3항을 다음과 같이 하며, 동조 제4항을 삭제한다.

③ 경리과는 세입·세출·결산·금전출납·지출원인행위·급여에 관한 사항과 국유재산의 관리, 물품의 수급계획·조달·처분·재물조사 및 외자에 관한 사항을 분장한다.

제17조를 다음과 같이 한다.

제17조(도서관의 조직)

① 도서관에 수서정리과·정보관리과 및 정보운영과를 두며, 각 과장은 서기관 또는 사서서기관으로 보한다.

② 수서정리과는 도서관 자료의 선정·구입·등록·제적·폐기·분류 및 편목에 관한 사항을 분장한다.

③ 정보관리과는 컴퓨터시스템 지원, 전자정보서비스, 참고봉사, 상호이용, 복사관리 및 자료실 관리에 관한 사항을 분장한다.

④ 정보운용과는 도서관 자료의 열람·대출·보관·제본·서고 및 열람실 관리에 관한 사항과 보안·인사·관인운수·문서·회계·물품관리 및 그 밖의 관내 다른 과의 주관에 속하지 아니 하는 사항을 분장한다.

◎ 2001. 3. 2. 서울대학교 설치령(대령 17143호)

제11조(하부 조직)

① 서울대학교에 사무국을 포함하여 6개의 범위 안에서 처·실 및 국을 두되, 국장은 이사관·공업이사관·시설이사관·부이사관·공업부이사관 또는 시설부이사관으로 보하고, 처장 및 실장은 교수 또는 부교수로 겸보한다.

② 사무국장은 별표 2의 사무를 분장하고, 처장·실장 및 국장의 분장사무는 학교규칙(이하 "학칙" ……).

③ 부속시설 및 제1항의 규정에 의한 사무국·처·실 및 국에 16개의 범위 안에서 과 및 담당관을 둔다. 이 경우 과 및 담당관의 명칭에 관하여는 총장이 이와 다르게 정할 수 있다.

④ 과장 및 담당관은 부이사관·서기관·사서서기관·공업서기관 또는 시설서기관으로 보한다.

⑤ 제8조 제1항의 규정에 의한 단과대학 및 대학원에 15개의 범위 안에서 행정실을 두되, 실장은 서기관 또는 교육행정사무관으로 보한다. 다만, 2개 이상의 단과대학의 운영을 지원하기 위하여 행정실을 통합하여 둘 수 있다.

◎ 2001. 8. 31. 서울대학교 학칙(서울대 규칙 1197호)

① 중앙도서관(이하 "도서관"이라 한다)에 도서관장을 두며, 교수 또는 부교수로 겸보한다.

② 도서관장은 도서관의 업무를 통할한다.

③ 도서관의 전문분야별 분관으로 사회과학도서관・경영도서관・농학도서관・법학도서관・의학도서관・치의학도서관을 두며, 각 분관에는 분관장을 두되, 교수 또는 부교수로 겸보한다.

④ 각 분관장은 분관의 업무를 통괄한다.

⑤ 도서관에 수서정리과・정보관리과 및 행정지원팀을 두며, 각 과장은 부이사관・서기관・또는 사서서기관으로 보하고 팀장은 서기관 또는 교육행정사무관으로 보한다.

⑥ 수서정리과장은 도서관 자료의 기본계획 수립, 자료의 선정・구입・등록・제적・폐기・분류・편목 및 통계에 관한 사항을 담당한다.

⑦ 정보관리과장은 도서관 자료의 열람・대출・보관, 서고 및 자료실 관리, 제본・참고봉사・정보지원・상호이용, 정보시스템의 관리 및 운영・전자도서관 구축 및 관리, 전산장비 관리에 관한 사항을 담당한다.

⑧ 행정지원팀장은 보안・인사・관인관수・문서・회계 및 물품관리, 분관관리 및 지원과 기타 관내 다른 과의 주관에 속하지 아니 하는 사항을 담당한다.

⑨ 도서관 및 분관의 운영에 관한 사항은 따로 정한다.

〈표 2〉 서울대학교 도서관과 대학본부의 직제 연혁

일자	본부	도서관	내용	관련 법규
1953. 4. 20	2국 5과	2과	본부 교학국(교무과, 학생과, 학적과) 사무국(총무과, 경리과)	국립학교 설치령 대통령령 780호
1959. 1. 13	2처 1국 6과	2과	교학국: 교무처, 학생처로 분리 학생처: 학생과를 학생 1, 2과로 분리	국립학교 설치령 대통령령 1430호
1961. 5. 4	2처 1국 6과	3과	도서관: 서무과, 사서과, 열람과 신설	국립학교 설치령 국무원령 254호
1965. 7. 9	2처 1국 8과	4과	사무국: 관리과, 계획조사과 신설 도서관: 조사과 신설	국립학교 설치령 대통령령 2171호
1968. 8. 5	2처 1국 9과	4과	사무국: 종합시설과 신설	국립학교 설치령 대통령령 3535호
1970. 4. 8	2처 3국 10과	4과	사무국: 예산담당관 신설 건설본부에 관리국, 건설국 신설하고 사무국과 통폐합	서울대학교 설치령 대통령령 4870호
1971. 6. 10	2처 3국 11과	4과	건설국: 2과를 3과로 증설개편	서울대학교 설치령 대통령령 5696호
1972. 7. 24	2처 1실 3국 11과	4과	건설본부에 설계통제관실 신설	서울대학교 설치령 대통령령 6298호
1975. 2. 28	2처 1실 3국 16과	4과 1실	사무국: 조달과 신설 교무처: 수업과 신설 학생처: 학생과, 후생과, 상담지도관으로 개편 1과 증설 시설관리국: 건설본부와 통폐합하여 관리과·운영과로 개편 도서관: 규장각도서관리실 신설	국립학교 설치령 대통령령 7565호
1977. 7. 21	2처 2국 12과	4과 1실	건설국 및 설계통제관실 폐지	서울대 시설확충 특별회계법의 시한 만료에 따른 학칙 개정으로 폐지
1985. 7. 5	2처 1실 2국 12과	4과 1실	기획실 신설	서울대 설치령 대통령령 12831호
1989. 10. 28	3처 1실 2국 15과	4과 1실	기획실: 기획담당관 신설 연구처: 연구진흥과·연구지원과 신설	서울대 설치령 대통령령 12831호
1992. 3. 6	3처 1실 2국 16과	4과	시설관리국: 기술과 신설 도서관: 규장각도서관리실 폐지	서울대 설치령 대통령령 13605호
2001. 1. 29		3과	1과를 폐지하고 수서정리과·정보관리과 및 정보운용과로 개편	교육인적자원부와 그 소속기관의 직제 부칙 제5조 ②항 대통령령 17115호
2001. 3. 2	대학 내에 16개의 범위 내에서 과·담당관을 둠			교육인적자원부와 그 소속기관의 직제 부칙 제5조 ②항 대통령령 17144호
2001. 8. 31	3처 1실 2국 14과	2과	본부: 교무과, 학사과, 학생과, 복지과, 연구지원과, 기획담당관, 총무과, 재무과, 예산담당관, 입학관리과, 정보화담당관, 관리과, 시설과, 기술과 도서관: 수서정리과·정보관리과	서울대학교 학칙 (서울대 규칙 1197호)

(2) 서울대학교 사무분장 규정(서울대 규칙 1198호, 2001. 9. 1)

제11장 중앙도서관

◎ 제19조(수서정리과) 수서정리과장은 다음 사항을 담당한다.

1. 도서관 자료확충의 기본계획 수립
2. 단행본, 연속간행물, 비도서 자료의 선정・가격조사・구입요구 및 검수
3. 단행본, 연속간행물, 비도서 자료의 수증・기증 및 교환
4. 도서관 자료의 등록・분류・편목・제적 및 폐기
5. 장서통계 및 정리통계
6. 도서관 운영위원회 운영
7. 분관 업무에 관한 사항

◎ 제20조(정보관리과) 정보관리과장은 다음 사항을 담당한다.

1. 단행본 자료의 열람・대출・보관・서고 및 자료실 관리
2. 제본 연속간행물 자료의 등록・분류・편목
3. 연속간행물 및 비도서 자료의 관리・이용
4. 연속간행물 및 단행본 자료의 제본
5. 참고봉사
6. 정보지원 및 상호이용
7. 단행본 자료의 전시
8. 장서점검
9. 도서관 자료의 방충 및 소독

10. 제본실 운영
11. 이용자 출입증 발급
12. 도서관 자료의 이용 통계
13. 도서관 자료의 복사 지원
14. 도서관 홍보
15. 도서관 정보시스템의 관리 및 운영
16. 전자도서관 구축 및 관리
17. 전산장비 관리

◎ 제18조(정보화담당관) 정보화담당관은 다음 사항에 관하여 원장을 보좌한다.

1. 종합 정보화 기본계획 및 정보와 사업 총괄·조정
2. 컴퓨터 정보통신망 구축 관리 지원
3. 전자도서관 구축 지원
4. 정보접근 및 보안관리
5. 정보과 관련 표준화 및 제도정비
6. 대표 홈페이지 구축·운영
7. 최신정보기술 적용을 위한 정책연구 및 시범사업
8. 학내 각 기관 정보화 사업 및 예산 검토
9. 행정·학술·교육 정보화 지원
10. 각종 중·대형 서버 및 정보자원의 활용 지원
11. 단과대학, 지원시설, 연구소 등의 정보화 컨설팅 및 지원
12. 학내 전문학술정보센터의 지원
13. 정보화백서·소식지 발간 및 홍보

14. 정보화위원회의 운영

15. 중앙도서관 정보화 업무에 관한 사항

16. 기타 대학 정보화에 관한 사항

2) 국립대학교 도서관

국립대학교 도서관의 직제는 각각의 해당 대학 설치령에 따라 설립되었다. 즉, 서울대학교 설치령에 의해 설립된 서울대학교 도서관, 국립학교 설치령에 의해 설립된 국립대학교(산업대학교 및 교육대학교 포함) 도서관, 한국교원대학교 설치령에 의해 설립된 한국교원대학교 도서관 그리고 한국방송통신대학교 설치령에 의해 설립된 한국방송통신대학교 도서관 등이다. 그 외에 경찰대학이나 3군사관학교 등의 특수대학도서관은 각각의 설치령에 의해 설립된 대학 및 학교의 도서관 직제가 있다.

본고에서는 편의상 경찰대학이나 3군사관학교 등의 도서관 직제는 제외하고 교육인적자원부 소속 대학으로 한정하여 서울대학교 도서관과 국립대학(서울대 제외, 한국교육대학교 및 한국방송통신대학교 포함, 이하 동일) 도서관으로만 구분하여 조사하였다.

국립대학 도서관 직제는 1974년 9월 11일에 처음 설치된 이래 대학의 규모에 따라 과장(사서관) 정원을 배정하기 시작하였고, 1983년도에는 9명의 사서관을 증원하여 주요 거점 대학 도서관은 법정기구로서 대학도서관의 면모를 갖추기 시작하였다. 그러나 이때부터 대부분의 국립대학 도서관에서는 수서과장의 비전문직 보임이 문제점으로 제기되기 시작하였다.

그것은 자료선정 및 분류편목 등 대부분의 전문직적 업무를 비전문직이 관장함으로써 효율적인 도서관 운영이 곤란하다는 내용이다. 국립대학도서관협의회 등에서는 현행 직제에 대한 문제점을 지적하고 이의 사정을 관계당국에 수차례 건의하였으나 시정되지도 않은 상태에서 2001년도의 대학구조조정을 맞게 되어, 이 문제는 아직까지 대부분의 국립대학 도서관의 현안문제로 남아 있다.

또한 대학의 구조조정과 관련해서 입법 예고되었던 국립학교 설치령 개정(안)에 따르면 대학의 지원시설의 조직(사실상의 도서관 조직) 수가 2개 과로 고정되어 있었다. 이에 대하여 국공립대학도서관협의회에서는 비록 도서관의 직제는 각 대학에서 자율적으로 규정할 수 있도록 되어 있으나 도서관 직제는 그 규모, 즉 장서수나 학생수, 시설규모, 분관수, 예산 또는 봉사내용 등을 고려하여 최소한 아래와 같은 수준은 되어야 한다고 그 대안을 각 대학 총장 앞으로 건의한 바 있다.

장서수가 10만~50만 책: 2과
50만~150만 책: 3과
150만 책 이상: 4과

그럼에도 2001년 9월 1일부터 시행된 각 대학의 학칙에 따르면, 도서관 조직수는 그 기대에 크게 못 미치고 있다. 다만 2001년 3월 2일자의 국립학교 설치령 개정으로 그동안 직제를 둘 수 없었던 산업대학이나 소규모 국립대학(교육대학교 제외)들도 대학의 의지에 따라서는 도서관에 과 조직을 둘 수 있는 법적 뒷받침이 되어 있는 것은 다행한 일이다.

〈표 3〉 국립대학 도서관 직제 연혁 요지

구분 \ 일자	과	직제 요지	관련 법규
74. 9. 11	2과	수서과, 열람과 설치(직제 신설) 수서과장: 행정사무관 열람과장: 사서관	국립학교 설치령 (대령 7243호)
82. 12. 31	3과	정리과 신설 수서과장: 행정사무관 정리과장, 열람과장: 5급인 사서관으로 보함	국립학교 설치령 (대령 11018호)
93. 2. 24	3과	도서관 직제 대상에서 일부 대학 제외 (금오공대, 여수수산대, 한국체육대 및 목포해양대) 사서관을 사서사무관으로 직명 개칭	국립학교 설치령 (대령 13859호)
97. 2. 27	3과	수서과장의 직명을 행정사무관→교육행정사무관 일부 대학을 제외하고는 정리과장을 사서서기관 또는 사서사무관으로 보할 수 있도록 함(강릉대, 공주대, 군산대, 목포대, 부경대, 순천대, 안동대, 제주대, 창원대 및 한국해양대의 정리과장은 사서사무관으로 보함)	국립학교 설치령 (대령 15291호)
01. 3. 2	3과	각 대학별로 설치령에서 규정한 숫자 범위 내에서 과·담당관을 둘 수 있도록 하고 구체적인 직제는 각 대학 학칙으로 정하도록 각 대학 총장에게 위임함. 금오공대, 목포해양대, 여수대 및 한국체육대학교 도서관에도 과장을 둘 수 있으며 과장은 교육행정사무관, 사서사무관 또는 전산사무관으로 보함. 산업대 도서관에 과장을 둘 수 있으며 과장은 교육행정사무관, 사서사무관 또는 전산사무관으로 보함.	국립학교 설치령 [별표 6] (대령 17143호)
01. 9. 1		각 대학별로 학칙으로 정함	

(1) 국립대학 도서관 직제 관련 법령

◎ 1994. 9. 11 국립학교 설치령(대령 7243호)

제12조 (도서관)

① 도서관에 수서과 및 열람과를 두며, 수서과장을 행정사무관으로, 열람과장을 사서관으로 보한다.

② 수서과는 보안, 서무, 인사, 관인관수, 문서관리, 회계, 도서의 구입, 교환, 등록 기타 관내 다른 과의 주관에 속하지 아니 하는 사항을 분장한다.

③ 열람과는 도서의 열람, 서지사항조사, 대출 및 보관에 관한 사항을 분장한다.

[전문개정 1975. 2. 28]

◎ 1982. 12. 31 국립학교 설치령(대령 11018호)

제13조(도서관)

① 도서관에 수서과 및 열람과를 두며, 수서과장을 행정사무관으로, 정리과장 및 열람과장을 5급인 사서관으로 보한다.

② 수서과는 다음 사항을 분장한다.

1. 보안
2. 관인관수
3. 문서관리
4. 인사
5. 회계
6. 도서의 구입·교환 및 등록

7. 기타 관내 다른 과의 주관에 속하지 아니 하는 사항

③ 정리과는 다음 사항을 분장한다.

1. 도서의 분류

2. 도서목록의 작성 및 보관

3. 도서자료의 출판

④ 열람과는 다음 사항을 분장한다.

1. 도서의 열람

2. 서지의 조사

3. 도서의 대출 및 보관

4. 서고의 관리

[전문개정 1982. 12. 31]

◎ 1993. 2. 24 국립학교 설치령(대령 13859호)

제13조(도서관)

① 도서관(금오공과대학교 · 여수수산대학교 · 한국체육대학교 및 목포해양대학교의 도서관을 제외한다)에 수서과 · 정리과 및 열람과를 두며 수서과장은 행정사무관으로, 정리과장은 사서서기관 또는 사서사무관(강릉대학교 · 공주대학교 · 군산대학교 · 목포대학교 · 부경대학교 · 순천대학교 · 안동대학교 · 제주대학교 · 창원대학교 및 한국해양대학교의 정리과장은 사서사문관)으로, 열람과장은 사서사무관으로 보한다.

〈개정 1992. 3. 6, 1993. 2. 24, 1994. 2. 28, 1995. 2. 28, 1996. 7. 6〉

② 수서과는 다음 사항을 분장한다.

1. 보안

2. 관인관수

3. 문서관리

4. 인사

5. 회계

6. 도서의 구입·교환 및 등록

7. 기타 관내 다른 과의 주관에 속하지 아니 하는 사항

③ 정리과는 다음 사항을 분장한다.

1. 도서의 분류

2. 도서목록의 작성 및 보관

3. 도서자료의 출판

④ 열람과는 다음 사항을 분장한다.

1. 도서의 열람

2. 서지의 조사

3. 도서의 대출 및 보관

4. 서고의 관리

[전문개정 1982. 12. 31]

◎ 1997. 2. 27 국립학교 설치령(대령 15291호)

제13조(도서관)

① 도서관(금오공과대학교·여수수산대학교·한국체육대학교 및 목포해양대학교의 도서관을 제외한다)에 수서과·정리과 및 열람과를 두며 수서과장은 교육행정사무관으로, 정리과장은 사서서기관 또는 사서사무관(강릉대학교·공주대학교·군산대학교·목포대학교·부경대학교·순천대학교·안동대학교·제주대학교·창원대학교 및 한국해양대학교의 정리과장은 사서사무

관)으로, 열람과장은 사서사무관으로 보한다.

〈개정 1992. 3. 6, 1993. 2. 24, 1994. 2. 28, 1995. 2. 28, 1996. 7. 6〉

② 수서과는 다음 사항을 분장한다.

1. 보안
2. 관인관수
3. 문서관리
4. 인사
5. 회계
6. 도서의 구입·교환 및 등록
7. 기타 관내 다른 과의 주관에 속하지 아니 하는 사항

③ 정리과는 다음 사항을 분장한다.

1. 도서의 분류
2. 도서목록의 작성 및 보관
3. 도서자료의 출판

④ 열람과는 다음 사항을 분장한다.

1. 도서의 열람
2. 서지의 조사
3. 도서의 대출 및 보관
4. 서고의 관리

[전문개정 1982. 12. 31]

◎ 2001. 3. 2 국립학교 설치령(대령 17143호)

〈2001. 9. 1부터 시행〉

제9조 (대학의 하부 조직)

① 도서관(금오공과대학교 · 목포해양대학교 · 여수대학교 및 한국체육대학교를 제외한다. 이하 이 조에서 같다)에 사무국과 별표 6의 범위 안에서 처 및 실을 두되, 국장은 이사관 · 부이사관 또는 서기관으로 보하고, 처장 및 실장은 교수 또는 부교수로 겸보한다.

② 사무국장은 별표 7의 사무를 분장하고, 처장 및 실장의 분장사무는 학교규칙(이하 "학칙"이라 한다)으로 정한다.

③ 부속시설 및 제1항의 규정에 의한 사무국 · 처 및 실에 별표 6의 범위 안에서 과 및 담당관을 둔다. 이 경우 과 및 담당관의 명칭에 관하여는 총장이 이와 다르게 정의할 수 있다.

④ 과장 및 담당관은 부이사관 · 서기관 · 사서서기관 · 공업서기관 · 시설서기관 · 교육행정사무관 · 사서사무관 · 기계사무관 · 전기사무관 · 토목사무관 · 건축사무관 또는 전산사무관으로 보한다. 다만 학생실습과 선박운항을 담당하는 과장 및 담당관은 교수, 부교수 또는 조교수로 겸보할 수 있고, 부속시설에 두는 과장 및 담당관은 서서서기관, 교육행정사무관, 사서사무관, 임업사무관, 선박사무관 또는 전산사무관으로 보한다.

제11조(금오공과대학교 · 목포해양대학교 · 여수대학교 및 한국체육대학교의 하부 조직)

① 금오공과대학교 · 목포해양대학교 · 여수대학교 및 한국체육대학교에 총무과와 별표 6의 범위 안에서 과(부속시설에 두는 과를 포함한다)를 두되, 총무과장은 부이사관 또는 서기관으로 보하고, 그 외의 과장은 교수 또는 부교수로 겸보한다. 다만, 부속시설에 두는 과장은 교육행정사무관 · 사서사무관 또는 전산사무관으로 보한다.

제12조(산업대학의 하부 조직)

① 산업대학에 총무과와 별표 9의 범위 안에서 과(부속시설에 두는 과를 포함한다)를 두되, 총무과장은 부이사관 또는 서기관으로 보하고, 그 외의 과장은 교수 또는 부교수로 겸보한다. 다만, 부속시설에 두는 과장은 교육행정사무관·사서사무관 또는 전산사무관으로 보한다.

제13조(교육대학의 하부 조직)

① 교육대학에 총무과와 별표 10의 범위 안에서 과를 두되, 총무과장은 서기관 또는 교육행정사무관으로 보하고, 그 외의 과장은 교수 또는 부교수로 겸보한다.

〈표 4〉 주요 국립대학의 교수 및 명칭

대학	과수	과명칭(보직자 직종)
강원대	2	학술정보지원과(사서직) 학술정보운영과(사서직)
경북대	2	수서정리과(사서직) 열람과(사서직)
경상대	2	학술정보지원과( ) 학술정보운영과( )
부산대	2	정보개발과(사서직) 정보운영과(사서직)
전남대	2	정보지원과( ) 정보운영과( )
전북대	2	정보관리과( ) 정보운영과( )
제주대	2	수서정리과(행정직) 자료관리과(사서직)
충남대	2	수서정리과(사서직) 자료운영과(사서직)
충북대	2	자료지원과(행정직) 자료운영과(사서직)

〈표 5〉 국립대학의 처 · 실, 처 · 실 · 국 및 부속기관에 두는 과 및 담당관의 설치 범위

학교명	처 · 실	과 · 담당관	학교명	처 · 실	과 · 담당관
강 릉 대 학 교	3	10	안 동 대 학 교	3	10
강 원 대 학 교	3	11	여 수 대 학 교	–	3
경 북 대 학 교	3	12	전 남 대 학 교	3	12
경 상 대 학 교	3	11	전 북 대 학 교	3	11
공 주 대 학 교	3	11	제 주 대 학 교	3	11
군 산 대 학 교	3	10	창 원 대 학 교	3	10
금오공과대학교	–	3	충 남 대 학 교	3	12
목 포 대 학 교	3	10	충 북 대 학 교	3	11
목포해양대학교	–	3	한국체육대학교	–	3
부 경 대 학 교	3	11	한국교원대학교	2	10
부 산 대 학 교	3	12	한국방송통신대학교	2	10
서 울 대 학 교	6	16	한국해양대학교	3	10
순 천 대 학 교	3	3			

※ 서울대학교 설치령(대령 17143, 2001. 3. 2).
※ 국립학교 설치령 별표 6(대령 17143, 2001. 3. 2).
※ 한국방송통신대학교 설치령(대령 17146, 2001. 3. 2).
※ 한국교원대학교 설치령(대령 17145, 2001. 3. 2).

〈표 6〉 산업대학에 두는 과의 설치 범위(제12조 제1항 관련)

학교명	과	학교명	과
밀 양 대 학 교	4	전주산업대학교	4
삼 척 대 학 교	4	충 주 대 학 교	4
상 주 대 학 교	4	한 경 대 학 교	4
서울산업대학교	5	한 밭 대 학 교	5

〈표 7〉 교육대학교에 두는 과의 설치 범위(제12조 제1항 관련)

학교명	과	학교명	과
공주교육대학교	2	전주교육대학교	2
광주교육대학교	2	제주교육대학교	2
대구교육대학교	2	진주교육대학교	2
부산교육대학교	2	청주교육대학교	2
서울교육대학교	2	춘천교육대학교	2
인천교육대학교	2		

〈표 8〉 국립대학 도서관 조직 및 직원수

구분 / 대학명	장서수	직원수	조직수	직원 1인당 장서수	조직당 직원수
강원대	652,195	31	2과	210,389	15.5
경북대	1,533,958	49	2과	31,305	24.5
경상대	612,410	43	2과	14,235	21.5
부산대	1,078,690	53	2과	20,352	26.5
서울대	2,111,481	114	2과 1팀	18,521	38
전남대	705,829	39	2과	18,098	19.5
전북대	769,828	37	2과	20,806	18.5
제주대	627,787	22	2과	28,535	11
충남대	952,344	39	2과	24,419	19.5
충북대	633,882	35	2과	18,110	17.5

※ 장서수 및 직원수는 『국립대학도서관보』 제19집(2001) 참조. 단, 조직수는 개별적으로 조사.

〈표 9〉 사립대학 도서관 조직 및 직원수

구분 / 대학명	장서수	직원수	조직수	직원 1인당 장서수	조직당 직원수
건 국 대	681,120	38	3과	17,924	12.7
고 려 대	1,320,042	47	3부	28,086	15.7
단 국 대	651,008	35	3과	18,600	11.7
서 강 대	650,275	29	2과	22,423	14.5
성균관대	734,788	30	2팀	24,493	15
숙명여대	517,517	24	4팀	21,563	6
연 세 대	1,135,892	37	4과	30,700	9.3
이화여대	1,242,447	40		31,061	
중 앙 대	771,224	24	2과 1팀	32,134	8
한 양 대	906,895	45	5팀	20,153	9

※ 한국사립대학교 도서관협의회 회원교 편람, 2001년도.

(2) 한국교원대학교 도서관 직제 관련 법령

한국교원대학교 도서관의 직제는 1984년 3월 15일 학교 설립과 동시에 도서관 직제가 확립되었고 다른 국립대학과 마찬가지로 2001년 3월 2일자의 한국교원대학교 설치령(대령 17145호)에 의해 규정된 과 담당관 숫자 범위 내에서 대학 학칙으로 내부 직제를 규정할 수 있도록 되었음.

◎ 1984. 3. 15 한국교원대학교 설치령(대령 11382호)

제15조(도서관)

① 도서관에 수서과·정리과 및 열람과를 두며, 수서과장은 행정사무관으로, 정리과장 및 열람과장은 사서관(5급)으로 보한다.

② 수서과는 다음 사항을 분장한다.

1. 보안
2. 관인인수
3. 문서관리
4. 인사
5. 회계
6. 도서의 구입, 교환
7. 기타 관내 다른 과의 주관에 속하지 아니 하는 사항

③ 정리과는 다음 사항을 분장한다.

1. 도서의 분류
2. 도서목록의 작성
3. 도서자료의 출판

④ 열람과는 다음 사항을 분장한다.

1. 도서의 열람

2. 서지의 조사

3. 도서의 대출 및 보관

4. 서고의 정리

◎ 1997. 2. 27 한국교원대학교 설치령(대령 15293호)

제15조 (도서관)

① 도서관에 수서과·정리과 및 열람과를 두며, 수서과장은 교육행정사무관으로, 정리과장 및 열람과장은 사서사무관으로 보한다.〈개정 1997. 2. 27〉

② 수서과는 다음 사항을 분장한다.

1. 보안

2. 관인인수

3. 문서관리

4. 인사

5. 회계

6. 도서의 구입, 교환

7. 기타 관내 다른 과의 주관에 속하지 아니 하는 사항

③ 정리과는 다음 사항을 분장한다.

1. 도서의 분류

2. 도서목록의 작성

3. 도서자료의 출판

④ 열람과는 다음 사항을 분장한다.

1. 도서의 열람

2. 서지의 조사

3. 도서의 대출 및 보관

4. 서고의 정리

◎ 2001. 3. 2 한국교원대학교 설치령(대령 17145호)

제10조 (하부 조직)

① 한국교원대학교에 교수부 및 사무국과 2개의 범위 안에서 처 및 실을 두되, 국장은 이사관 또는 부이사관으로 보하고, 교수부장 처장 및 실장은 교수 또는 부교수로 겸보한다.

② 사무국장은 별표 2의 사무를 분장하고, 교수부장 처장 및 실장의 분장사무는 학교규칙(이하 "학칙"이라 한다)으로 정한다.

③ 부속시설 및 제1항의 규정에 의한 부교수 사무국 처 및 실에 10개의 범위 안에서 과 및 담당관을 둔다. 이 경우 과 및 담당관의 명칭에 관하여는 총장이 이와 다르게 정할 수 있다.

④ 과장 및 담당관은 부이사관·서기관·공업서기관·시설서기관·교육행정사무관·사서사무관·기계사무관·전기사무관·토목사무관·건축사무관 또는 전산사무관으로 보한다.

(3) 한국방송통신대학교 도서관 직제 관련 법령

한국방송통신대학교 도서관의 경우 지금까지는 직제가 없었으나 2001년 3월 2일 한국방송통신대학교 설치령의 개정에 따라 부속시설에도 직제를 둘 수 있는 법적 근거가 마련되었다.

◎ 2001. 3. 2 한국방송통신대학교 설치령(대령 17146호)

제8조(하부 조직)

① 한국방송통신대학교에 사무국과 2개의 범위 안에서 처 및 실을 두되, 국장은 부이사관 또는 서기관으로 보하고, 처장 및 실장은 교수 또는 부교수로 겸보한다.

② 사무국장은 별표 2의 사무를 분장하고, 처장 및 실장의 분장사무는 학교규칙(이하 "학칙"이라 한다)으로 정한다.

③ 부속시설 및 제1항의 규정에 의한 사무국 처 및 실에 10개의 범위(독학에 의한 학위 취득에 관한 법률 시행령 제4조의 규정에 의하여 위임된 사무를 관장하는 부서를 포함한다) 안에서 과 및 담당관을 둔다. 이 경우 과 및 담당관의 명칭에 관하여는 총장이 이와 다르게 정할 수 있다.

④ 과장 및 담당관은 서기관·교육행정사무관·사서사무관·기계사무관·전기사무관·토목사무관·건축사무관·전산사무관 또는 교육연구관으로 보한다.

3. 사서직 공무원수

1) 사서직 공무원의 연혁

우리나라 최초의 공무원 임용관련 법규는 1949년 11월 5일에 제정된 공무원 임용령(대통령령 제208호)이다. 그 이전에는 1948년 11월 17일에 제정된 인사사무처리규정이 있었던 바, 이 규정은 위 공무원 임용령의 제정 공포와 동시에 같은 날로 폐지되었다. 그리고 인사사무처리규정은 대통령령에서 대통령 훈령으로 바뀌어 1949년 12월 15일에 다시 제정되었다. 공무원 임용령의 제공 공포와 동시에 사서직도 다른 직종과 함께 최초로 국가 공무원으로서의 법률적 신분을 갖게 되었다. 그 당시의 공무원 직종표에는 직군이나 직렬 등의 분류체계가 정립되어 있지 않았으나 1961년 4월 15일자로 공무원 임용령이 개정(국무원령 240호)되면서부터 도입되어 사서직은 職系는 사무系, 職部는 일반행정부, 직군은 학예직군, 그리고 직렬은 사서직렬로 구분되었다. 직제나 직부는 직군의 상위개념으로 직계에는 사무계와 기술계가 있고 사무계에는 일반행정부, 재정행정부 및 외무행정부의 3개 부가 있었는데, 이제 제도는 1963년 5월 29일 공무원 임용령이 각령 1317호로 개정되면서 폐지되었다. 사서직의 직급을 3급 갑류(현행 4급에 해당)부터 4급 을류(현행 7급 해당)까지 4단계가 있었다.

당시의 일반직 공무원의 직급수준을 보면 심계원장(현 감사원장), 검찰총장, 서울특별시장, 도시자 등이 1급 공무원이고 현행 5급인 사무관급에는 검사, 영사, 군수, 총경 등이 같은 직급수준에 있어 당시의 고급 공무원 숫자나 사회현상 등을 고려할 때 사서직의 위상은 상대적으로 그런대로 괜찮은 수준이 아니었나 생각된다.

1963년 5월 29일에는 공무원 임용령이 각령 제1317호로 개정되면서 그간 학예직군으로 있었던 사서직이 행정직군으로 옮겨지고 직명도 3급 갑・을류(현행 4・5급) 구분 없이 사서관이었던 것을 3급 갑류는 사서관(4급)으로, 3급 을류는 사서관보(5급)로 구분하고 그간 없었던 5급 갑・을류(현행 8・9급) 직급도 신설하였으며 직급체계가 9등급으로 세분되어 각 직급마다 직명을 다르게 하여 명확히 구분하였다.

그러다가 1970년 12월 31일 공무원 임용령이 개정(대령 5449호)에 따라 사서직의 최상직급 4급을 없애고 5급으로 낮춤으로써 사서직의 불만을 크게 사기도 했다.

그 후 1981년 6월 10일에 공무원 임용령의 개정(대령 10345호)으로 최상직급이 다시 4급으로 환원되기는 했지만 1996년부터 시행한 복수직급제 시행 등으로 전반적인 직급의 상향 인플레가 만연한 오늘날의 현실을 볼 때 그 위상은 상대적으로 크게 추락한 느낌이다.

〈표 10〉 서서직 공무원 직급 연혁

※공무원 임용령 참조

직급 / 일자	직군	4급 (3급 갑류)	5급 (3급 을류)	6급 (4급 갑류)	7급 (4급 을류)	8급 (5급 갑류)	9급 (5급 을류)	비고
1949. 11. 5 (대통령령 208호)	없음	사서관	사서관	사서	사서			신설
1950. 12. 30 (대통령령 436호)	〃	사서관	사서관					6급 및 7급 삭제
1952. 8. 16 (대통령령 678호)	〃	사서관	사서관	사서	사서			6급 및 7급 부활
1961. 4. 15 (국무원령 240호)	학예	사서관	사서관	사서	사서보			1) 학예직군에 편입 2) 7급 직명 변경
1963. 5. 29 (각령 1317호)	행정	사서관	사서 관보	사서	사서보	사서서기	사서서기	1) 행정직군으로 바뀜 2) 8급 및 9급 신설 3) 5급 직명 변경
1970. 12. 31 (대통령령 5449호)	〃		사서관	사서	사서보	사서서기	사서서기	1) 4급 삭제 2) 5급 직명 변경
1977. 9. 14 (대통령령 8691호)	〃		사서관	사서	사서보	사서서기	사서 서기보	9급 직명 변경
1981. 6. 10 (대통령령 10345호)	〃	사서관	사서관	사서	사서보	사서서기	사서 서기보	4급 부활
1991. 6. 27 (대령 13400호)	〃	사서 서기관	사서 사무관	사서 주사	사서 주사보	사서서기	사서 서기보	직명 변경

또한 1991년 6월 27일의 공무원 임용령 개정(대령 13400호)으로 각 직급별 직명이 현행대로 바뀌어 오늘에 이르고 있다. 그동안 도서관계에서는 사서직군의 독립신설이나 학예직군의 연구직렬로의 이속과 함께 최상직급을 최소한 2급까지 상향조정할 것을 수차 건의하였으나 아직까지도 개선되지 않고 있는 도서관계의 현안문제이기도 하다.

2) 서서직의 소요인원

도서관에는 끊임없이 다양한 형태의 수많은 정보자원이 입수되고 실제 물리적으로 계속 증가 누적되면서 유통되고 있다. 이들 자원들은 항상 최신성과 최적성을 유지하는 일은 이용자 서비스와 자료 관리 면에서 매우 긴요한 일이므로 자료의 신진대사 활동을 통한 장서개발 등 부단히 변화하면서 생동하고 있기 때문에 도서관을 살아있는 유기체라고도 한다. 인력수요는 자료의 입수와 연계해서 파생되는 정리업무는 물론 이를 관리하고 이용자의 다양한 요구에 대응할 수 있는 봉사인력이 필요한 것은 말할 것도 없고 이에 따른 수장공간 및 설비의 확충 또한 당연한 귀결이다. 이러한 봉사인력의 수요는 특히 시설 및 정보자원의 규모와 봉사대상자 수 및 봉사내용에 따라 달라지게 되는 것은 너무도 당연한 논리이다.

우선 현실적으로 직면하고 있는 구체적인 인력수용의 원인으로 다음과 같은 것을 생각할 수 있다. 그것은 정보매체 형태의 다양화와 정보생산량의 폭발적 증가로 자료선택 및 장서개발에 많은 시간과 인력이 소요되고, 인력의 동결 및 감축 등으로 입수자료조차 적시에 정리치 못해 연구활동이 크게 위축되고 있으며 온라인 목록의 제공과 제공시간의 연장 등으로 이용률의 급격한 증가와 대출 및 반납의 증가에 따른 운용인력의 절대 부족, 그리고 소재

목록만이 아니고 초록이나 원문요구, 최신 정보 주지나 소급탐색 봉사 등의 요구, 자관소장 이외의 국내외 타관 자료에 대한 상호이용 요구, 인터넷을 통한 고급정보의 이용지도 등등 전통적 개념의 자료봉사 체제에서는 상상조차 못할 정도로 이용자 요구는 다양하고 수준 높고 즉시적이다. 여기에 단기간의 한시적 직원으로는 업무의 연계성, 표준성, 전문성 및 책임문제 등으로 근본적인 해결책이 되지 못한다.

이와 같은 절실한 인력수요에도 불구하고 여러 가지 현실적 제약으로 대부분의 도서관들은 최소한의 절대인력조차 확보하지 못하고 있는 실정이다. 특히 도서관 업무의 특성상 사서직에게는 기본적으로 어학과 학문적 주제배경을 갖고 전문직 자격증을 요구하고 또 업무의 연계성이나 표준성 등의 유지가 필요하기 때문에, 일정 수준 이상의 자격과 장기근무자가 요구되어 한시적이고 불규칙한 시간제 근무로는 소기의 성과를 기대할 수 없다. 따라서 도서관에는 사서직의 배치를 법제화했고 그 소요인원 산출기준도 가변적으로 되어 있다. 현행 우리나라 대학도서관에의 사서직 배치기준은 선진국에 비해 미약하고 기본 소요인원에 관한 사항만 규정되어 있고 증원인원에 관한 주요 요소들이 누락되어 있어 불합리하다.

※ 현행 사서직 배치기준(도서관 및 독서진흥법 시행령 별표 2)

구분	배치기준
대학도서관	당해 대학의 학생수가 1천인 이하인 경우에는 사서직원 4인을 두되, 그 학생수가 1천인 이상인 경우에는 그 초과하는 학생수 1천인마다 사서직원 1인을 더 두며 장서가 2만 권 이상인 경우에는 그 초과하는 2만 권마다 사서직원 1인을 더 둔다.

※ 바람직한 사서직의 소요인원 산출공식

소요인원=기본소요인원+증원인원
기본소요인원=최저기준인원(4명)+초과소요인원
초과소요인원=학생수 초과에 따른 초과소요인원+장서수 초과에 다른 초과소요인원
증원인원=연간 증가 책수 5천책마다 1명 및 분관수 및 기타 특수요인으로 인한 소요인원

※ 외국의 사서직원 배치기준

각국 기준명	기준 내용
미국 대학도서관 기준	학생 500명당 1명(정규 학생수 10,000명까지) 그리고 나머지 학생수에 1명+학생 1,000명당 1명(정규 학생수 10,000명 초과 시) 그리고 나머지 학생수에 1명+장서 1만 권당 그리고 나머지 장서수에 1명+현차 증가 5,000권당 그리고 나머지 증가량에 1명
도서관 자문위원회 소위원회	정규 학부학생 1,000명당 1명+정규 대학원생 100명당 1명+전임
영국 대학도서관 기준 (도서관 직원)	정규 학생수 2,500명 이상: 학생 330명당 1명 정규 학생수 2,500명 이하: 학생 200명당 1명
일본 국립대학 도서관 개선요망해설	학생 1,000명과 장서 5만 권에 직원 10명+증가 학생수 1,000명당 2명+증가 장서량 2만 권당 1명+연차 증가량 5천 권당 1명
공립대학 도서관 개선요망	정리직원: 학생수 1,000명과 장서수 50,000권에 10명+학생 1,000명당 2명+장서수 20,000권당 1명+연간 정리책수 5,000권당 1명
대만 대학도서관 기준	최소한 4명+학생 150명당 1명
나이지리아 대학도서관 위원회	학생 50명당 1명

※ 윤희윤, 『대학도서관 경영론』, 경인문화사, 1996, p. 165.

3) 연도별 각급 학교 사서직 공무원수

각급 학교에 두는 사서직 공무원수는 법령이 최초로 제정된 1966년부터 매년 1회씩 조사하였으며, "각급 학교에 두는 공무원의 정원에 관한 규정"(1966~1991)과 "국립의 각급 학교에 두는 공무원의 정원에 관한 규정"(1992년 이후)에서 사서직만을 발췌하여 작성하였다. 또한 각급 학교의 구분은 시대에 따라 다른 것도 있고 1997년부터는 아예 각급 학교의 구분이 없이 합계 숫자만 나와 있다. 여기서 사서직 공무원수의 연도별, 각급 학교별, 직급별 통계숫자를 1표에 만들기에는 너무 복잡하여 편의상 각 직급별, 연도별 통계와 직급 상관없이 전체 사서직 합계 숫자의 연도별 통계 및 연도별 증감 현황에 대하여 작성하였다. 이 표에 의하면 각급 학교의 사서직수가 가장 많았을 때는 1994년도의 641명, 1993년도의 639명, 1992년도의 635명 순이다.

또한 연간 가장 많이 증원된 해는 1991년도의 80명, 1973년도의 71명, 1982년도의 59명 순이고, 가장 많이 감축된 해는 2000년도의 31명, 1999년도의 27명 그리고 1996년도의 7명 순이다.

〈표 11〉 국립의 각급 학교에 두는 사서직 공무원수 1(총괄표)

일자 \ 각급 학교	각급 학교	국립 대학교	국립 대학	초급 대학	교육 대학	국립 전문 대학	공립 전문 대학	국립 특수 학교	국립 고등 학교	국립 각종 학교	계	비고
1966. 2. 5		48	5		8		1				62	대령 2399호
1967. 3. 2		49	6		8		1				63	대령 2930호
1968. 2. 27		52	9		8		1				70	대령 3389호
1969. 2. 27		52	10		8		1				71	대령 3782호
1970. 2. 28		52	10		9	1	1				73	대령 4687호
1971. 3. 2		51	11		9	1	1				73	대령 5542호
1972. 2. 16		51	11		9	1	1				73	대령 6071호
1973. 3. 9		121	11		9	3					144	대령 6532호
1974. 3. 9		121	11		9	3					144	대령 7084호
1975. 2. 28		121	11		9	3					144	대령 7567호
1976. 3. 9		121	12		9	3	1				146	대령 8008호
1977. 2. 28		121	15		9	4	1				150	대령 8459호
1978. 3. 3		143	22	1	9	5					180	대령 8867호
1979. 3. 8		165	27		9	8					209	대령 9362호
1980. 2. 27		174	23		13	7			1		228	대령 9791호
1981. 2. 26		222	27		17	20			1		287	대령 10222호
1982. 2. 27		260	31		26	25			1		343	대령 10743호
1983 2. 23		283	45		31	27			1		387	대령 11060호
1984. 2. 29		292	57		31	21			1		402	대령 11373호
1985. 2. 27		299	67		35	21			1		423	대령 11651호
1986. 2. 28		318	82		38	38			2		478	대령 11860호
1987. 2. 27		327	87		38	35			3		490	대령 12082호
1988. 1. 29		338	93		39	35		1	3		509	대령 12383호
1989. 2. 28		340	102		39	35		1	3		520	대령 12631호
1990. 3. 7		356	89		39	35		1	3		523	대령 12944호
1991. 2. 28		447	67		48	36		1	4		603	대령 13323호
1992. 3. 6		479 (476)	65		52	35		2	4	1	638 (635)	대령 13608호
1993. 2. 24		562 (559)	3		53	17		2	5		642 (639)	대령 13866호
1994. 3. 16		566 (564)			53	17		2	5		643 (641)	대령 14193호
1994. 8. 8		557 (555)			53	17		2	5		634 (632)	대령 14356호
1995. 6. 10		559 (557)			53	14			7		633 (631)	대령 14661호
1996. 2. 22		552 (550)			53	14			7		626 (624)	대령 14930호
1996. 7. 6		553 (551)			53	14			7		627 (625)	대령 15114호
1997. 2. 27	621 (620)										621 (620)	대령 15294호
1998. 2. 28	625 (624)										625 (624)	대령 15718호
1999. 2. 5	598 (597)										598 (597)	대령 16099호
2000. 2. 28	567 (566)										567 (566)	대령 16728호
2001. 3. 27	566 (565)										566 (565)	대령 17162호

※ ( ) 내는 서기관 또는 사서서기관 중 사서서기관 숫자만을 합산한 숫자임.

〈표 12〉 국립의 각급 학교에 두는 사서직 공무원수 2(서기관 또는 사서서기관)

각급 학교 / 일자	각급 학교	국립 대학교	국립 대학	초급 대학	교육 대학	국립 전문 대학	공립 전문 대학	국립 특수 학교	국립 고등 학교	국립 각종 학교	계	비고
1966. 2. 5												대령 2399호
1967. 3. 2												대령 2930호
1968. 2. 27												대령 3389호
1969. 2. 27												대령 3782호
1970. 2. 28												대령 4687호
1971. 3. 2												대령 5542호
1972. 2. 16												대령 6071호
1973. 3. 9												대령 6532호
1974. 3. 9												대령 7084호
1975. 2. 28												대령 7567호
1976. 3. 9												대령 8008호
1977. 2. 28												대령 8459호
1978. 3. 3												대령 8867호
1979. 3. 8												대령 9362호
1980. 2. 27												대령 9791호
1981. 2. 26												대령 10222호
1982. 2. 27												대령 10743호
1983. 2. 23												대령 11060호
1984. 2. 29												대령 11373호
1985. 2. 27												대령 11651호
1986. 2. 28												대령 11860호
1987. 2. 27												대령 12082호
1988. 1. 29												대령 12383호
1989. 2. 28												대령 12631호
1990. 3. 7												대령 12944호
1991. 2. 28												대령 13323호
1992. 3. 6		3(0)									3(0)	대령 13608호
1993. 2. 24		3(0)									3(0)	대령 13866호
1994. 3. 16		3(1)									3(1)	대령 14193호
1994. 8. 8		3(1)									3(1)	대령 14356호
1995. 6. 10		3(1)									3(1)	대령 14661호
1996. 2. 22		3(1)									3(1)	대령 14930호
1996. 7. 6		3(1)									3(1)	대령 15114호
1997. 2. 27	3(2)										3(2)	대령 15294호
1998. 2. 28	3(2)										3(2)	대령 15718호
1999. 2. 5	3(2)										3(2)	대령 16099호
2000. 2. 28	3(2)										3(2)	대령 16728호
2001. 3. 27	3(2)										3(2)	대령 17162호

〈표 13〉 국립의 각급 학교에 두는 사서직 공무원수 3(사서서기관 또는 서서사무관)

각급 학교 / 일자	각급 학교	국립 대학교	국립 대학	초급 대학	교육 대학	국립 전문 대학	공립 전문 대학	국립 특수 학교	국립 고등 학교	국립 각종 학교	계	비고
1966. 2. 5												대령 2399호
1967. 3. 2												대령 2930호
1968. 2. 27												대령 3389호
1969. 2. 27												대령 3782호
1970. 2. 28												대령 4687호
1971. 3. 2												대령 5542호
1972. 2. 16												대령 6071호
1973. 3. 9												대령 6532호
1974. 3. 9												대령 7084호
1975. 2. 28												대령 7567호
1976. 3. 9												대령 8008호
1977. 2. 28												대령 8459호
1978. 3. 3												대령 8867호
1979. 3. 8												대령 9362호
1980. 2. 27												대령 9791호
1981. 2. 26												대령 10222호
1982. 2. 27												대령 10743호
1983 2. 23												대령 11060호
1984. 2. 29												대령 11373호
1985. 2. 27												대령 11651호
1986. 2. 28												대령 11860호
1987. 2. 27												대령 12082호
1988. 1. 29												대령 12383호
1989. 2. 28												대령 12631호
1990. 3. 7												대령 12944호
1991. 2. 28												대령 13323호
1992. 3. 6												대령 13608호
1993. 2. 24												대령 13866호
1994. 3. 16												대령 14193호
1994. 8. 8												대령 14356호
1995. 6. 10												대령 14661호
1996. 2. 22												대령 14930호
1996. 7. 6		1									1	대령 15114호
1997. 2. 27	1										1	대령 15294호
1998. 2. 28	3										3	대령 15718호
1999. 2. 5	3										3	대령 16099호
2000. 2. 28	3										3	대령 16728호
2001. 3. 27	3										3	대령 17162호

〈표 14〉 각급 학교에 두는 사서직 공무원수 4(서기관, 갑·을류)

각급 학교 / 일자	각급 학교	국립 대학교	국립 대학	초급 대학	교육 대학	국립 전문 대학	공립 전문 대학	국립 특수 학교	국립 고등 학교	국립 각종 학교	계	비고
1966. 2. 5		갑 2									갑류 2	대령 2399호
1967. 3. 2		갑 2									갑류 2	대령 2930호
1968. 2. 27		갑 2 을 1									갑류 2 을류 1	대령 3389호
1969. 2. 27		갑 2 을 1									갑류 2 을류 1	대령 3782호
1970. 2. 28		갑 2 을 1									갑류 2 을류 1	대령 4687호
1971. 3. 2												대령 5542호
1972. 2. 16												대령 6071호
1973. 3. 9												대령 6532호
1974. 3. 9												대령 7084호
1975. 2. 28												대령 7567호
1976. 3. 9												대령 8008호
1977. 2. 28												대령 8459호
1978. 3. 3												대령 8867호
1979. 3. 8												대령 9362호
1980. 2. 27												대령 9791호
1981. 2. 26												대령 10222호
1982. 2. 27												대령 10743호
1983. 2. 23												대령 11060호
1984. 2. 29												대령 11373호
1985. 2. 27												대령 11651호
1986. 2. 28												대령 11860호
1987. 2. 27												대령 12082호
1988. 1. 29												대령 12383호
1989. 2. 28												대령 12631호
1990. 3. 7												대령 12944호
1991. 2. 28												대령 13323호
1992. 3. 6												대령 13608호
1993. 2. 24												대령 13866호
1994. 3. 16												대령 14193호
1994. 8. 8												대령 14356호
1995. 6. 10												대령 14661호
1996. 2. 22												대령 14930호
1996. 7. 6												대령 15114호
1997. 2. 27												대령 15294호
1998. 2. 28												대령 15718호
1999. 2. 5												대령 16099호
2000. 2. 28												대령 16728호
2001. 3. 27												대령 17162호

〈표 15〉 각급 학교에 두는 사서직 공무원수 5(사서관, 사서사무관)

각급 학교 / 일자	각급 학교	국립 대학교	국립 대학	초급 대학	교육 대학	국립 전문 대학	공립 전문 대학	국립 특수 학교	국립 고등 학교	국립 각종 학교	계	비고
1966. 2. 5												대령 2399호
1967. 3. 2												대령 2930호
1968. 2. 27												대령 3389호
1969. 2. 27												대령 3782호
1970. 2. 28												대령 4687호
1971. 3. 2		1									1	대령 5542호
1972. 2. 16		1									1	대령 6071호
1973. 3. 9		1									1	대령 6532호
1974. 3. 9		1									1	대령 7084호
1975. 2. 28		3									3	대령 7567호
1976. 3. 9		3									3	대령 8008호
1977. 2. 28		3									3	대령 8459호
1978. 3. 3		4									4	대령 8867호
1979. 3. 8		4									4	대령 9362호
1980. 2. 27		4									4	대령 9791호
1981. 2. 26		5									5	대령 10222호
1982. 2. 27		5									5	대령 10743호
1983 2. 23		14									14	대령 11060호
1984. 2. 29		17									17	대령 11373호
1985. 2. 27		18									18	대령 11651호
1986. 2. 28		18									18	대령 11860호
1987. 2. 27		18									18	대령 12082호
1988. 1. 29		21									21	대령 12383호
1989. 2. 28		21									21	대령 12631호
1990. 3. 7		21									21	대령 12944호
1991. 2. 28		29									29	대령 13323호
1992. 3. 6		32									32	대령 13608호
1993. 2. 24		33									33	대령 13866호
1994. 3. 16		33									33	대령 14193호
1994. 8. 8		33									33	대령 14356호
1995. 6. 10		33									33	대령 14661호
1996. 2. 22		33									33	대령 14930호
1996. 7. 6		32									32	대령 15114호
1997. 2. 27	32										32	대령 15294호
1998. 2. 28	30										30	대령 15718호
1999. 2. 5	30										30	대령 16099호
2000. 2. 28	30										30	대령 16728호
2001. 3. 27	30										30	대령 17162호

〈표 16〉 각급 학교에 두는 사서직 공무원수 6(사서, 사서주사)

각급 학교 / 일자	각급 학교	국립 대학교	국립 대학	초급 대학	교육 대학	국립 전문 대학	공립 전문 대학	국립 특수 학교	국립 고등 학교	국립 각종 학교	계	비고
1966. 2. 5		15	1								16	대령 2399호
1967. 3. 2		15	4								19	대령 2930호
1968. 2. 27		15	5				1				21	대령 3389호
1969. 2. 27		15	5				1				21	대령 3782호
1970. 2. 28		15	5				1				21	대령 4687호
1971. 3. 2		16	5				1				22	대령 5542호
1972. 2. 16		16	5				1				22	대령 6071호
1973. 3. 9		32	5								37	대령 6532호
1974. 3. 9		32	5								37	대령 7084호
1975. 2. 28		28	5								33	대령 7567호
1976. 3. 9		28	5								33	대령 8008호
1977. 2. 28		28	5		1						34	대령 8459호
1978. 3. 3		34	8	1	2						45	대령 8867호
1979. 3. 8		36	8		3						47	대령 9362호
1980. 2. 27		41	7		3						51	대령 9791호
1981. 2. 26		47	8		5	1					61	대령 10222호
1982. 2. 27		50	7		5	2					67	대령 10743호
1983 2. 23		53	12		10	3					78	대령 11060호
1984. 2. 29		56	16		10	2			1		85	대령 11373호
1985. 2. 27		61	18		11	4			1		95	대령 11651호
1986. 2. 28		69	24		14	4			2		113	대령 11860호
1987. 2. 27		73	26		14	3			2		118	대령 12082호
1988. 1. 29		80	26		15	6			2		129	대령 12383호
1989. 2. 28		82	28		16	6			2		134	대령 12631호
1990. 3. 7		88	22		16	6			2		134	대령 12944호
1991. 2. 28		112	15		17	9			2		155	대령 13323호
1992. 3. 6		121	12		17	9			2		161	대령 13608호
1993. 2. 24		140	2		18	3			2		165	대령 13866호
1994. 3. 16		142			18	3			2		165	대령 14193호
1994. 8. 8		142			18	3			2		165	대령 14356호
1995. 6. 10		142			18	3			2		165	대령 14661호
1996. 2. 22		145			18	3			2		168	대령 14930호
1996. 7. 6		146			18	3			2		169	대령 15114호
1997. 2. 27	170										170	대령 15294호
1998. 2. 28	170										170	대령 15718호
1999. 2. 5	170										170	대령 16099호
2000. 2. 28	165										165	대령 16728호
2001. 3. 27	164										164	대령 17162호

〈표 17〉 각급 학교에 두는 사서직 공무원수 7(사서보, 사서주사보)

각급 학교 / 일자	각급 학교	국립 대학교	국립 대학	초급 대학	교육 대학	국립 전문 대학	공립 전문 대학	국립 특수 학교	국립 고등 학교	국립 각종 학교	계	비고
1966. 2. 5		7	2		7						17	대령 2399호
1967. 3. 2		8	1		7						16	대령 2930호
1968. 2. 27		8	3		7						18	대령 3389호
1969. 2. 27		8	4		7						19	대령 3782호
1970. 2. 28		8	4		8	1					21	대령 4687호
1971. 3. 2		8	4		8	1					21	대령 5542호
1972. 2. 16		8	4		8	1					21	대령 6071호
1973. 3. 9		25	4		8	1					38	대령 6532호
1974. 3. 9		25	4		8	1					38	대령 7084호
1975. 2. 28		22	4		8	1					35	대령 7567호
1976. 3. 9		22	5		8	1					36	대령 8008호
1977. 2. 28		22	8		7	2					39	대령 8459호
1978. 3. 3		32	10		6	3					51	대령 8867호
1979. 3. 8		44	14		5	6					69	대령 9362호
1980. 2. 27		48	11		9	15			1		84	대령 9791호
1981. 2. 26		53	12		7	17			1		90	대령 10222호
1982. 2. 27		65	12		11	16			1		105	대령 10743호
1983 2. 23		71	16		11	15			1		114	대령 11060호
1984. 2. 29		74	22		11	12					119	대령 11373호
1985. 2. 27		75	28		11	10					124	대령 11651호
1986. 2. 28		86	36		11	27					160	대령 11860호
1987. 2. 27		91	38		11	25			1		166	대령 12082호
1988. 1. 29		96	44		11	22		1	1		175	대령 12383호
1989. 2. 28		98	51		10	23		1	1		184	대령 12631호
1990. 3. 7		104	47		10	23		1	1		186	대령 12944호
1991. 2. 28		138	32		13	18		1	1		203	대령 13323호
1992. 3. 6		145	32		15	16		1	1	1	211	대령 13608호
1993. 2. 24		182	1		15	9		1	2		210	대령 13866호
1994. 3. 16		184			15	9		1	2		211	대령 14193호
1994. 8. 8		184			15	9		1	2		211	대령 14356호
1995. 6. 10		186			15	6			3		210	대령 14661호
1996. 2. 22		185			15	6			3		209	대령 14930호
1996. 7. 6		185			15	6			3		209	대령 15114호
1997. 2. 27	210										210	대령 15294호
1998. 2. 28	216										216	대령 15718호
1999. 2. 5	213										213	대령 16099호
2000. 2. 28	212										212	대령 16728호
2001. 3. 27	212										212	대령 17162호

〈표 18〉 각급 학교에 두는 사서직 공무원수 8(사서 서기)

각급 학교 / 일자	각급 학교	국립 대학교	국립 대학	초급 대학	교육 대학	국립 전문 대학	공립 전문 대학	국립 특수 학교	국립 고등 학교	국립 각종 학교	계	비고
1966. 2. 5		16	2		1						19	대령 2399호
1967. 3. 2		16	1		1						18	대령 2930호
1968. 2. 27		18	1		1						20	대령 3389호
1969. 2. 27		18	1		1						20	대령 3782호
1970. 2. 28		18	1		1						20	대령 4687호
1971. 3. 2		18	2		1						21	대령 5542호
1972. 2. 16		18	2		1						21	대령 6071호
1973. 3. 9		55	2		1	2					60	대령 6532호
1974. 3. 9		55	2		1	2					60	대령 7084호
1975. 2. 28		55	2		1	2					60	대령 7567호
1976. 3. 9		55	2		1	2	1				61	대령 8008호
1977. 2. 28		55	2		1	2	1				61	대령 8459호
1978. 3. 3		60	4		1	2					67	대령 8867호
1979. 3. 8		68	5		1	2					76	대령 9362호
1980. 2. 27		68	5		1	2					76	대령 9791호
1981. 2. 26		73	5		1	2					81	대령 10222호
1982. 2. 27		83	10		1	7					101	대령 10743호
1983 2. 23		88	15		1	9					113	대령 11060호
1984. 2. 29		88	17		1	7					113	대령 11373호
1985. 2. 27		88	19		8	7					122	대령 11651호
1986. 2. 28		88	20		13	7					128	대령 11860호
1987. 2. 27		88	21		13	7					129	대령 12082호
1988. 1. 29		84	21		13	7					125	대령 12383호
1989. 2. 28		82	21		13	6					122	대령 12631호
1990. 3. 7		84	20		13	6					123	대령 12944호
1991. 2. 28		109	20		18	9					157	대령 13323호
1992. 3. 6		119	21		20	10		1	1		172	대령 13608호
1993. 2. 24		145			20	5		1	1		172	대령 13866호
1994. 3. 16		145			20	5		1	1		172	대령 14193호
1994. 8. 8		144			20	5		1	1		171	대령 14356호
1995. 6. 10		144			20	5			2		171	대령 14661호
1996. 2. 22		141			20	5			2		168	대령 14930호
1996. 7. 6		141			20	5			2		168	대령 15114호
1997. 2. 27	169										169	대령 15294호
1998. 2. 28	167										167	대령 15718호
1999. 2. 5	158										158	대령 16099호
2000. 2. 28	141										141	대령 16728호
2001. 3. 27	141										141	대령 17162호

〈표 19〉 각급 학교에 두는 사서직 공무원수 9(사서 서기보)

각급 학교 / 일자	각급 학교	국립 대학교	국립 대학	초급 대학	교육 대학	국립 전문 대학	공립 전문 대학	국립 특수 학교	국립 고등 학교	국립 각종 학교	계	비고
1966. 2. 5		8									8	대령 2399호
1967. 3. 2		8									8	대령 2930호
1968. 2. 27		8									8	대령 3389호
1969. 2. 27		8									8	대령 3782호
1970. 2. 28		8									8	대령 4687호
1971. 3. 2		8									8	대령 5542호
1972. 2. 16		8									8	대령 6071호
1973. 3. 9		8									8	대령 6532호
1974. 3. 9		8									8	대령 7084호
1975. 2. 28		13									13	대령 7567호
1976. 3. 9		13									13	대령 8008호
1977. 2. 28		13									13	대령 8459호
1978. 3. 3		13									13	대령 8867호
1979. 3. 8		13									13	대령 9362호
1980. 2. 27		13									13	대령 9791호
1981. 2. 26		44	2		4						50	대령 10222호
1982. 2. 27		57	2		9						68	대령 10743호
1983 2. 23		57	2		9						68	대령 11060호
1984. 2. 29		57	2		9						68	대령 11373호
1985. 2. 27		57	2		5						64	대령 11651호
1986. 2. 28		57	2								59	대령 11860호
1987. 2. 27		57	2								59	대령 12082호
1988. 1. 29		57	2								59	대령 12383호
1989. 2. 28		57	2								59	대령 12631호
1990. 3. 7		59									59	대령 12944호
1991. 2. 28		59									59	대령 13323호
1992. 3. 6		59									59	대령 13608호
1993. 2. 24		59									59	대령 13866호
1994. 3. 16		59									59	대령 14193호
1994. 8. 8		51									51	대령 14356호
1995. 6. 10		51									51	대령 14661호
1996. 2. 22		45									45	대령 14930호
1996. 7. 6		45									45	대령 15114호
1997. 2. 27	36										36	대령 15294호
1998. 2. 28	29										29	대령 15718호
1999. 2. 5	21										21	대령 16099호
2000. 2. 28	13										13	대령 16728호
2001. 3. 27	13										13	대령 17162호

〈표 20〉 각급 학교 사서직 증감 현황

일자 \ 각급 학교	관련 법규	각급 학교 총 사서직수	증감
1966. 2. 5	대령 2399호	62	-
1967. 3. 2	대령 2930호	63	1
1968. 2. 27	대령 3389호	70	7
1969. 2. 27	대령 3782호	71	1
1970. 2. 28	대령 4687호	73	2
1971. 3. 2	대령 5542호	73	0
1972. 2. 16	대령 6071호	73	0
1973. 3. 9	대령 6532호	144	71
1974. 3. 9	대령 7084호	144	0
1975. 2. 28	대령 7567호	144	0
1976. 3. 9	대령 8008호	146	2
1977. 2. 28	대령 8459호	150	4
1978. 3. 3	대령 8867호	180	30
1979. 3. 8	대령 9362호	209	29
1980. 2. 27	대령 9791호	228	19
1981. 2. 26	대령 10222호	287	59
1982. 2. 27	대령 10743호	343	56
1983 2. 23	대령 11060호	387	44
1984. 2. 29	대령 11373호	402	15
1985. 2. 27	대령 11651호	423	21
1986. 2. 28	대령 11860호	478	55
1987. 2. 27	대령 12082호	490	12
1988. 1. 29	대령 12383호	509	19
1989. 2. 28	대령 12631호	520	11
1990. 3. 7	대령 12944호	523	3
1991. 2. 28	대령 13323호	603	80
1992. 3. 6	대령 13608호	638(635)	35(32)
1993. 2. 24	대령 13866호	642(639)	4(1)
1994. 3. 16	대령 14193호	643(641)	1(2)
1994. 8. 8	대령 14356호	634(632)	1(1)
1995. 6. 10	대령 14661호	633(631)	-1(-1)
1996. 2. 22	대령 14930호	626(624)	-7(-7)
1996. 7. 6	대령 15114호	627(625)	1(1)
1997. 2. 27	대령 15294호	621(620)	-6(-5)
1998. 2. 28	대령 15718호	625(624)	4(4)
1999. 2. 5	대령 16099호	598(597)	-27(-27)
2000. 2. 28	대령 16728호	567(566)	-31(-31)
2001. 3. 27	대령 17162호	566(565)	-1(-1)

※ ( ) 안의 숫자는 서기관 또는 사서서기관 숫자 중 사서서기관 숫자만을 합산한 숫자임.

4. 결론

업무량은 계속 늘어나고 있는 현실에서 계속되는 인력의 동결 및 감축은 이제 더 이상 바람직한 봉사를 기대할 수 없을 정도로 도서관 현장은 심각한 상태이다. 특히 전문성이 요구되는 대학도서관에서 궁여지책으로 공익근무요원이나 공공근로사업요원, 단기간의 계약직이나 일용직 등으로 부족인력을 충당함으로써 다양한 이용자 요구에 어떻게 내실 있는 고수준의 도서관 봉사를 기대할 수 있겠는가? 그야말로 세계화 시대에 컴퓨터 및 정보산업기술에 의존할 수밖에 없는 도서관 봉사환경에서 전문성 있는 사서의 역할과 기대는 매우 커서 도서관의 그 어느 구성요소보다 인력의 중요성은 더욱 부각되고 있다. 따라서 비록 현행 소요인원 산출기준이 불합리하고 미흡하기는 하지만 최소한 법령에서 규정한 소요인원만이라도 조속히 충원되어야 한다.

도서관의 기본적 기능인 자료의 수집, 정리, 이용 및 보존 등의 업무들은 업무의 특성상 불가분 복합적으로 중첩되고 상호 밀접히 연계되어 이용자에게는 하나의 결집된 봉사 형태로 나타나기 때문에 도서관의 조직체계는 도서관 봉사의 내용이나 질적 수준과 직결되어 있다고 하겠다. 특히 현대와 같이 컴퓨터 및 정보통신기술의 발달로 도서관 봉사환경이 급변된 상황 하에서는 도서관 봉사에 대한 요구와 기대는 더욱 증대되고 있어, 이러한 시대적 요구와 변화에 부응하기 위해서는 도서관 기능이 보다 활성화될 수 있는 체제로의 변환이 시의적절하게 이루어져야 한다.

교육은 국가 백년대계의 초석으로서 적어도 교육에 관한 한 단기적 · 가시적 성과보다는 장차 국가발전이라는 장기적 안목에서 최소한 국가예산의 일정 비율 이상을 지속적으로 투자해야 한다고 모두들 주장한다. 이러한 논리가 교육현장이자 당사자인 대학에서 도서관에 대한 투자를 위와 같은 논리로 설명될 수는 없는 것인가?

대학에서의 도서관에 대한 투자는 시설 등의 외형적인 것보다는 정보자원이 확충과 이를 관리 운용할 수 있는 인력배양이 무엇보다 중요하며, 도서관 경영효과가 극대화될 수 있도록 전문성과 자율성이 보장되고 시대상황과 이용환경에 적절히 대응할 수 있는 조직체계가 되어야 할 것이다. 서론에서 언급한대로 지금까지 직제나 사서직에 대한 연혁 등을 있었던 그대로의 것을 재구성, 나열했을 뿐 이들 내용에 대한 비교분석이나 평가 등은 하지 않았다. 다만 구조조정이라는 현실적 상황논리에 밀려 대학에서의 도서관 기능이 활성화되기보다는 오히려 위축되어 가는 현실은 매우 안타까운 일이 아닐 수 없다.

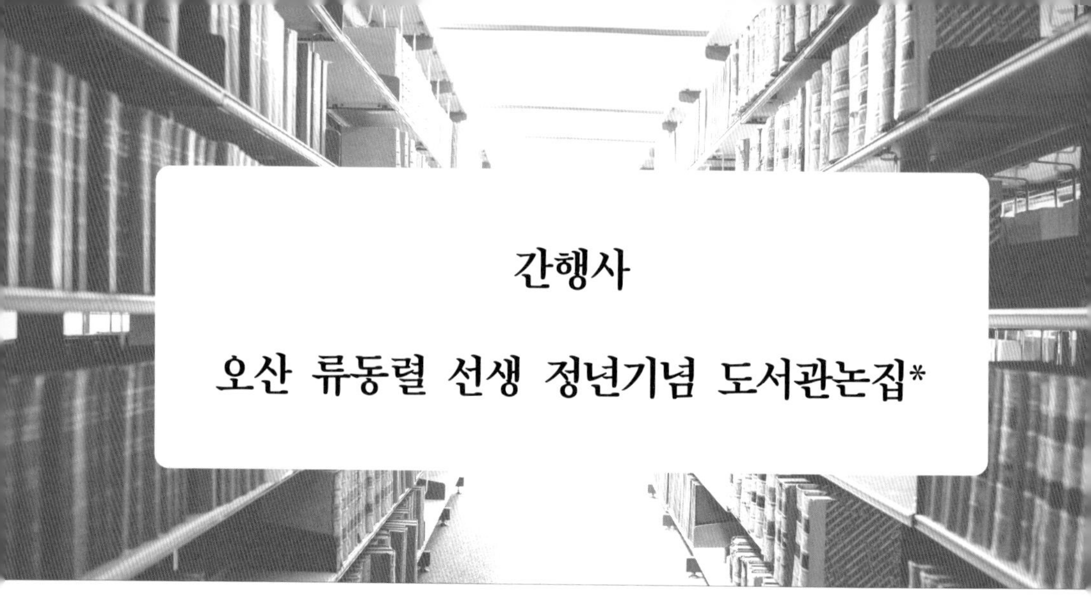

간행사

오산 류동렬 선생 정년기념 도서관논집*

제가 오산 류동렬 선생님을 처음 모셨을 때가 엊그제 같은데 어느덧 회갑을 지내시고 정년을 맞으시어 이제 그 기념논집을 증정케 되었으니 우선 세월의 무상함이 새삼스레 일깨워지며 그간의 여러 가지 감회와 추억이 되새겨집니다.

선생님께서는 우리나라에서 아직 도서관에 대한 사회적 인식도 별로 없고 도서관 내부적으로도 여러 가지 업무처리 방식 등이 미처 정립되지 않은 초창기로부터 지금까지 40여 성상을 오직 서울대학교 도서관에서만 봉직하시면서 한결 같이 도서관인의 자세로서 하나하나 업무처리 방식을 정립하고 개선하여 도서관의 기틀을 잡아가며 주인의식으로 서울대 도서관을 이끌어 오셨습니다.

불모지와도 같은 여러 가지 어려운 여건 하에서도 도서관이 오늘날과 같은 발전을 갖게 한 것은 무엇보다 선생님의 개척자적 정신과 사명감에 찬 헌신

---

* 이 글은 오산 류동렬 선생 정년기념 圖書館論集, 1992. 2에 수록된 것이다.

적 노력과 정렬이 그 밑거름이 되었음은 그 누구도 부인하지 못할 것입니다.

선생님의 도서관 실무에 대한 해박한 지식과 경륜 그리고 학문적 가르침은 도서관 내의 동료 및 후배들에 대한 귀감이 되었음은 물론이고 대학에서의 강의를 통한 후학 양성에도 크게 공헌하셨습니다.

또한 각종 협의회 등의 사회적 활동을 통한 제도개선이나 도서관인들의 권익 신장에도 많은 성과를 거두시어 우리나라 도서관 발전에 크게 기여하셨습니다.

그동안 선생님의 가르치심과 도서관 발전을 위해 이룩하신 많은 업적을 이 자리에서 일일이 지면에 담기는 어렵고, 그간의 은혜에 대해 조금이라도 보답하고 선생님을 오래도록 기리기 위해서 재임기간 중 선생님과 고락을 같이 했던 선배, 동료, 후배들이 뜻을 모아 이 기념논집을 만들기로 하였습니다.

이제 그동안 선생님께서 이룩하신 여러 가지 훌륭한 업적과 가르치심이 오래도록 지속될 수 있도록 저희 모두가 노력할 것을 다짐드리며 선생님의 건강과 온 가족의 행운을 기원합니다.

끝으로 바쁘신 가운데도 이 기념논집 간행을 위해 옥고를 보내주신 여러 선생님들께 진심으로 감사드리며, 특히 물심양면으로 많은 도움을 주신 보경문화사의 이상하 사장님과 본 도서관 관계직원 여러분께도 감사드립니다.

1992년 2월

오산 류동렬 선생 정년기념 도서관논집 간행위원회 위원장 박종근

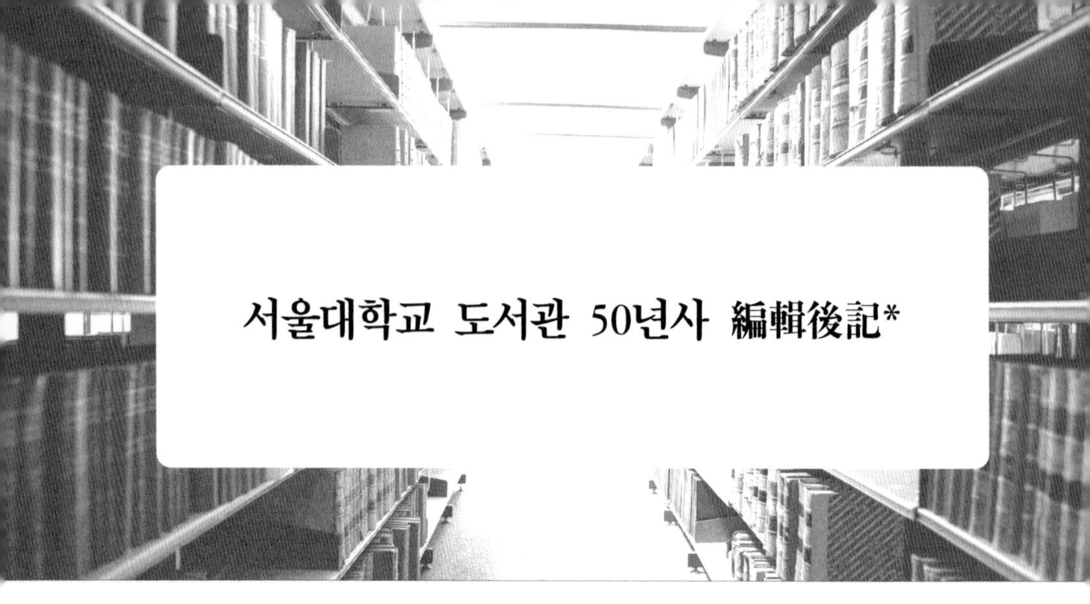

서울대학교 도서관 50년사 編輯後記*

그동안 도서관사의 발간 문제는 오래전부터 많은 도서관인들 사이에 제기되어 왔고, 특히 대학교의 역사(20년사, 30년사, 40년사)가 발간될 때는 도서관사의 별책 발간 필요성이 더욱 강하게 제기되었다. 그러나 그때마다 예산과 인력 문제 등으로 추진되지 못하였다.

1991년 말에 정년퇴직하신 故 류동렬 과장께서 퇴임 후 이 업무를 전담 추진할 예정이었으나 불행하게도 열매를 맺지 못하고 1992년 말에 별세하셨다. 이에 그 추진은 보류되었다.

1993년부터는 우선 사료 수집이라도 해두려는 일념으로 사서관 등을 중심으로 편집위원회를 구성하고 몇 차례의 회의를 개최하는 등 그 추진을 시도하였으나 편집위원들이 현업에 쫓기어 편집에 전념할 수 없었고 예산지원도 전혀 없었기 때문에 그 추진은 지지부진하였다.

그러다가 다행히 본교 개교 50주년 기념사업으로 예산을 얼마간 지원 받

---

* 이 글은 서울大學校 『圖書館五十年史』, 1996에 수록되었다.

을 수 있었고 도서관 자체의 인력 조정으로 1995년 9월 1일부터 조교 1명을 두어 전담할 수 있게 되었다. 이로써 발간사업은 비로소 본격적으로 추진되기 시작하였다.

그러나 광복 이후의 혼란과 한국전쟁, 그리고 관악으로의 이전·통합 과정에서 많은 사료들이 망실되었고, 우리 도서관의 초기 역사를 설명할 수 있는 근무자들조차 이미 고령화하여 퇴직하거나 작고하여 필요한 사료를 제대로 구 할 수 없었다. 뿐만 아니라 제한된 짧은 기간 내에 필요한 사료를 구하고 정리하여 서술하는 일은 결코 쉬운 일이 아니었다. 이 때문에 사실 교정조차 꼼꼼하게 여러 차례 볼 기회를 얻지 못하였고 따라서 불비한 점이 적지 않을 것이라고 생각된다.

그러나 부족하나마 남아 있는 사료와 몇 분의 증언을 참조하여 집필하는 과정에서 당시의 여러 가지 어려웠던 상황과 선배들의 노고를 피부로 느낄 수 있었으며, 오늘의 도서관 현실이 바로 지난날의 연속임을 알게 되어 우리들이 어떻게 사느냐에 따라 내일의 우리 도서관 상이 다르게 그려질 수 있다는 것도 느끼게 되었다.

작업은 사료 수집-사료 정리-초고 작성-교정-원고 작성-교정 등으로 이루어졌다. 그러나 이들 작업은 일관된 흐름을 가지면서 동시에 계속 되풀이 되어 이루어졌다. 원고 작성을 하면서 빠진 사료를 수집·정리하곤 했던 것이다. 사료의 수집과 정리에는 여러 편집위원을 비롯하여 각 과의 직원들이 참여하였으며, 초고는 전산화 관련 부분을 김성중과 강우상이 집필한 것을 제외하고는 박종근과 정병설에 의하여 이루어졌다. 크게 볼 때 이 책은 우리 도서관 전체가 참여하여 이룬 공동작업의 성과라고 할 수 있다.

작업을 마치지 않을 수 없는 시점에서 이 책을 다시 살펴보면 아쉬운 점이 한두 가지가 아니다. 세월의 흐름에 따라 서식이 변경되고 용어가 달라져서 분야에 따라서는 합리성이 없이 보이는 곳이 적지 않으며 간혹 사료 간의 특정 사항의 발생일자가 다른 곳도 없지 않다. 뿐만 아니라 얼마 남지 않은 사료를 소중히 다루려고 하다 보니 독자들의 눈에는 군더더기로 보일 수 있을 정도로 잡다하게 서술된 부분도 없지 않다. 예컨대 1950년대의 직원 명단은 세 개의 표로써 제시되어 있으며 제4편에서도 직원 명단을 두 차례나 실었다. 이는 다소의 중복이 있더라도 초기 근무자의 명단을 확보하고 아울러 10년 단위로 모든 근무자를 조사·수록하려는 마음에서 비롯된 것이므로 양해주시기를 바란다.

미흡하나마 이 정도의 책자라도 만들 수 있게 된 것은 전 직원들의 협조가 있었기에 가능하였다. 특히 마지막까지 원고를 교열하여 주신 박병호 교수님과 진교훈 관장님 및 여러 편집위원들 그리고 각종 사료를 제공하고 증언하여 주신 전임 관장님들과 백린, 이상은 선생님을 비롯한 재직자 여러분들께 다시 한 번 감사의 인사를 드린다.

1996. 10. 1

편집위원회 위원장 朴鍾根

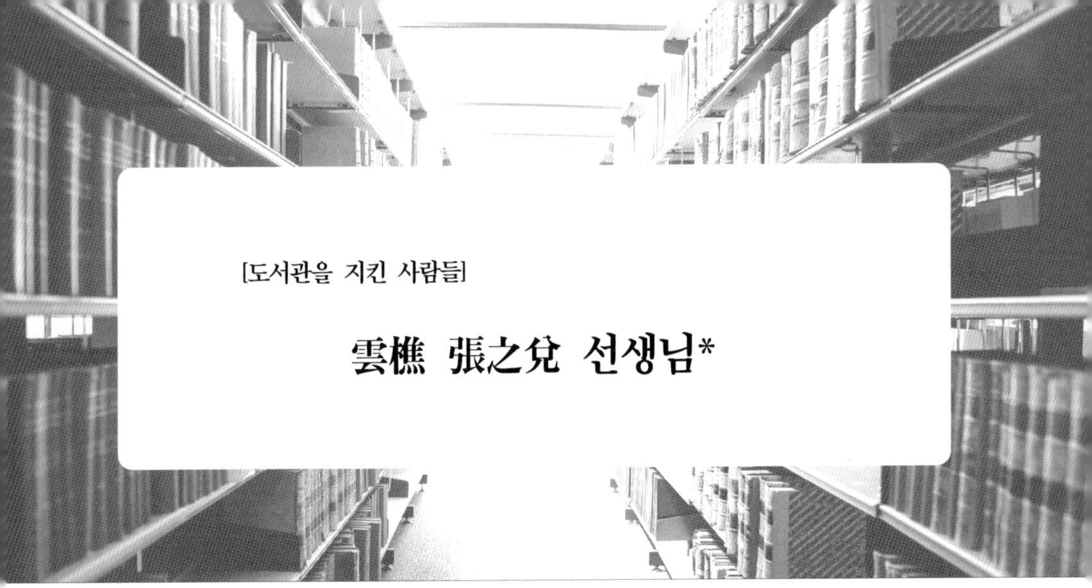

[도서관을 지킨 사람들]

雲樵 張之兌 선생님*

雲樵 張之兌(1892. 7. 22~1962. 5. 6) 선생님과 그 일가는 우리 대학의 자랑이요 우리 민족 최대의 문화유산인 규장각 도서와 함께 우리 도서관에서는 잊을 수 없는 분이다. 선생께서는 1982년 2월 22일 종로구 창성동 76에서 父 張鴻植, 母 金姓女 사이에서 2남 2녀 중 장남으로 태어나셨다. 선생의 손자 豊鎬 씨의 증언에 의하면 선생께서는 서당에서 한문을 수학하고 YMCA중학을 거쳐 현 서울대학교 의과대학 전신인 의학강습소에 다니다가 해부학이 싫어서 그만 중퇴하고 보성전문학교를 수료하셨다고 한다. 선생께서는 일제시대인 1913년 7월부터 20대 초반의 젊은 나이로 조선총독부 참사관 분실에 근무하면서부터 규장각 도서 대장을 작성하는 등 규장각 도서를 관리, 정리하면서 첫 인연을 갖게 되었다. 본교와는 한때 공무원이 되어 나주군청에 잠시 근무하던 중 1923년에 경성제국대학이 창립되고

* 서울대학교 圖友會, 圖友會報, 第1號, 1998. 4, pp. 7~11에 수록되었다.

1926년에 법문학부와 의학부가 개설됨에 따라 같은 해 7월 29일자로 雇員으로 법문학부(조선사학)겸 회계와 겸무 발령을 받음으로써 첫 인연을 갖게 되었다. 그러다가 1937년에는 회계와 겸무를 면하고 1938년에는 助手로 승진발령을 받으셨다. 광복이 되자 1946년에 사서로 임명되어 도서관으로 처음 오시게 되었고, 특히 1948년에는 우리나라 사람으로는 우리 도서관 최초의 사서관으로 임명되어 동양서계 책임자로 근무하면서 계속 규장각 도서 등의 고도서를 정리하셨다.

도서관 전문직 업무에도 상당한 식견이 있어서 서울대 도서관 실무 단기강습회(1956. 1. 5~12)에서는 "古圖書 分類法"을 강의도 하셨다. 선생께서 법문학부 助手로 있을 무렵 우리 도서관 초대 관장이었던 김진섭 관장은 촉탁으로 도서관에 근무하였고, 4~6대 관장이었던 김계숙 교수는 당시 철학과 학생이었다. 특히 선생의 한문 실력은 출중하게 우수하여 당시 선생과 같이 근무했던 분들의 증언에 의하면 이병도, 이희승, 김상기, 김두종 교수 등 당대의 석학들이 항상 도서관에 찾아와 한문에 관해서 묻고 배웠다고 한다. 또한 글씨도 명필이어서 당시 서울대학교 정문의 문패를 쓰기도 했고 "奎章閣 圖書"라는 목재간판을 횡서로 써서 사용하기도 했는데 이 간판은 지금도 규장각에 보관되어 있다.

특히 6·25사변 당시 인민군이 승정원일기 1책을 조각조각 절단한 것을 위험을 무릅쓰고 몰래 주어서 간신히 원상회복해 귀중한 우리 문화재 보존에 값지고 큰 역할을 했던 그 유명한 일화는, 선생님의 규장각 도서에 대한 애착과 나라사랑을 단적으로 웅변해 주고 있다. 대학신문 108호(1955. 4. 18)에서는 40여 년간 규장각 도서와 본교를 위해 헌신적으로 봉직하신 선생님의 자랑스런 면면을 소개하기 위해 「大學을 지킨 사람들」이라는 고정란에 "奎章閣 圖書와 因緣 40年-中央圖書館 司書官 張之兌 씨-"라는 제하에 다음과 같이 보도하기도 하였다.

1926년 (敵治大正十五年) 5월 2일 경성제대(서울대학 전신)가 創立되었다는데 그해 7월에 벌써 張之兌가 본 대학 雇員으로 취업하여 오늘에 이르기까지 30년의 연륜이 새겨졌다고 술회한다. 뿐만 아니라 氏의 先親 張鴻植 氏는 豫科 創立時代부터 1948년에 이르기까지 20여 년을 서울대학을 爲해 司書官으로 奉職하신 분이고, 그뿐이 아니라 氏의 長男되시는 張大遠 氏(37歲)도 같은 職場인 부속도서관의 東洋書係에 奉職中이라고 한다. 3代에 걸친 전통적인「라이브라리안」의 家庭이다. 그런데 以外에도 또 다른 傳統的인 背景이 있다. 그것은 서울대학교 秘藏의 규장각 도서와는 40여 년의 特別한 因緣이 있어 同圖書가 1931년 同圖書館에 移管되기 전 舊學務局 參事官室에서부터 取扱하고 있었다고 한다. 그러므로 지금도 부속도서관에서는 규장각 도서라면 張之兌 氏의 그림자가 復畵처럼「크로즈업」된다는 것이다. 醫學專門의 前身인 舊醫學講習所를 中退하신 장선생님은 記者가 찾아갔을 때도 조용히 돋보기안경 너머로『承政院日記』를 읽고 계셨으며 이 규장각 도서 16만 권을 전부 읽는다는 것은 到底히 不可能하지만 무슨 圖書라 하면 그 形態와 內容만은 얼핏 짐작할 수 있다고 한다. 어느 분이 가장 이 奎章閣을 빈번히 찾아오시느냐고 물으니, 그렇죠 亦是 李丙燾 先生이 자주 오셨지요. 그런데 요새는 젊은 兩班들이 漢字를 못 읽어서 그런지 아주 閑散합니다. 월평균 2·3回쯤이나 圖書를 찾는 분이 계시니 딱한 노릇입니다고 쓴웃음을 지우며 이야기하신다. 過去에도 몇 번이나 勤續表彰과 恩給을 받아 왔지만 이제 앞으로도 이 冊이나 읽다가 一生을 마치겠다고 말씀하시는 張先生의 面面에는 一抹의 哀愁가 깃들어 있었다. 國寶的 價値가 있는 이 貴重한 圖書는 紛失되기 前에 複本으로 해두어야 좋겠고 이것이 唯一한 希望이라고 말하시며 春風秋雨 三十年의 긴 歲月을 이 貴重한 圖書만을 매만져 가며 大學을 爲해 묵묵히 그 天分을 지키신 先生께 저절로 머리가 숙여지지 않을 수 없었다.

出生地-서울市 鐘路區 昌成同 76番地 當年 64歲(k生)

또한 선생께서는 노령에도 불구하고 무리하게 도서관 업무에 열중하시다가 과로가 겹쳐 1962년 5월 6일에 갑자기 뇌일혈로 별세하시니 도서관에서는 선생을 애도하여 열람실을 휴실하고 도서관장으로 장례를 모셨다. 대학신문 404호(1962. 5. 10)에서는「규장각 도서 권위자 잃어 슬픔에 잠긴 중앙도서관」

이라는 제하에 선생의 사진과 함께 다음과 같이 보도하기도 했다.

奎章閣 도서권위자 잃어

슬픔에 잠긴 中央圖書館

40年間 奉職하던 張之兌翁 별세

지난 8일 중앙도서관의 2층 열람실이 임시휴관을 하였다. 임시휴관하게 된 내막을 살펴보면 동도서관에 40여 년간이나 근무하던 張之兌翁이 장례일을 맞아 조의를 표하기 위하여 도서관 당국에서 취한 조치라고 한다.

故 張之兌翁은 일제시대 경성제국대학 시부터 사서관(司書官)에 재직하면서 고문서 정리와 규장각 도서 정리에 대한 총책임자로서 큰 공로를 세웠는데, 특히 규장각 도서에 관한 知識과 이 방면의 사무에서는 翁을 따를 사람이 없다고 한다. 故 張之兌翁은 40여 년간이나 근무하면서도 결근지각이 좀체로 없을 정도로 근면하였으며 근래에까지 70세의 고령에도 불구하고 젊은이들보다도 일찍 출근하여 맡은바 일에 충실했다고 한다. 지난 6日(日) 갑자기 뇌일혈로 작고하자 도서관계자들은 심심한 조의를 표하고 장례를 도서관장으로 지낼 것을 결정 8일 의과대학부속병원에서 시행했다고 한다.

이와 같은 선생의 너무도 갑작스런 별세는 도서관으로서는 큰 충격과 슬픔에 잠겨 당시 鄭光鉉 도서관장은 대학신문 405호(1962. 5. 14)에 「雲樵先生을 哀悼함」이라는 제하의 추도문을 아래와 같이 게재하기도 했다.

雲樵先生을 哀悼함

鄭光鉉(서울大附屬圖書館長)

奎章閣 圖書엔 산 辭典役割

괴뢰군이 조각낸 承政院日記를 되모아

선생께서는 고령이심에도 불구하고 사서사무에 열중하여 피곤하실 때에는 흥분제를 복용하며 쉬지 않고 일한 탓으로 뇌일혈을 일으켜 입원까지 하게 되었을 때 우리 도서관 직원 일동은 하루속히 완쾌하기만을 소원하였으나 神明도 무심하게 선생께서는 오늘 이렇게 幽明을 달리 하게 되고 보니 선생의 謦咳를 다시 듣지 못하고 선생의 모습을 다시 뵙지 못하게 되었으니 어찌 슬프고 痛嘆할 일이 아니겠습니까? 雲樵先生! 선생은 너무도 빨리 가시었습니다. 아직도 규장각 도서 고도서 등 선생이 아니고서는 이루어 놓기 어려운 일이 山積하여 있고 선생이 쌓아 놓은 덕망과 지식과 경륜을 우리들이 아직도 채 받아들이지 못하고 있으니 이는 비단 우리 도서관뿐만 아니라 우리 학계 나아가서는 국가로서도 너무도 애석한 일이 아닐 수 없습니다. 人生 七十古來稀라 함도 옛말이고 百歲를 넘어 살으실 것 같더니 古稀도 미처 맞이하지 못하고 선생이 가버리신 이제 그 살아있는 辭書를 어디서 구할 것이며 우리의 고문화재는 어느 손을 거쳐야 하겠습니까? 그러나 남은 우리는 너무 낙망하지는 않습니다. 다사다난한 중에도 터를 닦아놓으신 것을 바탕으로 하여 선생이 당신보다도 아끼던 규장각 도서와 도서관은 정상적인 발전의 궤도에 올라섰습니다. 선생이 조심조심 넘기고 만지시던 그 많은 책 한 장 한 장에서 풍기는 선생의 숨결과 자국은 비록 선생은 가시었지만 영원히 선생의 이름과 함께 남고 빛날 것이며, 여기 남은 사람들은 남기신 가지가지의 자취를 따를 뿐입니다. 회고하건대 선생께서는 日政時 1913년 7월 이래 총독부 참사관분실과 본교의 전시인 경성제국대학 부속도서관에서 조선 왕립도서관 소장본인 규장각 도서에 관한 사무를 취급하였으며, 해방 후 1948년 8월에는 사서관으로 승진하시어 동양서 정리사무책임자로 활약하시던 중 6·25사변 당시 고령으로 부산까지 피난할 수 없어 부득이 퇴직하였던 것입니다. 당시 서울을 점령한 人民軍 一兵士가 귀중한 承政院日記 註) 한 책을 제본용 재단기로 절단하여 수천 조각을 만든 것을 보고 위험을 무릅쓰고 비밀히 그 조각들을 수집하여 원상대로 만들어 보존하였다가 본 도서관이 서울로 수복한 후에 이를 본 도서관에 반환하여 귀중 문화재 보존에 최선을 다하셨습니다. 선생은 규장각 도서에 대한 전문적 식견을 가지셨을 뿐 아니라 서지학에 대한 造詣가 깊으시므로 미록 고령이나 1953년 8월 1일 다시 임시로 복직케 하였으며, 그 후 본교의 고령자 해임 방침에 따라 1961년 1월 20일에 다시 해임되었으나 東洋貴重文獻에 대한 박식과 도서 사무의 기술을 아끼어 본교에서는 동년 2월 1일자로 재등용하게 되어 현재에 이르렀던 것입니다. 이와 같이 선생은 40여 년이란 긴 세월을 오직 규장각 도서와 기타 문화재 보존에 이바지하셨기에 본관에서는 1961년 10월 29일자로 본교 총장을 통하여 감찰위원회 위원장에게 국가에서 문화재보존공로자 표창을 하여 줄 것을 건의한 바도 있으며, 또 최근 국가재건최고회의 박의장의 표창장 수여기준에 관한 서울대학교 총장 통첩(1962년 4월 30일자 서대총 제941호)에 의하면 공무원으로서 그 직무에 정근하여 그 공적이 현저한 자에 대하여는 일정한 절차를 밟아 국가로부터 표창장을 수여하게 되어 있으므로, 본관에서는 선생을 표창 대상자로 내신코자 하였으나 선생은 囑託이므로 공무원이 아니라는 해석상 문제로 그 내신 방법을 연구 중 돌연 작고하시게 되어 더욱 애통한 감을 금할 수 없습니다. 선생께서 쌓으신 지식과 경험은 모든 동지 학계로부터 살아있는 辭典이라고까지 알려졌던 것이며 규장각 도서 보전에 그야말로 심혈을 다하셨으니 어찌 인간국보라고 하지 않을 수 있겠습니까. 인간국보인 운초선생은 길이 잠드셨고 다시 돌아오지 못할 幽宅에 드시게 되었으니 우리 도서관 직원은 비통한 마음 금할 수 없습니다. 선생이시여 비애를 가슴에 안고 명복을 비오니 부디 고이 잠드소서.

註) 승정원일기는 구 규장각 소장 귀중문헌으로 인조원년(서기 1623년) 3월 12일부터 고종 31년(서기 1894년) 6월 29일까지 270년간의 기록이며, 조선왕조실록 편찬에 있어서 그 저본이 되었던 것이다. 이중 절단훼손 되었다가 선생의 힘에 의하여 蒐集補修된 것은 영조 38년(서기 1762년) 9월분 일기책이다.

한편 선생님의 先親이신 張鴻植(1866. 6. 6~1950. 12. 31) 씨께서는 개국 504년(1895)에 判任官인 內閣主事로 임명되어 관직에 근무한 이래 광무 8년(1904)에는 38세의 나이로 奏任官인 議政府 參書官 벼슬에 올랐다.

그 후 은지, 평창군수를 역임하는 등 의정부에서 관직생활을 계속하셨다. 1923년에 경성제국대학이 창립되자 법문학부의 조선사학·문학 講座擔任인 高橋亨 및 小倉進平(도서관장) 교수의 추언으로 아드님인 장지태 선생보다 4개월 늦은 1926년 11월 22일자로 역시 고원으로 같은 법문학부(조서사학) 근무 발령을 받으셨다. 그간 법문학부 조선사학 사무실에서 조선문서에 관한 사무를 보다가 1932년 5월 6일자로 助手를 그만두시고 다시 촉탁으로 근무하다가 도서관으로 옮기셨다. 이렇듯 선친께서도 그간의 관직생활에서나 경제제대 재직 시 규장각 도서와 관련해서 우리 도서관과는 깊은 인연이 있다. 또한 선생님의 아들인 張大遠(1919. 4. 26~1996. 2. 7) 씨도 1954년 4월 1일부터 1964년 4월 20일까지 10여 년간 본관에서 근무하고 중간에 성균관대 도서관으로 옮겨 1976년에 정년 후 다시 본 도서관으로 와서 10여 년 가까이 규장각도서관리실에서 고문서 脫草업무를 담당해 오셨다. 이와 같이 본관과 장지태 선생님 일가와는 특히 규장각 도서와 관련해서 父·子 3대가 대를 이어 계속 우리 도서관에 봉직한 특수한 인연을 갖고 있으며 그중에서 특히 장지태 선생님은 우리 도서관을 지켜 오신 잊을 수 없는 분이다.

朴鐘根 회원

京城大學圖書館 野遊會(1946. 5. 26)
-뒷열 좌로부터 아홉 번째 장지태 선생-

[도서관을 지킨 사람들]

桂勳模 선생님*

계훈모 선생님을 어떻게 설명드릴 수 있을까?

그저 묵묵히 스스로 일을 찾아 하시는, 그러면서도 황소처럼 지칠 줄 모르고 맡은 일에 충실하시며 조용하고도 소박한 전형적인 사서라고나 할까? 지나친 겸손이 흠이라면 흠이겠지만 마치 도서관 봉사를 위해 태어나신 분처럼 천부적으로 사서 자질이 충만한 강직한 분이시다.

선생께서는 1918년 8월 23일 平北 宣川郡 沈川面 付皇洞 322에서 천도교 서울교구장이셨던 아버지 桂淵集 씨와 어머니 方嬅集 씨 사이에서 장남으로 태어나셨다. 1934년 4월~1941년 3월까지 경성상업학교 및 일본대학 제3상업학교를 졸업하시고, 1941년 4월~1943년 9월까지 일본전수대학 전문부 경제과 3년을 졸업하셨다. 그 후 1943년 11월부터 경성부 및 동신직물 등에서

* 서울대학교 圖友會, 圖友會報, 第2號, 1999. 6, pp. 6~9에 수록되었다.

약 12년간 직장생활을 하시다가 우리 도서관에는 1955년 9월 8일에 오셔서 약 18년간 근무하신 후 1973년 8월에 55세로 정년퇴임하셨다. 퇴임 후에는 천도교 도서관 및 관훈클럽 신영연구기금에 1994년까지 나가시면서 한국언론 연표 편찬에 몰두하셨다.

선생께서는 1961년도에 연세대학교 부설 한국도서관학교 1년 과정을 졸업하시고 1968년 7월부터 약 1년 4개월간 법과대학 도서관에서 근무하신 일 외에는 계속 중앙도서관에 계셨다.

수서업무를 담당하셨을 때에는 그 복잡한 잡지 및 신문의 첵킹카드 서식을 직접 구상하여 처음으로 만들어 최근까지 사용했는데, 당시 선생의 창의적인 업무 태도와 성실한 근무 자세는 많은 동료 후배들의 귀감이 되었다. 또한 선생께서는 너무도 부지런하여 일상 업무를 하면서도 틈틈이 언론관계 기사를 수집하여 언론 연구의 기본적 사료이자 언론계의 숙원사업이었던 그 방대한 『한국언론년표』를 15년에 걸친 장기간의 노력 끝에 발간할 수 있게 되었다.

그간 선생께서 편저한 저서는 아래와 같다.

『韓國言論年表』 제1집(1881~1945), 1,294면, 1979

『韓國言論年表』 제2집(1945~1950), 1,315면, 1987

『韓國言論年表』 제3집(1951~1955), 1,342면, 1993

『三一運動關係文獻目錄』(新人間 294~6), 1972

『天道敎(東學)關係文獻目錄』, 1973

『遂安桂氏 鳳谷松庵派 家乘』, 1973

『司馬榜目總錄』(附司馬試科年次), 1982

선생의 『한국언론년표』의 출간에 대하여 사계의 전문가들이나 각 신문사 및 잡지사 등에서 선생님에 대한 노고와 찬사의 말을 아끼지 않았다.

청주대 박정규 교수는 선생의 『한국언론년표』의 서평에서(『政經文化』 182, 1980. 4, pp. 269~271) 그 방대한 분량에 압도되었으며 풍부한 내용에 놀라지 않을 수 없었다고 기술하고 있다. 또한 한국외국어대 정진석 교수는 "한국언론년표와 색인 출간의 의의"라는 논제(『신문연구』 56, 1993. 12, pp. 244~254) 중 완벽을 추구하는 연표작업이라는 소항목에서 계 선생님을 다음과 같이 소개하고 있다.

> 연표 작성에 골몰하시는 모습은 황소처럼 성실하다는 말이 꼭 어울리는 분이다. 계 선생님이 초인적인 업적을 남기는 것도 바로 그와 같은 의지가 바탕이 된 때문일 것이다. …… 중략 ……
> "미상한 곳이 많이 있다"는 부분은 계 선생임이 늘 하시는 말씀이다. 내가 보기에는 너무도 세밀하게 만들어서 더 이상 보탤 부분이 전혀 없을 정도로 완벽한 상태에 도달했을 경우라도 계 선생님은 언제나 부족한 점이 많다거나 자신이 없다는 말씀을 하신다. 조금이라도 미심한 점이 있으면 자신이 근무한 서울대학교 도서관이나 국립도서관, 국회도서관, 종로도서관 또는 신문사 조사부 같은 곳을 직접 찾아가서 확인해야 직성이 풀리시는 분이다. 그 연세라면 움직이기가 쉽지 않으실 텐데도 완벽을 기하기 위해 최선을 다 하시는 것이다. 계 선생님은 인상만 보아서는 말수가 적고 신경이 무딘 분으로 여겨진다. 자신의 주장을 좀처럼 드러내지 않는다. 그러나 오래 지켜보면 감정이 섬세하면서 자존심이 강한 분이라는 것을 알 수 있다. 무슨 일이건 부탁을 드리면 성심 성의껏 도와주시는 분이다. 나는 계 선생님으로부터 여러 가지 도움을 받으면서 늘 그 성실성과 섬세함을 새롭게 깨닫는 기분이었다.
> 지나가는 말로 물어보고는 나 자신 잊어버리고 만 일도 끝까지 기억하셨다가 다시 찾아보고 알려 주었던 일이 여러 번 있었기 때문이다. 내가 영국에 있는 동안 계 선생님은 내게 편지를 보낼 때마다 연표를 빨리 진척시키지 못함을 미안하게 여기신다는 말을 했었다. 편지의 내용과 계 선생님의 성품으로 보아 진심에서 우러나는 말씀임을 느낄 수 있어 가슴을 울리는 것이었다.
> 제3집을 마무리 할 무렵에는 가끔 몸이 편치 않으셔서 출근을 못한 일도 있었는데, 건강이 염려스러워 문안 전화라도 드리면 빨리 완성해야 하는 책임을 다 하지 못하

심을 통감하고 안타까운 마음에 흐느껴 우시는 소리까지 듣고는 가슴이 아팠다. 선생님께서 금년에 75세의 생일을 넘기셨으니 기력도 예전 같지 못하셨기 때문이다. 철저하게 자신을 억제하고 오로지 연표 작업에만 혼신의 노력을 기울이시는 모습을 늘 옆에서 지켜보고 있었기에 나는 언론계와 역사학계를 위해서 건강을 지키시면서 이 일을 꼭 끝내 주십사고 마음속으로 빌었다.

중앙대학교 최준 교수는 『신문연구』 20호(1974)의 『한국언론년표』 서평에서 언론사를 전공으로 연구하는 학도들도 아직 손도 대지 못한 수많은 문헌과 자료를 일목요연하게 조사 정리한 그의 공로는 크게 평가 받아야 하고, 그의 끈질긴 노력과 열성에 그저 머리가 숙여질 뿐이라 하면서 감사와 경의를 드린다고 말하고 있다.

한국일보 1994년 2월 5일자에서는 「6·25 혼란기 언론사료 집대성」이라는 제하의 기사에서 선생을 재야학자로 지칭하고 근대 언론사 연구의 1차 지침서로 규정하였으며, 서울대 차배근 교수는 그동안 흩어져 있던 언론 관련 자료를 모았기 때문에 학자들뿐만 아니라 기자나 일반 사람들도 과거를 일목요연하게 돌이켜 볼 수 있는 길잡이로 이용될 수 있을 것이라고 평가했다.

문화일보 1993년 12월 13일자에서는 「74년간의 언론사료 모았다」라는 제하의 기사에서, 외국어대 정진석 교수는 그가 남긴 노작을 살펴보면, 편찬자의 진지하고도 실로 초인적인 노고에 깊은 인상을 받지 않을 수 없다고 하였으며, 관훈클럽 신영연구기금 홍순일 이사장은 세속을 뛰어넘는 노력과 헌신이라고 선생의 노고를 평가했다. 또한 서울경제신문 1979년 4월 4일자에서는 「한국언론년표 엮어낸 "색인 박사 계훈모"」라는 제하의 기사에서 선생을 지칭하여 신문의 날에 즈음하여 우리가 꼭 알아두어야 할 얼굴을 찾았다고 말했다. 그리고 언론계 일각에서는 신문이나 신문학을 전혀 모르는 문외한이

『한국언론년표』를 한국 신문계에 선사한 커다란 공적에 일편이나마 보답하기 위해서는 선생의 회갑기념 논문집으로 삼자는 얘기가 있었고, 관훈클럽에서는 선생을 "언론계를 위해서 태어나신 분"이라고 까지 칭송하고 있다.

그러나 선생께서는 여기에 대해 "내 인생으로 보면 분명히 외도를 걸어 온 셈인데 이것이 한국 언론계에 조그마한 보탬이 될 수 있다니 조금도 후회됨이 없고 오직 흐뭇할 뿐이다"라고 겸손해 하신다. 선생께서는 이처럼 큰 업적을 남기고서도 지나치게 겸손한 말씀만 하신다.

조선일보 1993년 12월 21일자에서는 「15년 땀방울 집대성」이라는 제하의 기사에서 선생께서는 "누군가는 해야 할 일인데 제대로 된 자료집도, 연표도 아니며 많이 부족하니 좀 꼬집어 주십시오. 이제 후배들이 더 정확하고 객관적인 연표 작업을 계속해 주기 바란다"고 말하여 남 앞에 나타나기를 꺼려하시는 선생의 겸손한 성품이 잘 나타나 있다.

이와 같이 언론계에서의 선생의 업적은 두드러져 『관훈클럽 40년사』에서는 선생의 사진과 함께 『한국언론년표』에 대해서 상세히 소개하고 있다. 또한 『新聞百年 人物 事典』(한국신문인 편집협회, 1988) 및 『韓國學研究人命錄』(韓國精神文化研究院, 1983)의 두 事典에도 선생님이 등재되어 소개된 것만 보아도 선생이 쌓으신 그간의 업적은 자랑스럽기만 하다.

『뿌리깊은 나무』, 일천구백칠십구년 구월호에서 「외롭잖은 외톨돌이 언론역사의 창고지기 계훈모」라는 제하의 기사에서 『한국언론년표』 작성이라는 엄청난 일을 시작하게 된 동기를 선생께서는 다음과 같이 술회하고 있다.

> 지난 60년대 초에 연세대학교 도서관학과에는 앨로드라는 미국 사람이 초빙교수로 와 있었는데, 그가 미국으로 돌아간 뒤에 "구한말에 나오는 영어신문의 목록을 조사해 달라"는 내용의 부탁 편지였는데 그 조사업무를 내가 담당하게 되었다. 각 신

문사와 도서관 그리고 책방을 쫓아다니고 국어대사전 등 각종 참고자료 등을 조사하여 필요한 자료를 카드로 만들어 보냈다. 그런데 그러한 작업과정에서 똑같은 자료가 출처에 따라서 서로 다르게 설명되어 있는 경우가 많음을 알고 그것을 바로 잡아야겠다는 생각을 갖게 되었다. 그래서 1962년부터 "뒤지는 일"을 시작하였다.

"2000년" 35호(1986. 3)에서는 「특집/이런 사람도 있다」라는 난에 내세울 것도 없는 도서관쟁이, 근대 언론사를 한 눈에, 전공학자도 엄두 못 낼 작업, 오장육부 때어놓고 도서관 전전, 한자리 지켜 돋보이는 사람 등의 소항목 아래 선생의 인간적인 면면을 소상히 소개하고 있다. 『한국언론년표』 작성에 몰두하다 보니 주위에서는 미친 짓을 한다, 비생산적인 일을 한다는 등등의 빈정거림도 많았고 또한 가정에도 소홀하게 되어 여러모로 마음고생이 많으셨다고 한다. 보통학교 5학년 때에 가족을 따라 월남했는데 지금도 가끔 임진강가에 나가 북녘 땅을 보며 눈물을 글썽이신다. 슬하에 1남 2녀를 둔 독실한 천주교 신자로서 어린 시절에 소년회 운동을 하면서 사귀었던 의암 손병희 선생 딸과 결혼한 소파 방정환 선생의 장남인 방운용 씨와는 다정한 친구 사이이기도 하다.

선생께서는 최근에도 82세의 노령임에도 불구하고 무언가 잘못된 것은 꼭 고쳐야 된다는 불굴의 집념으로 큰 보람 있는 일을 또 하나 해 내셨다. 그것은 3·1 독립선언문을 낭독하신 정재용(鄭在鎔) 선생께서 북한산 백운대 정상 바위 위에 직접 암각하신 "獨立宣言紀事"가 아무런 보호시설이 없이 무심코 밟고 다니는 많은 등산객들로 인해서 훼손되어 가고 있음을 안타까이 여기시고 1983년부터 여러 관계자에게 호소하는 등 그야말로 끈질긴 노력을 계속하셨다. 그리하여 드디어 16년 만인 1999년 3월 16일자로 고양시장으로부터 「'고양시 향토유적 제32호 3·1운동 암각문 보호에 대한 자료'에 대한 정보

공개 결정 통지서」를 받음으로써 보호시설이 설치되고 있음을 확인하게 되었다.

그동안 이 어려운 일이 성취되기까지의 고생과 어려움은 말 할 수도 없었다. 이 일의 일련의 과정을 각종 증빙서류와 함께 체계적으로 정리하여 책자 2부를 만들어 원본은 우리 도서관 대학기록관리실에, 다른 복본은 독립기념관에 기증하시겠다고 한다. 이처럼 재직기간 중은 물론 전 생애를 통해서 볼 수 있는 선생님의 성실성과 집념 그리고 어느 일이든 최선을 다 하시는 자세는 모든 후배 사서들의 귀감이 되고 있다.

[도서관을 지킨 사람들]

白麟 선생님*

백린 선생님은 광복 후 혼란기인 1948년 11월부터 6·25전쟁을 거쳐 관악캠퍼스로의 종합화 직전인 1973년 3월 15일 퇴임하기까지 약 25년간 우리 도서관에 재직하면서 그 어려운 여건 하에서도 그야말로 우리 도서관을 지키고 키워 오신 분이다. 또한 군정시대의 장지태 사서관 이후 우리나라 대학도서관 최초의 사서관으로 당시 불모지와도 같은 우리나라 도서관 및 도서관학계의 개척자적인 활발한 활동으로 서울대 도서관 하면 백린을 연상할 정도로 대외적으로 널리 알려진 우리나라 도서관계의 대표적인 원로이시다.

선생께서는 1923년 7월 24일 평안북도 선천에서 아버지 白桂鳳 씨의 장남으로 태어나서 1938. 4. 1~1942. 3. 25까지 만주 신경시립학교를 졸업하고 약 2년간 만주 척식공사에 근무하셨다. 광복 후에는 1947. 1. 20~1948.

* 서울대학교 圖友會, 圖友會報, 第3號, 2000. 10, pp. 5~8에 수록되었다.

6. 30까지 약 1년 반 동안 문교부 영어학교에서 수학하였고 1948년 11월부터 우리 도서관에 근무하면서 1961년에는 단국대학교 지리역사학과 졸업, 1963년에는 연세대 대학원에서 도서관학과 석사학위를 취득하는 등 만학에도 선생의 학구열은 식을 줄 몰랐다.

1996년은 본교 개교 50주년이 되는 해로 도서관에서는 도서관 50년사의 집필을 위해 초창기 우리 도서관에 관한 여러 가지 자료를 수집 중에 있었다. 마침 미국으로 이민 가셨던 선생께서 한국에 나오신 길에 도서관과 규장각에서는 1995. 5. 16~17에 3차례에 걸쳐 여러 가지 증언을 녹취할 수 있었다.

선생께서는 광복 후 사상적으로 좌우익 대립이 한창 심했던 혼란기와 6·25전쟁을 거치며 불모지와 같았던 초창기 우리나라 도서관계의 신학문 도입과 제반 체제정립 과정에서 많은 업적을 쌓으시고 몇 가지 일화를 남기기도 했다.

선생의 증언에 의하면 1953년 수복 직후 도서관 숙직실에서 잠을 자는데 하얀 치마, 저고리를 입은 여자가 방으로 들어 오길래 남자 있는 방에 웬 여자가 들어오느냐고 했더니 그 여자는 도서관 지하실 쪽으로 유인하면서 되돌아 가다가 없어졌답니다. 하도 꿈이 이상해서 이튿날 장지태 선생님께 보고하고 둘이서 도서관 지하실로 내려가 보았더니 먼지투성이 속에서 10여 개의 현판들을 찾았답니다. 그것을 꺼내서 털고 닦아 흰 백묵 가루에 풀을 반죽하여 각종 현판 글씨들을 개칠했는데 그 현판들이 현재 규장각에 걸려 있는 "奎章閣 學事 之署" "客來不起" 등의 귀중한 현판들이라는 것이다. 이와 같이 선생께서는 꿈에서까지 나타날 정도로 규장각 도서를 비롯한 고도서 등 우리의 전적문화자료에 대한 남다른 관심과 애정이 많았던 대표적인 서지학자이시다.

6·25전쟁 중 심한 포격을 피해 이병도 박사 가족과 함께 도서관 서고에서 피신했던 일, 1954년에 최규남 총장으로부터 수복 후 도서관 개관준비를 위한 특별지시를 받고 인부 50여 명과 함께 3개월간 불철주야로 흐트러진 자료들을 모으고 정돈하며 개관준비 했던 일, 1957년 미국 미네소타대학의 서울대 재건 프로그램에 따라 우리 도서관에 체류했던 오스볼드 씨를 따라다니며 통역했던 일이나, 미네소타대학에 입학허가가 났으나 폐가 좋지 않아 포기 했던 일 등등의 생생한 증언을 들을 때는 당시 격변기의 혼란상과 선생의 노력과 의지에 경의를 드리지 않을 수 없다.

또한 6·25전쟁 중에는 조선왕조실록 및 승정원일기 등 국보급 규장각 도서와 귀중 도서들을 직접 부산까지 소개했는데, 그 소개과정과 당시 상황은 1962년 1월 25일에 당시 혁명검찰부장 앞으로 제출한 아래의 확인서에 잘 나타나 있다(『서울대 20년사』, p. 89, 또는 『서울대학교 도서관 50년사』, p. 24 참조).

(확인서)
貴重圖書 蔬開에 관한 件

1. 규장각 도서 중 귀중도서 소개 경위
檀紀 4283년(1950) 12월 10일 당시 관장 李丙燾 교수의 지시에 따라 제1차로 承政院日記 3,045책을 부산에 소개하여 동년 12월 17일 부산 管財處(부산시 광복동 소재) 창고 4층에 국립박물관, 민속박물관, 덕수궁박물관, 국립도서관 등의 도서와 함께 보관하였으며(단기 4283년 12월 19일자 본관 사서일지 참조), 제2차로 동년 12월 22일 당시 서울대학교 부속병원장 金斗鍾 교수에 의하여 이조실록(강화본) 1,188책 및 일성록 2,329책을 부산에 소개하였는바, 前記 창고가 협소하므로 경남 대한부인회(부산시 대교동 소재) 下層 창고에 우선 보관하였고(단기 4283년 12월 23일자 본관 사서일지 참조), 제3차로 동년 12월 28일 당시 서울대학교 법과대학 사서 扈基顯 씨에 의하여 前記 소개한 이조실록(태백산본) 864책과 備邊司藤錄 273책도 역시 前記 부인회 창고로 移藏하였음(단기 4283년 12월 30일자 본관 사서일지 참조).

그 후 4284년 1월 23일 同 부인회로부터 前記 창고의 明瞭 요청을 받고 관재처 창고에 소개하였던 제1차분 승정원일기를 경상남도 내무국 회계과 제2창고를 차용하여 이장하고 동시에 부인회 창고에 보관하였던 제2차분 소개 도서 및 제3차분 소개 도서 전부를 前記 경상남도청 창고로 이장・보관하였던 것임(단기 4283년 12월 30일자 본관 사서일지 참조).

2. 서양서 및 동양서 중 귀중 도서 소개 경위

서울대학교 부속도서관 소장인 양서 및 동양서 중 귀중본의 소개에 대하여 당시 국립박물관 연구과장 金元龍 씨의 말에 의하면(단기 4283년 12월 일자 미상) 前記 귀중본을 미군 장교(당시 서울대학교 본 도서관의 건물은 미 제8군단에서 사용하고 있었음)가 국립박물관으로 싣고 와서 이것을 서울대학교 도서관에 전해 달라고 부탁하여 왔기에 국립박물관에서 이를 인수하여 국립박물관의 최종 疏開品과 함께 부산에 실려 온 것이라고 하므로 당시 귀중본도 前記 경남도청 창고에 보관하게 되었음.

그리하여 同 창고에는 본관 소장인 前記 소개 도서만이 보관되었을 뿐이며 당시 서울대학교 부속도서관 소장 소개 도서를 보관한 도청 창고 옆방은 당시 내무부의 청사진 제작실로 사용하였으며 他 機關의 소개품은 동 창고 내에는 물론 인근 창고에도 보관된 사실이 전혀 없었음은 본인 외 본관 직원이 알고 있는 사실임.

前記 소개 도서는 단기 4285년 8월(일자 미상) 이병도 관장의 후임으로 취임한 鄭光鉉 교수가 사무인계를 위하여 이를 점검한 바 있으며 그 후 4287년 6월 18일 당시 서울대학교 부속도서관 서무과장 李相俊 씨와 사무계원 金聲鎬가 下釜하여 前記 도청 창고에 보관하였던 규장각 도서 및 귀중본을 서울의 본관으로 移搬하여 왔음(단기 4287년 6월 18일자 본관 사서일지 참조).

본관 소장 귀중 도서의 소개 경위는 右와(*上과) 如히 相違없음.

서기 1962년 1월 25일

작성자 서울대학교 부속도서관 사서관보 백린(소개 당시 본관 부도서원)

우(*상) 사실을 확인함

소개 당시 서울대학교 부속도서관장 이병도

현재 서울대학교 부속도서관장 정광현

혁명검찰부장 귀하

1957년에 우리나라 최초로 연세대학교에 도서관학과가 설치되었고 병행해서 당시 현직 중견 사서들의 실무교육을 위해서 연세대학교 부설로 1년 과정의 도서관학교(도서관학당이라고도 하였음)가 설립되었다.

선생께서는 위 도서관학교 제1기로 졸업(1958년)했는데 당시 도서관학교 강사였던 리재철 선생 등과 함께 자신들이 제1기 학생 신분이면서도 직접 강의까지 했는데, 이는 초창기 우리나라 도서관계의 과도기적인 한 단면을 엿볼 수 있는 일이기도 하다. 지금은 대부분이 은퇴했지만 우리나라 도서관 및 도서관학계의 중견 원로들은 거의 백린 선생님과 함께 활동했거나 선생님의 후학들이다.

선생께서는 제1회 도서관 실무 강습회(1955. 10. 10~27) 이래 각종 도서관 실무 강습회나 성균관대학교 부설 한국사서교육원이나 연세대, 이화여대, 성균관대 등 여러 대학에서 서지학, 분류법, 목록법 및 도서관사 등을 강의하는 등 후학 양성에도 많은 기여를 하시었다.

또한 선생께서는 도협월보 vol.1 n.1(1960년 3월)에서부터 "도서목록법 입문" 및 "분류규정"에 대해 각각 5회씩 연재하는 것을 비롯하여 도서관학, 서지학 및 역사학 관련 잡지에 수십 편의 논문을 기고하고 『한국 도서관사 연구』, 『규장각도서에 관한 연구』, 『도서분류법』, 『고서목록규칙, 중국·일본 및 한국 자료의 목록을 위한 예비규칙과 편람』 등의 많은 저서를 남기셨다.

선생께서는 안으로는 도서관 직제 확립이나 도서관 규정 및 정리규칙 제정 등 새로운 업무처리체제 정립과 기반을 구축하고, 밖으로는 도서관법 및 도협 정관제정이나 한국도서관협회 및 국립대학 도서관장회의(국·공립대학도서관협의회 전신) 등의 창립에 주도적인 역할을 하셨다.

특히 한국도서관협회가 1956년 6월 18일자로 사단법인체로의 설립이 정식으로 인가되고 본교 정광현 도서관장이 공식 법인체로 인가 된 후 최초의 한국도서관협회장이 되는데 핵심적 역할을 했던 것은 잘 알려진 사실이다. 또한 한국도서관협회의 이사, 평의원, 참여 등의 자격으로 기술위원회 위원장, 전문위원회 위원장, 출판, 기술, 목록, 분류, 행정, 법제 등의 각종 분과위원회위원장을 역임하는 등 우리나라 도서관계의 대표적인 원로이시다.

선생께서는 1960년 6월 2일자로 사서관으로 승진하셨고 1961년에는 본 도서관의 직제가 최초로 법제화되어 정식 사서과장에 보임 된 이후 1973년 퇴직 시까지 약 12년간 과장으로 재직하셨다. 그 기간 중 1969. 9. 1~1970. 8. 31까지 1년간은 미국 하버드대학으로부터 Research Associate 자격으로 초청 받아 옌칭도서관에서 파견 근무를 하셨다. 선생께서는 우리 도서관에 재직하는 동안 동료 후배들에게 항상 사서직의 긍지와 자존심을 지킬 것을 기회 있을 때마다 반복하여 강조하셨다. 그러기 위해서는 실력 있고 능력 있는 사서가 되어야 하며 그래야만 대학에서 교수들과 대등한 위치에서 제대로 봉사할 수 있다며 항상 공부하는 사서, 노력하는 사서가 되어야 한다고 강한 주문과 격려를 잊지 않았다. 그리고 자기 자신이 스스로 노력하는 생활로 일관했기에 많은 후배들의 귀감이 되고 있다.

선생께서는 술을 자주 드시면서도 거의 매일 원고를 쓰시는 편이다. 그런데 그 글씨가 워낙 삐쭉빼쭉한 필체로 흘려쓰기 때문에 보통 사람은 잘 알아보기가 어렵다. 그 원고는 이형인, 박종근, 류오훈 등이 주로 많이 정서했는데 지금도 그 글씨가 눈에 선하기만 하다. 1950~60년대 종로5가 일대의 술집, 항상 훌쩍거리며 치켜 올리던 두꺼운 안경, 터덕거리는 발걸음 소리만 들어도 알 수 있었던 걸음걸이들이 선생님을 생각나게 한다.

1960년대 말 도서관 송추 야유회 때 따라 왔던 선생님의 벌거숭이 세 꼬마 아이들이 이제는 모두 미국에서 명문대학을 마치고 직장생활을 하는 중년이 되었으니 이제는 거의 한 세대 이전의 추억담이 되고 있다. 1991년 하버드대학에서 정년퇴임 하시고 같은 해에 단국대학 교환교수로 1년간 한국에 체류하기도 했다.

그동안 보스턴 한인학교 교장을 하셨으며 현재는 노인대학 교장, 보스턴 한미노인회 회장, 뉴잉글랜드 한인 미국 시민협회 고문 등으로 활동하고 계신다. 보스턴 교외의 조용한 주택가 부르크라인 자택에서 78세의 고령으로 지금도 각종 신문·잡지에 한국학 관련 논문들을 기고하면서 한국이민사를 집필하는 등 바쁜 생활을 보내고 계신다.

선생께서 도우회보 창간호(1998. 4)에 기고한 "노사서의 독백"에서 말했듯이 미국 생활 25년이 지난 지금도 서울대학교 도서관 시절의 일들을 꿈을 꾸신다니 선생의 그동안의 업적과 우리 도서관을 지키고 가꾸며 쏟았던 온갖 정력과 애정은 영원히 기억될 것이다.

[도서관을 지킨 사람들]

午山 柳東烈 선생님*

류동렬 선생님 하면 우선 어떤 생각이 들까?

나는 본란의 표제인 "도서관을 지킨 사람들"에 가장 잘 어울리는 분이 아닐까 생각한다.

왜냐하면 선생께서는 6·25동란 직후인 1954년 6월 18일 촉탁으로 서울대학교 도서관에 첫 근무를 시작한 이래 1991년 12월 31일 정년퇴임 하실 때까지 40여 성상을 오직 본 도서관에서만 봉직하셨고 그보다는 오직 도서관인으로서의 철학과 투철한 사명감으로 일관하면서 글자 그대로 오직 서울대학교 도서관만을 지키고 가꾸다 가신 분이기 때문이다.

선생께서는 우리나라에서 아직 도서관에 대한 사회적 인식도 별로 없고 도서관 내부적으로도 8·15광복과 6·25동란 등의 혼란기를 거치면서 여러 가지 업무처리 방식들이 미처 정립되지 않은 초창기였기에 하나하나 업무처리

* 서울대학교 圖友會, 圖友會報, 第4號, 2001. 11, pp. 1~4에 수록되었다.

방식 등을 정립해 가면서 개선하는 등 현대적 개념의 도서관 기틀을 잡아 주셨다. 듀이십진분류법 및 캇터 저자기호표의 본관용 전개표 작성을 비롯한 동양서의 로마자 번자 표기, 한자의 일본어음 표기법을 우리말 로마자표기법으로의 전환, 수서 내규, 도서선정기준, 참고도서 지정 및 관리 내규, 도서정리규칙, 각종 서식 제정 등 수많은 직무와 관련한 각종 요령, 편람, 예규, 내규, 규칙, 규정 등을 제정하거나 정비하는 등 도서관 업무 전반에 걸친 제도적 틀을 만드셨다.

이와 같은 선생님의 도서관 실무에 대한 해박한 지식과 경륜 그리고 학문적 가르침은 도서관 내의 동료·후배들의 귀감이 되었고, 도서관 직무와 관련한 각종 규범들은 비록 우리 도서관뿐만 아니라 많은 타 도서관에서도 참고하는 등 우리나라 도서관 업무 발전에도 선도적 역할을 하였다.

우리 도서관이 오늘날과 같은 발전을 갖게 한 것은 무엇보다 이와 같은 선생님의 일관된 주인의식으로 그야말로 불모지와 같은 여러 가지 어려운 여건 하에서도 개척자적 정신과 사명감에 찬 헌신적 노력과 정렬이 그 밑거름이 되었음은 그 누구도 부인하지 못 할 것이다. 그도 그럴 것이 그 당시의 사회적 인식은 본교 법대 졸업생으로서 도서관에 근무한다고 하면 다소 의아스럽게 생각하는 것이 일반적인 시각이었고 타 직종으로의 전직과 승진 또는 대학 교수직으로의 전직 기회가 수차 있었으나, 이때마다 사회적 지위, 명예, 보수 등으로 비록 내심으로 다소의 갈등은 있었을지 몰라도 그러한 권유와 유혹에 흔들림 없이 일관되게 사서의 자리를 지켜왔다는 것이다.

선생님께서는 1930년 9월 16일 경기도 광주군 남종면 분원리 442번지에서 아버지 류근호 씨와 어머니 남중윤 씨의 3남 2녀 중 3남으로 태어나셨다. 1944년 서울창신초등학교, 1950년 서울경동중학교, 1954년 서울대학교 법과대학을 졸업하시고 1960년 연세대학교 도서관학당, 그리고 만학으로 1978년에 서울대학교 행정대학원을 졸업하셨다. 주요 경력으로는 1954년 촉탁으로 처음 우리 도서관에 취업한 이래 1962년에 사서관보(현 사서사무관)로 승진하여 사서과장에 보임된 이래 정년퇴임 때까지 열람과장, 정리과장, 수서과장 등 약 30여 년간 국립중앙도서관 사서강습회, 성균관대학교 부설 한국사서교육원, 이화여자대학교 및 동덕여자대학교 등에서 분류 및 목록법을 비롯하여 도서관학과의 여러 교과목을 강의하시어 많은 후학을 양성하고 수십 편의 논문과 연구보고서도 남기셨다. 그리고 한국도서관협회 및 국립대학도서관협의회 등의 임원이나 각종 전문 분과위원으로 활발한 대외활동을 하시어 사서직의 권익신장에도 심혈을 기울이셨다. 그래서 지난 한 세대 동안 서울대학교 도서관 하면 백린 선생님과 함께 류동렬 선생을 연상할 만큼 대외적으로 널리 알려진 서울대학교 도서관의 자랑스런 사서였다.

선생께서 1991년 12월 31일 정년퇴임 하시니 이를 아쉬워하면서 그동안 선생께서 이룩하신 여러 가지 훌륭한 업적과 가르침이 오래도록 지속되기를 다짐하면서 재직기간 중 선생님과 고락을 같이 했던 선배, 동료, 후배들이 뜻을 모아 『午山柳東烈先生 定年記念 圖書館論集』을 만들어 1992년 2월 22일 오후 2시에 서울대학교 교수회관에서 수많은 인사들과 함께 봉정식을 갖기도 하였다. 이 기념 논문집 발간에 김종운 총장은 진심으로 축하하면서 직접 다음과 같은 축하 서문을 써 주셨다.

[賀 書]

午山 柳東烈 先生 定年記念論集에 실을 祝賀序文의 請託을 받고 매우 기쁘기도 하고 또 놀라지 않을 수 없었습니다. 教授의 回甲이나 故稀 또는 停年을 기념하는 논문집의 발간은 우리 주위에서 흔히 볼 수 있는 일입니다마는, 一般行政 정년기념 논문의 發刊은 극히 드문 일이라고 생각되었기 때문입니다. 본교 도서관에 在職中

인 司書官들이 모여 선배인 柳先生을 오래 기리기 위해 이 정년기념논문집을 發刊하게 된 것을 眞心으로 祝賀하여 마지않습니다.

우리 大學의 圖書館長을 歷任하신 前 大學院長 李萬甲 敎授님, 현 法大學長 朴秉濠 敎授님, 그리고 圖書館과 特히 緣故가 깊으신 法大 黃迪仁 敎授님과 崔大權 敎授님, 그 밖에 他 大學의 敎授님들, 特히 外國의 大學圖書館長과 有名한 司書 등 여러분의 論稿가 收錄될 豫定이라는 소식을 듣고 더욱 기뻤습니다.

내가 柳先生을 알게 된 것은 1968年 10月 圖書館의 한 部署의 補職을 맡게 된 때부터이며, 當時는 30代 後半의 젊은 課長이었었는데 어느새 정년을 맞게 되었다 하니 세월의 덧없음을 새삼 느끼게 됩니다.

柳先生은 여러분이 아시다시피 1954년에 法大를 졸업하고 곧 母校 圖書館과 因緣을 맺은 後 오늘날까지 무려 37年이란 긴 歲月 동안 오로지 圖書館을 지켜온 우리 大學 圖書館의 산 증인입니다.

6·25動亂으로 因하여 말할 수 없이 흐트러졌던 圖書館의 복구작업에서부터 시작하여 現代的 대학도서관 운영체제로 發展시켜 올 때까지 극히 열악한 逆境 속에서도 온갖 艱難을 忍耐로써 克服하면서 묵묵히 그 所信을 다하여 왔습니다. 정년을 맞는다는 일은 그리 흔한 일이 아니라고 생각하므로 이를 祝賀하지 않을 수 없으며 한편 아쉬움도 적지 않습니다.

그동안 우리 大學 도서관 직원에 대한 실무지도는 물론 全國的 규모의 사서연수과정에서 많은 후배 사서들을 지도하였으며 또 타 대학 도서관학 교육과정에서 후학들을 양성하는 등 도서관학 교육자로서의 능력도 갖추었기에 타 대학으로의 轉出이나 전직에 대한 유혹도 적지 않았으련만 이에 동요치 않고 줄곧 한 직장만을 고수하여 온 데는 무슨 까닭이 있었다고 생각됩니다. 아마도 짐작컨대 그 성품으로 보아 自己에게 맡겨진 職分은 완수하고야 말겠다는 투철한 責任感과 이 도서관만은 내가 지켜야겠다는 갸륵한 愛校心의 발로였을 것으로 여겨지기에 아낌없는 모든 讚辭를 보내고 싶습니다.

우리 大學의 圖書館은 이제 막 發展의 고개를 쳐들기 始作하였습니다. 退任 後에도 내내 健康하시고 일익 발전하는 圖書館의 모습을 지켜보시면서 忌憚없는 助言을 期待하는 바입니다. 그리고 이 記念論集의 발간이 後輩 司書들의 倍前의 노력을 촉진하는 자극제가 된다면 매우 多幸스럽고 더욱 뜻 있는 일이라고 생각됩니다.

끝으로 柳先生을 아끼고 사랑하시는 마음에서 寄稿하여 주신 여러분께 깊이 감사드리며, 아울러 이 論集發刊 준비위원 여러분의 노고에 대하여도 감사하는 바입니다.

1992년 2月

서울大學校 總長 김종운

선생님을 생각하면서 한 가지 빼 놓을 수 없는 것이 있으니, 그것은 보기 드문 원조 애주가, 아무리 화나는 일이 있어도 술 얘기만 나오면 입술가에 살며시 미소가 드리워진다. 선생께서 개발한 노털카("놓지 말고 털지 말고 카~아 하지 말고") 주법에 녹아난 사람의 고통을 아는지!

통금시간이 있을 때 통금을 아슬아슬하게 모면하는 숙달됨, 토요일 점심과 곁들인 소주 1잔이 밤 12시까지 갈 줄이야.

오죽하면 차라리 파자마 갈아입고 밤새껏 마심은 어떠신지?

술잔 앞 애기꽃이 제사시간 못 대어 혼나셨다는 얘기.

그러면서도 여자를 모르시는, 지각 한 번 안하시는 성실성. 술과 관련한 에피소드가 어찌 하나 둘인가?

아! 그런데 이 어찌된 일인가? 퇴직 후에 계속 나오시어 자료도 정리하면서 우리 도서관의 산 증인으로써 그간의 경험과 기록을 토대로 우리들의 숙원이었던 "서울대학교 도서관사"를 쓰기 위해 준비하시다가 불행히도 1992년 12월 6일 05시 30분에 서울대학교 병원에서 유명을 달리하시어 1992년 12월 8에 발인하셨으니 우리들의 충격은 이루 말할 수가 없었다.

그 슬픔을 조금이라도 달래고 선생님을 오래도록 기리고자 모든 사서들이 한마음 되어 성금을 모았다. 그리고 경기도 안성군 보개면에 있는 천주교 공원묘지의 선생님 묘소에 1996년 5월 28일에 추모비를 건립하였다.

추모비에는 선생의 간단한 약력과 함께 다음과 같은 추모시가 새겨져 있다(추모시는 박종근 지음).

못 잊 어

온 생애 오직 애정과 보람으로
도서관을 가꾸고 지키다 가신님
그 뜻 그 사랑 새록새록 되새기며
소중히 간직하리 영원히 못잊어

1995. 12. 6
서울대학교 도서관인 일동

평생을 도서관을 위해 사시다 가신 선생님을 추모하며 다시 한 번 선생님의 명복을 빕니다.

[도서관을 지킨 사람들]

계병진 선생님*

오늘날의 우리 도서관이 지금처럼 발전하여 빛나는 전통을 계승하며 직원 상호간에 동지자적 끈끈한 정과 그 맥을 이어올 수 있게 된 데에는 우연한 일이 아니다. 물론 역대 도서관장 및 간부들의 노력도 있었겠지만 그 보다는 오히려 보이지 않는 자리에서도 묵묵히 자신의 직무에 충실한 수많은 직원들의 노고와 사서로서의 주인의식과 봉사를 천직으로 알고 오직 긍지와 자부심으로 평생을 이바지 했던 밀알들이 그 밑거름이 되었다고 생각한다.

물론 초창기의 우리나라 도서관계의 전반적인 현상이기는 하지만 1950~60년대의 도서관 봉사는 오늘날의 정보 서비스 개념과는 대칭되는 개념으로 자료 자체의 열람, 대출을 위주로 했던 자료제공 서비스가 그 주종을 이루어 왔다고 하겠다.

---

* 서울대학교 圖友會, 圖友會報, 第6號, 2003. 12, pp. 1~7에 수록되었다.

도서관이 자료의 부족은 물론이고 그 시설조차 지극히 열악했던 당시의 도서관 환경에서는, 특히 학부생의 입장에서는 공부방 구실을 했던 열람실 이용이 주된 도서관 이용 행태이기도 했다. 따라서 도서관에 대한 올바른 인식이 없고 여러모로 열악한 도서관 환경에서는 열람실 이용은 도서관의 매우 중요한 기능으로 인식되기도 했다.

이러한 시대적 환경에서 계병진 선생님께서는 우리나라 최고의 명문대학이자 최대의 대학도서관인 서울대학교 부속도서관에서 열람실을 관리한다는 일에 대해서 무한한 긍지와 보람을 느끼셨다고 한다.

선생께서는 1913년 11월 28일 평안북도 선천군에서 태어나셨고 슬하에 2남 2녀를 두셨다. 1927년에 평안북도 선천군 심천면 동림공립보통학교를 졸업하시고 만주 등지에서 농장에 근무하시다가 해방 후 귀국하여 서울의 미공군부대에서 근무하셨다.

우리 도서관에는 6·25사변 직후인 1953년 6월부터 근무하기 시작하여 1975년 9월 30일에 조무수로 정년퇴임하셨고, 계속해서 1976년 1월 1일부터 1979년 12월 31일까지 약 4년 동안은 계약직으로 근무하시어 총 26년간 근무하셨다.

선생께서는 1953년부터 평생을 주로 열람실 관리업무만을 하셨는데, 당시에는 물론 학생수도 많지 않았지만 열람실의 좌석수 또한 크게 부족한 실정이었기 때문에 학생들의 열람좌석 쟁탈전은 매우 치열했다. 따라서 도서관에서는 도서관 좌석의 독점을 방지하고 열람실 활용도의 극대화를 위해서 열람실의 각 열람좌석에 고유번호를 부여해 놓고 입실하는 학생의 학생증과 좌석표를 교환해서 반드시 지정된 좌석에만 앉도록 하는 소위 지정좌석제를 실시하였던 것이다.

선생께서는 단순히 좌석표 교환만이 아니고 열람실 내에서 소란하게 하거나 공부를 하지 않고 딴 짓을 하는 등 면학분위기를 해치는 행동을 하는 학생에 대해서는 큰 소리로 호명하여 만자 중에 혼줄을 내신다.

이와 같이 자기가 맡은 직무에 대해서는 그 책임의식이 너무도 투철하시어 그야말로 우직하다하리 만큼 원칙을 고수하여 융통성이 전혀 없는 아주 깐깐한 할아버지로 통하기도 했다. 그래서 한때는 학생들의 요구로 열람실 관리업무를 다른 분으로 교체했었는데 그 후로 열람실 분위기가 너무도 소란하고 가짜 학생의 출입과 도난사건 등이 빈번히 발생하여 선생께서 다시 그 업무를 보시게 된 적도 있다.

물론 그 당시에는 학생수도 그리 많지 않았지만 일일이 학생증의 사진과 본인의 얼굴을 대조하고 확인하기 때문에 얼굴은 물론이고 그 이름까지 외울 정도였다. 또 당시에는 법과대학 도서관 등 분관이 없었던 시절이라 대부분의 서울대생들은 부속도서관을 많이 이용했기 때문에 소위 공부를 열심히 하는 서울대생들은 도서관의 깐깐한 할아버지를 모르는 사람이 거의 없을 정도였다.

요즘도 그렇지만 당시에도 우리나라 지도급 인사들은 서울대 출신들이 많았고 또 그들의 대부분은 학생시절 우리 도서관을 이용했던 사람들이라 학생들은 총장 얼굴은 몰라도 도서관의 그 할아버지에 대해서는 졸업 후 수십 년이 지나도 각자의 머릿속에 각인되어 있을 정도다.

이와 관련한 한 일화로는 계 선생님의 동생이 한 음식점을 경영하면서 당시 정부에서 금지하고 있는 밀주(집에서 만든 술)를 음식점에서 판매한 사건에 연루되어 선생께서 검찰에 가셨는데 우연히도 검사들이 계 선생님을 알아보고 인사를 하며 그 내용을 듣고 선처를 해 주었다는 이야기는 당시 잔잔한 화제가 되기도 했다.

또한 매일 도서관을 이용하는 학생이 하루는 학생증을 안 가지고 와서 열람실 입실을 사정하였으나 선생께서 뻔히 잘 아는 학생인대도 학생증이 없다는 이유로 끝까지 입실시키지 않아 원칙만을 고수하며 추호의 융통성도 없는 얄미운 할아버지로도 알고 있다.

그리고 평생 지각 한 번 안 하신 선생께서 하루는 출근길에 시내버스에서 도난사고가 났는데 한 청년이 잃어버린 여학생의 시계를 찾아주기 위해 버스의 앞뒷문을 닫게 하고 파출소 앞에 버스를 세워놓고 앞에서부터 승객마다 몸을 수색하였단다. 그런 과정에서 많은 시간이 흘러 자칫하면 지각하게 되고 지각하면 학생들이 공부를 못하게 된다는 불안감과 걱정이 너무도 심각하셨단다. 맨 뒤에 앉아 계신 선생께서는 조바심 끝에 그 사람에게 다급한 사정을 이야기 하려 했는데 가까이 가서 보니 그 청년은 바로 도서관을 자주 이용하던 서울대생이어서 가까스로 미리 나올 수 있게 되어 겨우 지각을 면해서 정시에 열람실을 열 수 있었다고 술회하시기도 했다.

옛날에는 가끔 그런 일이 있었는데 이와 같은 경우 그곳에서 빨리 빠져나오려는 잔꾀나 핑계가 아니고 진심이었을 당시의 선생님의 심경은 충분히 이해가 가며 비록 사소한 일이긴 하지만 선생의 이와 같은 마음가짐은 우리 공직자들의 귀감이 되는 일화가 아니겠는가?

선생께서는 이토록 직무와 관련해서는 원칙을 중시하고 투철한 책임감이 있으면서도 일단 근무시간이 끝나면 평범한 생활인으로서 현재 생활에 충실하며 항상 매사에 감사해 하신다.

그리고 아주 근면하시고 박봉에도 만족해하시며 웃음을 잃지 않는 자상하고 인자한 할아버지가 된다. 그리고 좋아하시는 술잔을 기울이시며 너털웃음과 구수한 평안도 말씨로 젊은이들에게 유익한 말씀을 해 주실 때는 인생의 선배로서 평범하고 소박한 노인들의 모습을 떠 올리게 한다. 또한 틈틈이 뒷걸음질하며 운동을 하시는 독특한 모습은 선생님을 기억케 하는 또 다른 모습이기도 하다.

이와 같이 선생님께서는 우리 도서관에 근무하면서 남이야 알아주든 말든 상관없이 사심 없이 오직 원칙과 정도로써 소정의 직분을 충실히 수행하셨고 자신의 신분이나 박봉에도 항상 만족하고 행복하게 생각하셨다. 그리고 공과 사가 분명한 성실한 공직자로서의 자기관리를 함으로써 직업인으로서의 긍지와 보람을 갖고 매사를 감사하게 생각하셨다. 이는 참으로 행복하고 성공한 인생이라고 생각하며 이와 같은 선생의 모습은 우리 후배들의 귀감이 되고 있다.

그러한 선생께서 애석하게도 2002년 9월에 90세로 타계하셨다.

모든 후배들은 우리 도서관을 지켜주고 얼을 심어 주신 선생님의 생전의 생활모습과 철학을 되새기고 기리며 마음속 깊이 애도하며 선생님의 명복을 빕니다.

여기에 "세대" 1970년 2월호에 여운옥 기자의 "학생과 살아온 열람실 20년 도서관 조무수 계병진 씨"라는 제하의 선생님에 대한 기사를 소개한다.

■ 결코 빛나지 않은 인생 ②

학생과 살아온 열람실 20년 도서관 조무수 계병진 씨 여운옥〈본지 기자〉

만족스런 가난

「결코 빛나지 않은 인생」—이는 끊임없이 주어진 생에 충실해 온 사람들의 그것을 지칭한다. 비루한 모함과 졸렬한 경쟁, 하찮은 생색과 가치 없는 질투로 번거로운 나날을 보내는 우리의 흔한 인생사 속에서 말없이 그러한 면을 외면한 채 하루를, 1년을 그리고 일생을 그렇게 살아온 평범 저 이하의 어느 한 사람의 이야기를 들어본다.

「가난하다는 것을 저는 슬퍼하지도 마음 아파하지도 않아요. 정말이지 저는 이제껏 다른 것에 대해선 몰라도 돈이나 재산이 없다고 팔자 탓을 하거나 불평해 본 일이 없습니다. 제가 하고 있는 일에 이제껏 만족해하며 살아 왔으니까요.」

계병진 노인, 만 57세

대한민국의 최고 명문인 국립서울대학교의 부속도서관 열람실에서 1952년부터 만 17년 6개월을 승진도 없이 계속 한자리를 지키며 일해 온 한 노인의 말이다.

계 노인이 하는 일은 열람실의 관리와 출입자의 단속, 그리고 열람 학생들의 독서 분위기 등을 조사 감독하는 일이다. 지성인 배출의 크나큰 터전으로 자타가 공인하고 있는 국립대학의 권위를 도서관의 시설과 규모에서도 엿볼 수 있으리라 생각한 것은 커다란 오산이었다.

콜타르 빛이 연이어져 있는 열람대와 추운 날씨였음에도 불구하고 열기 없이 썰렁한 관내의 분위기가 우선 그러했다. 물리대학교의 첫 번째 좌측 건물이 바로 도서관이고 그 2층에 자리 잡고 있는 열람실의 문을 열면 이 노인이 앉아 있다. 작지도 크지도 않은 키에 달아서 맨들맨들해진 곤색 유니폼(?)을 입고 반백이 훨씬 넘는 머리와 얼굴에 굵게 그어져 있는 주름살, 윗니 하나가 빠져 웃을 땐 더욱더 선량하게 보이는 그는 첫 인상엔 그저 인자한 할아버지로만 보였다. 그러나 얘기를 나누는 동안에도 계속 들어오는 학생 하나하나를 뚫어질 듯 쳐다보고 확인한 다음에야 학생증과 열람허가증을 맞바꾸어 주는 정확성을 잃지 않고 있었다. 「학생들은 모두 저를 몹시 무서워해요. 어물어물 학생증을 갖지 않고도 들어가려고 한다든가 하는 일은 절대로 용서를 못하거든요. 우선 첫 문을 들어서는 학생의 태도를 보면 금세 저는 공부를 하러 왔는지 그저 시간만 보내려 왔는지를 알아냅니다. 틀림없어요.」

「괴상한 할아버지」란 별명

시간을 보내려 오는 것 같은 학생에게는 열람증을 내어 주지도 않고 무조건 문에서 내쫓는단다. 그러면 그런 학생은 의례 얼굴이 달아 가지고 나가 버린다면서 유쾌한 일이나 되는 듯 머리를 쓸어 넘기며 웃는다. 세칭 일류 대학의 일류 학생들이 모이는 곳이라 해도 천태만상인 모양이다. 열람실 내에서 공부에 열중하고 있던 덥수룩한 머리의 한 남학생에게 정말 무서우냐고 물으니 "아유 말도 마세요. 조금이라도 말소리를 내면 뒷덜미를 잡혀 그대로 쫓겨나는 판인걸요"하며 귓속말 하듯 대꾸해 주곤 금세 고개를 숙여 버린다. 그래서 그런지 어떤 학생들 간에는 「괴상한 할아버지」로도 통한다. 이런 호칭이 귀에 들어와야 반가운 일은 아니지만 그렇게 「무서운 척」이라도 하지 않으면 열람실의 분위기가 제대로 이루어지질 않으니 할 수 없지 않느냐고 사람들은 웃음을 웃는다.

부인 장치수(60세) 씨와 2남 2녀의 가장이면서 76세의 노모까지 모시고 있는 계 노인은 월 1만 3천 원의 박봉이면서 그래도 자녀들의 교육은 「시킬 만큼은 시켜」 막내 딸(성동여고 2년)을 제외하고는 각기 독립된 생활을 하고 있다. 장남(한양공대 졸업)은 결혼하여 월 4만 원의 건축기사로 개인회사에 근무하고 있고, 장녀(지금은 없어진 서울사범고교 졸업)는 출가한 이후로도 초등학교에서 계속 교편을 잡고 있다. 저녁에 돌아가서 제일 흥겨운 일은 역시 큰 손자를 보며 함께 놀아주는 일이라 한다.

6·25사변 바로 전해부터 아직까지 살아오고 있는 금호동 12평짜리 오막집(그는 이렇게 표현하지 않고 〈자택〉이라 했다) 같은 낡고 조그마한 집에서 매일 시내버스로 통근을 한다. 교통이 불편하여 을지로 5가에서 내려 결코 가까운 거리라고 할 수 없는 동숭동 근무처까지 걸어서 매일 다닌다.

무결근의 18년

그토록 오랫동안 결근은 물론 이제껏 지각조차 한 번도 한 일이 없으며 지각을 하게 되거나 결근을 하게 되는 일은 자기가 그곳에서 사직을 강요당하는 날까지도 절대로 없으리라고 장담한다. 마찬가지로 퇴근시간도 5시만 되면 일각도 지체함이 없이 문을 나선다. 그래서 수위실에서는 「시계영감」이라 불리어진다.

이런 얘기를 들려준다.

버스를 타고 출근하려던 재작년 여름의 어느 날 버스 내에서 갑자기 소동이 벌어졌다. 한 여학생이 소매치기를 당했다고 울상이 되어 있었다. 그러자 한 용감한 청년이 버스 뒷문을 차장에게 지키도록 하고는 곧 앞문 쪽으로 밀고 나와 한 사람씩 일일이 몸수색을 했다. 공교롭게도 맨 뒤에 자리 잡고 있었던 노인은 숨이 막힐 듯 들어서 있는 사람들이 다 빠져나가도록 기다리기에는 시간이 조금 급해 있었다. 노인의 힘으로는 부딪혀도 소용이 없는 버스 속에서 간신히 옆 차창께로 가서 문을 열고는 청년에게 애원을 했다.

한 여학생의 잃어버린 시계도 중요하지만 만일 그의 지각으로 해서 도서관에 들어가려 제 시간에 찾아온 단 한명의 학생이라도 기다리게 해야 할 일이 안타까웠던 것이다. 승객들의 몸 수색을 하고 있던 청년은 바로 서울대학의 재학생이었다. 그도 청년의 얼굴이 낯 익었고 청년은 「서둘러 가야겠습니다」라는 인사말과 뒷문으로 혼자 빠져 나갈 수 있도록 호의를 베풀어 주었다는 것이다. 그날도 지각이 아니었음은 물론이다.

또 한 번은 수년 전 몹시도 추웠던 겨울 어느 날의 이야기.

을지로 5가에서 내려 걸어가는데 땅이 얼어 미끄러웠기 때문에 도저히 빠른 걸음으로 걸을 수가 없었다. 보통 15분이면 갈 수 있는 거리지만 그러다가는 30분도 더 걸릴 것만 같았다. 버스를 갈아타면 된다는 수월한 이치를 몰라서가 아니라 걸을 수 있는 거리를 아까운 돈을 내어가며 차를 탈 수는 없다는 까다로운 계산이 있어 노인은 마음이 다급해질 대로 다급해졌다. 조금 걷다가 그는 지나가고 있던 연탄을 실어 나르는 마차꾼에게 통사정하였다. 그리하여 연탄위에 올라타고 학교 근처까지 옴으로써 지각의 위기를 모면할 수 있었다.

「부수입 같은 거라도 ……」 하고 뚱딴지같은 질문을 했더니 숫제 전혀 처음 듣는 단어라는 듯 기이한 표정을 짓는다. 그것은 정말 실수요. 우문이었다는 것을 느끼며 나는 나의 속물스러움을 부끄러워야만 했다.

무학의 낙관론자

평북 선천에서 태어나 그곳에서 보통학교를 나온 것 이외에 학력이라곤 없다. 타고난 성격과 기질이 그러하여 발버둥하며 돈을 벌어 보려 애쓴 일 없고 흥정에 이겨 본 일도 없으며 두리번거리며 남의 것을 탐해 본 일도 없노라고 말한다. 그는 시종 낮은 음성으로 조용히 말을 계속했다.

49세 되던 해 이 자리에 앉기 전까지는 어떤 일을 했었느냐니까 「빼빠장사를 했어요」한다. 그런가 보다 하고 있으려니 열람과장 류동렬 씨가 「종이장사 말입니다」 하고 설명을 해 준다.

종이(페이퍼)를 「빼빠」라고 한 노인의 말이 해학스러워 절로 웃음이 나왔다. 상대방의 눈을 빤히 주시하며 말을 주고받는 그의 눈에는 정기가 가득하고 궁기(窮氣)없는 마음가짐이 역연히 나타나 보이는 듯 했다.

「슬펐던 일요? 없어요 ……」 농담이나 되듯 가볍게 넘긴다. 「우리를 슬프게 하는 것」의 소재가 될 것은 계 노인에겐 하나도 없다는 듯이 말을 금세 떨구어 버린다. 실상 「슬프게 하는 것」이란 추운 날씨에 한 마리의 참새에게서 느끼는 따위의 흔한 감상을 생활화하려는 사치일런지도 모른다. 때로 사람들은 무엇이 슬픈지 왜 슬퍼하는지도 모르면서 함부로 슬프다고 외쳐대는 것이다. 슬픔이나 불행은 「쥐어짜는」 것이래야 낙숫물 떨어지듯 청승스런 소리를 내며 존재하는 것이지 「넘쳐흐르는 것이라면 이미 소리도 흔적도 없는 부재」로 변형되고 마는 것이 아닐까? 노인은 그런 철학을 가진 것처럼 느껴졌다.

생각건대 누가 감히 일생의 거의 전부를 청빈과 순종으로 살아 온 이 노인을 슬픈 사람이라고 말할 무례를 범할 수가 있겠는가? 어쩌면 그는 슬픔을 자기의 것으로 하고 싶지 않은, 자신도 모를 집념과 저항이 가슴 한복판에 무겁게 괴어 있는지도 모르지만 …….

그는 도서관 내의 장서가 얼마나 되는지(류 과장이 63만 권이라고 말해 주어 나중에 알았지만) 어떤 종류의 책들이 있는지 어떤 책이 좋은지 등을 전혀 알지 못하고 있다. 그러나 그는 안다는 것 이상의 권위로서 학생들을 다루고 있었다.

이유 없는 애착

전 좌석 400석의 비좁은 실내에 시험 때면 무려 1천여 명 이상이 몰려든다고 한다. 그렇게 되면 자연 억지로라도 들어가려는 학생(성공하는 예는 거의 없지만)들과 싱갱이(노인은 싸움질이라고 했다)가 있게 마련이다. 물론 상식 있고 지각 있는 학생들이므로 대개는 형편을 보아서 되돌아가지만 그래도 몇몇 학생들은 무리를 해서라도 꼭 들어가 보겠다고 졸라대는 것이다. 되돌아간 학생들에게서 「꼬장꼬장한 영감」이라는 소리를 듣는 것은 괜찮아도 비좁은 열람실 때문에 줄지어 서 있는 학생들을 다 수용할 수 없는 사실이 안타깝다고 한다.

4・19를 전후로 학생 데모가 한창 일어나고 있을 때였다. 서독으로 유학을 떠나게 되었다는 열람실 단골 출입자였던 한 학생이 떠나기 전에 계 노인을 찾아와서 「제발 앞으로는 학생들과 싸움 좀 하지 마십시오. 이제 멀지 않아 학생들만의 시대가 올런지도 모르는데 너무 싸우다가는 변을 당하시려고 그러세요?」라고 사뭇 위협적인 말을 하더란다.

아닌 게 아니라 하도 학생들의 기세가 대단했던 때인지라 싸움(?)하던 학생들이 나가라고 하면 어떻하나 하는 걱정도 있었다고 하며 빙그레 웃어 보인다. 「특별한 이유는 없지만 저는 이 자리에서 이제껏 일해 온 것을 자랑스럽게 생각해요. 설령 지금 다른 곳에 일자리가 생겨 세 곱 네 곱의 보수를 준다 해도 전 절대로 안 갈 것입니다.」 무엇이 그로 하여금 하찮은 보수의 직장에 수십 년간 변함없는 애착심을 갖게 한 것일까? 그가 「특별한 이유」가 없다고 말했지만 그토록 부와 영화에 대한 꿈을 초월할 수 있다는 경지가 아무래도 이해되지가 않았다. 그 태도가 포기나 체념처럼 보이지 않았기 때문에 더욱 그러했다.

《이조왕조실록》 《승정원일기》 《비변사등록》 등의 귀한 고서들은 도서관 건물의 4, 5층에 보관되어 있는데, 그곳은 화재를 염려하여 전기도 들어오지 않게 하고 일체의 화기를 금지시키고 있다. 그래서 손가락이 얼어붙는 추운 겨울에 보존 여부를 확인하기 위해 그 방을 들어가면 전신이 와들와들 떨린다고 한다. 그래도 우리나라의 국어문학의 산 견본이 되고 있는 5, 6만 권의 귀중한 책들을 몇 시간에 걸쳐 일일이 목록과 대조해 가며 검사를 한다.

그렇게 힘든 일과가 있는 날에도 일찍 퇴근하는 길로 집으로 들어가 노모의 건강을 염려하며 보살피는 효성 지극한 아들이기도 하다. 즐기던 술, 담배를 수년 전부터 협심증이 생겨 아주 끊어 버리고 한눈 파는 일 없이 곧장 집으로 들어가는 것이 상례라고 한다. 노인은 계속하여 시험 때가 되더라도 평온한 질서 속에서 모여드는 학생들을 다 수용할 수 있는 널찍한 열람실이 어서 생겨 그 속에서 일 하다가 그만 두면 소원이 없겠다며 한숨을 내쉰다.

초지일관한 열성의 대가

만 60세로 정년퇴직을 해야 한다는 사실이 못내 아쉽고 서운한 눈치다(서울대학교 건립 10개년 계획 안에는 건평 3,000평의 도서관 건립이 들어 있다-류 과장의 말). 또 한 가지 유감스런 일이 있다면 현재 매년 지급되고 있는 서적구입비로는 신간도서가 없다는 학생들의 불만을 채워줄 수가 없다는 것이라고 한다. 「높은 분들 골프나 술값 좀 절약해서 우리 학생들 책이나 조금씩 사 주셨으면 좋겠더구만……」 하고 소박한 바람을 털어 놓는다. 풀썩 먼지라도 일 듯 메마른 세정이 노인의 마음에도 안스럽고 서글프기만 한 모양이다.

얼굴을 잘 기억하는 것이 도움이 되어 가짜 학생 색출에 상당한 공헌을 세웠다고 한다. 버젓이 뺏지를 달고 교복을 입고 심지어는 학생증까지 만들어 가지고 다니는 가짜 학생은 물론 타교 학생들까지도 용케 알아 맞혀 아예 계 노인의 눈앞에서는 얼씬거릴 수도 없다고 한다.

이미 졸업하여 사회로 진출, 명성을 지니게 된 사람들이 어쩌다 혹은 일부러 도서관을 들르게 되면 「아니 …… 영감님 아직도 계십니까?」 한단다. 류 과장도 법대 재학시절에 계 노인과 실갱이를 한 사람 중의 하나였다고 하며 말이 상관이요 부하이지 사실상은 그 관계를 거꾸로 생각하고 계 노인을 모시고 있다고 한다.

3년 후 퇴직금으로 나오게 될 5, 60만 원(류 과장의 말)으로는 무엇을 하겠느냐는 질문에 「…… 집에서 쉬면서 지내겠습니다」하는 대답을 할 때의 노인의 표정에 얼핏 그늘이 스치는 것을 나는 눈여겨보았다.

반생을 바친 후에 손에 쥐어지는 고작 5, 60만 원의 금액이 과연 초지일관으로 그가 바쳐온 정성과 열정의 대가가 될 수 있을까?

서울대학교 내에서는 언제부터인가 이런 말을 하는 것을 들을 수가 있다. 「총장 얼굴은 몰라도 계 씨 얼굴을 모르면 가짜 학생」이라는.

[도서관을 지킨 사람들]

황산 이상은 선생님*

제가 "도서관을 지킨 사람들"이라는 제하에 이상은 선생님에 관해서 무엇을 쓴다고 생각하니 우선 표제에 가장 적절한 분이라는 것을 느끼며 40여 년간 가까이에서 선생님을 모셔왔던 한 후배로서 외람된 생각도 들고 여러모로 감회가 새롭기도 합니다.

꼭 엊그제 같은데 선생께서 퇴직하신 지가 어느덧 10년이 되었으니 세월의 무상함을 다시 한 번 느끼게 합니다.

선생께서는 경기도 평택군 현덕면 황산리에서 1935년 1월 28일에 태어나시고 1957년에 채순병 여사와 결혼하시어 아들만 셋을 두셨습니다.

세 아들 모두 최고학부까지 교육시키고 결혼시켜 집 다 사 주시고 모두가 건강한 몸으로 좋은 직장에 다니고 있으니 화목하고 다복한 가정으로 주위의 부러움을 사고 있습니다.

---

* 서울대학교 圖友會, 圖友會報, 第9號, 2006. 12, pp. 2~5에 수록되었다.

특히 타고난 건강과 낙천적 성격으로 큰 근심 없이 퇴직 후에는 산행과 이 모임 저 모임 주관하시며 사람들 만나고 종종 해외여행을 하시며 즐겁고 보람 있게 지내시니, 그간 잘 사신 삶에 대한 경의와 부러운 마음은 비단 저뿐만은 아닐 것입니다.

선생께서 1954년 1월에 우리 서울대학교 도서관에 들어오시어 1996년 6월에 규장각 자료관리실장으로 정년퇴임 하실 때까지 42년 5개월간의 재직기간은 그 오래됨에 있어서 유례가 없고 극히 드문 일일 것입니다.

그간 우리 도서관을 지켜 오신 선생의 발자취를 더듬어 보면, 개인적인 안위와 물질적 이익만을 추구하는 시대적 상황 속에서도 우직하다 할 정도로 오직 사명감과 성실로 일관 사서로서의 주인의식과 긍지를 가지고 평생을 헌신적으로 봉사하며 살았기에 선생의 삶이 진정한 사서의 표상이요 귀감이 되었음을 알 수 있습니다.

작은 돌들이 모여 큰 탑을 이루듯이 선생의 자랑스런 면면이 하루하루 쌓이고 쌓여 많은 이용자들에게 회자되다 보니 여러 언론에서까지도 관심을 갖게 되었을 것입니다.

선생께서는 재직기간의 대부분을 규장각 도서와 함께 하셨기 때문에 그 별명도 규장각 박사, 규장각 터줏대감, 규장각 보물, 규장각의 나침판 등처럼 규장각 도서와 각별한 인연이 깃들인 것으로 이러한 별명들은 각 언론기관의 기자들이 붙여 준 애칭들입니다.

1950년대 6·25사변 직후의 혼란기에 특히 부산에서의 환도 이후 규장각 도서를 비롯한 도서관 장서는 거의 방치 상태에 있었던 실정이라 도서관 직원들은 거의 노무자와 다름없이 일 했으며, 그냥 단순히 도서를 이리저리 옮기고 정돈하는 수준이 아니라 자료를 이용할 수 있도록 소위 자료정리를 위한 기초 작업을 병행해야 되는 일들이었기에 더욱 힘들었을 것입니다.

제가 우리 도서관 50년사를 쓰기 위해서 8·15해방과 6·25전쟁 등의 격변기의 자료를 조사하면서 우리 선배들이 얼마나 열악한 환경에서 고생하며 일 하셨는지 충분한 이해와 사서 고생하는 사서의 애환에 솔직한 공감을 느끼면서 진실로 머리 숙여 경의를 표하지 않을 수 없었습니다.

선생께서는 우리 도서관 역사와 반세기 동안 함께 해 오시면서 그 현장의 중심에 계셨습니다. 선생께서는 60년대에 미정리 상태에 있었던 규장각 도서를 정리하고 또 이것을 토대로 필사본 4책으로 규장각 도서목록을 만드는 데 자료조사 등 목록발간의 실무 책임자로서 주도적인 역할을 하셨습니다.

1970년대에는 창경궁 장서각에 있었던 규장각 목판 18,000여 매를 인수하여 판목별로 정리하셨습니다. 또한 그간 경성제국대학 도서 등의 장서인으로 날인된 14만여 규장각 도서를 서울대학교 도서로의 장서인 개인작업과 이를 포함한 고문서 5만여 매 및 고도서 3만여 책 등을 수차 점검하고 정리하셨습니다. 또한 규장각 도서 중 유일본에 대한 마이크로필름화 사업, 해제사업, 고문서 정리사업, 호적표구사업, 일성록 영인본 발간사업 등의 중요 사업들을 추진함에 있어서도 추진 주체로서 항상 핵심적 역할을 담당하셨습니다.

선생의 일상 업무 중 가장 중요한 업무는 역시 참고업무였습니다. 40여년간 규장각 도서와 함께 하셨기 때문에 무슨 책이 어느 서가 어디쯤에 있음을 손바닥 들여 다 보듯 훤히 알고 계시기 때문에 대학원생이나 교수들의 어떠한 요구에도 신속히 대응할 수가 있었습니다.

특히, 논문 제목이나 연구 주제를 말하면 소장자료에 대한 해박한 지식으로 거기에는 이러이러한 자료가 필요할 것이라고 알려주는 등 실질적인 논문지도를 해 주시며 간혹 우리 도서관에 소장치 않은 자료는 어디 가면 또는 누구한테 가면 그 자료를 구할 수 있을 것이라고 충분한 안내와 소개까지 해 주시는 친절함도 잊지 않으십니다.

선생께서는 이와 같이 성실하고 내실 있는 수준 높은 서비스를 오랫동안 해 오셔서 막말로 어떤 논문을 보시면 그 질적 수준을 충분히 가늠할 수 있으면서도 모르는 척 하시는 겸손함도 갖고 계십니다.

또한 규장각에는 방문자도 많아서 안내 업무도 선생의 주요 업무 중의 하나였습니다. 하나를 물어 오면 둘, 셋까지 알려 주시고 때로는 이를테면 10분밖에 시간이 없는 사람인데 30분, 1시간까지 얘기해 주시니 바쁜 이용자의 경우는 아마도 때로는 고마우면서도 곤혹스러울 때도 있었을 것이라 생각도 됩니다.

이와 같은 선생의 사서로서의 봉사 자세는 주위 모든 사람들의 귀감이 되었으며 그 누구도 따르지 못할 만큼 헌신적이고 적극적이며 오직 근면과 성실로 일관하셨습니다.

솔직히 국문학이나 국사학 등을 위시한 한국학 관련 연구자들에게는 국내외를 막론하고 선생님의 도움을 받지 않은 사람은 거의 없을 정도로 각계의 많은 이용자들에게 최선을 다해 봉사하셨습니다.

선생에 대한 재미있는 일화도 참 많습니다. 그동안 서울대 출신으로 출세하고 각계의 학문적 권위자가 된 분들이 얼마나 많겠습니까? 그 분들은 대부분 도서관을 많이 이용한 분들이라 학생시절부터 잘 알고 있을 터인즉, 당시의 총장 이름은 몰라도 선생에 대해서는 먼 훗날까지 잘 기억하고 있다고 말하는 사람이 적지 않습니다.

한 번은 1980년대에 선생께서 외국에 나가신 적이 있었는데 특별히 만나자는 약속이 없었는데도 어떻게 알고 수백 키로 떨어진 곳에서 일부러 시간을 내어 찾아와 환대해 주면서 그 옛날 선생의 성의 있는 친절한 봉사에 대해서 잊을 수 없었다며 고마움을 표시한 일도 있었답니다.

또 1990년대 서울대 어느 총장께서 지방에서 회의가 있었답니다. 그 회의에 참석한 어느 지방대학 총장께서 서울대의 보배라며 선생에 대한 칭찬이 하도 자자해서 궁금해서 회의가 끝난 후 서울대에 돌아와 사무국장을 통해서 그 분이 어떤 분인가를 알아본 적이 있었는데, 그 일을 계기로 총장이나 본부 측에서 도서관 및 사서직에 대한 인식과 위상이 조금 달라졌다는 얘기도 있었습니다.

1960년대에는 유명한 한국학의 태두 박종홍 박사께서 『한국사의 방향』이라는 책을 발간하고 "가장 수고한 사람이 자네니 자네에게 이 책을 준다"며 책을 직접 들고 오셔서 격려와 고마움을 표시해 주시어 눈시울이 뜨거우셨다는 얘기는 당시 여러 언론에서 기사화함으로써 우리가 알고 있는 사실이기도 합니다.

선생의 재직 40여 년 동안 많은 언론에서 "이 사람", "문화 · 문화인", "한국인, 오늘의 초상", "현장보도" 등의 고정란이나 "사서 외길 규장각 박사" 등등의 선생의 별명을 붙여 기사화한 것이 수십 차례나 있었습니다.

또한 규장각 도서의 특성상 선생의 이용대상자는 비단 학내외의 교수 및 학생에 국한하지 않고 道史, 郡史, 문중이나 가문, 개인 등 조상의 인물이나 족보조사 등을 위해서 경향 각지에서 찾아오는 일반인들까지 합하면 그 신분이나 지역을 초월한 전국을 대상으로 한다고 할 수 있습니다.

이처럼 교외에서까지 인정하듯 선생의 도서관 봉사에 대한 천부적 자질과 사명감은 남달랐으며 그렇기에 지금까지도 끈끈하고 폭넓은 인간적 유대를 변함없이 갖고 계십니다.

이와 같은 선생의 봉사 자세와 열정으로 1967년, 1974년, 1989년, 1994년에 각각 총장상을 네 차례, 1984년에는 문교부장관상, 1993년에는 국무총리상을 수상하기도 했습니다.

또 선생께서는 그간의 경륜이 토대가 되어 사계의 중견 원로로서 한국서지학회 이사, 한국고문서학회 자문위원 등의 중책을 맡으시기도 했습니다.

또한 선생의 직무에 대한 열정과 집념은 대단하시어 1985년에는 『조선총독부 관보목록』 3책을, 1990년에는 『한국역대인물전집성』 5책을, 특히 1987년에는 모든 것을 수작업에 의존한 그야말로 우직하고도 눈물겨운 인고 끝에 4년 만에 26만여 책의 고서의 소장처를 알 수 있는 『고서목록』 3책을 발간하여 국학 연구의 필수적 2차 자료로서 관련 연구자들의 자료조사에 크게 이바지 하셨습니다.

한편 선생께서는 1965년에 창간한 중앙일보 한자 제호 "中央日報" 4자를 규장각 도서 중에서 집자해 주셨으며, 중앙일보 1996년 7월 5일자의 "정년퇴직한 서울대 규장각 터줏대감 이상은 씨" 제하의 기사 중에, 경제학과 안병직 교수는 선생의 1996년 6월 30일자 정년을 아쉬워하며, "대학원생이던 60년대 초반 자료를 찾아주던 이 씨의 모습이 기억이 생생한데 벌써 30년이 되었다"면서 "외국의 경우처럼 전문사서로 발돋움해 자신의 경험을 후임자에게 물려줄 수 있었으면 좋았을 것"이라고 말 하면서 못내 아쉬워했다.

선생께서는 여러 언론에서 선생을 규장각 박사라고 칭송함에 대하여 내용은 모르고 껍데기만 아는 껍데기 박사라고 웃으며 겸손하게 말하면서, "무엇보다 도서를 정리하며 공부하던 대학원생들이 박사가 되고 교수가 되어 고마움을 표할 때와 제 손으로 직접 찾아내준 책을 토대로 석학들이 책을 내고 그 책을 다시 선물해 올 때 가장 큰 보람과 기쁨을 느낀다"고 솔직하게 말씀하십니다.

선생께서는 정말 얼마나 순수하신지 꾸밈이라고는 한 톨도 찾아볼 수 없으며 노소가 없이 잘 어울리며 말씀도 재미있고 술도 잘 사 주십니다.

어쩌다 도서관 엘리베이터 앞에서 만나 인사하다 보면 말씀이 끝이 없어 엘리베이터 문이 닫히다가 덜컹하고 다시 열리고 또 닫히다가 덜컹하고 열리기를 수차례 반복하던 정스런 경험은 저뿐이 아닌 여러 사람의 소중한 추억일 것입니다.

재직 40여 년 동안 밤새도록 술을 마셔도 지각 한 번 한 일이 없으시다는 성실하심과 타고 난 건강은 후배들에 대한 강력한 권면이요 갖고 싶은 부러움입니다. 그리고 후배들에게 항상 인사 잘 하라! 공부하라! 라고 일깨워 주시던 그 말씀은 지금도 제 귀에 쟁쟁하며 잊을 수가 없습니다.

아무쪼록 인간승리로 큰 발자취를 남기시며 정말 잘 사신 선생께 머리 숙여 경의를 드리며 타고 나신 건강 오래도록 유지하시길 간절히 소원합니다.

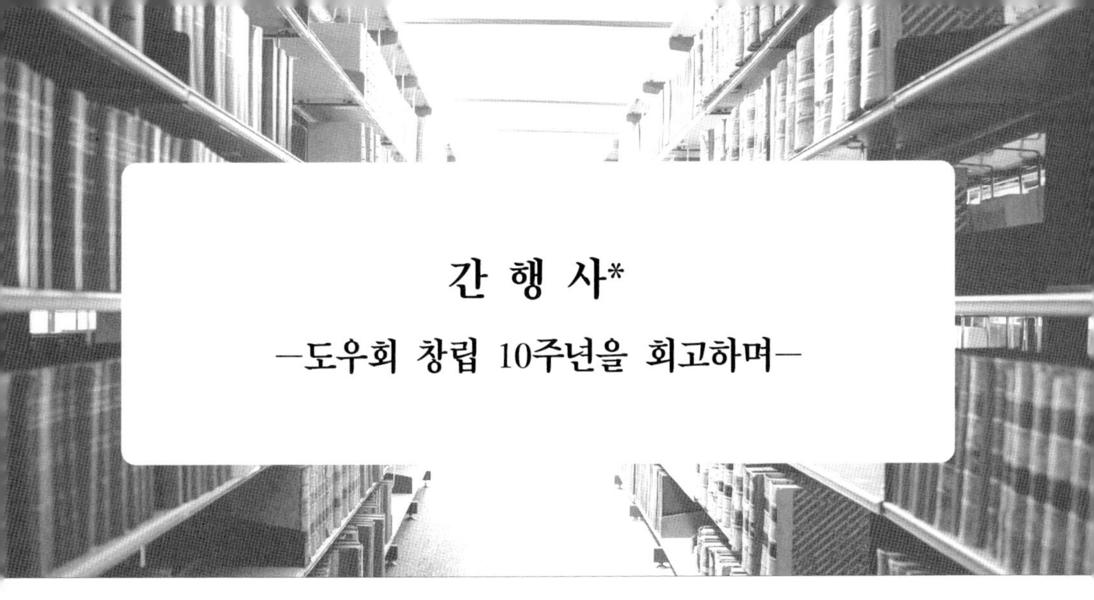

간 행 사*

—도우회 창립 10주년을 회고하며—

우리 도우회는 지난 1997년 6월 14일에 40여 명이 발기하여 그해 7월 1일에 관악캠퍼스 자하연 식당에서 80여 명이 참석한 가운데에 성대히 창립총회를 가졌었다.

도우회 창립을 발기하면서 선배, 동료들과 함께 이런저런 얘기를 하던 때가 엊그제 같은데 어느새 10년이 지났다니 늘어난 주름살과 흰머리가 세월의 무상함을 대변해 주는 듯하다.

그러나 이처럼 빠르게 느껴진 10년의 세월은 결코 짧은 기간이 아니다. 우리가 한 해, 두 해를 지나면서 그 당시에는 그렇게 큰 변화를 실감하지 못했지만 그간 우리 회원 중 13명이나 유명을 달리하셨고, 수십 명이 퇴직하고 또 신규로 채용되는 등 비록 조금씩 쌓인 일들이라도 10년간의 것을 모아 보면 비로소 엄청난 변화가 있었음을 실감하게 된다.

우리 도우회는 개교 이래 60여 년간 두 세대에 걸쳐 비록 근무한 시기는

---

* 서울대학교 圖友會, 圖友會報, 第10號, 2007. 11에 수록되었다.

다르지만 같은 곳에서 같은 일을 하면서 비슷한 애환을 경험했던 선후배들이 한 자리에 모여 그간의 회한과 그간의 끈끈한 동지애를 나누는 사랑의 장터이다.

그도 그럴 것이 우리들은 타 직장에 비하여 대부분이 도서관이라는 한 기관에서만 오래도록 근무하면서 처녀, 총각 때 들어와 결혼하고 애기를 낳고 키우며 부모님들의 회갑, 칠순 또는 장례 등 그 과정 과정마다 서로가 보면서 함께 지내온 터라 온갖 미운 정 고운 정이 들었기 때문일 것이다.

우리는 주위에서 여러 모임들을 보면서 오래된 모임일수록 구성원들의 신진대사가 제대로 이루어지지 않아 모임 자체가 노령화되고 쇠퇴되어 감을 보면서 이런 현상이 우리 도우회와는 상관없는 일이라고 생각하고 싶다.

나는 창립 당시의 열정적인 성원과 호응을 상기하면서 근년의 총회 참석률을 보고 자성과 함께 모임에 대한 가치관과 현실적 정서를 되새겨 보면서 세정의 변화와 자신의 역량부족을 실감한다.

창립 당시와 참석자 수를 비교해 보면 근년의 참석자 수는 그 반에도 미치지 못하고 또한 참석자 중 현직자의 비율 역시 현저히 낮은 점에 대하여 매우 안타깝게 생각한다.

나는 이와 관련해서 현직자의 많은 참석이 절실히 요청되며 모두가 도우회 발전에 애정으로 동참해 주시기를 간곡히 기대하는 바이다.

2007. 11. 12.

서울대학교 도우회장 박종근

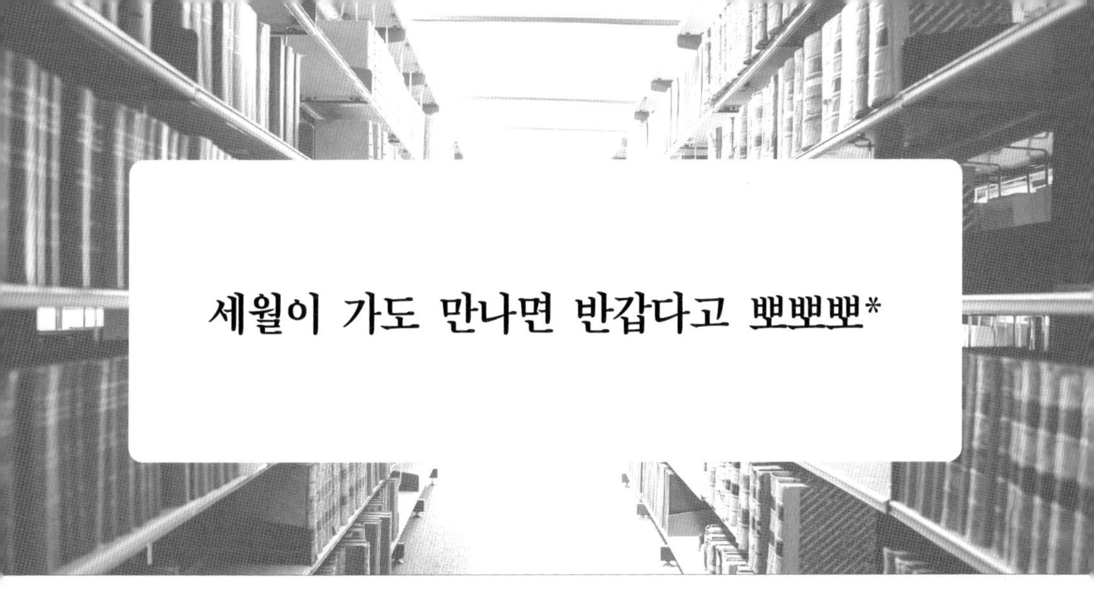

세월이 가도 만나면 반갑다고 뽀뽀뽀*

지나간 세월은 우리에게 아쉬움과 그리움 그리고 회한과 보람도 주지만 그러나 이제는 그 어느 것도 돌이킬 수 없으니 안타까운 마음으로 체념하고 가슴에 묻어 둔다. 하지만 아쉬워 다시 그 가슴 열고 누군가와 나누고 싶다.

해묵은 편지와 사진은 그 시절을 증거하지만 그럼에도 그것은 이제는 오직 헛됨을 증거할 뿐이나 그 헛됨이라도 재생해서 나누고 싶어 발버둥 친다. 그때 그 사람 지금 어디서 무얼 하며 그간 유명을 달리한 많은 분들과의 일화들이 떠올라 그 시절을 회상하게 한다. 어디엔가 푸념하고 토로하고 싶은 이 마음이 나만의 생각일까 어제의 용사들아 말해보소서.

동숭동 시절 철필로 잉크 찍어 쓰고 가리방으로 긁어 등사기로 카드 만들던 그 시절 그리워 그때 쓰던 그 소품들이 생각난다.

출근해선 타자기 꺼내어 여직원 책상 위에 갖다 주고 퇴근 때는 다시 케비넷에 넣어 주고 잠그었지. 그런 타자기, 전화기를 도둑맞아 숙직자는 벌 받

---

* 서울대학교 圖友會, 圖友會報, 第14號, 2011. 11, pp. 7~8에 수록되었다.

기도 했었지.

종로5가 대일집, 천양집에서 상다리 두드리며 밤새는 줄 모르고 삼선교 석굴에서 떨어지는 물방울 맞으며 낭만의 약주 한 잔, 연탄불 도라무통에 막걸리 주전자, 공락춘, 진아춘의 빼알 도꾸리로 세상물정 모르고 코앞에 눈이 빠져 그냥 그렇게 웃으며 지냈었지.

그때 조금이라도 이재에 눈을 뜨고 선경지명이 있었더라면 지금쯤 어떻게 되었을 터인데 하며 넉두리를 한들 무슨 소용이랴? 정든 동숭동의 마로니에, 은행나무 숲을 뒤로한 채 관악으로 이사 온 지가 어언 30여 년이 넘었으니 그 엉성하던 관악이 이제는 건물로 빽빽이 채워지고 곳곳이 울창한 나무로 가득하구나.

극명한 개인주의적 사고가 만연한 현대사회에서도 인간은 외톨이로 살 수 없으며 오히려 외로움을 느끼고 내적으로 어떤 공동체의 연계를 추구하려는 성향이 있다는 학자의 연구 결과도 있단다.

또 인간은 누구에게나 귀소본능이 있고 세월이 감에 따라 원하든 원하지 않든 나이를 먹고 종착역을 향해 치닫고 있으며 이에 따라 그의 가치관과 행동양식도 조금씩 바뀌어 가게 된다. 인정과 의리가 충만하던 그 정서는 완전히 실종되고 이제는 급변하는 사회적 환경에 따라 가치관이 전도되고 모든 것이 철저한 실적위주의 마케팅 전략에 따라 관리 운용되는 치열한 경쟁사회에서 철저한 자기중심적 생각으로 메말라 가고 있음은 참으로 안타까운 일이 아닐 수 없다.

우리는 인간이기에 일 하면서 때로는 얼마든지 낯을 붉히고 서로 다툴 수 있다. 그로 인해 혹여나 누구와 한때 불편한 관계가 있었다면 이제는 서로가 한 발짝씩 물러서서 긍휼한 마음으로 내가 먼저 이해와 용서로 손을 내미는 성숙함이 요구되는 시기가 아닐까?

우리가 멀리 있는 친척보다는 가까이 있는 이웃에게서 더 친밀감을 느낄 수 있듯이 우리는 비록 시기는 다르지만 같은 직장에서 같은 일을 해오면서 같은 애환을 느끼는 동질성과 일체감을 갖게 되는 끈끈한 동지들이다.

선배들의 경륜과 지혜가 참신하고 기발한 젊은이의 패기 있는 아이디어가 전향적, 상호 보완적으로 공존할 수 있는 지혜를 구한다면 세대 간 가치관의 괴리와 소통문제는 상당히 좁혀질 수 있다고 본다.

서로가 내 생각, 내 자존심을 한 발자국씩 내려놓고 양보해서 나보다는 우리라는 공동체 의식으로 자주 만나 얼굴을 대하는 것이 개인의 인생이나 기관의 발전을 위해서도 유익하고 중요하다고 생각한다.

아무리 세상인심이 어떻고 저렇고 해도 또 비록 내키지 않는 만남이라도 자주 만나 대화를 한다면 어떠한 서먹함도 이념과 사상이 다르지 않는 한 대화로 극복되지 못할 일은 없다고 나는 생각한다.

어제의 용사들아 오늘의 일꾼들아!

우리 모두 함께 만나 만나면 반갑다고 뽀뽀뽀 합시다.

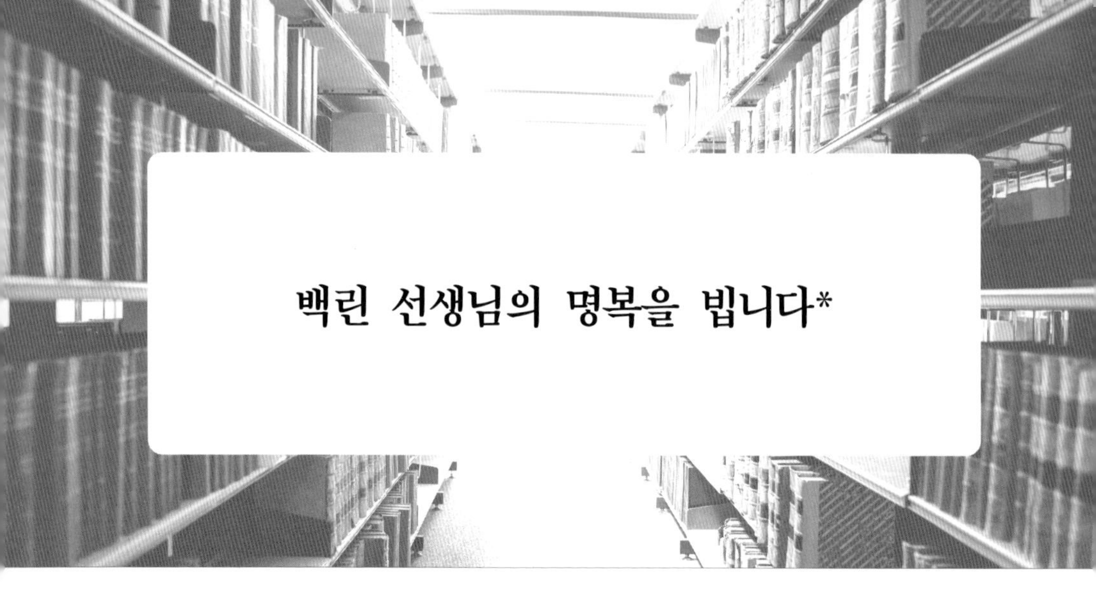

백린 선생님의 명복을 빕니다*

내가 서울대학교 도서관 도우회보 제3집(2000. 10)에 "도서관을 지킨 사람들"이라는 란에 백 선생님을 소개한 지 꼭 15년이 지났다.

반세기 전 60년대 말 우리들은 선생님의 터덕거리는 발자국 소리만 들어도 두꺼운 안경테의 소탈하신 백 선생님이 들어오심을 직감했었고 이따금 안경을 치켜 올리시며 알아보기 힘들게도 흘려 쓰고 이리저리 화살표 있는 원고조각들을 주시며 정서하라시던 선생님을 내 어찌 잊을 수가 있단 말인가?

선생님의 소천소식을 접하고 한동안 말을 잊지 못하고 눈시울이 뜨거워졌다.

인생은 누구나 언젠가는 가야 한다는 진리를 알면서도 그렀더라도 하며 너무도 허전했고 미국이라 선뜻 가 뵐 수도 없어 더더욱 안타까운 마음은 감출 수가 없었다.

대학도서관 사서는 교수들에게 제대로 봉사하기 위해서는 실력과 능력이

---

* 서울대학교 圖友會, 圖友會報, 第18號, 2015. 11, pp. 8~11에 수록되었다.

있고 언어도 잘 알아야 교수와 대등한 위치에서 제대로 봉사할 수 있고 무시 당하지 않을 수 있다며, 항상 사서로서의 자긍심을 갖고 계속 공부하고 노력하는 사서가 되어야 한다고 기회 있을 때마다 당부하시며 강한 주문과 격려로 후배들을 채근하셨다.

선생님은 1961년에 단국대 사학과, 1963년에 연세대학교 대학원에서 도서관학 석사학위를 받는 등 만학임에도 그 학구열은 식을 줄을 몰랐다. 이렇게 선생님 자신이 그러한 소신으로 평소에 스스로 노력하는 생활로 일관하셨기에 더욱 후배들의 귀감이 되었고 존경을 받으셨다.

그렇기에 선생님께서는 외부의 어떠한 상황이나 상대에도 당당하셨고 우리들의 큰 울타리가 되고 버팀목이 되어 주셨기에 우리들은 큰 위안과 용기를 갖고 선생님을 모시고 일 할 수 있었다.

25년 전 보스턴의 선생님 자택에서 밤늦도록 술잔을 주고받으며 지난 정담을 나누면서도 자네가 미국에 왔으니 좋은 기회로 알고 더 열심히 하라며 격려해 주신 말씀들이 지금도 생생해서 더욱 간절한 마음으로 애도하게 한다. 더욱이 선생님께서 한국의 후학들에게서 오는 편지 읽기를 그토록 좋아하셨다는데 내가 정년 후에는 몇 차례 편지를 못 드려 그것이 그렇게도 마음에 걸린다.

우리나라 초창기 도서관계에서 선생님만큼 큰 업적을 남기시고 특히 사서에게 자긍심을 깊게 심어 주는 원로들은 그리 흔하지 않다고 본다.

해방 직후 불모지와 같은 도서관 분야에서 새로운 학문의 도입과 관련한 도서관법 등 관련 법령의 제정이나 한국도서관협회를 비롯한 각급 협의체의 창설, 고서목록규칙 등 업무처리 지침의 정립, 연세대, 이화여대, 성균관대학을 비롯해 각종 교육기관에서 서지학, 분류법, 목록법 및 도서관사 강의 등 후학 양성 및 많은 저서와 논문들 그리고 조직개편이나 사서직 확보 등 대내외적으로 평생을 선구자적 위치에서 도서관 발전의 핵심적 역할을 주도하셨던 것은 널리 알려진 사실이다.

1957년에 우리나라 최초로 연세대학교에 설치된 도서관학과와 병행해서 1년 과정의 중견사서 연수과정인 도서관학교가 설립되었는데, 당시 도서관학교 강사였던 이재철 교수 등과 함께 자신들이 제1기 학생신분이면서 강의도 하신 것을 보면 초창기 우리 도서관계의 과도기적인 한 단면과 선생님의 위상을 엿볼 수 있다.

선생님께서는 1948년부터 1972년까지 약 25년간 서울대학교 도서관에 근무하시며 12년간 과장으로 재직하시다가 1972년에 퇴직하시고 미국으로 이민 가셨다.

이민 하신 후 계속 하버드대학 옌칭도서관에서 20여 년간 근무하시다가 1993년에 정년퇴임하시고 단국대학교에서 1년간 교환교수로 와 계시기도 했다.

특히 선생님께서 6·25전쟁 중인 1950년 12월 10일에 우리나라 국보인 조선왕조실록과 승정원일기를 비롯한 귀중도서 등 7천여 책을 직접 부산으로 소개하였다가 서울 환도 후 다시 서울대 도서관으로 가져온 장본인으로, 그 경위를 1962년 1월 25일에 당시 혁명검찰부장 앞으로 제출한 경위서나 선생님의 증언을 들어보면, 당시 전시의 열악했던 여건 하에서도 오직 도서관을 위한 소명의식으로 창고의 책 위에서 지내시면서도 기록의 소중함을 아는 사서의 소명을 몸소 실천하셨음을 알 수 있다.

특히 16만여 권의 규장각 도서를 현대목록규칙에 따라 한글로 정리하고 목록을 발간하신 것은 특기할만한 일이다.

그간의 선생님이 남기신 여러 큰 업적들을 새삼스레 일일이 거론할 필요는 없지만, 40여 년간의 미국 생활에서도 뉴잉글랜드 한국학교 교장을 8년간 역임하셨고, 보스턴 노인회장으로 6년간 봉사하시고, 미국 이민 백주년 기념사업으로 뉴잉글랜드 한인사를 편찬하는 데 주도적 역할을 하시는 등, 선생님의 발자취는 선생님의 소천을 계기로 여러 현지 언론들과 교민들이 그토록 애도하며 아쉬워하는 것을 보고 들으면서 멀리서나마 다시 한 번 선생님의 헌신과 사랑을 되새겨 보게 한다.

선생님께서는 보스턴 한인교회 장로로서 교민들에게 왜 이민을 했는지 자신을 잘 알고 능력이 모자라도 거짓말 하지 말고 열심히 살며 한인들끼리 서로 사랑하라고 항상 조언하고 권면하셨다고 한다.

선생님은 1923년 7월 24일 평안북도 선천에서 태어나셨고 2015년 9월 30일에 보스턴 근교에서 향년 93세로 소천하시고 보스턴 한인교회장으로 장례식을 마쳤다.

유족으로는 미망인 최선경 여사와 3남 1녀를 두셨다.

이제 선생님이여!

그간의 선생님께서 이룩하신 크나큰 업적과 도서관을 지키고 가꾸며 사서 사랑에 쏟았던 정열과 애정은 저희들 가슴속에 영원히 기억될 것입니다.

부디 평안히 영면하소서.

2015. 10. 15

박종근

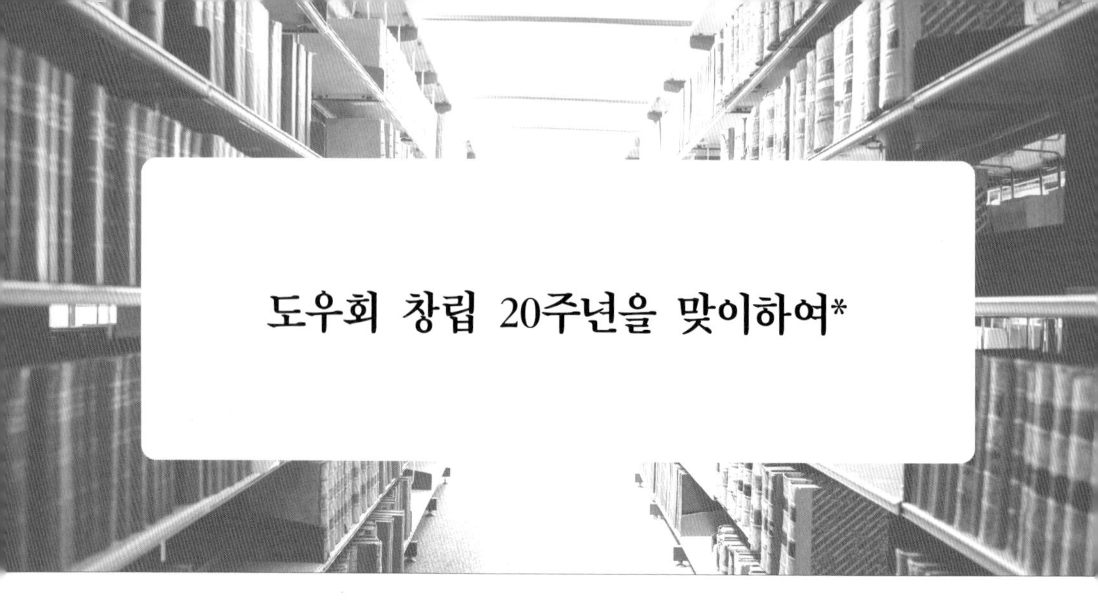

도우회 창립 20주년을 맞이하여*

우선 우리 도우회가 창립된 지 어느덧 스무 해가 되었고 이만큼 성장 발전하였으니 진심으로 축하하며 뿌듯한 보람과 함께 세월의 무상함을 다시 한 번 되새기지 않을 수 없다.

20년 전에 몇 분과 함께 머리를 맞대고 도우회의 설립을 논의하며 창립을 발기했고 그 후 10주년에 간행사를 쓴 지가 엊그제 같은데 또다시 10년이 지났으니, 어느 선배의 말처럼 하루하루 그날은 모르겠는데 한 달, 한 해는 어찌나 그리도 빨리 지나가는지 하는 그 말씀에 동의하지 않을 수 없다.

세상은 많이 변했어도 우리 도서관의 기능은 예나 지금이나 크게 다를 바 없을 것인 즉, 도서관70년사나 도우회보를 통해서 봉사환경의 많은 변화와 관정관의 신축으로 도서관의 규모나 서비스의 질적인 향상 등 도서관 발전을 피부로 느낄 수 있음에 감탄하며 그간의 후배들의 노고와 애환이 눈에 선하여 진심어린 위로와 격려를 주고 싶다.

---

* 서울대학교 圖友會, 圖友會報, 第20號, 2017. 11, pp. 5~7에 수록되었다.

그러면서도 돌이켜 보면 그간 우리 도서관의 발전은 많은 선배들의 헌신과 노력의 산물이긴 하지만 그중에서도 잊을 수 없는 몇 분의 거목들이 계시어 우리 도서관을 지키고 그야말로 키워 오신 분들이 계셨기에 그 밑거름으로 오늘의 우리 도서관이 있을 수 있었음을 간과해서는 안 되겠다는 생각을 전해 주고 싶다.

과거가 없는 현재가 있을 수 없듯 미래는 우리가 오늘을 얼마나 충실하고 열심히 사느냐에 따라 그 열매가 달라지게 되는 것이다.

세상이 바뀌면 바뀔수록 오히려 옛것의 소중함은 더욱 증대되기도 한다. 그렇기에 이 자리에서 몇 분의 선배들을 다시 추모해 보고자 한다.

일제시대부터 아버지와 아들까지 3대에 걸쳐 우리 도서관에 근무하셨고 경성제국대학 시절 우리나라 사람으로는 최초로 서서관이 되셨던 장지태 선생님은 당시 서울대의 자랑이자 민족문화의 유산인 규장각 도서를 조선총독부 참사관 시절부터 관리해 오시다가 갑작스레 작고하시매 열람실을 휴실하면서까지 도서관장으로 장례를 모셨다.

장지태 선배님은 한문 실력이 출중하시어 주변의 많은 서울대 교수들에게 한문을 가르치기도 하셨는데, 당시 도서관장이셨던 정광현 교수는 너무도 안타까워 장지태 선생님이야말로 우리 대학의 인간 보물이라고까지 극찬하시며 애도의 추모를 하시기도 했다.

또한 백린 선생님은 도서관법 등 각종 관련 법령제정이나 도협이나 관련 단체들의 창설 또는 신 도서관학의 도입 및 교육 등 초창기 우리나라 도서관계의 선구자적 위치에서 도서관 발전의 기틀을 마련한 우리나라 도서관계의 원로 중 원로이시다.

백 선생님은 수많은 업적도 업적이지만 그것보다는 사서로서의 자긍심을 갖게 해 주셨다는 점이 우리들에게는 더 값진 유산으로 생각된다.

그래서 사서는 교수들 못지않게 대등한 실력이 있어야 한다며 끊임없이 배우고 노력하는 사서가 될 것을 기회 있을 때마다 수시로 강조하며 항상 격려와 채찍질을 잊지 않으시고 용기를 북돋아 주신 우리들의 든든한 울타리와 버팀목이 되어 주신 따뜻한 인간적 스승이셨다.

이렇듯 사서들의 표상이셨던 백 선생님께서 2015년 9월 30일에 미국에서 작고하시어 나는 도우회보 18호에 추모의 글을 올리기도 했다.

그리고 또 한 분은 당연 류동렬 선생님이시다.

역시 류동렬 선생님께서도 1954년부터 1991년에 퇴직하실 때까지 백린 선생님과 함께 당시 초창기의 각종 도서관 업무 처리지침 등을 정립하신 도서관계의 원로로서 후학양성과 제반 도서관 관리의 기초를 닦고 체계를 잡아 정착시키신 그야말로 전형적인 모범적 사서이셨다.

불행하게도 퇴직하신 다음 해인 1992년에 갑자기 그리고 너무도 일찍 작고하시어 온 후배들은 입을 다물지 못하고 오열하였다. 1995년 12월 6일에는 온 서울대 도서관인들이 뜻을 모아 안성의 천주교 공원묘지에 추모비를 건립하였는데 나는 그 추모비에 다음과 같은 추모시를 지어 넣었다.

<"못잊어" : 온 생애 오직 애정과 보람으로 도서관을 가꾸고 지키다 가신님 그 뜻 그 사랑 새록새록 되새기며 소중히 간직하리 영원히 못잊어>

물론 다른 많은 선배들도 못지않은 노력과 헌신이 있었지만, 특히 이 세 분은 우리 도서관사에 큰 족적을 남기신 거목이라 생각되어 도우회보의 "도서관을 지킨 사람들"이란 란에 소개하기도 했다.

도우회 창립 20주년을 맞이하여 도우회가 이렇게 선배들의 값진 경륜과 후배들의 참신한 아이디어가 접목되어 새로운 발전의 계기가 되었음을 상기하고 선후배들 간의 소통의 장이 되기를 진실로 거듭 바란다.

비록 요즘과 같은 무한경쟁사회에서 실용적 편의주의와 이기적 사상이 팽배한 현실에서도 비록 근무한 시기는 다르지만, 적어도 봉사를 천직으로 알고 같은 애환을 겪어가며 대학과 국가 발전의 밑거름이 되는 인류문화 유산인 기록을, 정보를 관리한다는 사서로서의 긍지와 보람은 다를 수 없다고 본다.

그간 우리들은 남달리 끈끈한 동지애로 하나 되어 그간 뿌리내린 자랑스런 전통과 자부심이 앞으로도 올곧이 이어지기를 바란다.

그리하여 이 도우회가 단순한 친목모임이기 이전에 사서로서의 동질성과 끈끈한 애정이 계승되어 도서관 발전에 기여하며 도서관 역사의 살아있는 흔적들이 담기는 모임이기를 간절히 소망한다.

다시 한 번 도우회의 발전을 충심으로 기린다.

2017. 11. 1

박종근

도 서 관*

아직까지도 우리나라에서는 도서관에 대한 올바른 인식과 이해가 부족한 것이 사실이다.

그래서 도서관 하면 공부하는 곳 또는 책 빌려보는 곳 정도로 단순히 생각하는 것이 도서관에 대한 일반적인 인식이 아닌가 싶다. 물론 도서관은 책도 빌려주고 공부하는 곳이기도 하다.

그러나 조금만 더 깊이 생각해 보면 공부할 수 있는 공간을 제공하고 책을 빌려주는 것은 도서관의 여러 가지 기능 중 극히 일부분에 불과한 것이다.

선진 외국에서처럼 소단위 지역마다 공공도서관이 많이 있어서 도서관을 어릴 때부터 엄마 손 잡고 드나들면서 생활 속의 도서관으로 자연스럽게 이용하면서 자라지 못했기 때문에 도서관을 그렇게 생각하는 것은 어쩌면 자연스런 현상일런지도 모른다.

---

* 1995. 5, 미발표.

또한 도서관이 독서실화 되어 있는 현상은 우리나라만의 특수한 도서관 이용관행이 아닌가 싶으며, 이러한 전근대적인 사고의 태도가 일반적인 사회인식으로 만연되어 있는 한 이런 인식을 단기간에 고친다는 것은 어렵고 상당히 많은 시간이 소요될 것으로 생각된다.

얼마 전 까지만 해도 독서주간 같은 행사기간 중에는 도서관의 자리를 잡기 위해서 장사진을 치고 줄을 서서 기다리는 가방행렬 등을 TV나 신문 등에서 낯익게 볼 수 있었다.

이제 우리나라에서도 도서관 인식에 대한 변화의 조짐과 개선을 위한 활동이 활발히 전개되고 있어 고무적인 현상이라 하겠다.

과학기술 특히 컴퓨터나 통신기술의 눈부신 발전은 사회 환경과 구조를 지각변동이라 할 만큼 온통 뒤바꾸어 놓는 큰 변혁을 가져 오게 했다.

그래서 도서관도 종래의 전통적인 수동적 자료봉사 체제에서 정보화 시대에 걸맞은 적극적이고도 능동적인 정보봉사 체제로의 변화를 강요해 왔다. 이러한 도서관 봉사환경의 변화는 전반적인 사회발전과 더불어 정보량의 폭발적 증가로 이용자들의 요구 성향도 시간과 공간적 제약 없이 최적의 정보만을 신속하고도 쉽게 얻을 수 있는 무한봉사를 요구하기에 이르렀다.

이제 도서관을 이해하는 데에 조금이나마 도움이 될까 해서 관련된 몇 가지를 소개해 보고자 한다. 도서관은 그 설립목적에 따라 크게 공공도서관, 학교도서관, 대학도서관, 특수·전문도서관으로 구분하고 있다.

공공도서관은 종로도서관이나 남산도서관 등처럼 일반시민, 즉 지역주민을 주 이용대상으로 하고, 학교도서관은 초·중고 학생들을, 대학도서관은 교수와 대학생들을 그리고 특수·전문도서관은 특수기관이나 전문 연구소 등처럼 각각의 특수 전문 집단을 이용대상으로 하는 도서관을 말한다.

그러나 비록 그 설립목적이 다르다고 할지라도 자료를 수집하고 정리하여 이용 및 보존시킨다는 기본적인 기능은 다 같다.

하지만 봉사내용이나 특수한 기능들은 도서관에 따라 판이하게 다를 수 있어 장서구성이나 그 질적 수준에도 큰 차이가 있게 된다.

대학은 모든 학문 분야의 전문적인 교육 및 연구기능이 있어서 결과적으로 국가발전의 기반이고 원동력이라 할 수 있는 지식과 기술의 산실이자 보고라고 할 수 있다.

그래서 대학도서관은 이러한 대학교육에 직접 참여하고 필요한 정보를 지원하는 중추적 교육 연구기관이기 때문에 대학의 심장이라고도 한다.

도서관에서는 여러 가지 형태의 다양한 자료들을 모든 학문 분야에 걸쳐 망라수집하고 있다.

이러한 다양한 자료들은 세계 각국에서 생산되는 것이기 때문에 그 언어도 다양하다.

따라서 도서관에 근무하는 사서로서는 각 학문 분야에 대한 전문지식이 필요할 뿐만 아니라 세계 각국의 언어도 해독할 수 있어야 한다.

그래야만 수많은 자료 중에서 최적의 자료만을 선정할 수 있고 그 자료가 가지고 있는 주제 내용을 정확히 판단하여 잘 이용될 수 있도록 다양한 검색 수단을 제공하고 해당 분야의 정보수요에 효율적으로 대응할 수 있기 때문이다.

오늘날의 도서관은 자기 도서관 소장 자료뿐만 아니라 다른 기관 또는 외국의 자료까지도 검색 및 이용이 가능해져 공간적, 시간적 제약 없이 자료의 공유체제가 확립되어 가고 있다.

따라서 지금까지처럼 이용자가 도서관에 직접 와서 이용하는 것이 아니라 거꾸로 도서관이 모든 개개 이용자의 책상 앞으로 가게 된다는 개념으로 도서관을 이해할 필요가 있다.

또한 도서관 자료도 종래에는 인쇄물로 된 것이 대부분이었지만 지금은 다양한 형태의 고축적 다기능 전산매체 자료나 통신망을 통한 온라인 데이터뱅크 등의 이용이 가능해져 자료이용의 효율성이 크게 향상되었고 이에 따라 자료의 이용 및 보존형태에도 획기적인 변화가 왔다.

흔히들 도서관에는 도서구입비만 지원해 주면 되는 것처럼 생각하기 쉬우나 도서관 업무 중 가장 전문성이 요구된다고 할 수 있는 자료의 선정, 즉 구입할 자료가 세계적인 학문 추세에 맞고 자기 도서관의 이용자 수준과 수요에 적절한가를 판단하는 것은 결코 쉬운 일이 아니다.

그리고 수입된 자료의 정리인력과 이를 보존 관리할 장비와 공간의 확보문제가 필연적으로 연계되는 데도 이를 간과해 버리는 경우가 많다.

이와 같이 외형적으로는 자료규모의 부단한 증대와 내부적으로는 이용률의 극대화를 위해 자료조직에 대한 신진대사가 꾸준히 이루어져야 하기 때문에, 도서관을 생동하는 유기체라고 하는 것도 바로 이러한 이유에서이며 다른 기관과의 차별성도 여기에서 찾을 수 있는 것이다.

온 세계가 하나의 생활권이 되어버린 소위 글로벌 시대에서 국제적 안목없이는 치열한 정보전쟁에서 뒤질 수밖에 없다.

대략 세계에서 약 15만 여종의 학술잡지와 매년 백여 만 신간자료 등이 양산되고 있는데, 그 많은 자료들 중에서 과연 우리나라에서는 얼마나 확보하고 이용하고 있으며 그 이용환경이 어떠한가를 생각해 볼 때 그러한 정보들을 수집하고 제공하는 도서관의 기능과 사명은 더욱 명백해진다.

세계 13위의 경제력을 갖고 있다는 우리나라 도서관의 위상과 현주소는 너무도 터무니없이 낙후되어 있다.

우리는 이 시점에서 국제 경쟁력의 원동력과 그 실체가 바로 정보라는 것을 뼈아프게 재인식해야 된다.

오늘날처럼 이렇게 정보가 중요시되는 사회에서는 어떻게 최적의 정보를 실수요자에게 신속하고도 능률적으로 전달할 수 있느냐가 국가 경쟁력 제고의 결정적 요체이다.

따라서 도서관이 제대로의 기능을 발휘할 수 있도록 제도적 뒷받침과 집중적인 투자가 그 어느 때보다도 절실히 요청되는 시점이라 하겠다.

책을 읽읍시다*

과학기술 특히 전자통신기술의 발전은 수천 년간 지속되어 온 농경사회문화를 불과 30여 년 사이에 산업사회와 정보화 사회를 거쳐서 오늘에 이르면서 가히 지각변동이라고 할 만큼 온통 사회를 그 근간부터 뿌리 채 변혁시켰다. 그 변화의 속도는 너무도 빨라서 미처 그 변혁에 적응하고 감당할 수 있는 소화능력이 생기기도 전에 또 변해서 가치관의 혼돈과 사회적 갈등은 더욱 심화되었다.

옛날 가정환경을 조사할 때 신문이나 라디오 등이 있는 집을 조사하던 시절과 개인별 휴대전화와 집집마다 자동차가 몇 대씩 있는 오늘의 현실을 비교하면 꿈에서도 상상조차 못할 만큼 변했고 물질적 풍요와 편리함을 만끽하며 살게 된 것은 다행한 일이기도 하다.

반면에 인문학의 상대적 소외는 우리 사회를 사랑과 여유가 없는 그저 삭막한 경쟁과 극단적 개인주의와 편의만을 추구하는 물질만능의 사회풍조가

---

* 2006. 4. 3, 미발표.

팽배하여 심각한 사회 양극화의 일면을 보여주고 있다.

나는 잃었던 인간성을 회복하고 여러 사회병리 현상을 치유하고 균형 있고 온전한 가치관을 정립하는 데에는 독서를 통해서 치유의 지혜를 얻을 수 있다고 확신한다.

독서는 고달픈 삶의 현장에서 회의와 절망 속에서도 위안과 탈출구를 찾을 수 있는 지혜를 준다.

특히 미래의 주역들인 우리 젊은이들에게는 미래에 대한 비전과 확신으로 두려움 없이 도전해 보려는 확실한 동기부여가 된다. 우리는 누구나 어렸을 때 동화나 위인전 등을 읽고 많은 감동과 무한한 상상력으로 원대한 꿈을 키웠던 기억들이 있다.

책은 우리에게 많은 지식과 소망과 지혜를 준다.

책을 읽는 것은 지식을 얻는 가장 경제적이고 효과적인 방법이며 무한한 사고력과 판단력 그리고 가능성을 길러준다.

우리는 책을 통해서 수백 수천 년 전에 있었던 일들을 알 수 있고 내가 직접 만나볼 수 없는 세계 각지의 수많은 사람들의 축적된 지식들을 전수 받을 수 있으며 다양한 경험과 소중한 지혜를 공유하게 된다.

그래서 자신의 위상을 일깨우고 삶의 바람직한 목표가 설정되게 된다.

또한 내면에서 갈구하는 풍요와 평안에 대한 갈증을 해소해 주며 균형 있는 사고와 따뜻한 인성을 키우는 값진 밑거름이 된다.

독서는 마음의 양식이며 활력소이자 보배스런 평생의 도우미이다.

또한 사리를 분별하고 미래를 설계할 수 있는 안목과 자신감을 주며 긍정의 힘이 솟구치게 한다.

우리는 책의 의미에 대해서 별다른 생각 없이 읽고 있지만 책이란 그리 쉽게 만들어지는 성질의 것이 아닌 존귀한 것이다.

왜냐하면 책은 저자의 심오한 철학과 사상 그리고 소중한 지식과 경험이 농축된 노력의 소산이며, 특히 학술서적 등의 경우에는 필생의 학문적 연구 성과의 결정체인 것이기 때문이다.

"수백 그램의 종이뭉치 속엔 수억 톤의 상상력이 있다"는 어느 신문기사의 부제처럼 책은 정말 무한한 인류의 재산이며 역사적 기록이다.

이처럼 책은 저자의 혼과 독자에게 시사하는 메시지가 담긴 소중한 문화재이며 지식과 지혜의 보고이다.

나는 독서를 통해서 이곳에서 값진 양분을 취하며 자신을 알고 작은 머릿속에 온 세계를 담아낼 수 있다는 소망과 지혜를 갖기를 바란다.

기록은 소중한 것*

기록은 잠자는 우리를 일깨운다. 그래서 아픈 기록은 우리를 한탄하고 울분케 하고 옛것들은 추억을 되살려 회상케 한다.

우리는 기록을 통해서 역사를 알게 되고 문화와 전통을 계승한다.

만일 우리에게 기록이 없다면 우리에겐 역사도 미래도 없다.

기록은 인간 기억의 한계성을 극복하게 해 주며 또한 기억은 기록보다 부정확하다. 그리고 기록의 매체는 다양하다.

또한 기록은 당시의 있었던 사실을 밝혀주는 유일한 증거이기에 만일 그 기록이 사실을 왜곡하거나 잘못 기록된다면 후대에 이를 정정해 줄 또 다른 결정적 기록이 없다면 진실은 영원히 왜곡되거나 묻히게 될 것이다.

옛날에는 봉화나 파발마가 소식의 전령사였다면 나 어릴 때는 편지가 주 통신수단으로 소통의 주 매체였다.

나는 1964년 1월에 군에 입대하기 전에 내 소지품을 정리하면서 그간 소

* 2017. 12, 미발표.

중하게 간직해 두었던 수백 통의 편지들을 모조리 태운 적이 있었는데, 지금 생각하니 그것을 보존해 두지 못한 것이 그렇게도 후회스럽고 아까운 생각이 든다.

그렇게 생각하는 이유는 그 당시의 편지 내용들이 무엇이었을까 하는 단순한 궁금증 이전에 당시의 나를 알 수 있는 유일한 기록이요 재생해 볼 수 있는 내 역사 자체를 없애버렸다는 상실감 때문이다.

나는 그러한 착잡한 마음이었음에도 그 이후에 모아두었던 여러 박스의 편지들과 수천 장의 사진들 그리고 허구 많은 메모 쪽지들을 이제는 더 이상 끌어안고만 있을 수 없는 나이가 되어 버렸다.

이렇게 내 나이를 실감하면서 주변정리가 필요하다는 당위성에 짓눌려 아쉬움과 서글픔이 교차되는 다급한 심경임을 고백한다.

나는 그간 내가 살면서 보여 왔던 여러 가지 좋은 일이나 아쉬웠던 면에 대한 사실들이 그냥 묻혀 소멸해 버리게 될 것이 너무도 안타까워 그 내용이 좋고 나쁨에 연연치 않고 모든 것을 있었던 사실 그대로 기록으로 남기고 싶다.

기록은 공문서나 사문서 등 그 작성주체나 기록물의 조직, 가치평가, 증거능력, 기록의 변형과 보존 등등의 기록학과 관련한 학문적 연구 분야는 아주 다양하다.

나는 여기서 기록을 어떻게 학문적으로 논하거나 체계적으로 정리하고자 함이 아니라 다만 그간의 내 삶을 통해서 얻어진 기록의 소중함을 일깨우고 강조해 두고자 할 뿐이다.

그래서 나는 일상에서 흔히 있을 수 있는 다양한 사례들을 생각나는 대로 기록하고 피력해서 기록의 증거능력을 신뢰하고 기록을 두려워하는 마음으로 자신의 기록에 대한 정직성에 무한책임을 짓고 살아야 한다고 생각한다. 그래서 사람마다 비록 사소한 일이라도 기록으로 남겨두는 습관을 갖기를 바라는 마음이다.

그러한 기록들을 많이 남겨둠으로써 이것이 바로 그 사람, 그 사회, 그 나라의 역사가 되고 풍성한 인류문화의 유산이 된다는 사실을 역설해 두고 싶다는 것이다.

기록은 간단한 메모쪽지에서부터 모든 인쇄물이나 녹음, 사진, 영상 등 시청각 자료 또는 무형의 전자매체자료 등 그 기록의 형태는 제한이 없이 인간의 의사전달이 되는 매체를 총괄한다고 할 수 있다.

이러한 기록들은 개인이나 단체 또는 국가의 역사를 밝혀주는 부인할 수 없는 주요한 증거매체이자 역사적 정보자원이며 역사 그 자체인 것이다.

그래서 남 보기에는 아무리 사소한 메모쪽지라도 어떤 중대한 사건의 유용한 증거단서가 될 수도 있고 일상의 대화나 CCTV 등 우리는 일상에서 다양한 기록의 사례들을 접하고 당하고 생산하며 살기에 기록의 세상에 파묻혀 살고 있는 셈이다.

그래서 조선왕조실록이나 승정원일기, 일성록 등은 수백 년간 일관성 있게 지속되어 온 기록유산으로 세계 어느 국가에서도 그 유례를 찾아 볼 수 없는 유일하게 우리 민족만이 갖고 있는 자랑스러운 유산으로 우리나라는 명실공히 자타가 인정하는 기록유산의 종주국이다.

그것이 특별히 자랑스러운 것은 사관이 비록 낮은 직위 일지라도 어떤 횡폭한 왕 앞에서도 굴하지 않고 목숨을 걸고 수백 년간 지속되어 올 수 있었던 것은, 오직 우리 민족의 기록문화에 대한 소명의식으로 사실을 조작하거나 진실의 왜곡이나 은폐에 저항하며 지켜온 것이기 때문인 것이다.

또 우리나라의 기록문화가 발달한 것은 15세기의 독일의 구텐베르크의 인쇄술보다 앞선 14세기에 세계 최초의 금속활자 발명으로 기록문화의 광범위한 확대 재생산이 촉발되었다고도 하겠다.

그래서 조선시대의 사초사건이나 최근의 NLL 문제, 또는 논문표절 등이 문제가 되는 것은 바로 진실의 왜곡이나 잘못된 기록과 관련되는 일이기에 더욱 중대하게 여기고 문제의 본질에서 이탈되는 것을 막아야 하기 때문이다.

나는 여기서 우리의 일상과 관련한 평범한 예를 하나 들어 보고자 한다.

이를테면 사인간의 전세 임대계약서는 전세로 사는 동안에는 법률적 증거능력을 갖는 매우 중요한 서류이지만 그 임대기간이 끝나고 그 집에서 이사간 이후에는 법률적 가치는 소멸되고 아무런 필요가 없는 휴지조각에 불과하다.

그러나 만일 무용지물이 된 그 계약서가 수십 년 수백 년이 지난 후에는 어떤 사료적 가치가 있을까를 생가하면 그 용도와 가치는 또 다른 측면에서 크게 달라진다.

이렇게 기록은 작성목적 이외에 시간과 환경의 변화에 따라 폭넓게 이용될 수 있는 제2차적, 제3차적으로 증거적·역사적 이용가치가 내제되고 함축되어 있다.

그래서 기록은 비록 현세적 이용가치는 적지만 영구적 보존가치가 있는 것이 적지 않다.

당시의 사회제도나 경제사정, 물가, 주택사정 등등의 소중한 자료가 될 수도 있으며 만일에 그 계약 당사자가 어떤 유명 인물이었다면 그 가치는 배가 될 것이다.

오늘날 우리가 일상에서 무엇을 구입하거나 어디에 가입할 때 대개 법률적 구속력을 가지는 약정서에 동의하는 서명을 하는 경우가 많은데, 우리는 그러한 기록에 교묘하게 표현되는 독소조항이 있는 것을 간과하거나 무관심하고 둔감해서 손해를 보는 경우를 종종 경험하게 된다.

이것은 기록의 소중성을 소홀히 여기는 일반적 통념을 악용하는 갑의 횡포도 문제이지만 이에 당하는 을에게도 꼼꼼하게 따져보는 지혜가 필요하다. 올바른 기록은 사실을 은폐하거나 왜곡하려는 정직하지 못한 자에게는 두려움의 대상이 될 수 있다.

미혼모가 자신의 신분이 드러나고 기록이 남게 되는 것이 두려워 입양을 포기하고 끔찍한 일을 저지르는 것은 기록을 두려워함이요 검찰이 증거물을 확보하기 위해 압수수색을 하는 것들은 모두가 증거기록을 확보하기 위한 수단이다.

사람들은 조상의 면면을 알아보기 위해 옛 기록물들을 뒤져 본다. 방목이나 실록 등 관련 자료들을 조사해서 자기 가계의 우수성을 실증하려 노력한다.

그래서 독립투사의 후예가 증명되기도 하여 가문의 명예도 찾고 연금 등 각종 혜택을 누리게 되거나 가문의 족보도 찾게 되는 사례들을 쉽게 접하게 된다.

나는 현직에 있을 때 이런 도움을 준 적이 몇 차례 있었다.

청문회 때 논문표절이나 불법 주소지 이동기록 등은 모두가 기록에서 입증된다.

전장에서는 아군을 위장하거나 거짓기록을 적에게 흘려 오판의 빌미를 주거나 유도하기도 하고 바둑에서는 탐색수를 두어 상대의 의중을 떠보기도 한다. 병원에서는 환자의 병록과 검사기록 등을 공유함으로써 중복 검사를 피하고 진료의 효율을 높인다.

나는 솔직히 이제까지 수십 년간 버리지 않고 기록류들을 간직해 왔다는 사실과 이를 근거해서 지난날의 자신을 생생하게 되돌아 볼 수 있다는 사실에 진정으로 자부심을 느끼고 있다.

그리고 이를 근거로 해서 또 이를 처분하는 방편으로 책을 만들어 볼까 하는 생각에까지 이르게 되었음에 감사한다.

우리가 고대의 인류문화를 알 수 있는 유일한 길은 오직 기록으로만이 알 수 있다.

그간 온 세계의 수많은 학자들이 그들이 평생 연구한 내용들을 기록으로 남기지 않고 구전으로만 전수한다면 인간 수명의 한계점에 다다라서는 단절될 수밖에 없고 또 구전으로 전수될 수 없는 도표나 그림 등의 자료들은 소멸될 수밖에 없지 않는가?

또한 어느 특정 사실이 구전되어 왔다는 것을 무엇으로 어떻게 증명해 낼 수 있겠는가?

따라서 인류역사는 곧 기록의 역사요 기록의 역사가 바로 인류의 역사일 수밖에 없는 일이 아닌가?

나는 그간 직장생활을 통해서 기록을 관리한다는 도서관 사서가 많은 기록자산을 관리하면서도 정작 자신이 수십 년간 몸 담고 있었던 도서관 자체에 관한 기록을 제대로 관리하지 못해 정작 꼭 필요한 것을 찾을 수 없을 때, 참으로 안타깝고 참담하고 분통이 터지는 엄청난 일을 경험했기 때문에 기록에 대한 애착은 남달리 절실하다.

이를테면 대부분의 직장에는 업무일지가 있다.

도서관의 업무일지는 대부분이 루틴한 업무실적에 대한 통계수치뿐이다. 그렇지만 때로는 특기할 만한 사항이 있었던 날에는 비고란에 그 사실은 기록하기도 한다.

일반 공문서는 5년이 지나면 폐기하도록 규정되어 있고 담당자는 그 규정에 따라 폐기하면 그만이고 선량한 책임과 의무를 다 했기에 잘 한 일이다.

그러나 그때 지침과 절차에 따라 기계적으로 폐기하기보다는 월말이나 연말 통계는 남겨두고 아울러 혹 비고란에 특기사항이 있으면 그것도 빠짐없이

이기해 두고 나머지만 폐기하는 것이 기록을 관리하는 자들의 최소한의 자질이요 양식이다. 그런데 사람에 따라서는 그렇게 하지 않는 사람도 있기에 문제가 된다.

나는 내가 직장생활을 하는 동안 기록과 관련해서 2가지의 잊을 수 없는 일을 경험했기에 여기에 소개하고 그 내용을 기록으로 남겨 두고자 한다.

그 첫째는 내가 재직 중이었던 1996년에 서울대학교 도서관 50년사를 쓰면서 불과 반세기 이전의 여러 가지 사실들을 증거해 줄 기록들을 찾았다.

그래서 많이 고심하며 이곳저곳의 창고를 뒤지며 고령의 선배들을 방문하고 증언을 녹취하거나 편지로 회신을 받아보는 등 나름대로는 백방으로 많은 노력을 하였다.

그러나 결국 끝내 원했던 자료를 찾아내지 못하고 후대의 과제로 넘기고 50년사를 마무리 할 수밖에 없게 된 것을 집필자로서, 편집위원장으로서 참으로 애석하고 안타까운 마음을 금할 수가 없었던 일이다.

물론 그로 인해 많은 자료를 발굴해 내는 부수적 성과도 적지 않았다.

실제로 문제가 되었던 것은 6·25전쟁 때 서울대 도서관이 부산으로 소개했다가 서울로 환도하고 아울러 동숭동 캠퍼스를 미군 사령부가 사용하면서 그간 도서관 귀중도서를 관리하다가 인계해 주었다는데, 그때 인계해 준 미군 관리자가 누구였는가?

또 우리나라 국보인 조선왕조실록을 북한군이 북으로 후퇴하며 가져가려다 심한 포격으로 인해 의정부에 버리고 간 것을 회수해서 우리 도서관에 인계해 준 미국인이 누구인지를 밝혀 보고자 했다.

그러나 이를 알 수 있게 해줄 중요한 단서들이 당시의 업무일지인 사서일지에 분명히 적어 놓았다고 당시의 선배는 증언하고 있는데, 그 사서일지 자체가 폐기되어 없어져 버렸다는 것이다.

문제는 3년 가까이 이 불편한 마음을 달래며 겨우 가라앉아 잊혀질 무렵이었다.

내가 직접 만나보지는 못했지만 우리 직원 김영애 선생님의 전언에 의하면 1998년 5월 21일에 우리 도서관에 James W. Kerr 씨라고 하는 한 미군 참전용사 부부가 방문하면서부터 잠잠해 있었던 내 마음이 다시 흥분되기 시작하였다.

그는 우리 도서관의 옛날 책들을 보면서 참전 당시의 기억을 되살려 당시 자신이 했었던 일들을 회상하며 감격에 넘쳐 울먹이기까지 했다는 소식을 전해 듣고 나는 즉각 그분이 바로 화제의 그 주인공이 아니었나 하는 강한 희망적 의구심을 갖고 추적하기 시작했다.

그분들이 귀국 후 나는 내가 영어가 부족하기에 마침 당시 직접 안내했던 영어를 잘 하는 우리 김영애 선생님을 통해서 그분과 수차례 편지와 팩스를 주고받았다.

그분과의 편지나 팩스를 통해서 그분은 다음과 같은 분임을 알았다.

그는 6·25전쟁 당시 동숭동 캠퍼스를 미 8군 사령부가 사용할 때 밴프리트 총사령관과 함께 근무하면서 모든 통역관의 책임자인 어문관으로 근무했던 James K. Kerr 소령으로 사령관과 가까이서 매우 밀접히 지냈다고 한다.

그분은 1952년에 아이젠 하워 미국 대통령의 한국어 통역관으로 대통령이 보낸 편지들의 한국어 사인을 자신이 했다고 술회하고 있다.

1950년에 자신의 어머니는 일본 고배의 미군 병원에서 간호사로 일했으며 후에 한국의 전남 광주로 돌아와 비어 있었던 병원건물을 복구하였다고 그녀의 비문에 적혀 있다고 증언하고 있다.

그는 1953년 6월 14일에 부상당해 그해 9월까지만 복무했고 자신이 살던 목포의 옛집의 복원과 기념관 및 정명여고 특별도서관 건립을 위해 돈을 모금하고 있었다고 술회한다.

몇 해 전에 워싱턴 주재 한국대사관에서 1952년 당시의 자신의 "구조"작업에 대해 상세하게 한국 정부에게 알린바 있었는데, 그 이후에 한국 정부로부터 아무것도 듣지 못했다고 한다.

또 자기는 22년간 군에 복무했으며 케네디 대통령의 참모로 일했으며 3성 장군까지 진급하였고 1985년에 은퇴하였다고 한다.

그리고 Research for the Federal Emergency Management Agency의 소장으로도 근무했다(우리 도서관과 박물관에 방문했던 날이 바로 자신의 77세 생일이었다고 한다).

나는 그분과의 편지나 팩스로 여러 차례 오갔던 질문과 답변자료 중 다음과 같은 편지를 받았다.

> 〈 두 가지 중요한 질문과 함께 보내신 6월 22일자 팩스에 감사드리며 ……
> 첫 번째 질문: 8군의 모든 장부는 "기밀"로 처리되었기에 미 제3정보부에서 떠나던 1953년 초까지 나는 이런 기록들을 보관할 수 없었습니다(제가 6월에 부상을 당했을 당시 이승만 대통령은 우리 대대에 훈장을 주셨고 저는 충무무공훈장을 받았습니다).
> 두 번째 질문은 아주 쉽습니다. 왜냐하면 그 시절의 한국의 정치적인 모든 상황은 연속적으로 담당관 두 사람을 미국에 머물게 했고 결국은 미국 시민이 되었습니다. 첫 번째 사람은 김보성(또 다른 김!) 씨입니다. 그는 1965~70년(?)대 일을 알고 있고 기꺼이 귀하의 질문에 답을 줄 것입니다. 그의 주소는 3720-Columbia Pike, Arlington, VA22204이며 전화번호는 703-521-1581입니다〉.

나는 이 편지를 받고 너무도 반가워 즉시 김보성 선생님께 그분의 명함과 내 명함을 동봉해서 다음과 같은 편지를 보냈고 한동안 기대에 부풀어 눈이 빠지게 기다리고 있었다.

〈 김보성 선생님께〉

저는 1967년 이래 30여 년간 계속 서울대학교 도서관에 근무하고 있는 박종근입니다.

오늘 이렇게 갑자기 편지를 드리게 됨을 이해하여 주시기 바랍니다.

혹시 한글 성함이나 영문 스펠링이 틀리지나 안했는지요?

다름 아니오라 1998년 5월 21일에 우리나라 6·25전쟁 당시 참전 장교였던 Mr. James Kerr 씨 내외분이 저희 도서관을 방문한 적이 있었습니다.

우연히 그분의 방문을 받고 이런저런 얘기 도중에 6·25전쟁 당시 8군 사령부(당시 8군 사령부는 구 서울대 동숭동 캠퍼스)에 근무하면서 여기저기에 흩어져 있던 우리 도서관의 귀중한 장서들을 모아서 관리하던 당시를 회상하면서 너무도 감격스러워 하고 또한 그 관심과 애착이 너무도 진실되게 보였습니다.

우리 서울대 도서관으로서는 당시의 상황에 대해서 별다른 기록도 없고 특별히 증언해 주실 분도 대부분 작고하고 안 계시니 궁금한 점이 적지 않습니다. 우리 도서관에서는 6·25전쟁 당시 도서관 장서의 안전한 보존과 관련해서 각기의 상황마다 그 주인공이 누구였는가를 알고자 백방으로 노력하고 있습니다.

예를 들어 6·25 당시 조선왕조실록을 포함한 국보급 귀중도서들을 부산으로 안전하게 소개할 수 있도록 화물차 제공 등 모든 핵심적인 지원과 절차 등을 종합적으로 주선해 주신 것으로 알려진 당시 주한 미국 부대사 크네즈 박사(후에 워싱턴의 스미스 소니언 박물관 동양부 담당 책임자)에 대해서 당시의 공식적인 상세한 기록과 관련 자료를 찾고자 합니다.

또한 1·4후퇴 때 미군이 후퇴하면서 그동안 도서관 금고에 보관 중이던 1500년대 초기에 간행된 서양서 귀중서(1차 대전 종료 후 독일로부터 패전에 대한 배상금조로 받은 것)를 발견하고 위급한 전황 중에도 짚차에 싣고와 당시 국립중앙박물관에 있었던 김원룡 박사(전 서울대 교수, 작고)에게 인계해 주었던 미군 장교가 누구인지?

또는 9·28 환도 당시 수복 직후 미군이 관리하던 우리 도서관의 장서와 열쇠를 인계해 준 미군 장교가 누구이며 누구에게 인계했는지?

또한 9·28 수복 당시 쫓겨 가던 인민군이 이미 탈취해 가버린 창경궁의 장서각에 보관 중이던 조선왕조실록(적상산본) 외에 서울대 도서관에서 보관 중이던 규장각 도서를 북한으로 가져가려 트럭으로 수송하던 중 심한 폭격으로 의정부에 버리고 간 것을 미군이 찾아서 다시 서울대 도서관에 주었다는 데, 그 일을 책임 맡았던 미군 장교가 누구인지?

그리고 그렇게 어렵게 의정부에서 찾아온 규장각 도서 등의 귀중도서를 당시 미 8군 소속으로 와 있었던 맥퀸 라이샤워 여사가 전부 마이크로필름으로 촬영해서 그 필름을 오키나와에 있는 극동군사령부로 가져갔다는 데, 그 마이크로필름이 현재는 어디에 있으며 그 양과 목록은 알 수 있는지 등등 궁금한 것이 한두 가지가 아닙니다.

이와 같이 여러 가지를 궁금해 하던 차에 James W. Kerr 씨가 회상하는 여러 가지 얘기들은 혹시 그분과 무슨 관계가 있지 않는지 저를 흥분되게 하였습니다.

그래서 그분이 귀국한 뒤 궁금한 점에 대하여 몇 가지 묻고 답하는 편지가 몇 차례 왕래했는데, 그분의 편지 중에 아주 오래전에 워싱턴 주재 한국대사관에서 6·25 당시에 자신의 한 일에 대하여 한국 정부에 보고했다는 데 그 후에 주미 한국대사관으로부터 아무런 연락을 못 받았다고 합니다.

그래서 그때 한국 정부에 보고했다는 구체적인 내용과 정확한 시기에 다시 물었더니 그 내용에 관해서는 김보성 선생님께서 잘 알고 계실 것이며 당시 상황에 대한 질문도 잘 대답해 주실 것이라는 회신을 받고 이렇게 선생님께 편지를 올리게 되었습니다.

너무 오래된 일이긴 하지만 James W. Kerr 씨가 말한 주미 한국대사관에서 한국 정부에 보고했다는 Mr. Kerr 씨에 대한 상세한 보고내용과 정확한 보고일자 등에 대해서 아시는 대로 알려 주시거나 알 수 있는 방법을 알려주시면 대단히 고맙겠습니다.

아울러 앞서 말씀드린 몇 가지 궁금한 점에 대해서도 아시는 대로 알려주시면 대단히 고맙겠습니다.

그리고 혹시 선생님께서도 알고 계실지 모르나 저희 서울대 도서관에서 1948년부터 1973년까지 근무하시고 1973년부터 미국 하버드대학 옌칭도서관에서 한국학 관련 책임자로 근무하시다가 몇 년 전에 정년퇴임하신 백린(Paik Rin) 씨를 아시는지요?

백린 선생님께서는 서울대 도서관의 산 증인으로 6·25 당시에는 규장각 도서를 직접 부산으로 소개하시고 관리하신 장본인으로 저도 오랫동안 모셨던 분입니다.

이번의 Kerr 씨에 대한 얘기도 서로 연락하며 많은 증언과 도움 말씀을 해 주시기도 하지만 대부분이 전시에 일어났던 일이라 속 시원하게 궁금증이 풀리지가 않습니다.

대단히 죄송한 말씀이지만 선생님에 대해서는 Kerr 씨로부터 오직 성함과 주소만을 소개 받았을 뿐 아무 것도 모르오니 간단한 선생님의 약력도 아울러 알려주시면 대단히 고맙겠습니다.

직접 뵙고 인사드림도 없이 처음부터 편지로 무례하게도 번거로운 부탁을 드려 죄송한 맘 금할 길 없으나 무언가 알아보려는 도서관의 한 사서의 태도로 이해하여 주시기 바라면서 되도록 조속한 회신을 기다리겠습니다.

안녕히 계십시오.

1998. 7. 8

서울대학교 도서관 박종근 올림

이렇게 간절한 마음으로 편지를 올렸으나 그러나 얼마 후 불행하고 천만 뜻밖에도 "Refused"(수취거절?)라는 사유로 그 편지가 반송되어 왔다.

결국 나는 막판에 어찌할 바를 몰라 큰 실망과 좌절로 머뭇거리다가 결국 정년퇴직하게 되어 사실상 포기한 상태이지만 그 불편한 응어리는 지금도 돌덩이처럼 묵직하게 내 가슴에 남아 있다.

그런데 지금 생각하니 비록 회신이 없었다 하더라도, 내가 영어를 잘못하더라도, 정년을 했다 하더라도 계속해서 그분과 연락하며 다른 길을 모색해서 추적해 보았으면 좋았을 텐데 하고 다시금 아쉬워진다.

그러나 그분 등과 주고받았던 관련 서신들은 당시에 결재를 받아두었으니 잘 보존되리라 믿으며 내가 가지고 있던 관련 자료들까지도 잘 보존해 달라는 부탁과 함께 서울대 도서관에 맡겼으니 언젠가 관심 있는 분이 다시 추적해 주기를 기대하는 바이다.

이것이 재직 중 내가 기록과 관련해서 아쉬워했던 첫 번째 일이다.

두 번째 아쉬웠던 일은 내가 퇴직 직후 국립대학도서관협의회 40년사를 집필할 때 역시 편집위원장으로서 협의회의 창립일자를 밝혀 내지 못하고 발간 할 수밖에 없었던 안타까운 일이었다.

인간은 출생할 때부터 그의 역사가 시작된다.

마찬가지로 어느 조직이건 그 역사는 창립부터 시작되는 것처럼 협의회 역사도 협의회의 생일이라고 할 수 있는 창립일부터 시작하는 것이 원칙이고 상식이다.

그러나 오랜 세월이 흘러 그 창립에 관한 기록이 없다면 어쩔 것인가?

그런데 문제는 우리 협의회의 창립 일자가 지금까지 알려져 왔던 일자가 아니라는 새로운 근거와 확실한 증언까지 나와 잘못되었음이 입증되었다.

그렇다면 그날이 아니고 다른 날이라면 구체적으로 몇 년, 몇 월, 며칠인가를 증거해 줄 새로운 기록은 찾아내지 못했다는 것이다.

즉, 그 기록이 진실이 아님은 증명되었으나 그 진실을 뒷받침하고 증거해 줄 또 다른 기록을 찾아내지 못했다는 얘기이다.

이 문제에 대해서 내가 더욱 부담을 느끼고 안타까워하는 것은 1982년도에 국립대학도서관협의회에서 간사직을 수행하면서 "국립대학 도서관"이라는 잡지를 창간할 때 그 창간호에 협의회의 연혁을 내가 조사하고 집필했다. 그런데 거기에 쓰여진 창간일이 사실과 다르게 수록되었음을 협의회 40년사를 집필하면서 20여 년 만에 그 오류를 발견하게 되었기 때문인 것이다.

물론 1982년 당시에도 나름대로는 창간 일자에 대하여 많은 자문과 여러 조사도 한다고는 했었지만 이제 그와는 다른 기록과 증언이 있어서 그것이 잘못되었음이 새롭게 입증되었으니 나로서는 할 말이 없고 역사 앞에 큰 죄를 짓게 된 셈이다.

나는 협의회 창립 일자에 대에서 기록과 증언을 통해서 그 오류를 밝혀내고자 많은 노력 끝에 그 창립 일자를 작고하신 백린 선생님으로부터 자신이 그 내용을 직접 기록해 두셨다는 증언을 내가 들었는데, 그 업무일지 자체가 폐기되어 버려 찾아내지 못하게 되었으니 나로서는 참으로 난감했고 슬펐다.

나는 지금까지 알려진 협의회의 창립 일자가 1963년 2월 8일이 아니라는 오류를 찾아내는 과정과 그 근거 그리고 수많은 전문 교수들과의 면담과 조언 등이 엇갈리는 상황에서 두 번 다시 역사의 죄인이 되기보다는 차라리 후대의 연구과제로 남겨두는 것이 좋겠다는 생각으로 결국은 창립일을 "1962년 가을"이라고밖에 할 수 없었다.

나는 그런 과정과 고뇌를 협의회 40년사 8~12페이지에서 상세하게 서술해 놓았기에 여기서는 그 내용의 게재는 생략한다.

이와 같이 기록이 없음으로 인해서 진실을 밝혀내지 못한 혹독한 아픔을 2차례나 체험한 나로서는 그 누구보다도 기록의 소중함을 역설하고 싶다.

다 지나고 대수롭지 않은 일을 이토록 상세하게 사신까지 게재하며 기록으로 남기려는 이유는 언젠가 이 기록이 그간 내가 풀지 못한 과제를 후일 누구엔가에 의해서 밝혀지고 다시 쓰여 질 수 있기를 기대하는 마음에서이다.

나는 이렇게 기록의 중요성을 다시 한 번 일깨우고 또 온 국민이 기록 종주국으로의 자긍심과 함께 자신의 기록에 대해서는 무한책임을 지는 정직함도 함께 갖기를 소망한다.